高等职业技术教育教材

汽 车 电 器

第 2 版

主　编　毛　峰
副主编　朱命怡
参　编　张　义　孙连伟
　　　　金　雷　张立新

机 械 工 业 出 版 社

本书以国内外中高档轿车为例，系统地讲述了现代汽车电气设备的基本结构、工作原理、使用特性、常见故障诊断及排除方法。本书主要内容包括：汽车电路的识读与测试、蓄电池的使用与维护、发电机的使用与维修、起动机的使用与维修、点火系统的使用与维修、照明与信号系统的使用与维修、仪表与报警系统的使用与维修、辅助电器系统的使用与维修。

本书图文并茂，通俗易懂，实用性较强，可作为高等职业学校汽车专业教材，还可供工程技术人员及汽车修理工参考。

图书在版编目(CIP)数据

汽车电器/毛峰主编. —2 版. —北京：机械工业出版社，2011.6
(2016.1 重印)
高等职业技术教育教材
ISBN 978-7-111-34890-0

Ⅰ.①汽… Ⅱ.①毛… Ⅲ.①汽车—电气设备—高等职业教育—教材
Ⅳ.①U463.6

中国版本图书馆 CIP 数据核字（2011）第 100660 号

机械工业出版社（北京市百万庄大街 22 号　邮政编码 100037）
策划编辑：朱　华　王华庆　责任编辑：赵磊磊
版式设计：张世琴　责任校对：樊钟英
封面设计：陈　沛　责任印制：李　洋
北京圣夫亚美印刷有限公司印刷
2016 年 1 月第 2 版第 3 次印刷
184mm×260mm · 14.25 印张 · 346 千字
5001—7000 册
标准书号：ISBN 978-7-111-34890-0
定价：29.00 元

凡购本书，如有缺页、倒页、脱页，由本社发行部调换
电话服务　网络服务
社服务中心：(010)88361066　门户网：http://www.cmpbook.com
销售一部：(010)68326294　教材网：http://www.cmpedu.com
销售二部：(010)88379649　**封面无防伪标均为盗版**
读者购书热线：(010)88379203

第2版前言

本书从2003年5月出版以来，深受广大读者的欢迎，为此，我们在第1版的基础上对本书进行了修订。在第2版的编写过程中，将第1版第4章传统点火系统删除，增加了汽车电路的识读与测试及汽车电器技能实训内容。

本书在编写过程中，以项目、任务为教学单元，突出理论实践一体化的教学理念，坚持“工学结合”、“以职业活动为导向”来选择教材内容，力求理论内容适度，突出技能实训。在编写教材时，既考虑了汽车电器理论体系的统一性，又兼顾了不同汽车制造企业之间存在的差异。为突出不同汽车的技术特色，将一些典型车型的原版电路等资料放到教材中，这样能更好地将教材与企业产品接轨，为学生日后走上工作岗位创造条件。

本书共分8个项目，分别讲述了汽车电路的识读与测试、蓄电池的使用与维护、发电机的使用与维修、起动机的使用与维修、点火系统的使用与维修、照明与信号系统的使用与维修、仪表与报警系统的使用与维修及辅助电器系统的使用与维修。本书重点讲述了汽车电器的基本原理、基本结构、故障诊断及排除等内容。本书实用性强，图文并茂，通俗易懂，适合高职学生学习，可作为高职院校“汽车检测与维修”专业以及“汽车电子技术”等相关专业的教材，同时也可供汽车修理行业的工程技术人员及汽车维修人员参考使用。

本书由东莞职业技术学院毛峰主编，参加编写的还有朱命怡、张义、孙连伟、金雷、张立新。

由于编者水平有限，书中难免存在错误之处，恳请读者批评指正。

编　者

第1版前言

本书是高等职业技术教育教学用书，同时可作为成人高校、高专、夜大、职大、函大等层次的教学用书和广大自学者及工程技术人员的自学用书，也可作为普通高等院校有关专业的教学参考书。

在编写本书时，我们从高职教育的实际出发，结合教学和生产实际的需要，确定了编写的指导思想和教材特色。以应用为目的，强化应为重点，力求内容系统、准确、新颖。

在我国入世以后，我国汽车技术已有了质的飞跃，为使高级职业技术学院汽车专业的学生能够系统地掌握汽车电器的结构、工作原理、故障诊断与维修等方面的基本知识，适应当今汽车修理行业的需求，特编写了这本教材。

本书共分九章，在保持传统汽车电器内容的基础上，以国内外比较流行的车型为例，如桑塔纳、奥迪、红旗、本田雅阁、丰田系列、奥迪 A6、LS400 及美国福特公司、克莱斯勒公司生产的汽车，重点讲述了汽车电器设备的基本构造、工作原理、故障诊断及排除。并增加了一些目前较为流行的实用技术，如新型蓄电池、整体式交流发电机、减速起动机、计算机控制点火系统、无分电器点火系统、新型前照灯、电子仪表、报警系统、中控门锁、电动车窗、电动倒车镜和电动座椅。本书实用性强，图文并茂，不仅适合高职学生的学习，同时也适合汽车修理行业的工程技术人员及汽车维修人员参考。

本书由东莞职业技术学院毛峰主编，参加编写的还有天津交通局职工大学的吴宗保、邢台职业技术学院的李英、烟台师范学院交通学院的杨玉炎。其中绪论、第二、五、六、七、八、九章由毛峰编写，第一章由吴宗保编写，第三章由杨玉炎编写，第四章由李英编写，本书由河北省邢台职业技术学院曹景升主审。

由于编者水平有限，书中错误在所难免，恳请读者批评指正。

编　者

目　录

项目一　汽车电路的识读与测试

知识点

（1）掌握线束、熔断器、继电器及连接器的特点。

（2）了解汽车电路的基本知识。

（3）掌握汽车电路的读图规则。

（4）了解汽车线束的拆装要点。

技能点

（1）掌握继电器及开关的检测方法。

（2）掌握线束及熔丝的检测方法。

任务一　理 论 学 习

一、汽车电气系统的组成

汽车是由发动机、底盘、车身和电器四部分组成的。汽车电器与电子设备性能的好坏直接影响汽车的动力性、经济性、安全性、可靠性、舒适性及废气污染等方面的性能。随着经济的发展，汽车工业有了广阔的发展前景，为了适应交通运输现代化的需要，对汽车的使用性能有了更高的要求。随着汽车结构的改进和性能的不断提高，传统汽车电器正面临着巨大的冲击。由于电子技术的发展及电子技术在汽车上的应用日益广泛，因此汽车零部件电子化的占有率越来越高，而且已实现了汽车总成或系统的自动检测、自动诊断和自动控制。例如，电控燃油喷射系统、制动防抱死系统、自动变速系统、电子导航系统、车身稳定系统、电控安全气囊系统、防撞雷达系统及中控门锁与防盗报警系统等技术在国产轿车已开始普及。汽车的安全性、可靠性、使用性能及寿命等方面有了极大的提高。电子技术在解决当前世界汽车所面临的能源、安全、舒适和排放等问题具有极为重要的作用。

汽车电气设备由以下几个部分组成，如图 1-1 所示。

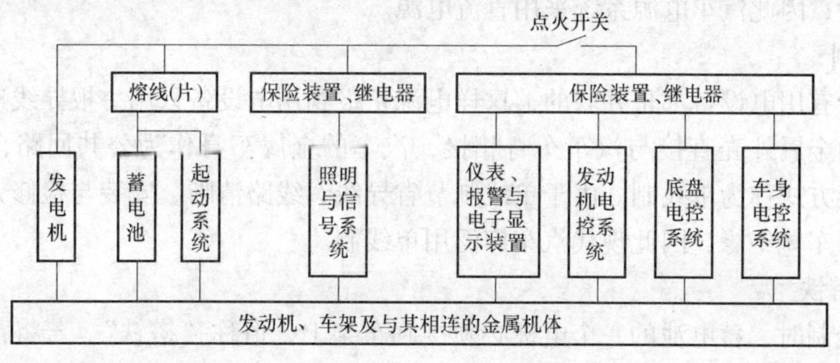

图 1-1　汽车电气设备组成

1. 电源部分

电源部分包括蓄电池及发电机。当发电机工作时，由发电机向全车用电设备供电，同时给蓄电池充电；蓄电池的主要作用是起动发动机时向起动机供电，同时当发电机不工作时向用电设备供电。

2. 用电设备

汽车上的用电设备很多，但基本的用电设备大致可分为：起动系统，照明与信号系统，仪表、报警与电子显示系统，发动机电控系统，底盘电控系统及车身电控系统等。

（1）起动系统　其作用是用来起动发动机的。起动系统由起动机、起动继电器及起动开关组成。

（2）照明与信号系统　照明装置包括车内外各种照明灯，其中前照灯最为重要；信号装置包括电喇叭、闪光器、蜂鸣器及各种信号灯，主要用来提供安全行车所必需的信号。

（3）仪表、报警与电子显示系统　仪表包括机油压力表、水温表、燃油表、车速里程表等；报警装置及电子显示装置是用来监测汽车各系统的工况，比仪表更方便、直观，显示的信息量更大。

（4）发动机电控系统　发动机电控系统包括电控燃油喷射装置、电控点火装置、进排气控制及怠速控制等。

（5）底盘电控系统　底盘电控系统包括制动防抱死装置、自动变速器、电控悬架系统及自动巡行控制系统等。

（6）车身电控系统　车身电控系统包括电动刮水器、风窗洗涤器、风窗加热器、汽车空调、汽车音响、安全气囊、电子仪表与综合信息显示系统、电子导航系统、中控门锁与防盗报警系统、电动车窗、电动天窗、电动后视镜、电动座椅及防撞雷达系统等。

3. 配电装置

配电装置包括中央接线盒、电路开关、保险装置、插接器和导线等。

二、汽车电气设备的特点

1. 低压

汽车用电设备的额定电压有12V、24V两种。汽油车普遍采用12V电源，而大型柴油车多采用24V电源。

2. 直流

汽车电源系统为发电机与蓄电池，蓄电池可循环反复使用，由于发电机给蓄电池充电时必须用直流电，因此汽车电源系统采用直流电源。

3. 单线制

汽车上所有用电设备都是并联的，这样电源正极到用电设备只用一根导线连接，用电设备利用本身的金属外壳直接与汽车车身相接，汽车的金属车身作为公共回路，回到电源负极，这种连接方式称为单线制。由于单线制节省导线、线路清晰、安装与检修方便，并且用电设备不需与车体绝缘，因此现代汽车广泛用单线制。

4. 负极搭铁

采用单线制时，蓄电池的一个电极必须接到车架上，俗称“搭铁”。若将蓄电池的负极接到车架上，就称为“负极搭铁”。目前国际上各国生产的汽车基本上都采用“负极搭铁”。

三、汽车导线、线束及插接器

随着汽车电器设备的增多，导线的数量不断增加，为了便于维修，连接各设备的导线常以不同的颜色加以区分。其中截面积在4mm^{2}以上的采用单色线，而截面积在4mm^{2}以下的均采用花线。

为了使全车线路规整、安装方便及保护导线的绝缘，汽车上的全车线路除高压线、蓄电池的电缆外，一般都将同区域不同规格的导线用棉纱或薄聚氯乙烯带缠绕包扎成束，又称为线束。一般汽车的线束分为发动机线束、仪表线束、车身线束等。图1-2所示为美国Chrysler汽车公司汽车仪表线束。

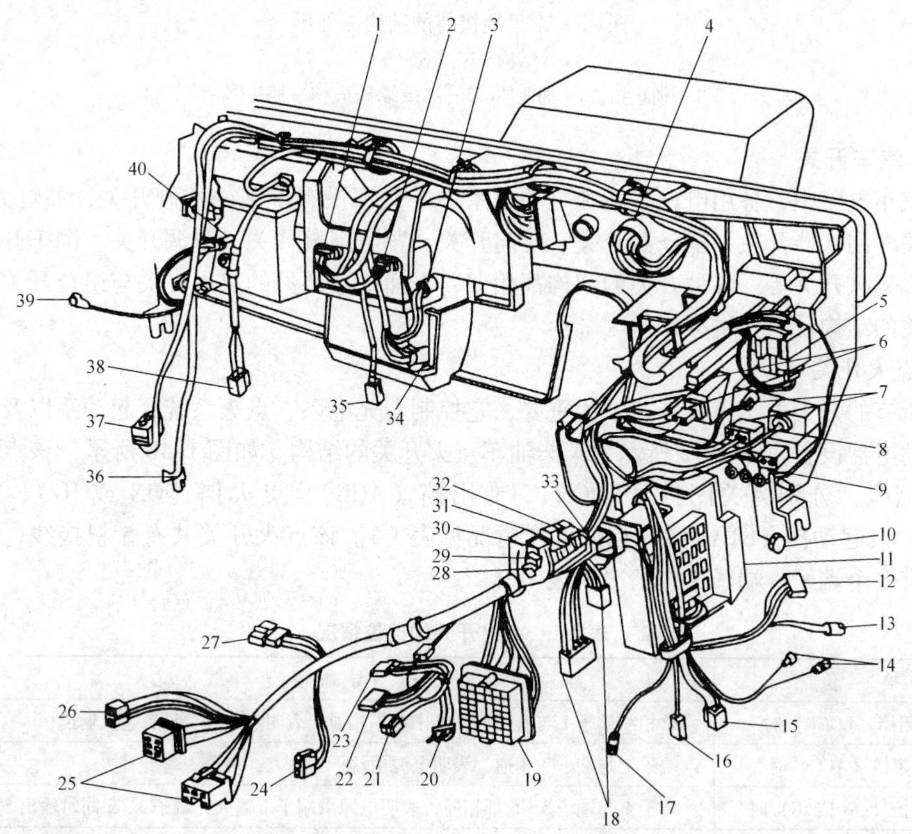

图1-2 美国Chrysler汽车公司汽车仪表线束

1—立体声系统接线 2—收音机接线 3—烟灰缸照明灯接线 4—印制电路板插接器 5—灯光开关接线 6—后窗加热器开关及照明灯接线 7—前风窗刮水器和洗涤器开关插接器（长车身M-244） 8—灯泡 9—接门窗升降器电动机（长车身M-244） 10—搭铁 11—熔断器盒 12—接立体声扬声器（MZ24） 13—接左门扬声器 14—接左门踏步灯开关 15—接后窗刮水器及洗涤器 16—接后风窗玻璃加热器 17—接天窗电动机 18—接车身线束 19—分开的中央可过线的插接器 20—接车速控制伺服机构 21—接车速控制离合器开关 22—接车速控制制动电路 23—接车速控制开关线路 24—接停车灯开关 25—接点火开关 26—接前照灯变光开关 27—接附件灯泡 28—接转向开关 29—接间歇式刮水器 30—接点火开关照明灯 31—接刮水器开关 32—接钥匙照明灯 33—接钥匙忘拔蜂鸣器 34—点烟器 35—接暖风电动机 36—接右前门电阻 37—接空调鼓风机变速电阻 38—接暖风电动机变速电阻 39—接踏步灯开关 40—杂物箱照明

线束与线束之间、线束与用电设备之间、线束与开关之间的连接采用插接器。插接器不能松动、腐蚀，为保证插接器的可靠连接，其上都有锁紧装置，而且为了避免安装中出现差错，插接器还制成不同的规格、形状，图 1-3 所示为常见插接器的结构与外形。

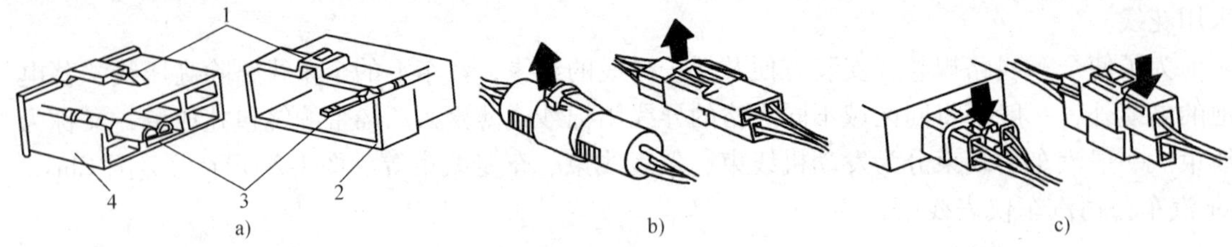

图 1-3　常见插接器的结构与外形

a）结构　b）、c）外形

1—锁止扣　2—插座体　3—插接器端子　4—插头体

四、汽车开关

在汽车电路中，各用电设备或独立的电系中一般都设有单独的控制开关，如灯光开关、变光开关、刮水器开关、洗涤器开关、转向开关、紧急报警开关、空调开关、倒车开关、制动开关、喇叭开关等。各种开关的结构都相似，下面以最常见的点火开关与组合开关为例来说明开关的结构及工作过程。

1. 点火开关

在所有的开关中，点火开关最为重要，它控制着充电系、点火系统、起动系以及绝大多数的辅助电器设备。图 1-4a 所示为某柴油车点火开关的结构。如图 1-4b 所示，该点火开关有 5 个挡位，分别为关闭挡（LOCK）、专用挡（ACC）、点火挡（ON 或 IG）、预热挡（HEAT）及起动挡（START），挡位工作情况见表 1-1。该点火开关共有 5 根接线，即点火开关共有 5 个端子，端子工作情况见表 1-2。

表 1-1　点火开关的挡位情况

挡　　位	导 通 情 况
在关闭挡（LOCK）时	常相线端子 1 与其他输出端子都不相通，表明点火开关没有电流输出
在专用挡（ACC）时	端子 1 与端子 3 相通，表明电源由端子 1 输入、端子 3 输出
在点火挡（ON 或 IG）时	端子 1 与端子 3、5 都相通，表明电源由端子 1 输入，端子 3、5 同时输出
在预热挡（HEAT）时	端子 1 与端子 2 相通，表明电源由端子 1 输入，端子 2 输出
在起动挡（START）时	端子 1 与端子 2、4 都相通，表明电源由端子 1 输入，端子 2、4 输出

表 1-2　端子工作情况

端　子　号	接 线 情 况	工 作 情 况
1	常相线端子，为输入端子，来自于电源	常相线
2	到预热器	在预热挡（HEAT）与起动挡（START）时，有电压输出
3	到专用用电设备	在专用挡（ACC）与点火挡（ON 或 IG）时，有电压输出
4	到起动电路	在起动挡（START）时，有电压输出
5	到仪表	在点火挡时，有电压输出

如图 1-4c 所示，四片电刷用虚线连接起来，表明四片电刷组合在一起并同时转动，每个电刷对应 5 个位置，即 5 个挡位，右侧字母 L、A、O、H、S 表示开关的 5 个挡位；上侧三字母 L、A、O 表示自行定位挡位，即关闭挡、专用挡及点火挡可自行定位。而起动挡、预热挡由于工作时消耗电流很大，开关不宜接能时间过长，所以这两个挡位在操作时必须用手克服弹簧力，扳住钥匙，当起动结束后，一松手钥匙就回到 ON 挡，不能自行定位。

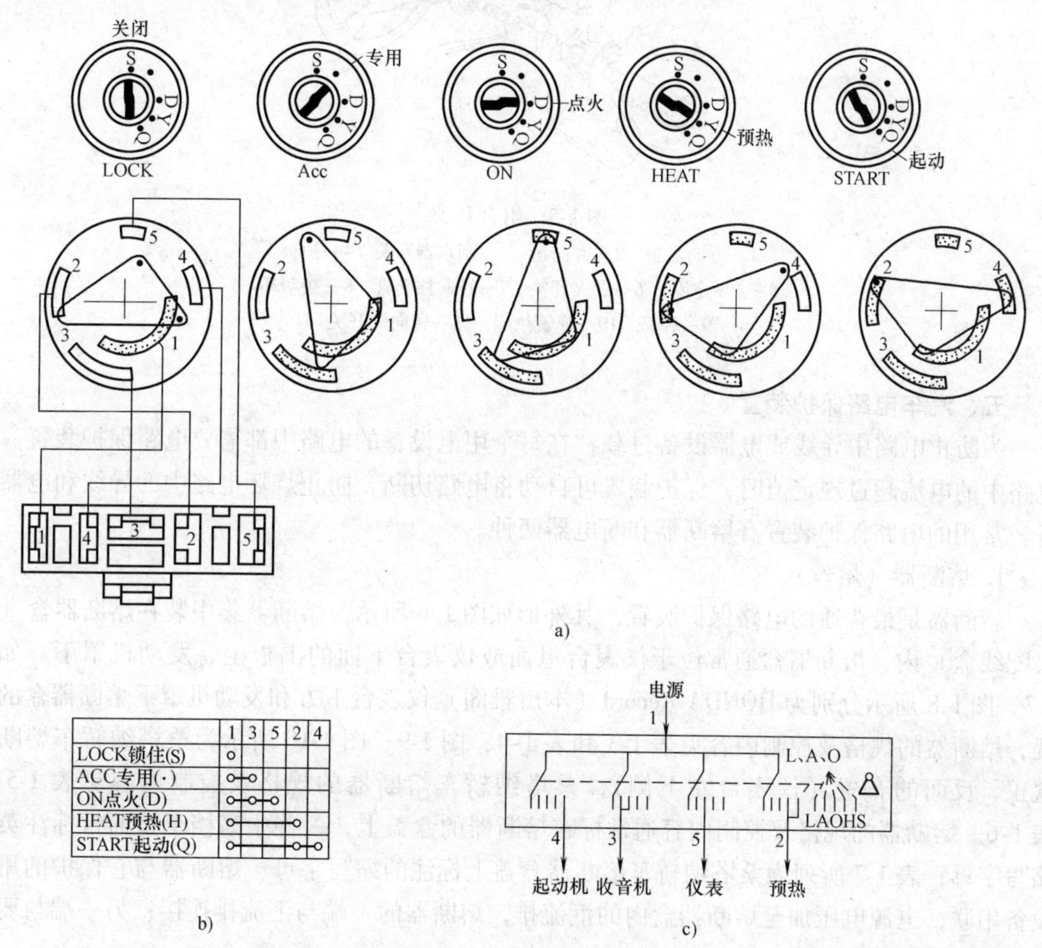

图 1-4　点火开关的结构与原理

a）结构　b）挡位　c）原理

大部分车型点火开关的锁体都具有锁止方向盘的功能，同时还具有防止误起动的功能。点火开关只能从 OFF 挡开始拧到起动挡，当没有起动着发动机或发动机熄火时，若要重新起动发动机，必须将点火开关拧回到 OFF 挡，然后，再从 OFF 挡→ON 挡→ST 挡起动发动机。

2. 组合开关

组合开关将灯光开关（前照灯开关、变光开关）、转向灯开关、紧急报警灯开关、刮水器/清洗器开关等组合为一体，它是一个多功能开关，安装在便于驾驶员操纵的转向柱上

（见图 1-5）。

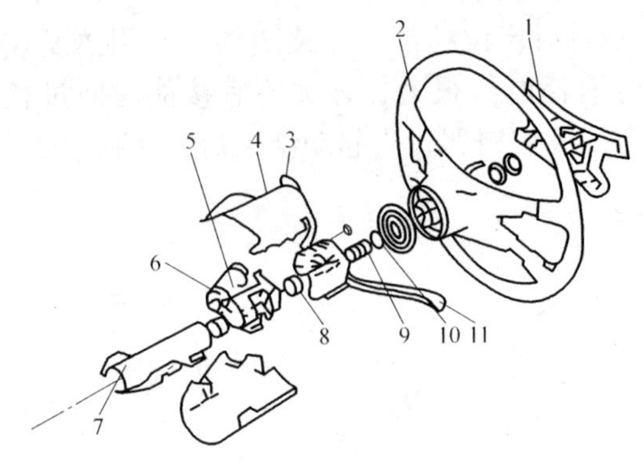

图 1-5　组合开关

1—方向盘盖　2—方向盘　3—刮水器开关　4—护板
5—点火锁体　6—点火开关　7—转向柱套管　8—接触环
9—弹簧　10—弹簧垫圈　11—转向灯开关

五、汽车电路保护装置

为防止电路中导线或电器设备过载，在每个用电设备的电路中都需要电路保护装置。当电路中的电流超过规定值时，保护装置可自动将电路切断，防止烧坏电路中的导线和电器设备。常用的电路保护装置有熔断器和断电器两种。

1. 熔断器（熔丝）

熔断器是最普通的电路保护装置，其外形如图 1-6 所示。熔断器集中装在熔断器盒（中央配线盒）内，熔断器盒通常位于仪表台里面或仪表台下面的围板上、发动机罩下。如图 1-7、图 1-8 所示分别为 HONDA Accord（本田雅阁）仪表台下方和发动机罩下熔断器盒的位置，熔断器的规格及控制内容见表 1-3 和表 1-4；图 1-9、图 1-10 所示为桑塔纳轿车熔断器盒正、反面的布置（仪表台左下侧），桑塔纳轿车熔断器的规格及控制内容见表 1-5 和表 1-6。熔断器的规格及控制内容通常标在熔断器的盒盖上，一些中高档车型通常标注英文缩写字母，表 1-7 所列为桑塔纳轿车熔断器盒盖上标注的缩写字母。熔断器与它保护的用电设备串联，电源电压加至熔断器盒内的汇流排，熔断器的一端与汇流排连接；另一端与要保护的用电设备连接。

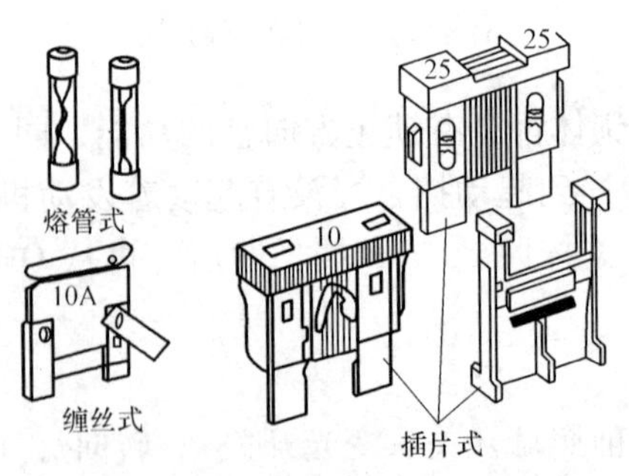

图 1-6　常见熔断器的外形

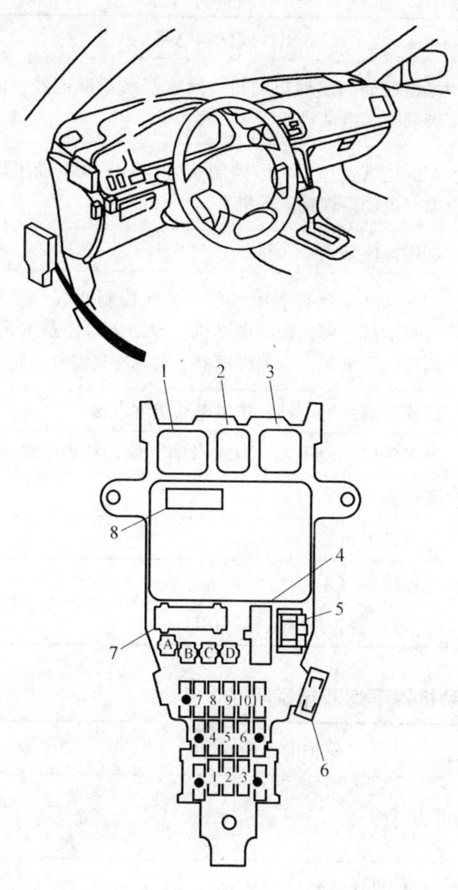

图 1-7　HONDA Accord（本田雅阁）仪表台下方熔断器盒的位置

1—转向继电器　2—鼓风机继电器　3—后窗除雾继电器　4—接点火线束　5—接 SRS 线束　6—辅助熔丝盒　7—仪表线束　8—组合继电器

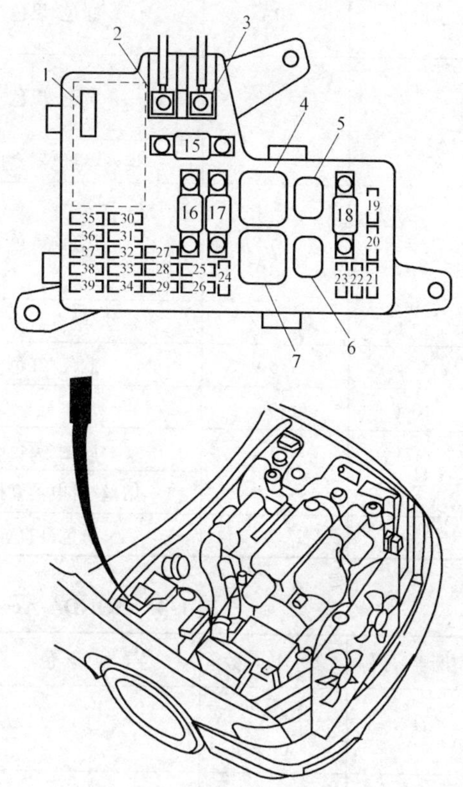

图 1-8　HONDA Accord（本田雅阁）发动机罩下熔断器盒的位置

1—接主线束　2—接发电机相线　3—蓄电池相线　4—前照灯继电器　5—电动车窗继电器　6—冷却风扇继电器　7—接主线束

表 1-3　HONDA Accord 仪表台熔断器盒说明

熔丝号码	安培数	导线颜色	组件或保护电路
1	10A	黄色	仪表组合、备用灯、时钟、车辆速度感测器（VSS）、排挡杆锁电磁阀（自排）
		熔丝/继电器盒插槽	整体控制装置
2	15A	黑色/黄色	PGM—FI 主继电器
		红色	SRS 装置（VA）
3	10A	粉红色	SRS 装置（VB）
4	7.5A	黑色/黄色	交流发电机传动系统控制单元（TCM）、ELD 装置（KK、KQ）、冷却风扇控制单元、巡航控制系统
5	7.5A	黄色/绿色	电动天窗开启继电器、电动天窗关闭继电器、电动窗继电器（KB 除外）

（续）

熔丝号码	安培数	导线颜色	组件或保护电路
6	30A	绿色/黑色	风窗玻璃刮水器电动机、间歇刮水器继电器、风窗玻璃喷水电动机
7	7.5A	黄色/黑色	ABS检查接座、ABS控制装置、ABS泵电动机继电器、电动后视镜电动机
		熔丝/继电器盒插槽	选用接座B
8	7.5A	黑色/黄色	ABS循环系统控制电动机、暖气控制面板、后窗除雾指示灯、模式控制电动机、冷却风扇控制单元、空调冷气压缩机离合器继电器、空调冷气温度控制
		熔丝/继电器盒插槽	后窗除雾线继电器、送风电动机继电器
9	7.5A	蓝色/红色	PGM—FI主继电器、ECM仪表（制动检查电路）
10	—	—	未用到
11	10A	白色/黄色	点烟器继电器
		熔丝/继电器盒插槽	选用接座（A）
12	7.5A	黄色/白色	方向灯/警告灯继电器（IGI）

表1-4　HONDA Accord汽车发动机罩下熔断器说明

熔断器号码	安培数	导线颜色	保护的元件或电路
15	100A① 80A②	—	蓄电池电力分配
16	40A	白色/绿色	后窗除雾线信号接收器
17	40A	白色	送风电动机
18	50A	白色	点火装置开关（BAT）
19	20A	红色/黄色	左前照灯
20	20A	红色/绿色	右前照灯
21	20A	蓝色/黑色	冷却风扇电动机
22	7.5A	红色/黄色	后雾灯（KB）
23	—	—	未用到
24	20A	白色/黄色	后右电动窗电动机
25	20A	白色/黑色	后左电动窗电动机
26	20A	蓝色/黑色	前方乘客座电动窗电动机
27	20A	蓝色	驾驶座电动座椅后方向上、向下电动机 驾驶座电动座椅椅背倾斜电动机 （全调整式电动座椅）

（续）

熔断器号码	安培数	导线颜色	保护的元件或电路
28	20A	绿/白色	驾驶座电动窗电动机，电动窗控制装置
29	30A	绿色	电动天窗电动机
30	20A	白色/黄色	喇叭、制动灯、钥匙联锁电磁阀（自动变速器）
31	20A	红色	驾驶座电动座椅向上、向下电动机 （高度可调式电动座椅） 驾驶座电动座椅前方向上、向下电动机 驾驶座电动座椅前、后滑动电动机 （全调整式电动座椅）
32	15A	红色/绿色	仪表灯、停车灯、尾灯、车牌灯
33	15A	白色/绿色	主继电器交流发电机（KK，KQ 除外）
34	15A	白色	冷却风扇控制单元、冷凝器风扇继电器、空调冷气压缩机离合器继电器
35	15A	白色/绿色	方向灯/警告灯继电器
36	15A	红色/白色	点烟器/音响
37	7.5A	白色/蓝色	整体控制装置、电动天线电动机、行李箱灯、车门内侧灯、车顶灯
38	20A	白色	电动门锁控制装置
39	7.5A	白色/黄色	ECM，时钟、传动系统控制单元（TCM）、音响

① KK 型的 F22B1 发动机。

② 除了 KK 型的 F22B1 发动机外。

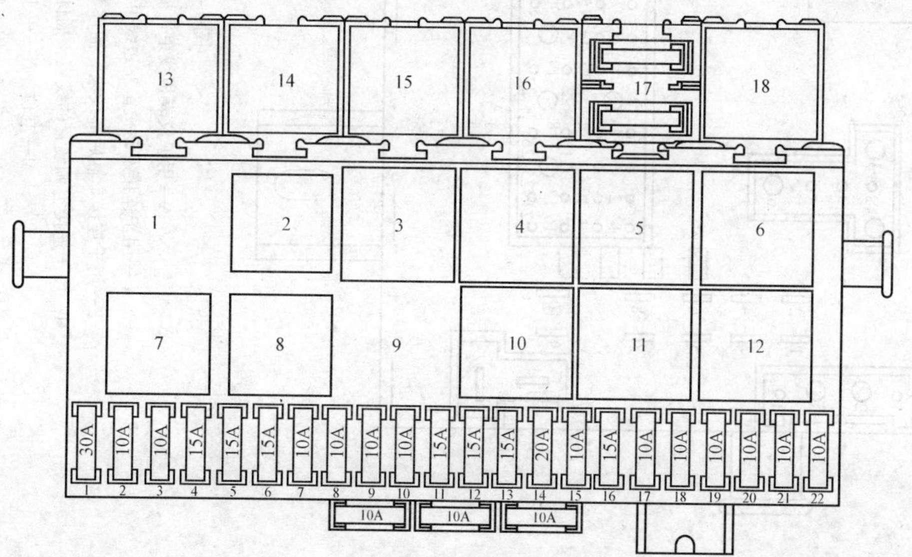

图 1-9　桑塔纳轿车熔断器盒的正面布置

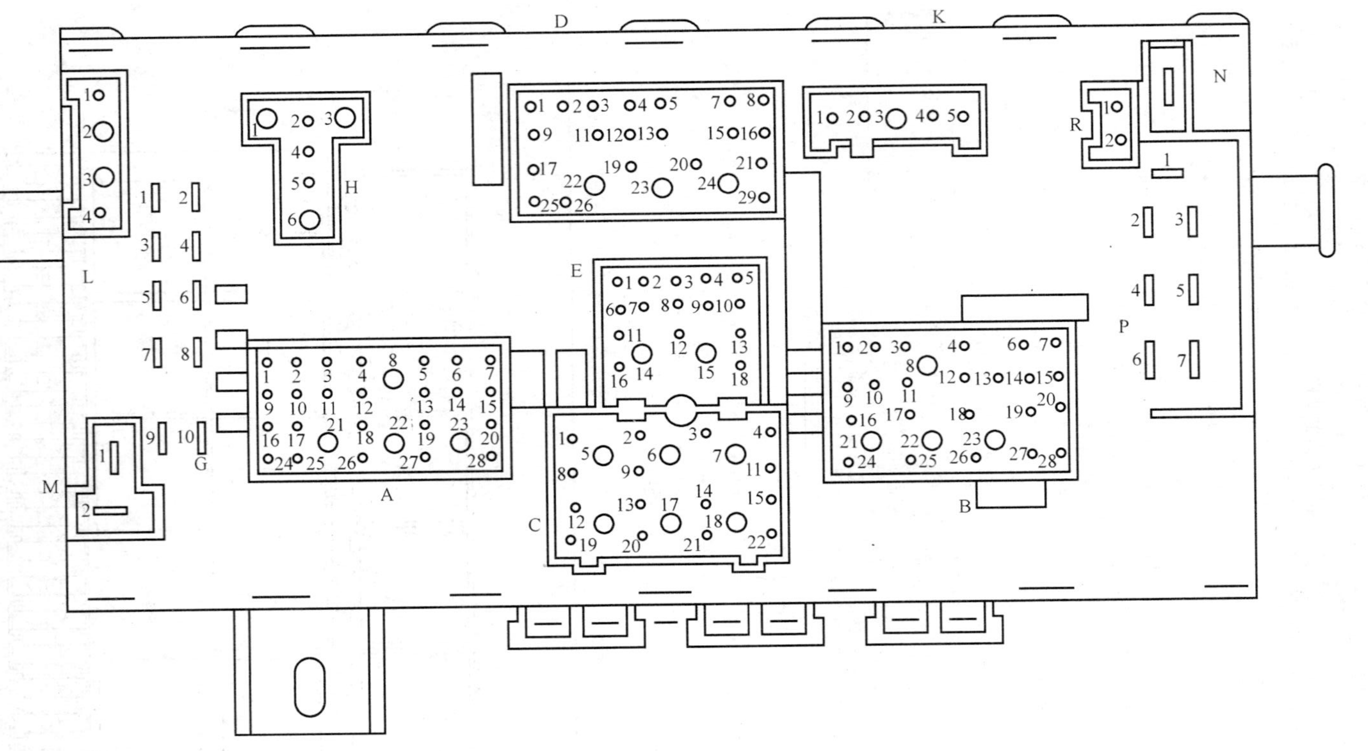

图 1-10　桑塔纳轿车熔断器盒的反面布置

A—用于仪表板线束，插件颜色为蓝色　B—用于连接仪表板线束，插件颜色为红色
C—用于连接发动机室左边线束，插件颜色为黄色　D—用于连接发动机右边线束，插件颜色为白色
E—用于连接车辆后部线束，插件颜色为黑色　G—用于连接单个插头（主要用于冷却液液位传感器电源）
H—用于连接空调装置的线束，插件颜色为棕色　K—空位　L—用于连接双音喇叭的线束，插件颜色为灰色
M—空位　N—用于单个插头（主要用于进气管预热器的加热电阻的电源）
P—用于单个插头（主要用于连接 30 相线）　R—空位

表 1-5　桑塔纳轿车熔断器的位置及控制内容

序　　号	熔断器名称	额定电流/A	序　　号	熔断器名称	额定电流/A
1	电动散热风扇、空调	30	12	备用	15
2	制动灯	10	13	后风窗加热器	15
3	点烟器、时钟、顶灯	10	14	鼓风机	20
4	报警灯	15	15	倒车灯	10
5	备用	15	16	喇叭	15
6	雾灯	15	17	化油器怠速截止阀	10
7	左小灯	10	18	制动灯、喇叭继电器	10
8	右小灯	10	19	转向灯	10
9	右前照灯远光	10	20	牌照灯、雾灯、工具箱灯	10
10	左前照灯远光	10	21	左前照灯近光	10
11	风窗玻璃刮水器及洗涤器	15	22	右前照灯近光	10

表 1-6　桑塔纳轿车熔断器缩写字母及意义

缩写字母	含　　义	保护电路	缩写字母	含　　义	保护电路
+B	电源	直接电源正极	STOP	制动	制动灯
IG、IGN	点火	点火开关控制的设备	TAIL	尾灯	尾灯检测
ACC	附件	辅助电器	HEAD	前照灯	前照灯及继电器
GAUGE 或 METER	仪表	水温、燃油、油压表或指示灯	FOG	雾灯	前雾灯
			DEFOR	后窗除霜	后除霜器
CHARGE	充电	充电指示灯及继电器	DOME 或 ROOM	顶灯	内照灯
PANEL	仪表灯	仪表板指示灯、照明灯			
TURN	转向	转向灯	RR、FOR	后雾灯	后雾灯
HAZ	危急报警	危险报警闪光器	RR、A/C	后空调	后空调
HORN	喇叭	喇叭及继电器	HEAD、RH	右前照灯	右侧前照灯
RADIO	收音机	收、放音机	HEAD、LH	左前照灯	左侧前照灯
ENGINE	发动机	发动机熄火阀	HEAD、UPR	前照灯远光	前照灯远光
EE 或 ECU-B	电子控制	电子控制器电源			
ECU-IG	电子控制	点火开关来的电源	HEAD、LWR	前照灯近光	前照灯近光
WIPER	刮水器	刮水清洗器			
HEATER	加热器	暖风机及继电器	RR、WIPER	后刮水器	后刮水器
A/C	空调器	空调器及继电器			
PWR 或 POWER	动力	电动门、窗、座椅	LOCK	门锁	电动门锁
			EFI	燃油喷射	电控燃油喷射
CIG-L 或 LIGH-TER	点烟器	点烟器	GLOW	预热	预热装置
			BLOWER	风机	电动风扇
			SPARE	备用	

表 1-7 桑塔纳轿车继电器的位置名称

序　　号	产品序号（外壳上的号码）	继电器名称	序　　号	产品序号（外壳上的号码）	继电器名称
1		空位	10	19	前风窗刮水、清洗继电器
2	1	进气管预热继电器	11		空位
3		空位	12	21	危险报警及转向继电器
4		空位	13		空位
5	13	空调继电器	14	43	冷却液不足报警灯继电器
6	53	高、低音喇叭继电器	15		空位
7	15	雾灯继电器	16		空位
8	17	卸荷继电器	17		空位
9		空位	18		空位

当熔断器断了以后，更换新的熔断器时，必须选用额定电流值相同的熔断器，否则对电路及用电设备是有害的。

2. 断电器

断电器用于正常工作时容易过载的电路中，断电器是利用双金属片受热变形的原理制成的。断电器按其作用形式有两种类型：一类是当电路发生过载时，双金属片受热向上弯曲变形，使触点分离，自动切断电路，保护线路及用电设备；排除故障后，必须用手按下按钮，使双多属片复位，如图 1-11 所示。另一类是当电路发生过载时，双金属片受热变形弯曲，触点打开，电路自动切断；当双金属片冷却后，自动复位，触点闭合，电路自动接通，双金属片受热变形，触点再次打开，如此，断电器触点周期地打开和闭合，直至电路不过载为止，如图 1-12 所示。

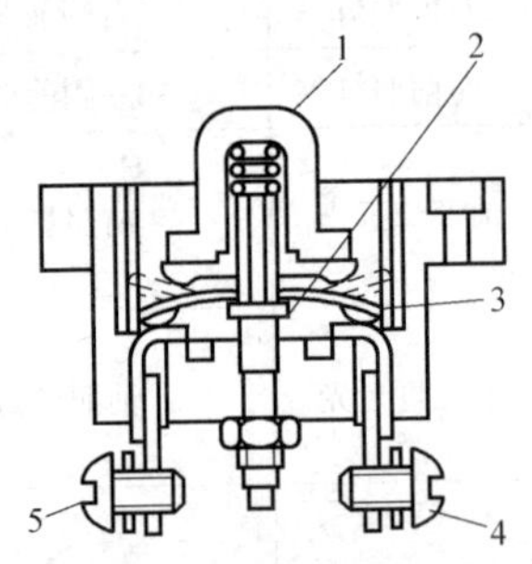

图 1-11 非循环式断电器

1—复位按钮 2—双金属片

3—触点 4、5—接线柱

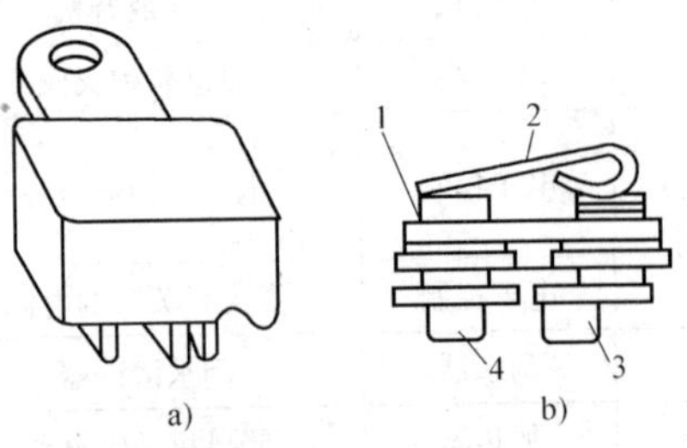

图 1-12 循环式断电器

a）外形 b）结构

1—触点 2—双金属片 3、4—接线柱

六、继电器

在汽车电路中，有很多开关，由于开关频繁地使用，因此通过开关触点的电流不能太大，以免开关触点烧蚀。这样，在汽车电路中应用大量的继电器来控制电路的导通与截止，它的主要作用是用小电流控制大电流，即用开关电路（小电流）来控制继电器电磁线圈电路，再通过继电器的触点控制用电设备的电路（大电流），这样可保护开关触点不被烧蚀，提高开关的使用寿命。继电器的控制原理如图1-13所示。通过开关 1 的电流 I_1 很小，可以保护开关可靠地工作，通过继电器 2 的电流 I_2 足够大，可以满足负载的需要。

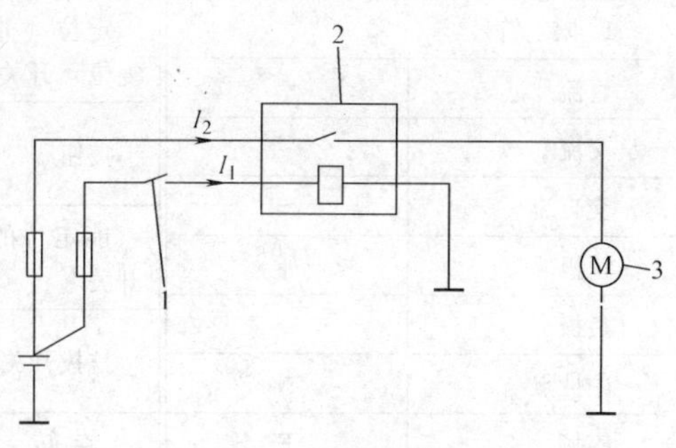

图 1-13　继电器的控制原理
1—开关　2—继电器　3—负载

在汽车上常见的继电器有：电源继电器、卸载继电器、前照灯继电器、雾灯继电器、起动继电器、喇叭继电器、鼓风机继电器、空调继电器、电动车窗继电器及中控门锁继电器等。多数继电器放置在熔断器盒内（见图 1-7、图 1-8、图 1-9），还有一部分继电器随系统的线束而定。

常见继电器的外形与内部原理如图 1-14 所示。

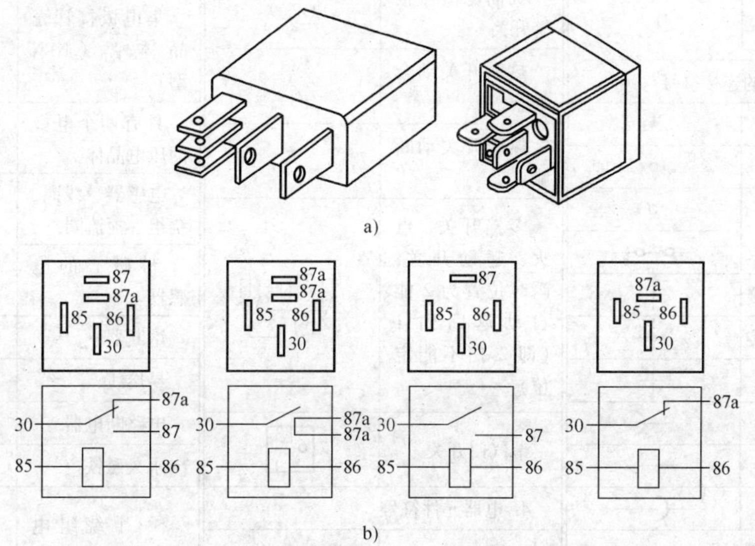

图 1-14　常见继电器的外形与内部原理
a）外形　b）内部原理

七、汽车电路图

汽车电路图有全车电路图和系统电路图。全车电路图就是将电源系、起动系、点火系统、照明信号系、仪表与电子显示装置、电子控制装置以及辅助电器装置等全车电器设备，用标准图形符号，按照它们各自的工作特性及相互的内在联系，通过开关、熔断器、继电器（或电子控制单元）及导线连接起来。系统电路图仅涉及单个系统的电路图。全车电路图和系统电路图不仅符合车上线路的实际连接关系，而且电路清晰，简单明了，对分析各电器设备的工作原理有很大作用。

1. 电气符号

虽然不同车型的电路图不相同，但汽车电路图所采用的符号大体相同。汽车电路图中使用的各种电器图形符号见表 1-8。常用报警灯和指示灯标志见表 1-9。

表 1-8　汽车电路图中常用的图形符号

名　　称	图 形 符 号
1. 限定符号	
直流	==
交流	~
交直流	≂
正极	+
负极	−
中性点	N
磁场	F
搭铁	E⊥
发电机输出接线柱	B
磁场二极管输出端	D_+
2. 端子和导线的连接符号	
接点	
端子	
可拆卸的端子	
导线的连接	
导线的分支连接	
导线的交叉连接	
导线的跨越	
插座的一个极	
插头的一个极	
插头和插座	
3. 触点与开关符号	
动合（常开）触点	
动断（常闭）触点	
先断后合的触点	
中间断开的双向触点	
联动开关	
手动开关的一般符号	
定位（非自动复位）开关	
按钮	
能定位的按钮开关	
拉拔开关	
旋转、旋钮开关	
液位控制开关	
机油滤清器报警开关	OP
热敏开关动合触点	t°
热敏开关动断触点	t°
多挡开关、点火、起动开关，瞬时位置为 2 能自动返回到 1（即 2 挡不能定位）	0 1 2　0.1
节气门开关	
4. 电器元件符号	
电阻器	
可变电阻器	
热敏电阻器	θ
滑动触点电位器	
加热元件、电热塞	
电容器	
可变电容器	
极性电容器	+
半导体二极管一般符号	
单向击穿二极管、电压调整二极管（稳压管）	
发光二极管	
光敏二极管	
PNP 型晶体管	
集电极接管壳晶体管（NPN 型）	
具有两个电极的压电晶体	
电感器、线圈、绕组、扼流圈	
带磁心的电感器	
熔断器	
易熔线	
电路断电器	
永久磁铁	
一个绕组电磁铁	
两个绕组电磁铁	
不同方向绕组电磁铁	
触点动合的继电器	
触点动断的继电器	

（续）

名　　称	图形符号
5. 仪表符号	
电压表	V
电流表	A
电阻表	Ω
油压表	OP
转速表	n
温度表	$t°$
燃油表	Q
速度表	v
电钟	
数字式电钟	
6. 传感器符号	
温度表传感器	$t°$
空气温度传感器	$t_a°$
水温传感器	$t_w°$
燃油表传感器	Q
油压表传感器	OP
空气质量传感器	m
空气流量传感器	AF
氧传感器	λ
爆燃传感器	K
转速传感器	n
速度传感器	v
空气压力传感器	AF
制动压力传感器	BP
蓄电池传感器	B
制动灯传感器	BR
灯传感器	T
制动器摩擦片传感器	F
燃油滤清器积水传感器	W
7. 电气设备符号	
照明灯、信号灯、仪表灯、指示灯	
双丝灯	
荧光灯	
组合灯	
预热指示器	
电喇叭	
扬声器	
蜂鸣器	
报警器、电警笛	
电磁离合器	
用电动机操纵的怠速调整装置	M
加热器（除霜器）	
空气调节器	
稳压器	U Const
点烟器	
间歇刮水继电器	
防盗报警系统	
天线一般符号	
发射机	
收音机	
收放机	
传声器一般符号	
点火线圈	
分电器	
火花塞	
电压调节器	U
串励绕组	
并励或他励绕组	
集电环或换向器上的电刷	
直流电动机	M

（续）

名　　称	图形符号	名　　称	图形符号	名　　称	图形符号
起动机（带电磁开关）		天线电动机		蓄电池\蓄电池组	
燃油泵电动机、洗涤电动机		门窗电动机		闪光器	
晶体管电动燃油泵		座椅安全带装置		霍尔信号传感器	
加热定时器		定子绕组为星形联结的交流发电机		磁感应信号传感器	
电子点火		定子绕组为三角形联结的交流发电机		电磁阀一般符号	
风扇电动机		外接电压调节器与交流发电机		常开电磁阀	
刮水电动机		整体式交流发电机		常闭电磁阀	

表 1-9　常用报警灯和指示灯的图形或文字符号

序号	图形或文字符号	说　　明	序号	图形或文字符号	说　　明
1	0 1 2 3	点火开关（4 挡）： 锁止方向盘　0—OFF 或（S） 附件（收音机）　1—Acc 或（A） 点火、仪表　2—IGN 或（M） 起动　3—START 或（D）	5	CHECK	发动机故障代码显示灯（自诊断）：电控发动机喷油与点火的传感器与微机出故障时灯亮，通过人工或仪器可将故障代码调出，迅速查明故障
2	0 1 2	点火开关（3 挡）： 锁止　0—OFF 或 STOP 工作　1—ON 或 MAR 起动　2—ST 或 AVV	6		化油器阻风门关闭指示：冷车起动时阻风门关闭，指示灯亮，起动后应及时打开阻风门，否则发动机冒黑烟
3	4 3 0 1 2	柴油车电源开关： 0—OFF　断开 1—ON　接通 2—START　起动 3—Acc　附件 4—PREHEAT　预热	7		节气门关闭时灯亮
			8	VOLT AMP CHARGE　电压表 电流表	蓄电池充电指示灯：发电机不充电时灯亮，正常充电时灯灭
4	0 1 2 3 4	点火开关（5 挡）： 0—LOCK　锁定方向盘 1—OFF　断开 2—Acc　附件 3—ON　通 4—START　起动	9	WATER OVER HEAT	水温表：冷却液温度过高时报警灯亮

（续）

	图形或文字符号	说　明		图形或文字符号	说　明
10	OIL–P	机油压力报警灯、机油压力表：当机油压力过低时，灯亮	24	CRUISE	巡航（恒速行驶）指示灯：设定某一车速以后，微机根据车速变化自动控制节气门开度使车速在设定范围内，装置起作用时灯亮、有故障时显示故障码
11	FUEL	燃油表：燃油不足报警灯亮			
12		柴油机停止供油（熄火）拉杆（钮）标志	25	AIR SUSP	电子调整空气悬挂指示灯：根据驾驶条件自动控制悬架中起弹簧作用的空气，改变弹簧刚度与减振力以抑制车辆侧倾，制动时前部栽头，高速时后身下坐，保持乘坐舒适性和操纵性，指示灯显示车身高度变化。HIGH—高度调整；NORM—正常
13	(P) PKB	停车制动指示灯在手制动起作用时灯亮			
14	(!) BRAKE AIR	制动气压低报警：制动液面低、制动系故障报警灯亮			
15	r/min RPM	发动机转速表（TACHO METER） 发动机转速表能指示怠速、经济转速与换挡时机、额定转速，用途很多	26	O/D OFF	OVER/DRIVE，超速开关装在换挡手柄上，按下此开关，变速器换入超速挡；再按一下此开关，变速器退出超速挡，同时 O/D OFF 灯亮
16	km/h	车速表（SPEED）	27	VOLT	电压表：12V 电系量程为 10～16V；24V 电系量程为 20～32V
17	20:08	数字显示时钟	28	EXP TEMP	排气温度过高 报警（大于 750℃）
18	COOLANT LEVEL WATER LEVEL	冷却水位指示灯：当冷却系水位低于规定值时，灯亮报警	29		转向信号灯：L—左转向；R—右转向
19		机油油面指示灯：当发动机机油量少于规定值时，灯亮报警	30		危险警告指示灯：当汽车遇到交通事故要呼救或需要别车回避时，左、右转向灯齐闪，正常行驶时不用
20		机油温度过高报警灯：机油温度超过规定值时，报警灯亮	31	BEAM	前照灯远光 高光束（HIGH BEAM）
21	kPa	真空度指示灯	32		前照灯近光：夜间会车时使用，防止炫目
22	SRS	安全气囊指示灯：安全气囊装在方向盘毂内和仪表盘内，当汽车受到碰撞时气囊引爆、膨胀，将乘员挤靠到座椅靠背上，减轻伤害	33		灯光开关指示：可接通示廓灯、尾灯、仪表灯（高度旋钮）、牌照灯等，前照灯接通常在此开关的第 1 挡
			34		汽车示廓灯开关指示
23	TRAC	牵引力控制指示灯	35		驻车制动灯开关指示：手制动起作用时，该指示灯亮

（续）

	图形或文字符号	说　明		图形或文字符号	说　明
36		后雾灯开关指示灯：必须在前雾灯已亮的前提下使用，正常行驶时应关闭此雾灯	49		蓄电池液位指示灯：当液面低于规定值时灯亮
37		前雾灯开关指示	50		拖车制动指示灯
38	TEST	指示灯、报警灯灯泡好坏的检查开关	51		制动蹄片磨损超限报警灯
39	R	倒车灯（后灯）开关	52	 ABS	防抱死制动指示灯：钥匙在起动挡或车速在 5 ~ 10km/h 以下应亮 ABS 系统能在紧急制动和滑溜路面制动时控制 4 个车轮油缸的油压，防止车轮抱死。ABS 出现故障时报警灯亮，并可显示故障代码（用工具）
40		室内灯（顶灯）开关指示			
41	L PASS HI LO R	转向灯开关与超车灯开关：L—左转向；R—右转向；PASS—瞬间远光（超车信号）；HI—常用远光；LO—定位中间挡			
42		旋转灯标志，警车、急救护车、消防车的车顶旋转警灯开关标志	53	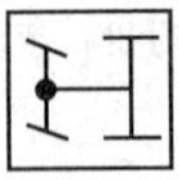	分动器前桥接入指示灯：用于越野车全驱动时，灯亮
43	BELT	安全带指示灯：当点火开关接通，安全带未系时灯亮或伴有蜂鸣	54	 kPa	空气滤清器堵塞指示灯
44	HEAT GLOW	电热预温塞指示灯：常温下起动亮 0.3s，可直接起动，低温起动前亮 3.5s，表示“等待预热”灯灭可起动	55		液力变矩器开关指示
			56	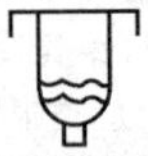	柴油粗滤器中积水超限报警灯
45	GLOW	预热塞（电热或火焰预热塞）指示灯常温下起动亮 0.3s 可直接起动，低温起动前亮 3.5s，表示“等待预热”灯灭可起动	57	 HORN	喇叭按钮标志
			58		点烟器标志：按下点烟器手柄即接通电路，发热体烧红后（约几秒）自动弹出，可供点烟用
46	DIFF LOCK	差速锁联锁指示灯：车辆转弯时必须脱开	59		发动机罩开启拉手指示
			60	 TRUNK	行李舱盖开启拉手或电动按钮指示
			61	 DOOR	门未关报警灯，在仪表盘上设此灯
47		排气制动指示灯：下长坡时，堵住排气管，利用发动机阻力使汽车减速，踩离合器、加油时自动解除	62		座垫加热指示灯
48	EXH·BRAKE	排气制动指示：排气管堵住起制动作用时灯亮（与 47 项相同）	63		室内灯门控挡，当门关严后室内灯灭，此外还有手控长明挡（ON）及断开挡（OFF）

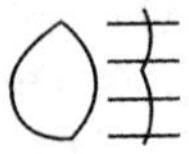

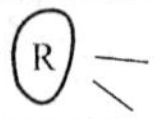

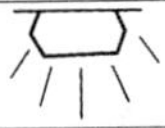

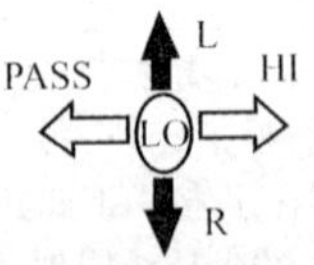

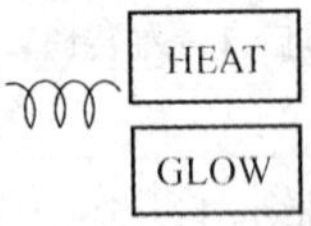

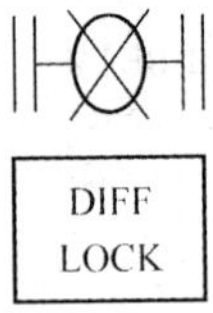

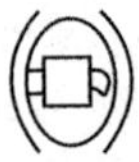

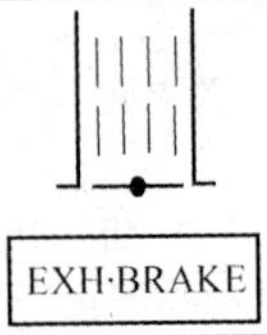

（续）

	图形或文字符号	说　明
64	P R N D 2 L	自动变速器 挡位指示灯：P—停车制动；R—倒挡；N—空挡；D—前进挡，自动在 1⇌2⇌3⇌4 挡间变速；2—锁定挡，自动在 1⇌2 挡间变速，上下陡坡用；L—低挡，只允许 1 挡行驶，上、下陡坡用
65	ECTPWR	电控自动变速器有两种已编好程的换挡方式：即正常模式（Normal）和动力模式（Power），用开关选择动力模式时，指示灯亮
66		增热器开关指示灯、除霜线指示灯和开关指示灯：常为后窗碳粉加热
67		风窗玻璃刮水开关指示
68	WASHER	风窗玻璃洗涤开关指示
69		风窗玻璃刮水洗涤开关指示：OFF—断开；INT—间歇；LO—低速；HI—高速
70		后窗玻璃刮水指示灯和开关标志
71		后窗玻璃洗涤开关指示
72		前照灯刮水洗涤开关指示
73		车门玻璃升降开关：UP—升起；DOWN—降下
74	A/C	空调系统制冷 压缩机开启指示
75	FAN	空调系统鼓风机指示
76	VENT	空调系统通风（吹脸）挡
77	HEAT	空调系统 加热（吹脚）挡
78	BI-LEVEL	空调系统双层（上冷下热）挡
79	DEF-HEAT	空调系统除霜与吹脚（加热）挡
80	DEF	风窗玻璃除霜除雾指示
81	Outside	车外新鲜空气循环风道开启指示（FRESH）
82	Inside	车内空气循环风道开启指示（REC）
83		驾驶室锁止：可倾翻的驾驶室回位时没有到达规定锁止状态，报警灯亮
84	EXH TEMP	排气温度超过一定限度时此灯亮
85		后视镜加热指示
86		后视镜镜面上下调节与左右调节开关标志
87	AIR MPa	空气压力表：常用于气压制动系统中双管路气压指示
88		空气滤清器堵塞信号报警灯

2. 导线的标记

在电路图中，每根导线都有线束标记，如导线上标有 W/R，则表示该导线为白色基色带红色条纹的导线。由于各国家的母语不同，故线束标记有所不同。我国与美国、日本等国均采用英文字母缩写形式，而德国则采用德文字母。电路中导线的颜色代号见表 1-10。随着汽车用电设备的增多，导线的数量也不断增加，为了维修及安装方便，除各线束间的插接器不同外，各用电设备之间线束中的导线颜色也是不同的。这样当汽车电路出现故障时，根据电路图上导线的标注，可以从线束中很方便地找到相应的导线。

表 1-10　电路中导线颜色代号

颜色	黑	白	红	绿	黄	棕	蓝	灰	紫	粉	橙	浅蓝	浅绿	深绿
英文代号	B	W	R	G	Y	Br	Bl	Gr	V	P	O	L	Lg	Dg
德文代号	Sw	Ws	Ro	Gn	Ge	Br	Bl	Gr	—	Li	—	Hb	—	—

3. 阅读电路图的注意事项

汽车全车电路图一般说来较为复杂，在利用全车电路图进行系统分析时，首先应看全车电路图，对全车电路大致了解后，根据各个系统的工作原理分析电路系统的故障，这样才能准确及时地将故障排除。

（1）回路原则　对于全车电路来说，所有用电设备都是并联的，任何一个电路系统都是一个完整的电气系统，即闭合回路。它包括电源、开关、熔断器、用电设备、导线等，并从电源正极→熔丝→开关→用电设备→搭铁→电源负极。

（2）注意相线与搭铁线　同一电路中可能有多条相线，但有的相线与蓄电池正极直接相连；而有的相线由点火开关控制，只有点火开关接通后，该相线才能有“火”；还有的相线经继电器等控制。在电路图中有很多搭铁线，但搭铁部位不同。

（3）注意继电器和用电设备的开关　多数开关控制相线，而有些开关则控制搭铁线。有些继电器和开关的触点是常开的，而有些继电器和开关的触点是常闭的。

任务二　汽车电路识读

一、电路的基本构成

1. 基本回路

1）简单闭合电路　如图 1-15 所示。

2）简单继电器控制电路　如图 1-16 所示。

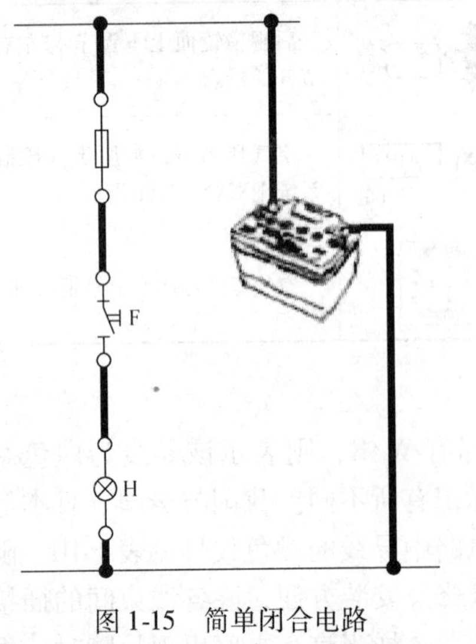

图 1-15　简单闭合电路

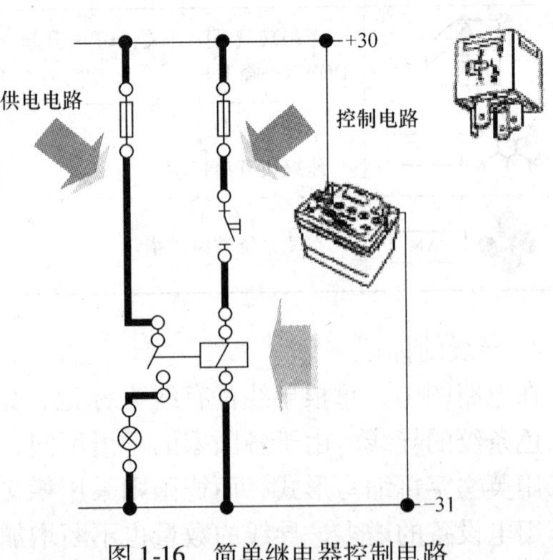

图 1-16　简单继电器控制电路

3）电子继电器控制电路　如图 1-17 所示。

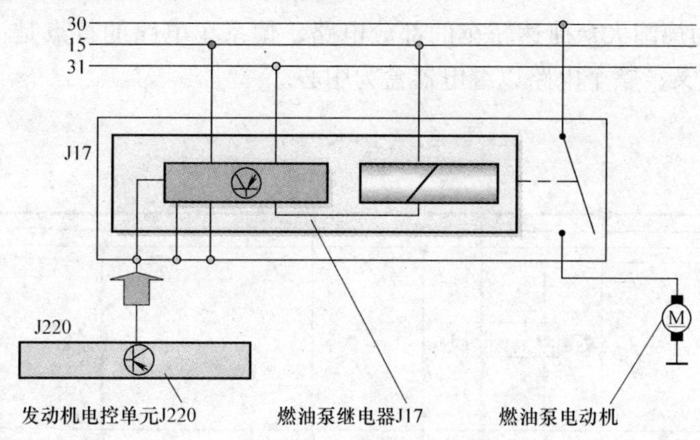

图 1-17　电子继电器控制电路

2. 汽车电路中的基本符号

汽车电路中的基本符号如图 1-18 所示。

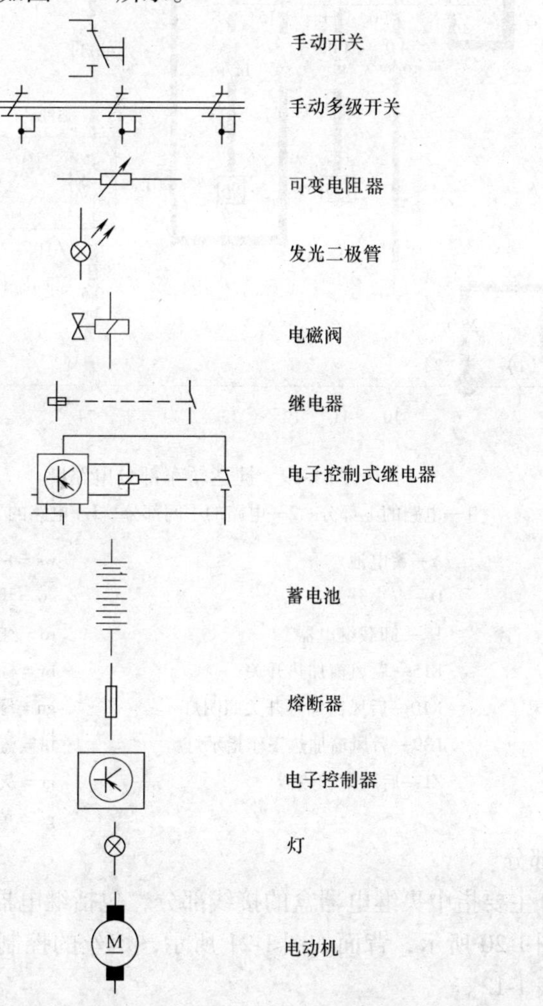

图 1-18　汽车电路中的基本符号

二、电路识读

图 1-19 所示为德国大众捷达轿车的部分电路，德系车电路的特点是：所有电路都是纵向排列，互相不交叉；整个电路以继电器盒为中心。

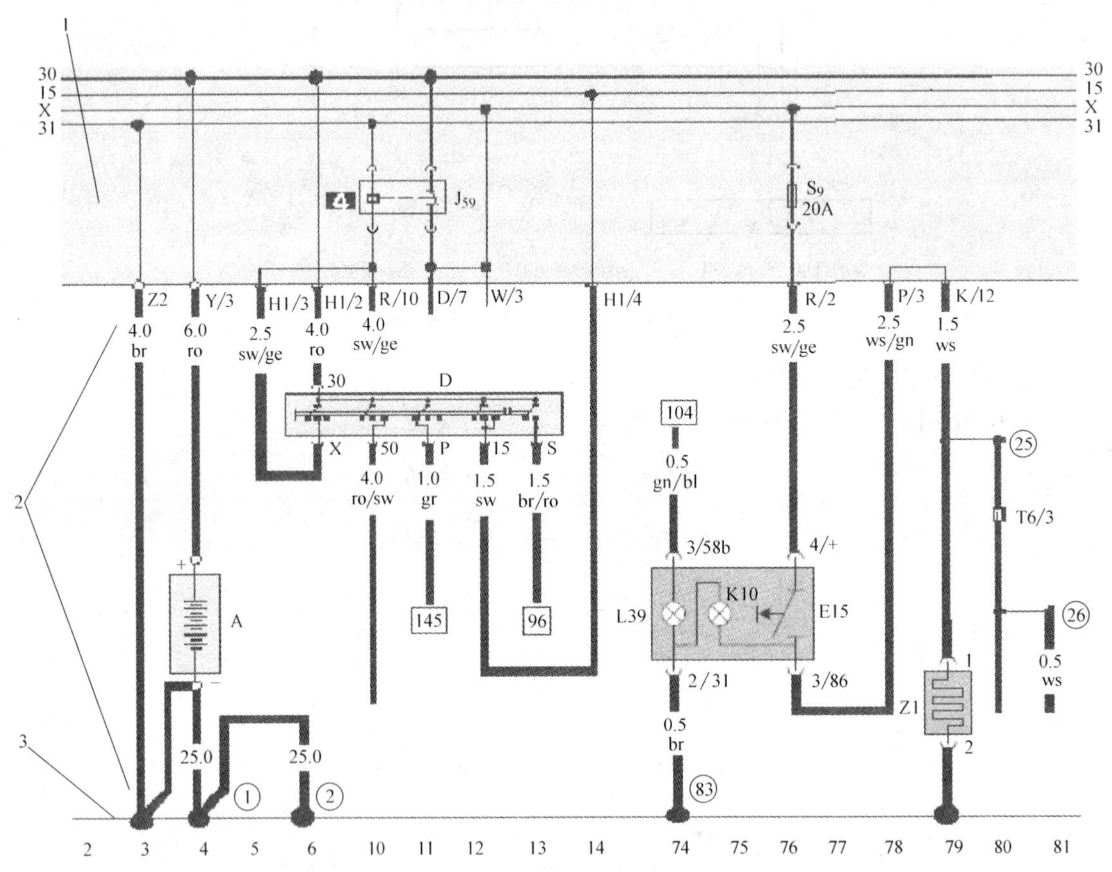

图 1-19　捷达轿车部分电路

1—电路的上部分　2—电路的中间部分　3—电路的下部分

A—蓄电池	ws = 白色
D—点火开关	sw = 黑色
J_{59}—卸载继电器	ro = 红色
E15—后风窗加热开关	br = 棕色
K10—后风窗加热开关照明灯	gn = 绿色
L39—后风窗加热工作指示灯	bl = 蓝色
Z1—后风窗加热器	gr = 灰色
	ge = 黄色

1. 电路的上部分

电路的上部分主要指中央继电器盒的接线部分，包括继电器、熔丝及插接器等，中央继电器盒的正面如图 1-20 所示，背面如图 1-21 所示，熔丝的控制内容见表 1-11，继电器的位置与控制内容见表 1-12。

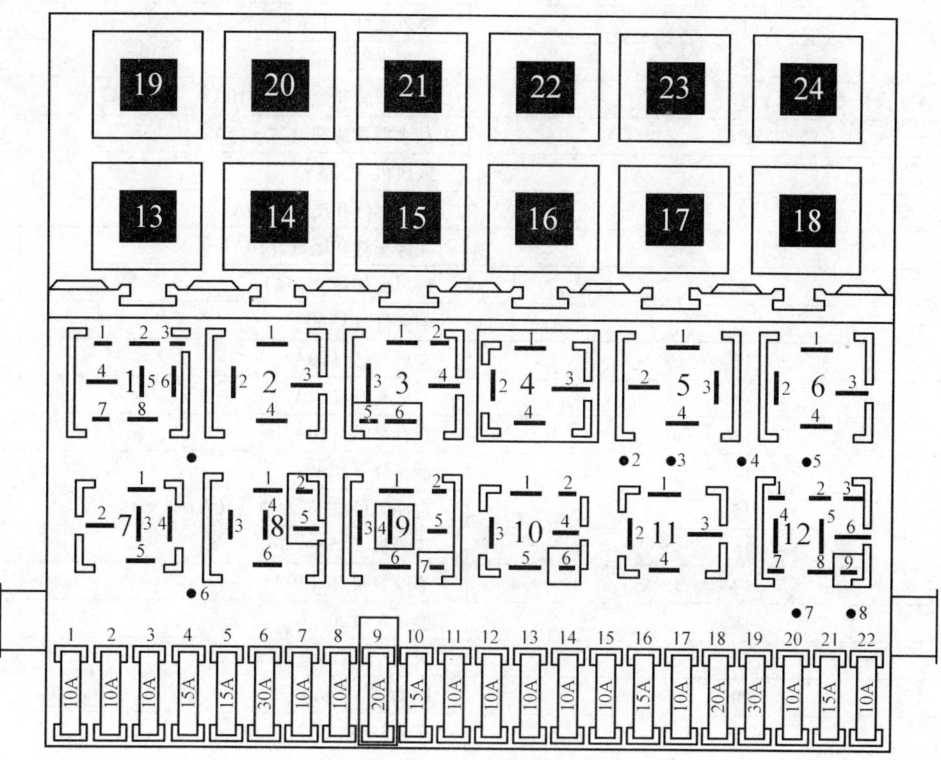

图 1-20　捷达轿车中央继电器盒的正面

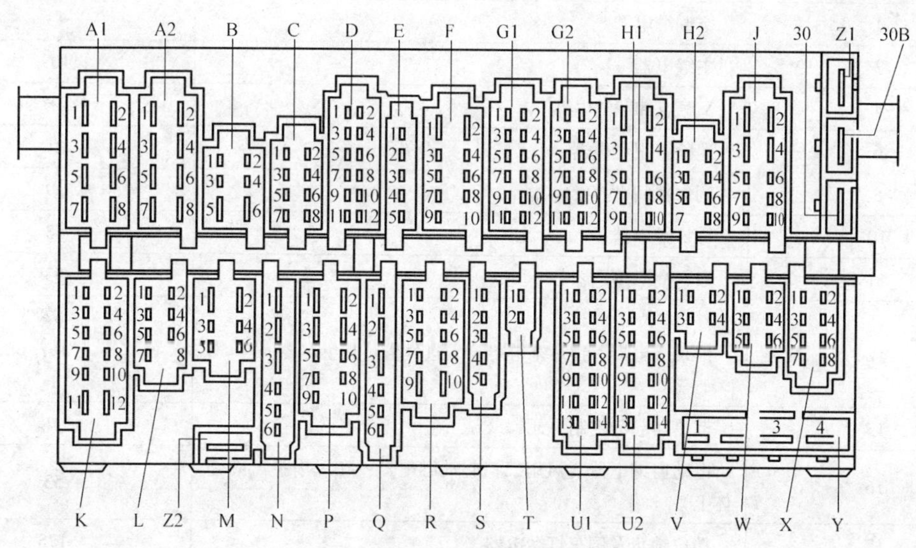

图 1-21　捷达轿车中央继电器盒的背面

表 1-11　熔丝的控制内容

序　号	控制内容
1	左近光灯（10A）
2	右近光灯（10A）
3	仪表及牌照照明灯（10A）
5	刮水器及清洗设备（15A）
6	鼓风机（30A）
7	右停车灯和尾灯（10A）
8	左停车灯和尾灯（10A）
9	后风窗加热（20A）
10	前雾灯（15A）
11	左远光灯（10A）
12	右远光灯（10A）
13	双音喇叭（10A）
14	倒车灯（10A）
15	自动阻风/进气预热（10A）
16	仪表板（15A）
17	遇险警报灯（10A）
18	燃油泵（20A）
19	风扇/空调继电器（30A）
20	制动灯（10A）
21	车内灯/数字钟（15A）
22	收录机/点烟器（10A）

表 1-12　捷达轿车继电器的位置及控制内容

中央继电器盒上的位置号	继电器名称	产品号（外壳上的号码）
1	空调继电器	13
3	主继电器	109
4	X 触点卸载继电器	18
6	遇险警报继电器	21
8	刮水器间歇挡继电器	19
10	雾灯继电器	53
11	双音喇叭继电器	53
12	油泵继电器、预热塞继电器、进气管预热继电器	67 167 1
13	散热器起动控制单元	31
16	电动窗继电器（风扇二挡起动继电器：在风扇护风圈壳体上）	53
17	挡位锁止及倒车灯继电器	175
18	空调继电器（仅 5V 发动机）	147

（1）全车电路总线　在电路中全车电路总线的表示方法及含义如图 1-22 所示。全车电路总线还有一个 50 号线（点火开关起动挡输出的相线），本图中没有涉及，因此没有画出。

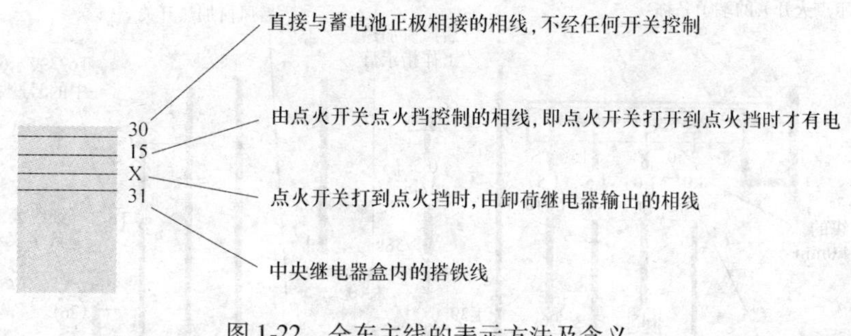

图 1-22　全车主线的表示方法及含义

（2）熔丝　电路中熔丝的表示方法及含义如图 1-23 所示，熔丝代号及控制内容见中央继电器盒正面（图 1-20）及表 1-11。

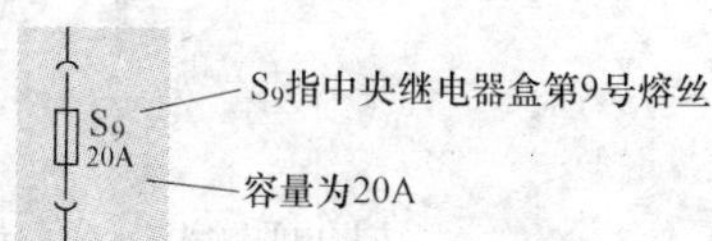

图 1-23　电路中熔丝的表示方法及含义

（3）继电器　电路中继电器的表示方法及含义如图 1-24 所示，继电器端子示意图如图 1-25 所示。继电器的位置及控制内容见中央继电器盒正面（图 1-20）及表 1-12。

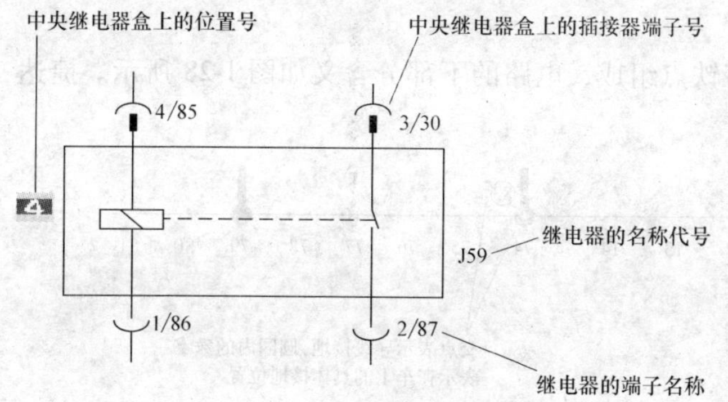

图 1-24　电路中继电器的表示方法及含义

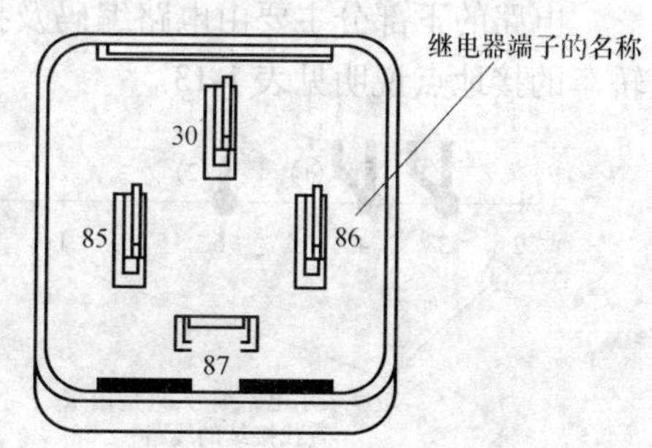

图 1-25　继电器端子示意图

（4）插接器　中央继电器盒背面插接器在电路中的表示方法及含义如图 1-26 所示，插接器代号见中央继电器盒的背面（图 1-21）。

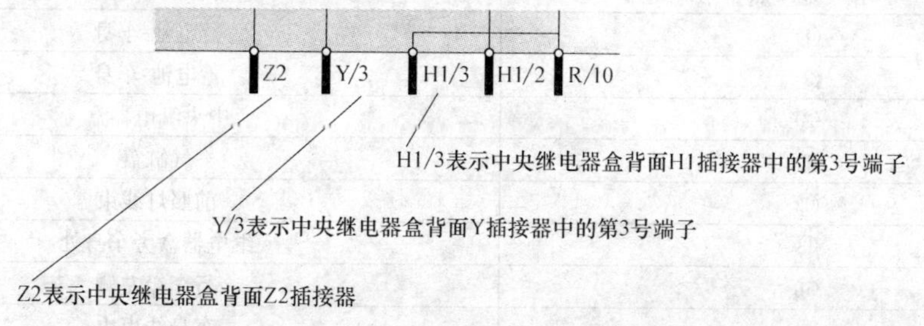

图 1-26　中央继电器盒背面插接器在电路中的表示方法及含义

2. 电路的中间部分

电路的中间部分包括各线导线、各种开关、控制单元及用电设备。电路图中间部分的说明如图 1-27 所示。

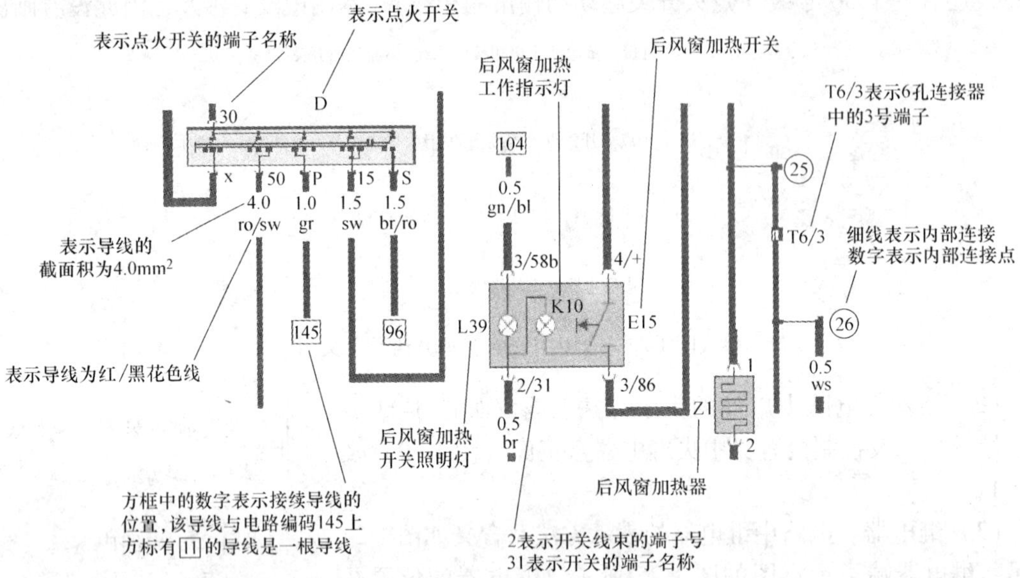

图 1-27　电路中间部分的含义

3. 电路的下部分

电路的下部分主要由电路编码及搭铁点组成，电路的下部分含义如图 1-28 所示。捷达轿车的接地点说明见表 1-13。

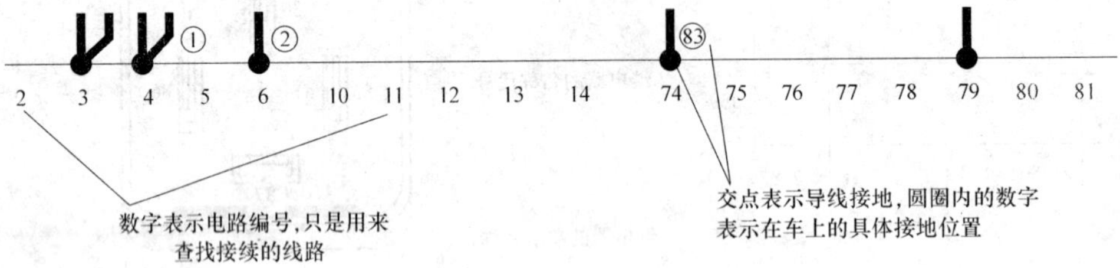

图 1-28　电路的下部分含义

表 1-13　捷达轿车的接地点说明

接　地　点	位　　置
①	蓄电池-车身
②	蓄电池-车身
③	中央继电器盒
(85)	气缸盖
(119)	前照灯线束
㊸	继电器盒旁车身处
(51)	行李箱左侧
④	车身线束内
㊿	行李箱锁下一步
(63)	车身内部线束内
(83)	行李箱上部右侧

任务三　汽车电路基础元件测试

一、工具材料准备

各种开关、继电器、熔断器及熔断器插座、导线、试灯、万用表、稳压电源（或蓄电池）、可变电阻器及成套工具等。

二、点火开关的测试

准备一个实物点火开关，按照图1-29b所示方法测试点火开关各挡位的导通情况，即在不同的挡位分别测试输入端30与输出端子的导通情况。点火开关导通原理如图1-30所示。将测试结果填写于表1-14中，并分析结论是否正确。

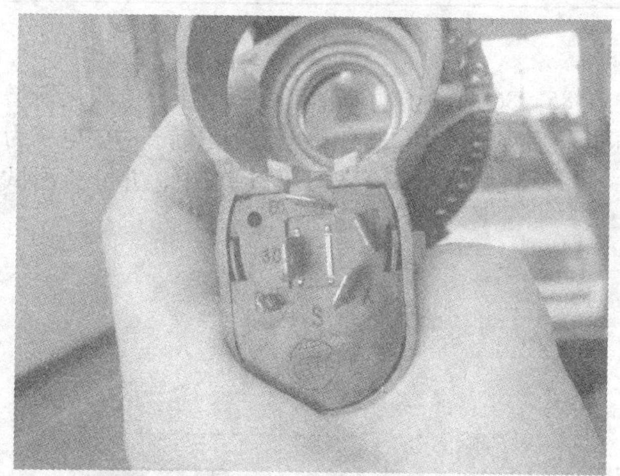

a)

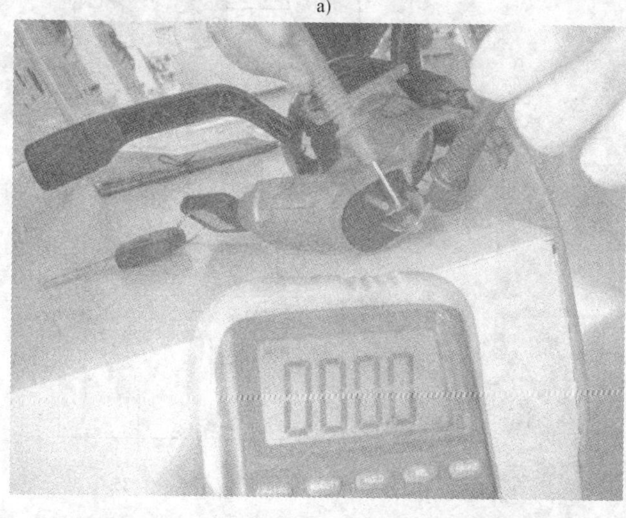

b)

图1-29　测试点火开关示意图
a）点火开关端子　b）测试方法

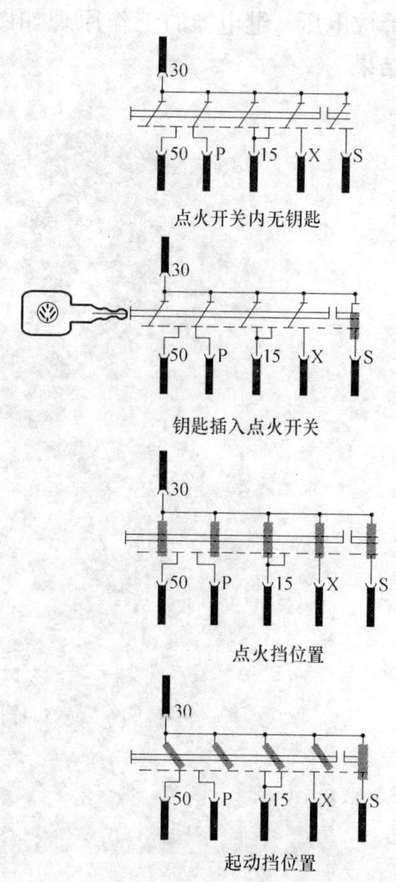

图1-30　点火开关的挡位导通情况测试

表 1-14　点火开关测试情况

端子 导通情况 挡位	30	50	P	15	X	S
点火开关内无钥匙						
钥匙插入点火开关内						
点火挡位						
起动挡位						
测试结果分析：						

三、继电器的测试

继电器的测试方法如图 1-31b 所示，在 85、86 两端子间加直流可调电压，电压逐渐增大，继电器触点闭合时的电压为闭合电压，然后逐渐减小电压，继电器触点断开时的电压为释放电压。继电器的工作原理如图 1-32 所示，将测试结果填写于表 1-15 中，并分析测试结果。

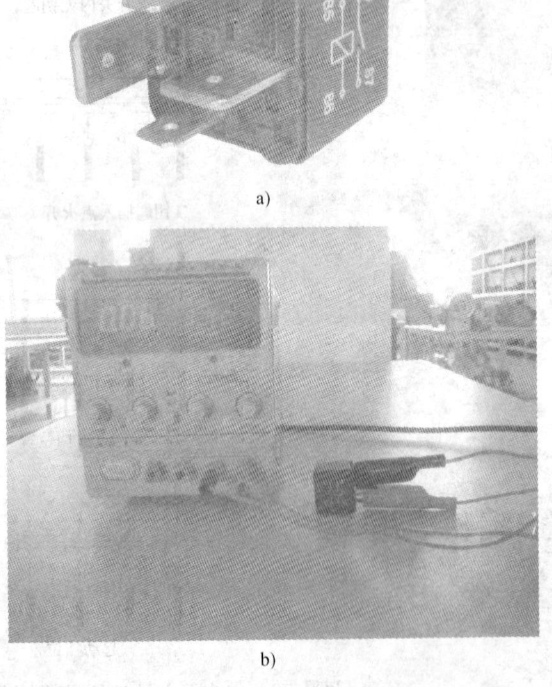

a)

b)

图 1-31　继电器的测试方法

a）实物图　b）测试方法

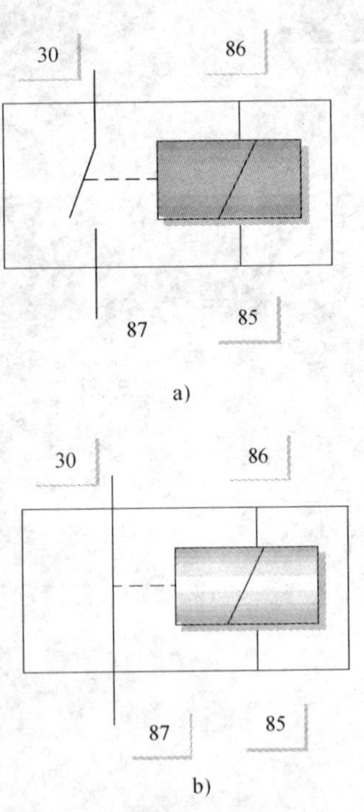

a)

b)

图 1-32　继电器的工作原理

a）非工作状态　b）工作状态

表 1-15　继电器的测试结果

<table>
<tr><td>端子
状态</td><td>30</td><td>87</td><td>85</td><td>86</td><td colspan="2">电　压</td></tr>
<tr><td>非工作状态</td><td colspan="2"></td><td colspan="2"></td><td colspan="2"></td></tr>
<tr><td rowspan="2">工作状态</td><td colspan="2" rowspan="2"></td><td colspan="2" rowspan="2"></td><td>吸合电压</td><td></td></tr>
<tr><td>释放电压</td><td></td></tr>
</table>

四、线束插接器的测试

如图 1-33 所示，直接测试线束插接器的导通状态，并将测试结果填写在表 1-16 中。

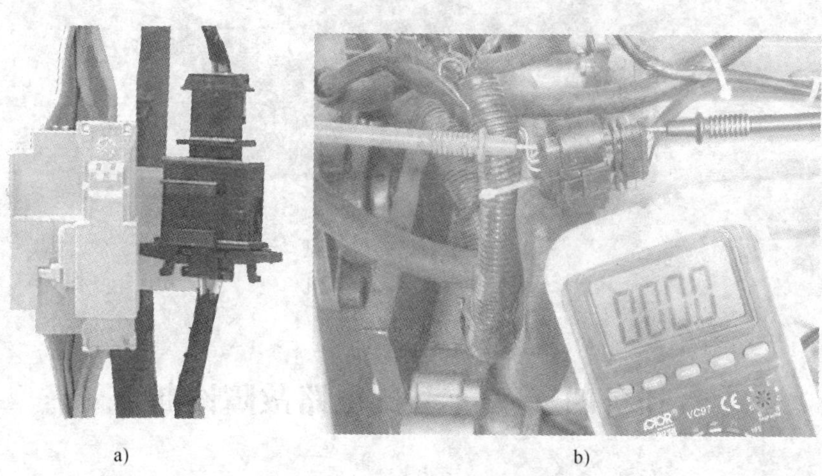

a)　　b)

图 1-33　线束插接器的测试

a）实物图　b）示意图

表 1-16　线束连接器的测试结果

导线 测试	导线一	导线二	导线三	导线四
导通情况				

五、熔丝的测试

可以将熔丝从车上取下来，通过肉眼观看判断其好坏。但在诊断故障时，可以就车测试熔丝的好坏，如图 1-34b 所示。在一个熔丝的两端分别测试，若一端有高电位，而另一端没有高电位，则该熔丝有故障。将测试结果填写在表 1-17 中。

表 1-17　熔丝的测试结果

熔丝 测试	S1	S2	S3	……
导通情况				

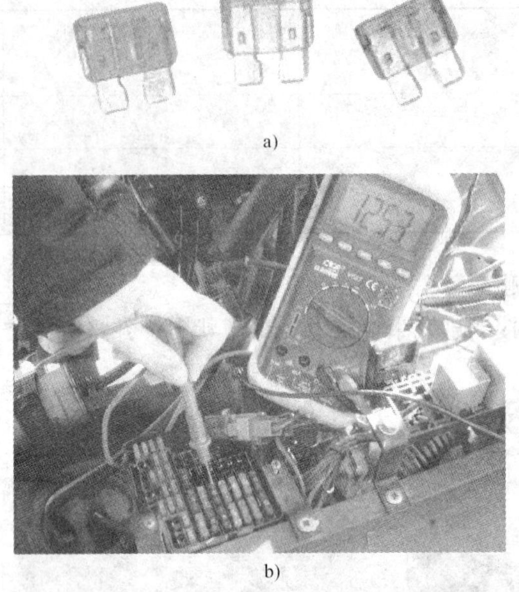

a)

b)

图 1-34　熔丝的测试
a）实物图　b）测试图

任务四　汽车基础电路故障诊断

一、工具材料准备

各种开关、继电器、熔断器及熔断器插座、导线、试灯、万用表、稳压电源（或蓄电池）、可变电阻器及成套工具等。

二、自己动手设计汽车电路

设计是一个完整的闭合电路（见图 1-35），电路中要有点火开关、继电器、导线插接器

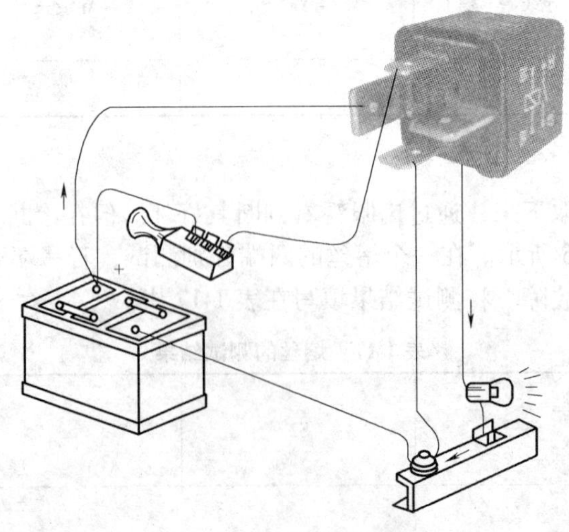

图 1-35　简单的闭合电路

及灯泡等用电设备，并确保用电设备能工作，以便进行电路故障测试时使用。

三、电路的诊断方法

1. 设置电路为短路故障

例如，使电路的相线产生搭铁（短路）故障时，电路的熔断器将被烧坏，用电设备不工作。这种情况可用“断路法”进行故障诊断。

如图1-36所示，当发生短路故障熔丝烧坏时，可将一个试灯并联于熔丝，按图1-36中①→②→③顺序逐次断开插接器，直到灯灭为止，便可确定故障部位。将测试结果填写在表1-18中。

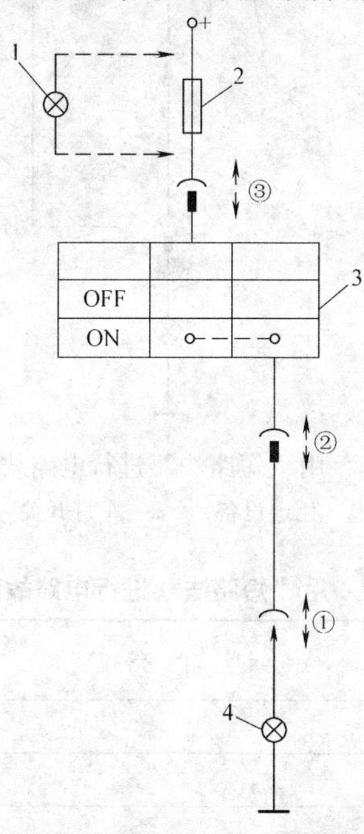

图1-36 用“断路法”进行电路故障诊断

1—试灯 2—熔断器 3—车灯开关 4—车用灯泡（用电设备）

表1-18 用“断路法”进行电路故障诊断

诊断步骤 \ 试灯	试 灯 亮	试 灯 灭
断开插接器①		
断开插接器②		
断开插接器③		
分析测试结果		

2. 设置电路为断路故障

例如，当开关、继电器或插接器有断路故障（不导通或接触不良）时，用电设备不工作。这种情况可应用“短路法”进行故障诊断。

如图1-37所示，检测时先将与灯泡连接的插接器①断开，用一根导线直接给灯泡送电，通过灯泡是否工作可判断灯泡的好坏，然后按着①→②→③的顺序逐次断开插接器，可判断故障的具体部位。将测试结果填写在表1-19中。

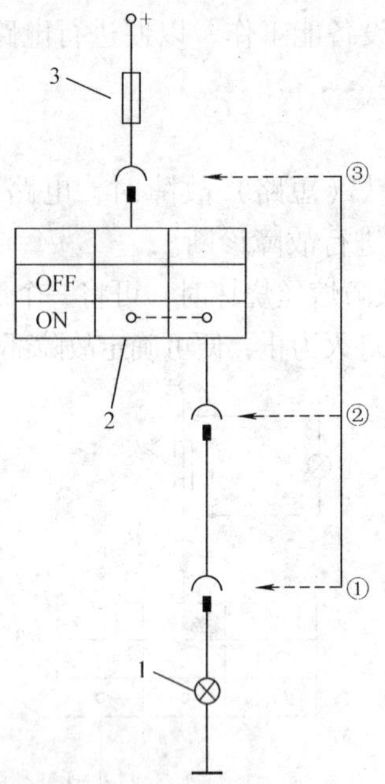

图 1-37　用“短路法”进行电路故障诊断

1—车用灯泡（用电设备）　2—车灯开关　3—熔断器

表 1-19　用“短路法”进行电路故障诊断

试灯 诊断步骤	试 灯 亮	试 灯 灭
断开插接器①后送电		
断开插接器②后送电		
断开插接器③后送电		
分析测试结果		

小　结

汽车上的用电设备一般都是低压直流电器，不同的用电设备都是并联在电路中。每一个用电设备的工作电路都通过开关、熔丝、继电器、导线等连接起来，形成闭合回路。

不同车系的全车电路是不相同的，但是电路图的基本原则是一致的。在阅读电路时，一定要遵循回路原则，重点要分析用电设备的相线和搭铁线是如何控制的。开关、继电器可以控制相线，也可以控制搭铁线。

复习思考题

1. 更换熔断器时应注意什么问题？
2. 电路中的继电器有什么作用？
3. 汽车电器设备各有什么特点？
4. 如何阅读汽车电路？

项目二　蓄电池的使用与维护

知识点

（1）了解蓄电池的结构、工作原理及蓄电池的作用。

（2）了解蓄电池的容量及影响因素。

（3）掌握蓄电池的使用注意事项。

技能点

（1）能正确为车辆选用蓄电池。

（2）能正确对蓄电池进行维护。

任务一　理论学习

一、蓄电池的作用与分类

蓄电池是一种将化学能转变为电能的装置，是可逆的低压直流电源。蓄电池放电时，将其储存的化学能转变为电能；蓄电池充电时，将电能转变为化学能储存起来。

汽车上装有发电机与蓄电池两个直流电源，蓄电池与发电机并联，共同向全车用电设备供电。在发动机正常工作时，由发电机向全车用电设备供电，与此同时，蓄电池处于充电状态，由发电机给蓄电池充电。

1. 蓄电池的作用

1）在发动机起动时，由蓄电池给起动机提供大电流，同时向点火系统、燃油喷射系统及发动机其他用电设备供电。

2）在发电机不发电时，由蓄电池向用电设备供电。

3）当取下汽车钥匙时，由蓄电池向时钟、全车各电控系统的电子控制单元（ECU）存储器及防盗报警系统等供电。

4）当发电机超载时，蓄电池协助发电机供电。

5）当发电机正常发电时，蓄电池可将发电机产生的电能转变为化学能储存起来（即充电）。

6）蓄电池相当于一个大容量电容器，在发电机转速和负载变化较大时，能够保持汽车电源电压的相对稳定。同时，还可吸收电路中产生的瞬间过电压，保护汽车电子元器件不被损坏。

汽车上所使用的蓄电池主要是为了满足起动机工作的需要，所以通常称为起动型蓄电池。起动型蓄电池在短时间内可提供强大的起动电流（一般为 200 ~ 600A，最大可达 1000A），根据电解液的不同，蓄电池有酸性蓄电池和碱性蓄电池之分。铅酸蓄电池结构简单，起动性能好，价格低廉，所以在汽车上广泛采用。

2. 蓄电池的分类

目前，汽车上使用的蓄电池有两大类，即铅酸蓄电池和镍碱蓄电池。铅酸蓄电池又分为普通蓄电池、免维护蓄电池、干荷电式蓄电池及胶体蓄电池等；镍碱蓄电池有铁镍蓄电池及镉镍蓄电池等。铅酸蓄电池具有价格便宜、内阻小等特点，在汽车上广泛应用；镍碱蓄电池具有容量大、使用寿命长、维护简单等优点，但价格昂贵，目前只在少数汽车上使用。

二、铅蓄电池的构造

普通铅蓄电池主要由极板、隔板、电解液、壳体、联条、极桩等部分组成。蓄电池由单格组成，12V 蓄电池由 6 个单格串联而成，每个单格电池电压为 2.1V，如图 2-1 所示。

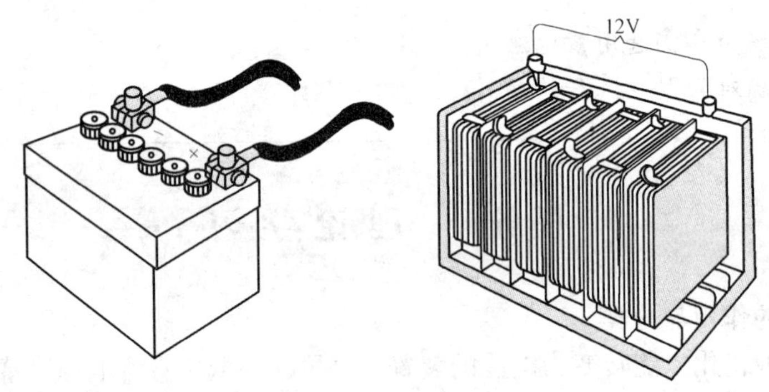

图 2-1 蓄电池的构造

1. 正、负极板

极板分为正极板和负极板两种，均由栅架和填充在其上的活性物质构成，如图 2-2 所示。蓄电池充、放电过程中，电能和化学能的相互转换就是依靠极板上活性物质和电解液中硫酸的化学反应来实现的。正极板上的活性物质是二氧化铅（PbO_2），呈深棕色；负极板上的活性物质是海绵状纯铅（Pb），呈青灰色。

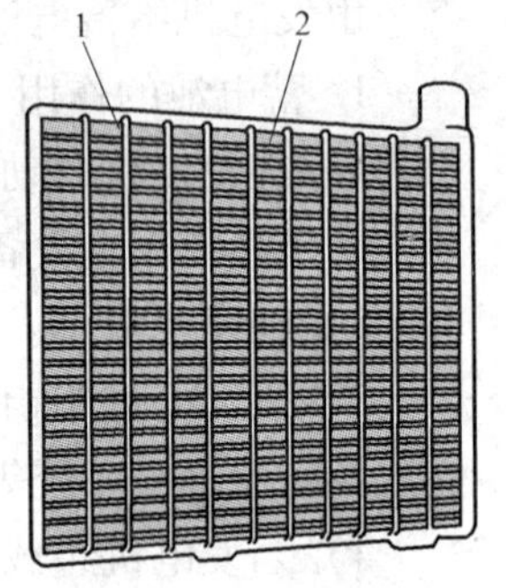

图 2-2 极板

1—栅架 2—活性物质

栅架的作用是容纳活性物质并使极板成形，一般由铅锑合金浇铸而成。铅锑合金中，锑的质量分数为 5% ~7%。加入锑是为了提高栅架的机械强度并改善浇铸性能，但加锑的副作用是会引起蓄电池的自放电。

国产负极板的厚度为 1.8mm，正极板的厚度为 2.2mm。进口蓄电池普遍采用薄型极板，厚度为 1.1 ~1.5mm。薄型极板在相同体积的情况下可以提高蓄电池的容量，改善蓄电池的起动性能。

为了增大蓄电池的容量，将多片正、负极板分别并联，组成正、负极板组，装在单格内，如图 2-3 所示。由于正极板的机械强度差，所以在每个单格中，负极板组比正极板组多一片，这样每一片正极板都处于两片负极板之间，使其两侧放电均匀，防止正极板拱曲变形。

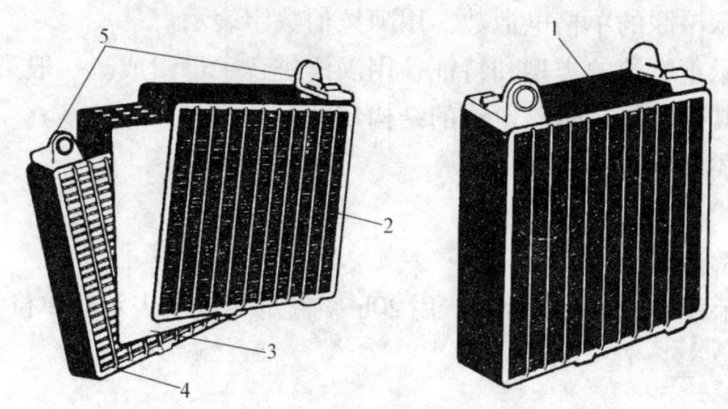

图 2-3　单格电池极板组
1—组装完的极板组　2—负极板组　3—隔板　4—正极板组　5—联条

2. 隔板

为了减小蓄电池的内阻和尺寸，蓄电池内部正、负极板应尽可能地靠近，但为了避免彼此接触而短路，正、负极板之间要用隔板隔开。隔板材料应具有多孔性和渗透性，且化学性能要稳定，即具有良好的耐酸性和抗氧化性。常用的隔板材料有木质隔板、微孔橡胶、微孔塑料、玻璃纤维和纸板等。

3. 电解液

电解液由专用硫酸和蒸馏水按一定比例配制而成，密度一般为 1.24 ~ 1.30g/cm^3（电解液的温度为 25℃）。配制电解液必须使用耐酸的器皿，切记只能将硫酸慢慢地倒入蒸馏水中，并不断搅拌。

4. 壳体

蓄电池的壳体是用来盛放电解液和极板组的，应由耐酸、耐热、耐振、绝缘性好并且有一定机械强度的材料制成，一般由橡胶或塑料制成。

壳体为整体式结构，壳体内部由 6 个互不相通的单格组成，底部有突起的肋条以搁置极板组。肋条之间的空间用来储存脱落下来的活性物质，以防止在极板间造成短路，极板装入壳体后，上部用与壳体相同材料制成的电池盖密封。每个单格的顶部有一个加液孔，用于添加电解液和蒸馏水，也用于检查电解液液面高度和测量电解液密度等，加液孔盖上设有通风孔，供蓄电池化学反应中产生的气体（H_2 和 O_2 等）能随时逸出。

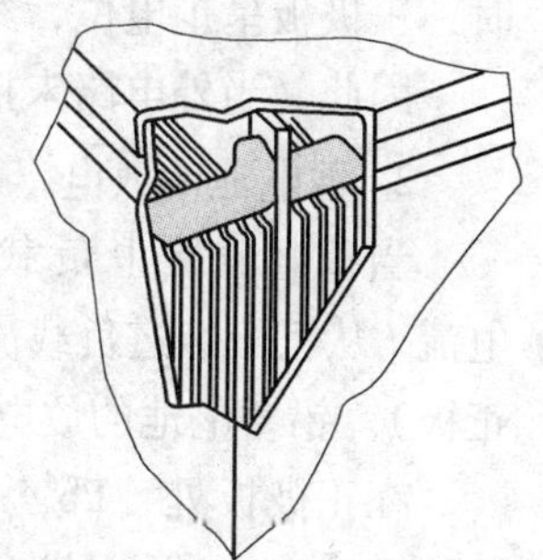
图 2-4　单格电池的串联方式

5. 联条

联条的作用是将单格电池串联起来，提高整个蓄电池的端电压。普通电池联条的串接方式一般是外露式，而新型蓄电池联条的串接方式是穿壁式，如图 2-4 所示。

6. 蓄电池的型号

蓄电池的型号按我国机械工业部 JB/T 2599—1993《铅酸蓄电池　产品型号编制方法》规定，其产品型号含义如下：

Ⅰ ——— Ⅱ ——— Ⅲ

第一部分：表示串联的单格电池数，用阿拉伯数字表示。

第二部分：表示蓄电池的类型和特征，用汉语拼音字母组成。一般第一个字母用 Q，表示起动型蓄电池；其他字母表示蓄电池的结构特征，如：

A ——干荷电式；

W——免维护式；

J ——胶体电解液。

第三部分：表示蓄电池的额定容量，用 20h 率额定容量来表示，单位为 A · h（安培 · 小时）。

例如：

1）6-QA-105：表示由 6 个单格电池组成，额定电压为 12V，额定容量为 105A · h 的起动型干荷电蓄电池。

2）6-QAW-100：表示由 6 个单格电池组成，额定电压为 12V，额定容量为 100A · h 的起动型干荷电式免维护蓄电池。

三、蓄电池的工作原理

1. 电动势的建立

当极板浸入电解液时，在负极板处，一方面金属铅 Pb 有溶解于电解液的倾向，因而有少量铅进入溶液，生成 Pb^{2+}，在极板上留下两个电子 2e，使极板带负电；另一方面，由于正、负电荷的吸引，Pb^{2+} 有沉附于极板表面的倾向。当两者达到平衡时，此时负极板具有负电位，约为 -0.1V 。

正极板处，少量 PbO_2 溶入电解液，与水生成 $Pb(OH)_4$，再分离成四价铅离子和氢氧根离子，即

$$PbO_2 + 2H_2O \rightarrow Pb(OH)_4$$

$$Pb(OH)_4 \rightarrow Pb^{4+} + 4OH^-$$

由于 Pb^{4+} 沉附于极板的倾向大于溶解的倾向，因而沉附在正极板上，当溶解达到平衡时，正极板呈正电位，约为 +2.0V。

因此，当外电路未接通时，蓄电池的静止电动势约为 2.1V。

2. 蓄电池的放电

当蓄电池接上负载后，在电动势的作用下，电流 I_f 从正极经过负载流往负极（即电子从负极到正极）。铅蓄电池的放电过程如图 2-5 所示。

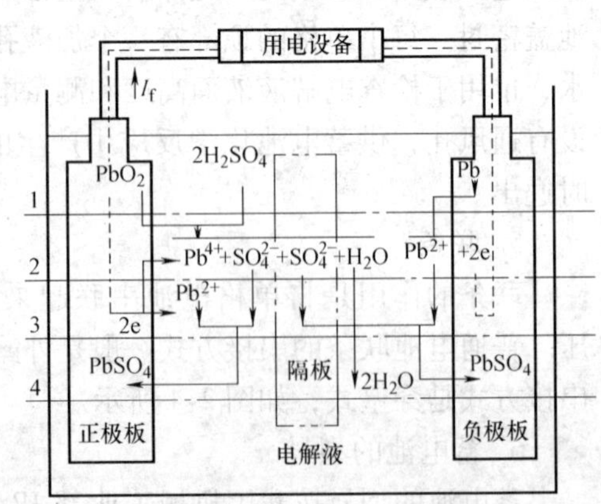

图 2-5　铅蓄电池的放电过程

1—充电状态　2—溶解电离

3—接入负载　4—放电状态

在正极板处，Pb^{4+} 和电子结合，变成二价铅离子 Pb^{2+}，Pb^{2+} 与电解液中的 SO_4^{2-} 结合生成 $PbSO_4$ 沉附于极板上，即

$$Pb^{4+} + 2e \rightarrow Pb^{2+}$$

$$Pb^{2+} + SO_4^{2-} \rightarrow PbSO_4$$

在负极板处，失去两个电子的 Pb 变为 Pb^{2+}，与电解液中的 SO_4^{2-} 结合也生成 $PbSO_4$，沉附在负极板上，即

$$Pb - 2e \rightarrow Pb^{2+}$$

$$Pb^{2+} + SO_4^{2-} \rightarrow PbSO_4$$

在电解液中，H_2SO_4电离为SO_4^{2-}和H^+，而H^+与溶液中的OH^-结合生成水，即

$$H^+ + OH^- \rightarrow H_2O$$

结论：在放电过程中，正负极板上的活性物质转化为$PbSO_4$，同时电解液中的H_2SO_4转化为水，电解液的密度不断下降。

理论上，放电过程应进行到极板上的活性物质全部变为硫酸铅为止，而实际上是不可能的，因为放电过程生成的$PbSO_4$沉附于极板表面，电解液不能渗透到活性物质的内层。使用中，所谓放完电的蓄电池，实际上只有20%～30%的活性物质变成了$PbSO_4$，因此采用薄型极板，增加极板的多孔性，可提高蓄电池的容量。

3. 蓄电池的充电

充电时，应将蓄电池接直流电源（充电机）。当电源电压高于蓄电池电动势时，在电源电压作用下，电流从蓄电池正极流入，负极流出（外电路是电子从正极流向负极），铅蓄电池的充电过程如图2-6所示。

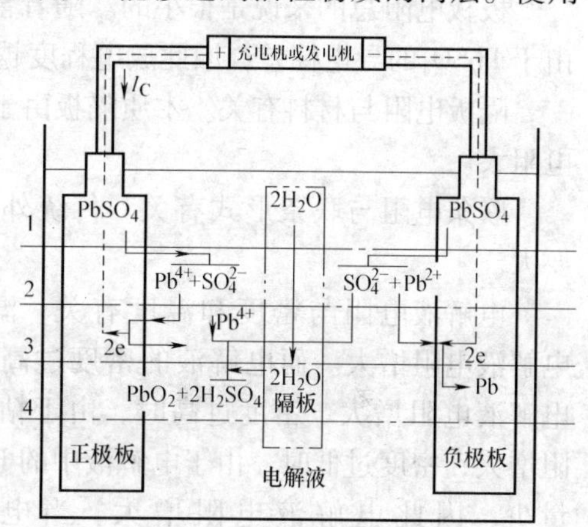

图2-6 铅蓄电池的充电过程

1—放电状态 2—溶解电离

3—通入电流 4—充电状态

正极板处，有少量$PbSO_4$进入电解液中，离解为Pb^{2+}和SO_4^{2-}，Pb^{2+}在电源作用下失去两个电子变为Pb^{4+}，Pb^{4+}和电解液中水分解出来的OH^-结合，生成$Pb(OH)_4$，$Pb(OH)_4$又分解为PbO_2和H_2O，而SO_4^{2-}又与电解液中的H^+结合生成硫酸。

其反应式如下：

$$PbSO_4 \rightarrow Pb^{2+} + SO_4^{2-}$$

$$4H_2O \rightarrow 4H^+ + 4OH^-$$

$$Pb^{2+} - 2e \rightarrow Pb^{4+}$$

$$Pb^{4+} + 4OH^- \rightarrow Pb(OH)_4$$

$$Pb(OH)_4 \rightarrow PbO_2 + 2H_2O$$

在负极板处，有少量的$PbSO_4$进入电解液中，分解为Pb^{2+}和SO_4^{2-}，Pb^{2+}在电源的作用下获得两个电子变为金属Pb，沉附在极板上，即

$$PbSO_4 \rightarrow Pb^{2+} + SO_4^{2-}$$

$$Pb^{2+} + 2e \rightarrow Pb$$

在电解液中，SO_4^{2-}则与电解液中的H^+结合，生成硫酸，即

$$SO_4^{2-} + 2H^+ \rightarrow H_2SO_4$$

结论：在充电过程中，正负极板上的$PbSO_4$分别转化为PbO_2和Pb，电解液中硫酸成分逐渐增多，电解液的密度逐渐上升。

当充电接近终了时，正、负极板上的$PbSO_4$分别都转化为PbO_2和Pb，这时如果继续充电，将引起电解水，即

$$2H_2O \rightarrow 2H_2\uparrow + O_2\uparrow$$

蓄电池在充放电时总的化学反应过程可用下式表示，即

$$PbO_2 + Pb + 2H_2SO_4 \underset{充电}{\overset{放电}{\rightleftharpoons}} 2PbSO_4 + 2H_2O$$

四、蓄电池的工作特性

1. 内阻

蓄电池的内阻由极板电阻、电解液电阻、隔板电阻及联条电阻四部分组成。正常情况下，蓄电池的内阻很小，所以能够为起动机提供几百安培的起动电流。

极板电阻总的来说是很小的。随着蓄电池放电的进行，正负极板表面 $PbSO_4$ 逐渐增多，由于 $PbSO_4$ 的导电性差，因此放电程度越高，极板电阻越大。

隔板电阻与材料有关。木质隔板由于其多孔性差，所以其电阻比橡胶隔板和塑料隔板的电阻大。

联条电阻与联条形式有关。传统外露式联条电阻比内部穿壁式、跨越式联条的电阻要大。

电解液电阻与密度和温度有关。温度低，粘度大，电解液电阻增大。而电解液的密度过高或过低，均会使电解液电阻增大。密度过高时，由于粘度增大，因此电阻增大；密度过低时，由于电解液中的 H^+ 和 SO_4^{2-} 离子数量少，因此电解液电阻增大。当电解液的密度为 1.2g/cm³时（15℃），电解液的电阻最小。电解液电阻与密度的关系如图 2-7 所示。

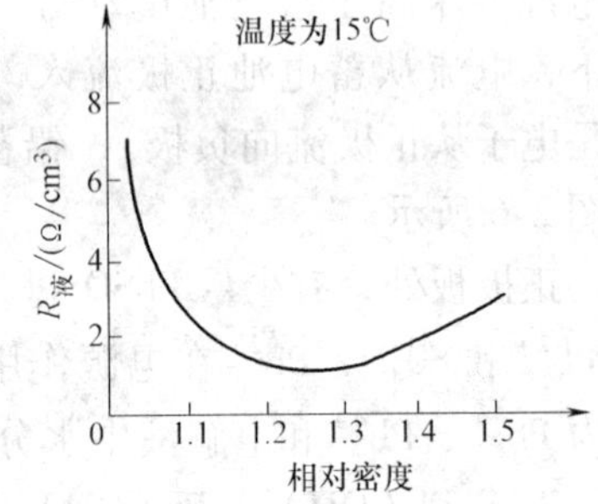

图 2-7　电解液电阻与密度的关系

一般来说，起动型铅蓄电池的内电阻是很小的（单格电池的内电阻约为 0.011Ω），这有利于提高蓄电池的起动性能，否则在大电流放电时，若内阻过大，则会引起端电压大幅度下降，从而影响起动性能。

2. 放电特性

蓄电池的放电特性是指在恒流放电过程中，蓄电池的端电压 U_f 和电解液密度随时间变化的规律。图 2-8 所示为 6-QA-60 型干荷电式蓄电池以 20h 放电率进行恒流放电的特性曲线。

由于放电过程中电流是恒定的，单位时间内所消耗的硫酸量相同，因此，电解液的密度随时间呈直线下降。密度每下降 0.04g/cm³，蓄电池放电约 25%。

由图 2-8 可见，放电开始时，其端电压从 2.1V 迅速下降，这是由于极板孔隙内的硫酸迅速消耗、密度迅速降低。随着极板孔隙外的电解液向极板孔隙内渗透，当极板孔隙内与孔隙外的电解液密度平衡时，端电压将随整个容器内电解液密度的降低而缓慢地下降到 1.85V。

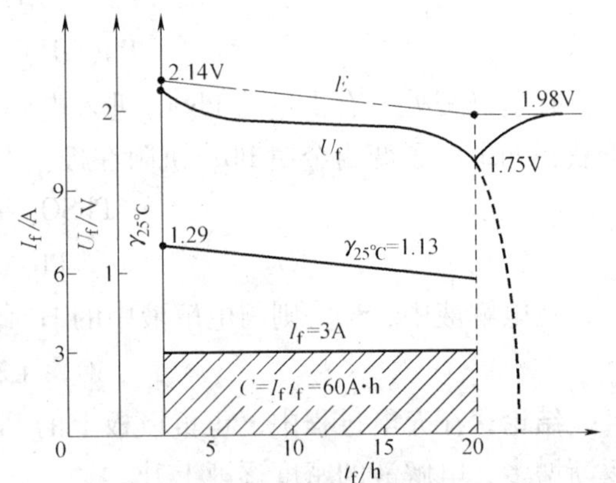

图 2-8　6-QA-60 型干荷电式蓄电池以 20h 放电率进行恒流放电的特性曲线

接着电压又迅速下降至1.75V，此时应停止放电，如继续放电，称为过度放电。过度放电对蓄电池是有害的，易使蓄电池极板硫化，容量下降。

停止放电后，由于极板孔隙内的电解液和孔隙外的电解液相互渗透，当密度趋于平衡时，蓄电池的端电压将有所回升。

蓄电池放电终了的特征是：

1）电解液密度下降到最小许可值。

2）单格电池的端电压下降至放电终止电压。

允许的放电终止电压与放电电流有关，放电电流越大，放电的时间越短，则允许的放电终止电压越低，见表2-1。

表2-1 放电电流与终止电压的关系

放电电流/A	$0.05C_{20}$	$0.1C_{20}$	$0.25C_{20}$	$1C_{20}$	$3C_{20}$
连续放电时间	20h	10h	3h	30min	5.5min
单格电池终止电压/V	1.75	1.70	1.65	1.55	1.50

注：C_{20}为蓄电池的额定容量。

3. 充电特性

蓄电池的充电特性是指在恒流充电过程中，蓄电池的端电压U_C和电解液密度随充电时间变化的规律。图2-9所示为一只6-QA-60型蓄电池以3A的充电电流进行充电时的特性曲线。

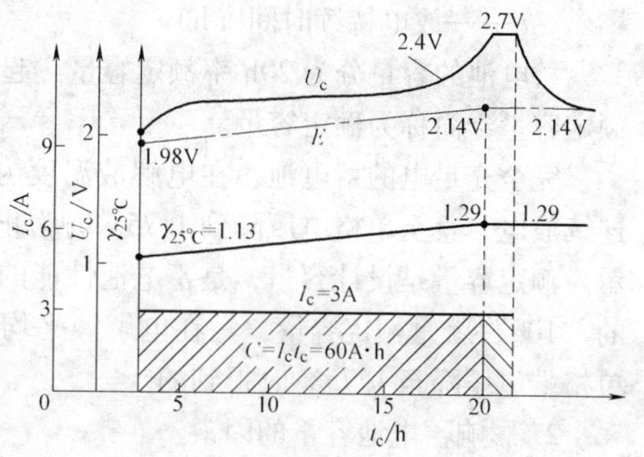

图2-9 6-QA-60型蓄电池以3A的充电电流进行充电时的特性曲线

由于采用恒流充电，单位时间内所生成的硫酸量相等，因此电解液密度随时间呈直线上升。

由图2-9可以看出，在充电开始阶段，蓄电池的端电压U_c迅速上升，这是因为充电时活性物质和电解液的作用首先是在极板的孔隙内进行，使孔隙内的电解液相密度迅速增大所致。随着生成的硫酸量增多，硫酸开始不断地向极板孔隙外扩散，当极板孔隙内硫酸的生成速度与扩散速度达到平衡时，蓄电池的端电压就不再迅速上升，而是随着整个容器内电解液密度的上升而缓慢提高。

当蓄电池单格端电压将达到2.4V时，电解液中开始冒气泡，正负极板上的$PbSO_4$基本上还原成为二氧化铅（PbO_2）和海绵状铅（Pb），再继续充电，电解液中的水将开始分解而产生氢气和氧气，以气泡的形式释放出来，电解液呈“沸腾”状态。此时，由于靠近负极板聚积了较多的正离子“H^+”，使溶液和极板之间产生了附加电位（也称为氢过电位，约0.33V），因此，单格电池的充电电压急剧升至2.7V。

从理论上讲，单格电池的充电电压升至2.7V时应停止充电，否则将造成蓄电池的过充电。过充电时，由于剧烈地产生气泡，会在极板内部造成压力，加速活性物质的脱落，使极板过早损坏。所以，应尽量避免长时间的过充电。但在实际充电过程中，为了保证给蓄电池充足电，往往需要2～3h的过充电。

充电停止后，附加电位消失，极板孔隙内电解液和容器中的电解液密度趋向平衡，因而蓄电池的端电压又降至2.1V左右。

蓄电池充电终了的特征如下：

1）蓄电池电解液内产生大量气泡，呈“沸腾”状。

2）端电压和电解液密度均上升至最大值，且2～3h内不再增加。

五、蓄电池的容量及影响因素

1. 蓄电池的容量

蓄电池的容量是标志蓄电池对外放电能力、衡量蓄电池性能的优劣以及选用蓄电池的最重要指标。

蓄电池的容量是指在规定的放电条件下，完全充足电的蓄电池所能输出的电量，用“C”表示，单位为A·h（安·时），即容量等于放电电流与持续放电时间的乘积，用下列式子表示为

$$C = I_f t_f$$

式中 C——蓄电池容量（A·h）；

I_f——放电电流（A）；

t_f——放电持续时间（h）。

蓄电池的容量分为20h率额定容量、起动容量及储备容量等。这里只介绍常用的20h率额定容量，简称为额定容量。

完全充足电的蓄电池，在电解液温度为25℃时，以20h放电率（放电电流为$0.05C_{20}$）连续放电，直至单格电压降到1.75V时为止，蓄电池所输出的电量称为额定容量，用C_{20}表示。额定容量是设计容量，是蓄电池性能的重要标志之一。例如，6-Q-100型蓄电池，其中的“100”就是额定容量，是在电解液平均温度为25℃时，以5A的电流连续放电20h后，单格端电压降至1.75V时得到的。

2. 影响蓄电池容量的因素

蓄电池的容量与很多因素有关，有结构因素和使用因素。在结构方面，如增大极板的面积、提高活性物质的多孔率等都可提高蓄电池的容量。而蓄电池在使用过程中，不同的使用条件对蓄电池容量的影响尤为重要。影响蓄电池容量的使用因素有以下几个方面：

（1）放电电流　放电电流越大，蓄电池的容量减小，如图2-10所示。因为放电电流越大，极板孔隙内消耗的硫酸越快；同时，放电电流越大，单位时间内产生的硫酸铅越多，硫酸铅堵塞极板孔隙现象明显，阻碍电解液向极板内层渗透，以上两种因素使极板孔隙内的电解液密度急剧下降，于是端电压也迅速下降，从而极大地缩短了放电时间，使蓄电池容量下降。

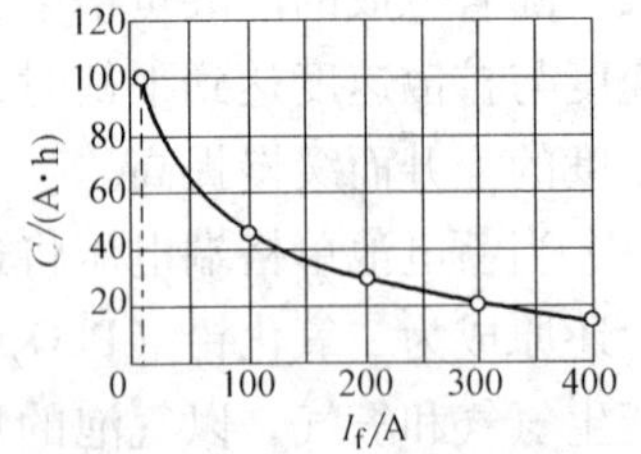

图2-10　放电电流与蓄电池容量的关系

图2-11所示是6-Q-135型蓄电池在不同放电电流情况下的放电特性。可以看出，放电电流越大，端电压下降越快，放电时间越短，故蓄电池的容量越小。

（2）电解液温度　温度降低，容量减小，如图2-12所示。这是由于温度降低时，电解液的粘度增加，渗入极板内部困难；同时温度低时，电解液电阻也增大，使蓄电池内阻增

加，蓄电池端电压降低。因此，温度降低，容量减小。由实验证明：温度每下降1℃，缓慢放电时的容量约减少1%，迅速放电时容量约减少2%。

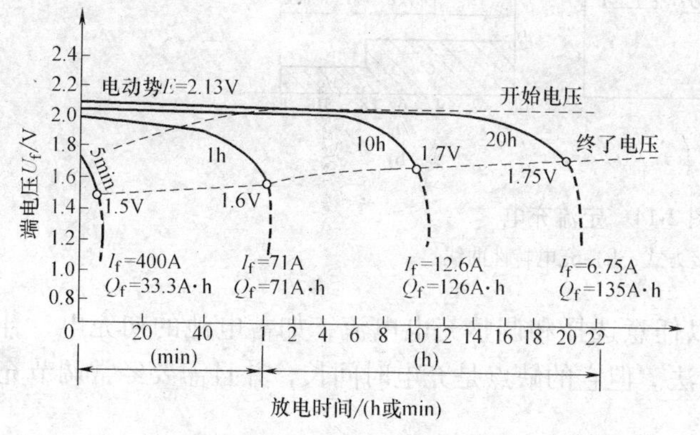

图2-11　6-Q-135型蓄电池在不同放电电流情况下的放电特性

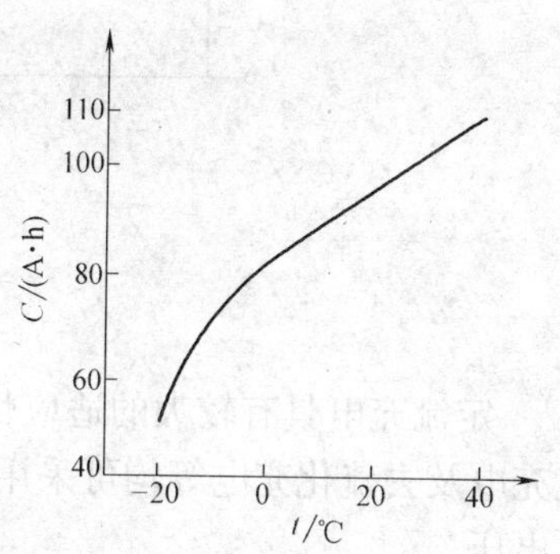

图2-12　电解液温度与蓄电池容量的关系

由于温度对蓄电池的容量影响较大，因此冬季在寒冷地区使用蓄电池时，应特别注意蓄电池的保温。

（3）电解液密度　适当增加电解液的密度，可以减小内阻，提高电解液的渗透速度，使蓄电池的容量增大。但密度超过某一数值时，由于电解液粘度增大使渗透速度降低，内阻增大，因此又会使蓄电池的容量减小。电解液相对密度和容量的关系如图2-13所示。

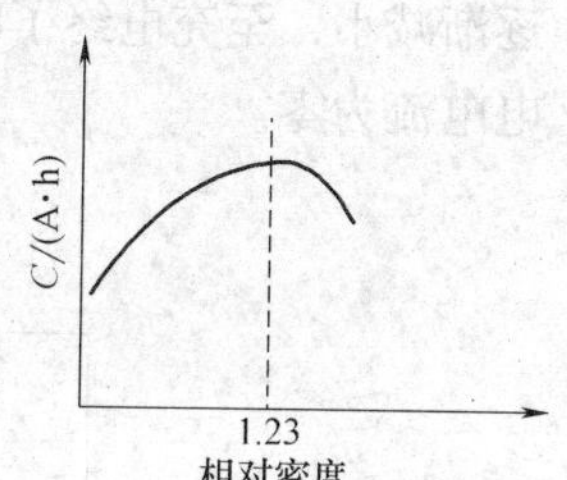

图2-13　电解液相对密度和容量的关系

实践证明，电解液密度稍低有利于提高蓄电池的放电电流和容量，有利于延长蓄电池的使用寿命。因此冬季在保证电解液不结冰的前提下，也应尽可能使用密度稍低的电解液。

六、蓄电池的充电

1. 充电方法

通常蓄电池的充电方法有定流充电、定压充电及脉冲充电三种方法，应根据具体情况正确选择充电方法。

（1）定流充电　在充电过程中，充电电流保持恒定的充电方法，称为定流充电。由于充电过程中蓄电池电动势逐渐升高，因此，定流充电过程中要不断调整充电电压。当单格电池的端电压上升到2.4V时，电解液开始有气泡冒出，这时，应将充电电流减半，直到蓄电池完全充足电为止。

采用定流充电时，被充电的多个蓄电池可串联在一起充电，如图2-14所示。充电时，每个单格需要2.7V，故串联电池的单格总数不应超过$n=U_c/2.7$（U_c为充电机的额定电压）。此外，所串联的蓄电池最好容量相同，否则充电电流的大小必须按照容量最小的蓄电池来选定。

由图2-14所示的定流充电特性曲线可以看出，一般定流充电过程分为两个阶段：第一阶段以规定的电流进行充电，在这一阶段中，正、负极板上的硫酸铅基本上还原成活性物质；第二阶段，充电电流减半，一直到充电终了。充电电流减半，是为了防止水发生电解。

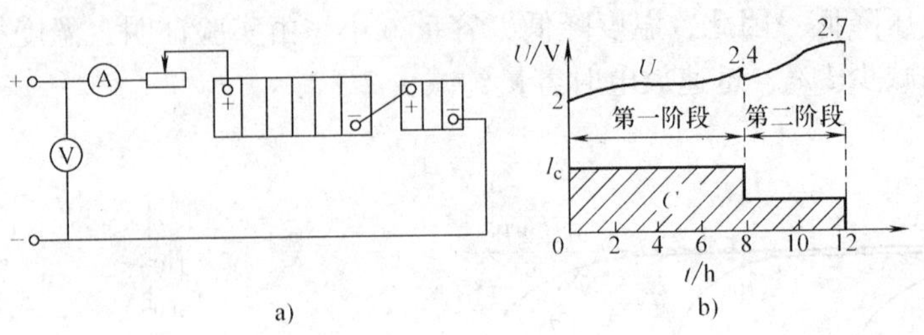

图 2-14　定流充电

a）连接方式　b）充电特性曲线

定流充电具有较大的适应性，可以任意选择和调整充电电流，如蓄电池的初充电、补充充电及去硫化充电等均可采用这种方法。但它的缺点是充电时间长，并且需要经常调节充电电压。

（2）定压充电　充电过程中，电源电压始终保持不变的充电方法称为定压充电，如图 2-15 所示。在定压充电开始时，充电电流很大。此后随着蓄电池电动势的增大，充电电流逐渐减小，至充电终了时，充电电流降到最低值。如果充电电压调整得当，当充满电时，充电电流为零。

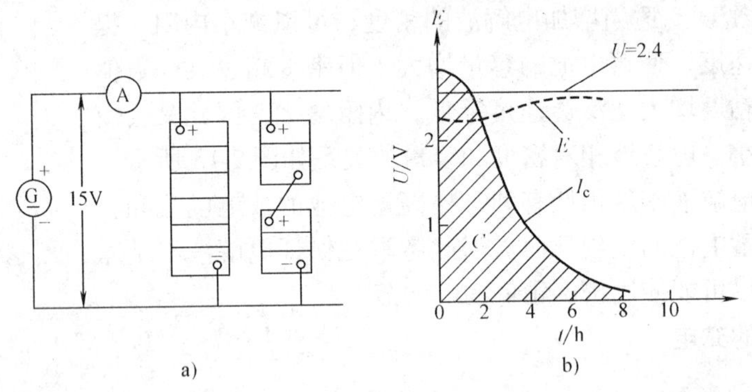

图 2-15　定压充电

a）连接方式　b）充电特性曲线

由于定压充电过程充电时间短，充电过程中不需调整充电电压，因此适合于蓄电池的补充充电。但定压充电过程，不能调整充电电流的大小，所以不能用于蓄电池的初充电及去硫化充电。定压充电时，要求所有充电的蓄电池电压必须相同。

采用定压充电时，要选择好充电电压。若充电电压过高，则充电初期充电电流过大，且易发生过充电现象；若充电电压过低，则蓄电池充电不足。在汽车上，发电机给蓄电池的充电是定压充电，这样发电机的电压要选择适当，过高过低对蓄电池都不利。

（3）脉冲快速充电　由前面内容可知，在充电过程的后期，蓄电池两极板间电位差会高于两极板活性物质的平衡电极电位（每单格为2.1V），这种现象称为极化。极化阻碍了蓄电池充电过程化学反应的正常进行，是造成充电效率低及充电时间长的主要因素。

脉冲快速充电克服了充电过程中所产生的极化现象，有效地提高了充电效率。脉冲快速充电首先利用充电初期极化现象不明显、蓄电池可以接受大电流充电的特点，初期采用 $0.8\sim1.0C_{20}$ 的大电流对蓄电池进行定流充电，使蓄电池的容量在短时间内达到60%左右的额定容量。当单格电池电压达到 2.4V，电解液开始冒气泡时，控制电路使充电转入脉冲充电阶段。先停止充电 25ms 左右，接着再反向脉冲充电，反向充电的脉宽一般为 150～1000μs，脉幅为 1.5～$3C_{20}$ 的充电电流，接着再停止充电 25ms，然后再用正脉冲进行充电，周而复始，直到充满电为止，其充电电流波形如图 2-16 所示。

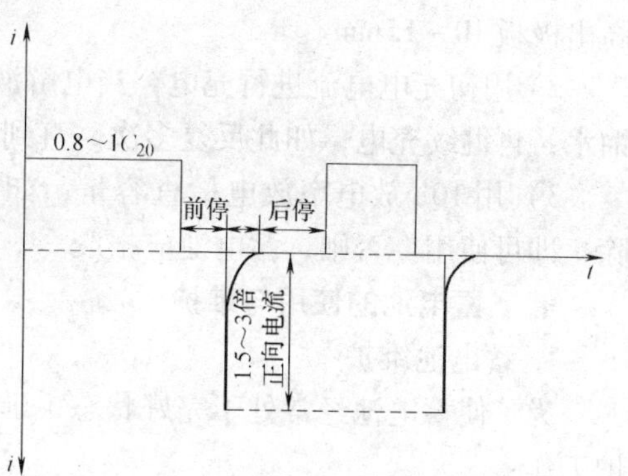

图 2-16 快速脉冲充电电流波形

脉冲快速充电的优点是：

1）充电时间大为缩短，一般初充电不多于 5h，补充充电为 1～2h。而采用定电流进行初充充电需要 60～70h，采用定电压进行补充充电需要 13～16h。

2）可以增加蓄电池的容量。由于脉冲快速充电能够消除极化现象，因此充电时化学反应充分，加深了反应深度，使蓄电池容量有所增加。

3）去硫化作用显著。

2. 充电种类

（1）初充电 新蓄电池或修复后的蓄电池在使用之前的首次充电称为初充电。初充电的特点是充电电流小、充电时间长。初充电的过程如下：

1）按规定将电解液加注到蓄电池中，加入电解液的温度不得超过 35℃，加入电解液后应静置 3～6h，电解液应高出极板 10～15mm。

2）接通充电电源。因为新蓄电池的极板表面已被空气氧化，充电时易于过热，因此初充电一般应选用较小的充电电流。初充电通常分为两个阶段：第一阶段的充电电流约为额定容量的 1/15，充电至电解液中产生气泡，单格电池端电压达 2.4V 为止；第二阶段将充电电流减半，继续充电到蓄电池充满电为止，全部充电时间为 60～70h。

3）初充电完毕后，应测量电解液的相对密度，如不合规定，应用蒸馏水或相对密度为 1.40 的电解液进行调整。

在初充电过程中，如果温度上升至 40℃，可将电流减半或停止充电，待温度下降后再继续充电。

（2）补充充电 蓄电池在车辆上使用时，常有电量不足的现象（如起动困难等），这时应对蓄电池进行补充充电。补充充电可以采用定电流充电，也可采用定电压充电。如采用定电流充电，其充电过程与初充电相似，但充电电流可提高一些。第一阶段的充电电流为 $0.1C_{20}$，充电至单格电压达到 2.4V 时，充电电流减半，直至充满电为止。

使用中的蓄电池有下列现象之一时，说明蓄电池容量不足，应进行补充充电：

1）电解液密度下降到 $1.15g/cm^3$ 以下。

2）冬季放电超过 25%，夏季放电超过 50%。

3）起动机运转无力。发动机不工作时，开前照灯，灯光暗淡；按喇叭，喇叭声音小。

4）蓄电池放置时间超过一个月时。

（3）去硫化充电 当蓄电池极板轻微硫化时，可进行“去硫化充电”，方法是：

1）先倒出蓄电池内的电解液，用蒸馏水反复冲洗蓄电池极板数次，然后加入蒸馏水至高出极板 10～15mm。

2）用初充电电流进行充电，当电解液密度升到 1.15g/cm³ 以上时，倒出电解液，加入蒸馏水，再继续充电，如此反复多次，直到密度不再上升为止。

3）用 10h 放电率放电检查容量，如容量达到额定容量的 80% 时，说明硫化已基本消除，即可使用。否则，蓄电池应报废。

七、蓄电池的使用与维护

1. 蓄电池维护

为了使蓄电池经常处于完好状态，延长其使用寿命，对使用中的蓄电池需要进行下列维护工作：

1）检查蓄电池在车上安装是否牢靠，起动电缆线与极桩的连接是否紧固，检查电缆线的线夹与极桩是否有氧化物，并及时清除。

2）经常检查蓄电池盖表面是否清洁，应及时清除盖上的灰尘、电解液等脏物，保持加液孔盖上的气孔畅通。

3）定期检查电解液的液位高度，液位一般应高出极板 10～15mm，一般情况下，当液位低时，应补加蒸馏水。

4）定期对蓄电池进行补充充电，以保证蓄电池始终保持充足电的状态。

5）经常检查蓄电池的放电程度，超过规定时立即进行补充充电。

2. 蓄电池使用中技术状况的检查

（1）电解液液位高度的检查　电解液液位应高出极板 10～15mm，液位高度可用玻璃管测量，如图 2-17 所示。目前使用的新型蓄电池都是采用塑料透明壳体，可以从蓄电池侧面观察液位高度，蓄电池容器侧面有液位高度指示线，电解液不足时应加注蒸馏水。注意：除非确知液位降低是由于电解液溅出所致，否则不允许加入硫酸溶液。

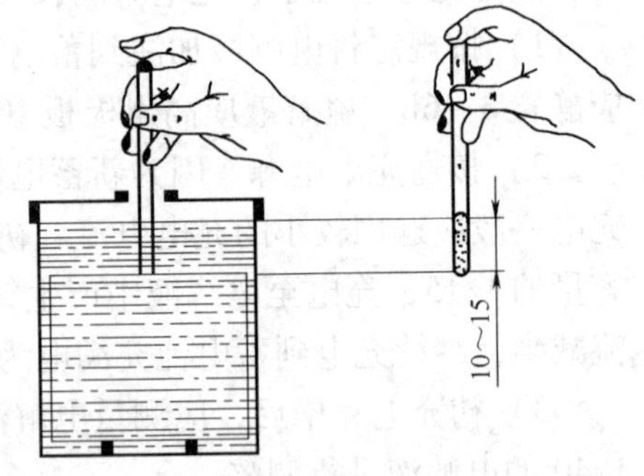

图 2-17　用玻璃管测量电解液液位高度

（2）放电程度的检查　放电程度可以通过测量电解液密度得到。根据实际经验，密度每下降 0.01g/cm³，相当于蓄电池放电 6%，所以根据所测得的电解液密度就可以粗略估算出蓄电池的放电程度。如图 2-18 所示，电解液的密度用吸式密度计测量，注意在测量密度时，一定要同时测量电解液温度，并将测得的电解液实际密度值换算为 25℃时的相对密度，换算公式为

$$\rho_{25℃}=\rho_t+\beta(t-25)$$

式中　$\rho_{25℃}$——相对于 25℃时的电解液密度，又称相对密度；

ρ_t——实际测得的电解液密度；

t——实际测得的电解液温度；

β——密度温度系数 $A=0.00075$，即每温升 1℃，相对密度将下降 0.00075g/cm³。

（3）起动性能的测试　蓄电池的主要作用是给起动机提供大电流，所以蓄电池的主要性能也就是起动性能。高率放电计是模拟接入起动机负荷，测量蓄电池在大电流（接近起动机起动电流）放电时的端电压，用以判断蓄电池的起动能力和放电程度，如图 2-19 所示。

测试时，用力将放电计触针压紧正负极，保持 5s，若蓄电池端电压能保持在 9.6V 以

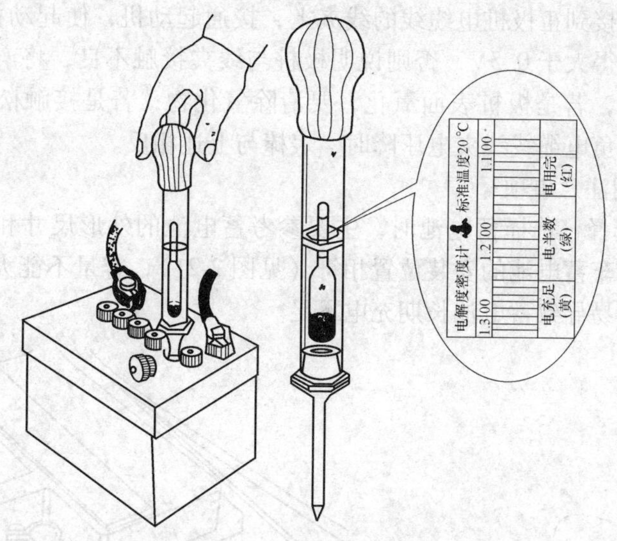

图 2-18　测量电解液的相对密度和温度

上，说明该蓄电池性能良好，但容量不足；若稳定在 10.6～11.6V，说明蓄电池是充满电状态；若蓄电池端电压迅速下降，则说明蓄电池已损坏。

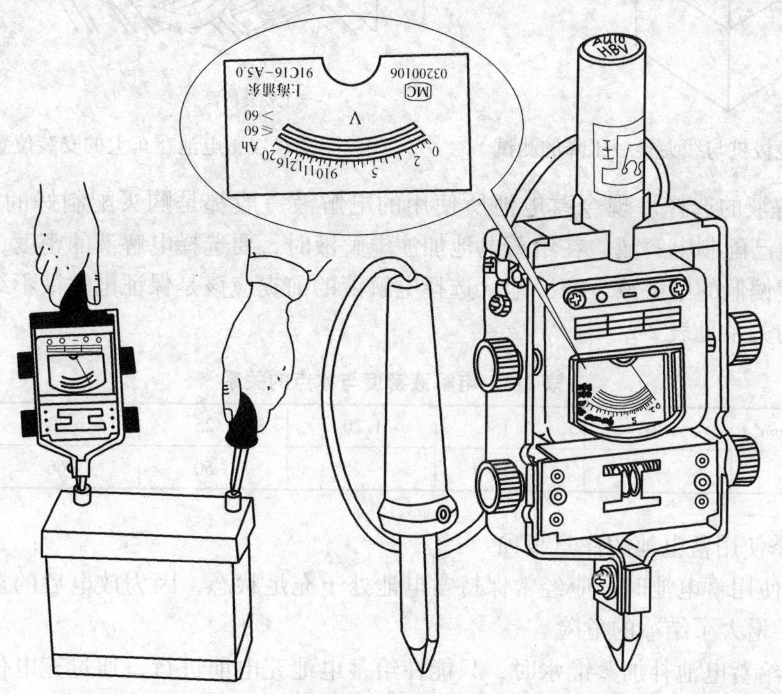

图 2-19　用高率放电计测试蓄电池的起动性能

（4）蓄电池极桩连接状态的测试　为保证蓄电池在车上能给起动机提供大电流，除蓄电池本身的技术状况良好外，蓄电池极桩与电缆线的连接非常重要，极桩与电缆线的连接是否可靠可通过测量两者之间的电压降来确定。如图 2-20 所示，将电压表正表棒接到蓄电池的正极桩上，负表棒接到正极桩电缆线的线夹上，接通起动机，使起动机带动发动机工作，这时电压表的读数不得大于0.5V，否则说明极桩与线夹接触不良，将产生起动困难。当极桩与线夹接触不良时，若是极桩表面氧化，要清除氧化物；若是接触松动，应重新紧固线夹。测量负极极桩与负电缆线线夹电压降时，表棒与上述相反。

3. 蓄电池的使用注意事项

（1）蓄电池的选择　选择蓄电池时，主要参考蓄电池的外形尺寸和额定容量。外形尺寸及极柱位置应与本车蓄电池的安装位置相符（见图2-21），容量不能大也不能小，小了易导致起动困难，大了易导致蓄电池长期充电不足。

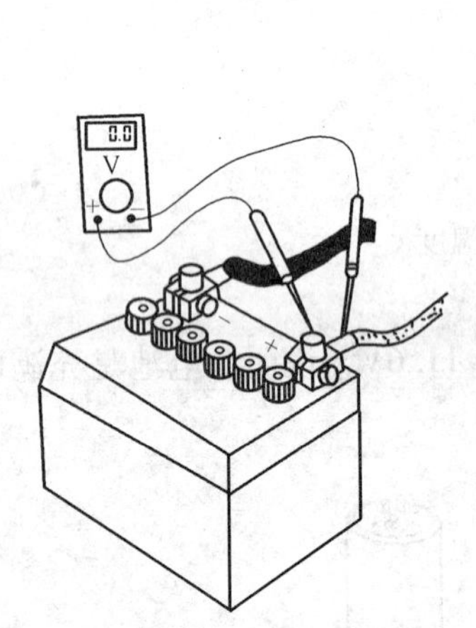

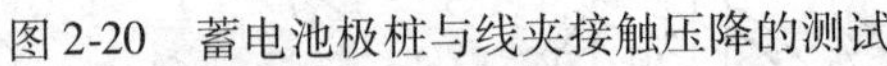
图2-20　蓄电池极桩与线夹接触压降的测试

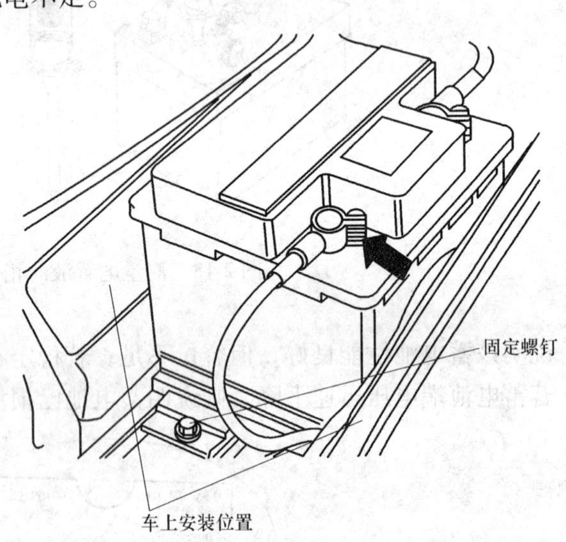

图2-21　蓄电池在车上的安装位置

（2）电解液的选择　现今蓄电池所使用的电解液一般都是购买配制好的标准电解液，无需维修站自己配制电解液。在给蓄电池加注电解液时，要选择电解液的密度，一般情况下应该选择密度偏低的电解液。寒冷地区选择电解液的前提应该是保证电解液不结冰，电解液密度与冰点的关系见表2-2。

表2-2　电解液密度与冰点的关系

电解液密度/(g/cm^3)	1.10	1.15	1.20	1.25	1.30	1.31
冰点/℃	-7	-14	-25	-50	-66	-70

（3）冬季使用蓄电池的注意事项

1）冬季使用蓄电池时，应经常保持蓄电池处于充足状态，因为放电后的蓄电池电解液密度会降低，增大了结冰的危险。

2）冬季给蓄电池补加蒸馏水时，只能在给蓄电池充电前进行，通过充电使水较快地和电解液混合，减少电解液结冰的危险。

3）由于冬季蓄电池容量降低，因此要注意对蓄电池的保暖，或起动之前对发动机进行预热，以便使发动机容易起动。

（4）新蓄电池的使用　一般情况下，新蓄电池在使用之前应参考说明书，以说明书为准。非干荷电式蓄电池在使用之前应进行初充电；干荷电式电池在使用之前不需要初充电，加注电解液后 30min 即可使用。

（5）蓄电池的贮存　使用中的蓄电池暂不使用时，有两种贮存方式，即湿贮存和干贮存。短期不使用的蓄电池应该选择湿贮存。湿贮存的方法是先将蓄电池充足电，液位调至正常高度，密封加液孔盖上的通气孔，然后将蓄电池放置室内。贮存的时间不宜超过 6 个月，其间应定期检查电解液密度或用高率放电计检查其容量，若容量下降 25% 时应即充电。

存放时间较长的蓄电池，应该采用干贮存。方法是先将蓄电池以 20h 放电率完全放电，倒出电解液，用蒸馏水多次冲洗至水中无酸性，将水全部倒出，晾干后旋紧加液孔盖密封贮存。启用前的准备和新蓄电池相同。

新蓄电池应按说明书的要求进行存放。

八、蓄电池的常见故障与排除

1. 极板硫化

蓄电池长期充电不足或放电后长时间未充电，极板上会逐渐生成一层白色大晶粒的硫酸铅。在正常充电时，这些大晶粒的硫酸铅不能转化为二氧化铅和海绵状铅，这种现象称为“硫酸铅硬化”，简称“硫化”。这种粗而坚硬的硫酸铅晶体导电性差、体积大，堵塞极板表面活性物质的孔隙，阻碍了电解液的渗透和扩散，使蓄电池的内阻增加，起动时不能给起动机提供足够大的起动电流，以至不能起动发动机。

硫化后的蓄电池在充、放电时会有异常现象，如放电时蓄电池容量下降很快，用高率放电计检查时，单格电压急剧降低；充电时单格电压上升快，电解液温度迅速升高，但密度却提高很慢，且过早出现“沸腾”现象。

产生硫化的主要原因是：

1）蓄电池长期充电不足或放电后没有及时充电。在正常情况下蓄电池放电时，极板表面生成的硫酸铅晶粒比较小，充电时能够完全转化为活性物质。但若长期处于放电状态时，极板上的硫酸铅将有一部分溶解于电解液中，温度越高，溶解度越大；当温度降低时，溶解度减小，电解液中有部分硫酸铅因饱和而析出，再次结晶生成大晶粒硫酸铅附着在极板表面上。

2）蓄电池内液位过低，使极板上部与空气接触而发生氧化（主要是负极板）。在汽车行驶的过程中，由于电解液的上下波动与极板上部被氧化部分接触，也会形成大晶粒的硫酸铅，使极板的上部硫化。

3）电解液密度过高、电解液不纯、环境温度温差较大等因素也能引起蓄电池极板硫化。因为电解液密度过高时，电池内部易形成电位差，产生自放电。同理，电解液不纯也容易产生自放电，而温度剧烈变化时硫酸铅易发生再结晶现象，生成大晶粒硫酸铅。

因此，为了避免极板硫化，蓄电池应经常处于充足电的状态，放完电的蓄电池应及时进行补充充电，电解液密度要选择恰当，液位高度应符合规定。

对于已经硫化的蓄电池，轻者可用去硫化充电法消除硫化；重者蓄电池应报废。

2. 自行放电

充足电的蓄电池，放置不用会逐渐失去电量，这种现象称为蓄电池的“自行放电”。如果每昼夜自放电不超过 2% C_{20}时，属于正常现象的自放电；若每昼夜自行放电量超过 2% C_{20}时，则属于故障性自放电。造成故障性自放电的原因有以下几个方面：

1）电解液中有杂质，这些杂质在极板周围形成局部电池而产生自行放电。例如电解液中铁的质量分数达1%时，一昼夜会将蓄电池的电量全部放完。

2）蓄电池内部短路引起的自放电，如隔板破裂或极板活性物质大量脱落而沉于极板下部等因素都将使正、负极板短路等，引起自放电。

3）蓄电池盖表面不清洁，如有电解液等，会造成自放电，还会使极桩腐蚀。

因此，为了减少蓄电池的自放电，电解液的配制应符合要求，使用中还应经常保持蓄电池表面的清洁。

自行放电严重的蓄电池，若是因电解液不纯引起的自放电，可将蓄电池完全放电或过度放电，使极板上的杂质进入电解液，然后将电解液倒出，用蒸馏水将电池仔细清洗干净，最后加入新电解液重新充电。

3. 极板活性物质大量脱落

活性物质脱落一般多发生在正极板上，其特征为充电时电解液有褐色物质自底部上升，端电压上升快，电解液过早出现“沸腾”现象，而电解液密度不能达到规定的最大值；放电时容量明显下降。

活性物质大量脱落的原因有充电电流过大、过充电时间过长、低温长时间大电流放电等。另外，蓄电池受到剧烈振动时，也会引起活性物质脱落。

4. 极板短路

极板短路的故障现象是：充电过程中，电解液温度迅速上升，电压与电解液密度上升缓慢；放电时，蓄电池的容量明显不足。

极板短路的原因主要有：隔板损坏；活性物质在蓄电池底部沉积过多；极板拱曲及金属杂质落入正、负极板之间等。对于短路的蓄电池必须将其拆开，查明原因，排除故障。

九、新型蓄电池

目前，在汽车上广泛使用的蓄电池是在普通铅酸蓄电池基础上改进的各种新型蓄电池，如轿车上使用的蓄电池都是干荷免维护蓄电池。

1. 免维护蓄电池

免维护蓄电池也叫 MF 蓄电池，其含义是蓄电池在合理的使用期限内，无需进行日常维护或只需较少维护。即在合理的使用期限内不需补加蒸馏水，无需进行补充充电等维护作业。

（1）免维护蓄电池的结构特点

1）与普通铅蓄电池相比，免维护蓄电池主要是在极板栅架的材料上做了重大的改进，采用了铅钙合金或低锑合金作为极板栅架。改进后，其自放电少，耐过充电性能好，减少了电解液中水的消耗。

2）隔板采用袋式微孔聚氯乙烯隔板，将正极板包住，用来保护正极板上的活性物质不致脱落，防止极板短路，这样可取消壳体内底部的凸肋，使极板上部容积增大，提高了电解液的贮存量。

3）加液孔盖上的通气孔采用新型安全的通气装置和气体收集器，可阻止水蒸气和硫酸气体通过。

对于无加液孔的全密封型免维护蓄电池，由于不能采用传统的密度计来测量电解液密度以判断其技术状况，所以在这种免维护蓄电池内部一般装有一只小型密度计，如图 2-22 所示。通过顶端的检查孔观察其颜色可判断蓄电池的技术状况：

① 绿色表示蓄电池的技术状况良好。

② 黑色表示电解液密度偏低，应对蓄电池进行补充充电。

③ 浅黄色表示电解液液面过低，蓄电池已不能继续使用。

(2) 免维护蓄电池的优点

免维护蓄电池由于在极板材料和结构上做了很大改进，因此与普通蓄电池相比有如下优点：

1）使用中（1~2年）不需要补加蒸馏水或很少补加注蒸馏水。

2）使用中（1~2年）不需要进行补充充电。

3）使用寿命长。免维护蓄电池的使用寿命一般都在4年左右，为普通蓄电池使用寿命的2~3倍。

4）极桩腐蚀小。免维护蓄电池由于加液孔盖的改进，不但能阻止电池中的硫酸和水蒸气的通过，还能保持其顶部干燥，因而减少了对蓄电池极桩的腐蚀。

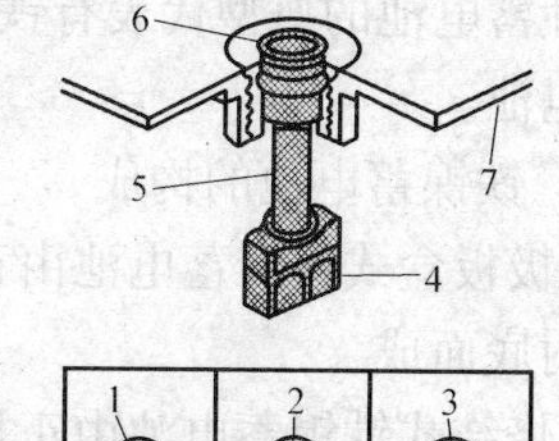

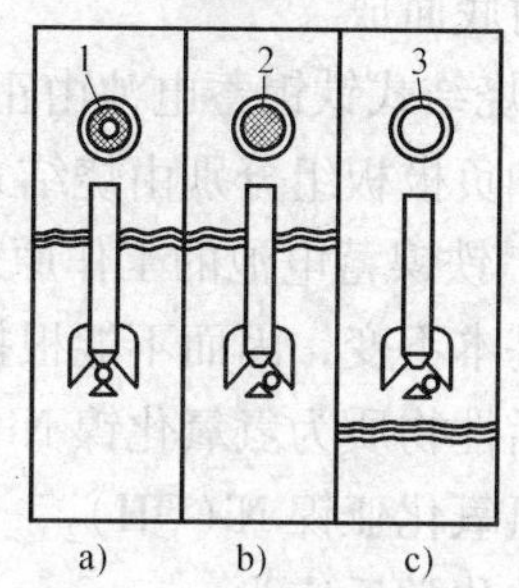

图2-22 内装密度计

a）充电程度正常 b）充电程度低于正常值 c）电解液液位过低

1—绿色 2—黑色 3—浅黄色 4—绿球 5—透明塑料棒 6—观察窗 7—蓄电池顶盖

5）内阻小、起动性能好。免维护蓄电池由于单体电池间采用穿壁式连接，减小了蓄电池内阻，因此比普通蓄电池具有较好的起动性能。

2. 干荷电式蓄电池

极板在完全干燥的状态下能够长期（一般为两年）保存在化学过程中所得到电荷的蓄电池，叫做干荷电式铅蓄电池，简称干荷蓄电池。这类蓄电池在加入符合规定的电解液之后，静置30min即可使用，不需要进行初充电。

干荷蓄电池的结构与普通铅酸蓄电池完全一样，干荷蓄电池之所以具有干式荷电性能，是因在其负极板的铅膏中加入抗氧化剂，在海绵状铅表面形成一层保护膜，可防止活性物质与空气接触而被氧化。

3. 胶体蓄电池

在胶体电解质蓄电池（简称胶体蓄电池）中，电解质是用经过净化的硅酸钠溶液与硫酸水溶液混合后，凝结成稠状胶体物质。

这种蓄电池的优点是：电解液不会溅出，活性物质不易脱落，蓄电池使用寿命可延长20%，使用中只需添加蒸馏水，无需调整密度。

胶体蓄电池的缺点是胶体电解质的电阻较大，使蓄电池内阻增大，容量降低，而且由于电解质与极板接触不均匀，使极板表面易形成电位差，所以胶体蓄电池自放电较严重。

4. 碱性蓄电池

碱性蓄电池具有重量轻、使用寿命长、自放电少的优点；但是碱性蓄电池活性物质的导电性差，而且价格比较高。

碱性蓄电池以KOH水溶液或NaOH水溶液为电解液，其中，以KOH水溶液作电解液的应用最为广泛。

碱性蓄电池的典型代表有铁镍蓄电池、镉镍蓄电池、锌银蓄电池等。下面仅介绍常用的铁镍蓄电池。

（1）铁镍蓄电池的构成

1）极板盒式铁镍蓄电池由正极板组、负极板组和隔板交错排列，组成极板组，装入壳体中，封底而成。

2）烧结式铁镍蓄电池由正极板组和负极板组交错排列，经包膜装入外壳封盖而成。正极板组和负极板组分别由烧结式极板经浸渍而成。

（2）铁镍蓄电池的工作原理　电池电解液是 KOH 的水溶液。KOH 水溶液只传导电流，其浓度基本不变，因而不能根据电解液密度大小来判断电池充放电程度。充电状态时，正极板上的活性物质为氢氧化镍 $Ni(OH)_3$，负极板为金属铁 Fe。放电终止时，正极板活性物质转化为氢氧化亚镍 $Ni(OH)_2$，负极板活性物质转化为氢氧化亚铁 $Fe(OH)_2$。铁镍蓄电池充放电时的化学反应为

$$Fe+2Ni(OH)_3 \underset{\text{充电}}{\overset{\text{放电}}{\rightleftharpoons}} Fe(OH)_2+2Ni(OH)_2$$

对于铁镍蓄电池的比容量，极板盒式蓄电池一般为 30W · h/kg，烧结式蓄电池为 65W · h/kg；对于电池的使用寿命，极板盒式蓄电池大负荷工作时间为 8 年，烧结式蓄电池循环次数已超过 1000 次。

5. 电动汽车蓄电池

由于燃油汽车受到排放污染和能源危机的冲击，世界各国都在不断探索和研制电动汽车，因此，对作为电动汽车动力源的新型蓄电池的研究便成为十分重要的课题。

电动汽车上使用的蓄电池应当符合以下要求：使用寿命长；比容量高；使用持续里程长；质量小；充放电性能好。

燃油汽车使用的起动型蓄电池质量大、容量小，比容量仅为 40W · h/kg 左右，而且需要经常充电，用作电动汽车的动力源是不符合要求的。

目前，正在研制的新型高能电池很多，如钠硫电池、燃料电池、锌空气电池、锂合金电池、氢镍电池等。下面仅介绍钠硫电池。

钠硫电池是一种新型高能电池，其理论比容量可高达 760W · h/kg，目前实际上已达到 300W · h/kg，而且充满电后持续里程长，循环寿命长。

钠硫电池的基本结构如图 2-23 所示，负极的反应物质是在负极腔内熔融的钠，正极的反应物质是在正极腔内熔融的硫，正极与负极之间用 α-Al_2O_3电绝缘体密封，正极腔与负极腔之间有 β-$NaAl_{11}O_{17}$（氧化铝矾土）陶瓷管电解质。电解质只能自由传导离子（Na^+），而对电子是绝缘的。

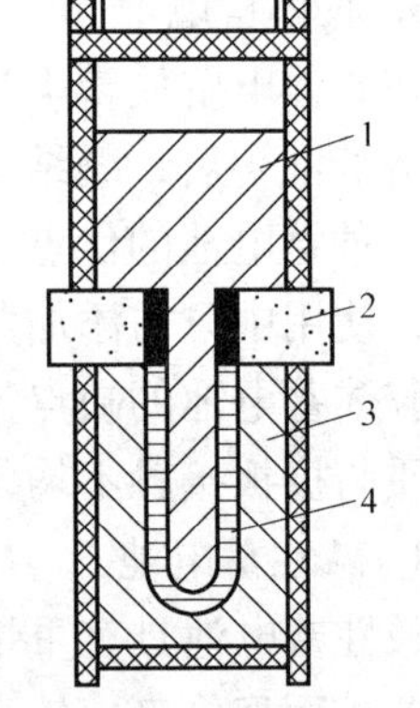

图 2-23　钠硫电池的基本结构
1—钠　2—α-Al_2O_3
3—硫　4—β-$NaAl_{11}O_{17}$

当外电路接通时，负极不断产生钠离子并放出电子，即

$$Na \rightarrow Na^+ + e$$

电子通过外电路移向正极，而钠离子 Na^+通过 $\beta-NaAl_{11}O_{17}$ 电解质和正极的反应物质硫起作用，生成钠的硫化物，即

$$2Na+S_X \rightarrow Na_2S_X$$

Na_2S_X可以是 Na_2S_2、Na_2S_4或 Na_2S_5。

任务二　蓄电池技术状况的检测

一、工具材料

汽车起动用铅酸蓄电池、密度计、万用表、温度计、高率放电计。

二、蓄电池极桩的检查

若蓄电池极桩及蓄电池夹子有氯化物时，用砂纸处理。

三、全封闭式免维护蓄电池容量的检查

目前轿车所使用的蓄电池多数都是全封闭式免维护蓄电池，检查蓄电池容量时，目视蓄电池状态指示灯即可，如图2-24所示。当蓄电池容量不足时，需要用充电机对蓄电池进行补充充电。

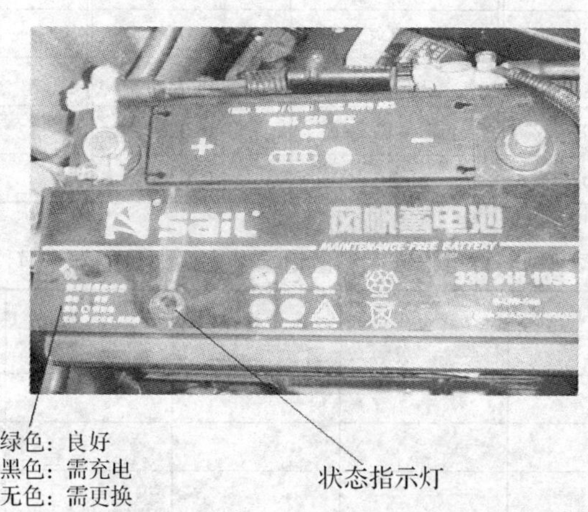

图2-24　全封闭式免维护蓄电池容量的检查

四、检测蓄电池电解液液位高度

蓄电池电解液液位高度一般可目视检查，如图2-25所示。当液位高度不足时（标准值为10～15mm），需要补加蒸馏水至标准高度。

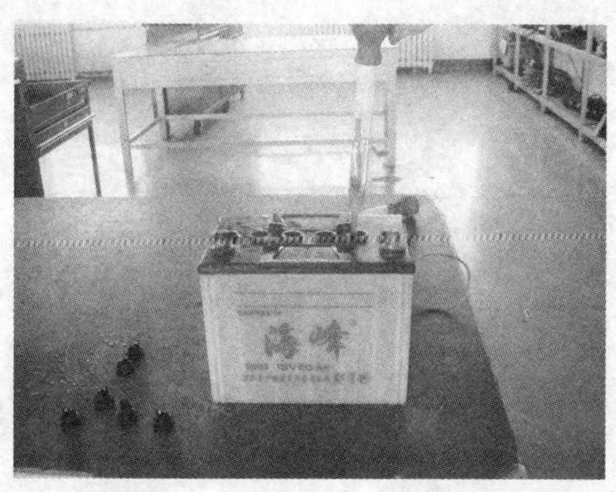

图2-25　密度计及测量密度的方法

五、蓄电池放电程度的测量

1. 蓄电池电解液密度的测量

由于蓄电池电解液的密度与温度有关，因此测量电解液密度的同时需要测量电解液的温度，然后参照表2-3将电解液密度转换为标准温度（+25℃）下的密度，按照标准温度对应的密度判断蓄电池的放电程度。测量密度的方法如图2-25所示。将测量结果填写在表2-4中，并分析测量结果。

表2-3　不同温度条件下电解液密度修正值

电解液温度/℃	密度修正值/(g/cm³)	电解液温度/℃	密度修正值/(g/cm³)	电解液温度/℃	密度修正值/(g/cm³)
+40	+0.0113	+10	-0.0113	-20	-0.0337
+35	+0.0075	+5	-0.0150	-25	-0.0375
+30	+0.0037	0	-0.0188	-30	-0.0412
+25	0	-5	-0.0255	-35	-0.0450
+20	-0.0037	-10	-0.0263	-40	-0.0488
+15	-0.0075	-15	-0.0300	-45	-0.0525

表2-4　蓄电池密度测量记录（实际温度______℃）

单格 参数	1	2	3	4	5	6
测量值/(g/cm³)						
修正值/(g/cm³)						
标准温度下的密度/(g/cm³)						
放电程度（%）						

2. 使用高率放电计检测蓄电池端电压

使用高率放电计检测蓄电池端电压的方法如图2-26所示。

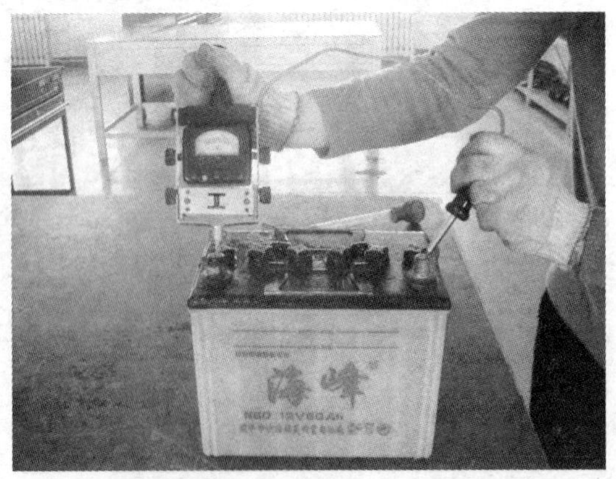

图2-26　高率放电计的使用方法

高率放电计是用于模拟起动机工作状态，检测蓄电池容量的仪表。它由一只电压表和一个负载电阻组成。由于在检测时，蓄电池对负载电阻放电电流可达100A以上，因此，用高率放电计能比较准确地判定蓄电池的容量，是目前普遍使用的检测仪表。

若指针稳定在10～12V区间（绿色区域），说明蓄电池电量充足，不需要充电。

若指针在9～10V区间（黄色区域），说明蓄电池电量不足，需要充电。

若指针在9V以下区间（红色区域），说明蓄电池严重亏电，要立即充电，才能使用。

如果空载电压基本符合要求，但负载时指针迅速下降至红色区域以下，说明蓄电池已经损坏。

注意：此项测量不能连续进行，必须间隔1min后才可以再次检测，以防止蓄电池损坏。蓄电池测量电压与放电程度的关系见表2-5。

表2-5　蓄电池测量电压与放电程度的关系

蓄电池开路端电压/V	
高率放电计检测值/V	
放电程度（%）	

任务三　蓄电池的充电

一、工具材料

汽车起动用铅酸蓄电池、万用表、充电机。

二、充电步骤

1）充电前先检查电解液液位高度，保证液位高度为正常。

2）充电时，应旋开加液孔盖，使产生的气体能顺利逸出，以免发生事故。

3）充电室要安装通风和防火设备，在充电过程中严禁烟火。

4）先将右侧的“电流旋钮”逆时针旋转箭头指向“0”位。然后连接蓄电池的充电电路。充电连接方式如图2-27所示。

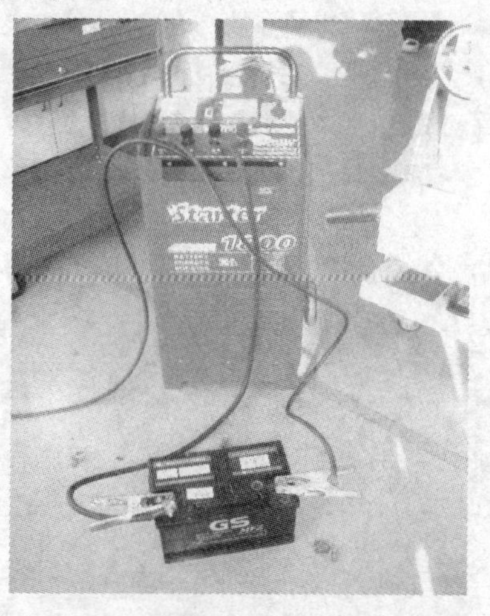

图2-27　蓄电池充电连接方式

5）充电电流大小调整为蓄电池额定容量的1/10（单位为A），如图2-28所示。

图2-28　充电电流的调整

小　　结

汽车电源系统有蓄电池和发电机，两者是并联的，当发动机起动后，全车用电是由发电机供电，此时蓄电池只是被充电。

汽车上所使用的蓄电池都是起动型的铅酸蓄电池，现阶段所使用的蓄电池都是具有免维护及干荷电式蓄电池。蓄电池在使用过程中，若起动机起动无力（发动机不转动或转速很低），则需要对蓄电池进行补充充电。维修企业一般都是采用起动充电机对蓄电池进行快速充电，经5～8h就可以给蓄电池充满电。若经过充电后，蓄电池还不能正常使用，即可认定蓄电池已经硫化，应更换蓄电池。

复习思考题

1. 目前在维修企业中用什么方法给蓄电池充电？
2. 目前广泛使用的蓄电池都有哪些特点？
3. 蓄电池在使用中应注意哪些问题？

项目三　发电机的使用与维修

知识点

（1）掌握交流发电机的构造、主要部件的作用及工作原理。

（2）了解调节器的作用和原理。

技能点

（1）能正确拆装、检测发电机。

（2）能正确诊断充电系统的故障部位并排除故障。

（3）能够正确分析充电系统的系统电路。

任务一　理论学习

一、交流发电机的构造

交流发电机在汽车上的安装位置如图 3-1 所示。目前国内外生产的汽车交流发电机，其结构基本相同，主要由转子、定子、整流器、前后端盖、风扇、带轮等组成。图 3-2 所示为交流发电机的整体结构（用于红旗和奥迪轿车），图 3-3 所示为 JF132 型交流发电机的解体图。

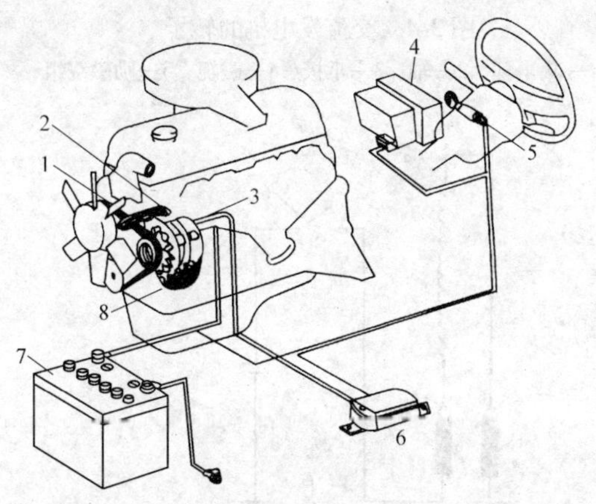

图 3-1　交流发电机在汽车上的安装位置

1—V 形带　2—调整臂　3—发电机　4—仪表盘　5—点火开关　6—调节器　7—蓄电池　8—支架

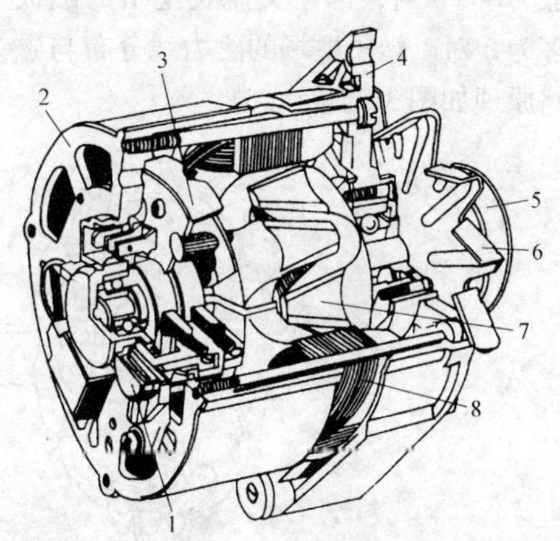

图 3-2　奥迪、红旗轿车所用的交流发电机的结构

1—电刷及电压调节器　2—后端盖　3—元件板总成　4—前端盖　5—带轮　6—风扇　7—转子　8—定子

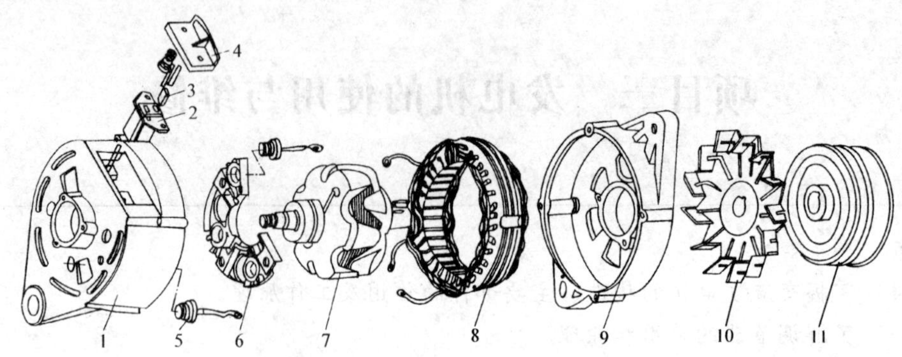

图 3-3　JF132 型交流发电机的解体图

1—后端盖　2—电刷架　3—电刷　4—电刷弹簧压盖　5—硅二极管　6—元件板　7—转子　8—定子　9—前端盖　10—风扇　11—带轮

1. 转子

交流发电机的转子是用来建立磁场的，它主要由两块爪极、励磁绕组、轴和集电环等组成。如图 3-4 所示。两块爪极压装在转子轴上，在两块爪极的内腔装有导磁用的铁心，其上绕有励磁绕组。励磁绕组的两端引线分别焊接在两个彼此绝缘的两个集电环上（与轴绝缘）。两个集电环与装在后端盖上的两个电刷相接触。由这两个电刷引出的接线柱即为发电机的“F”（“磁场”）接线柱和“－”（“E”或“搭铁”）接线柱。当发电机工作、两个电刷与直流电源接通时，便有电流通过励磁绕组（该电流称为发电机的励磁电流），在励磁绕组中产生磁场，使两块爪极被磁化为 N 极和 S 极，从而形成相互交错的 N、S 磁极，磁极的对数一般为 4 ~ 8 对，国产交流发电机的磁极对数多为 6 对。转子磁场的磁力线分布与磁场电路原理如图 3-5 所示。

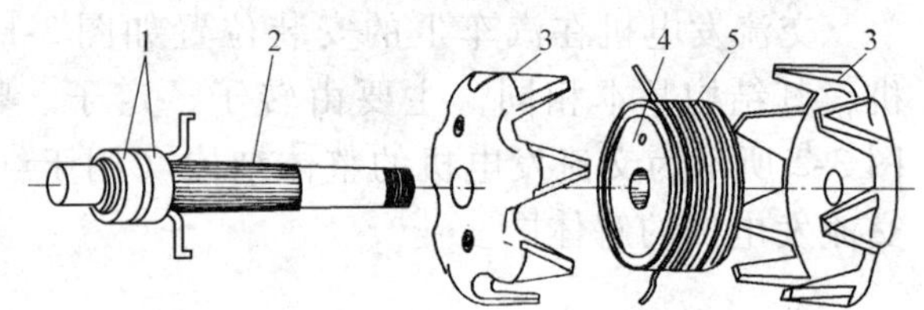

图 3-4　交流发电机的转子

1—集电环　2—轴　3—爪极　4—磁轭　5—励磁绕组

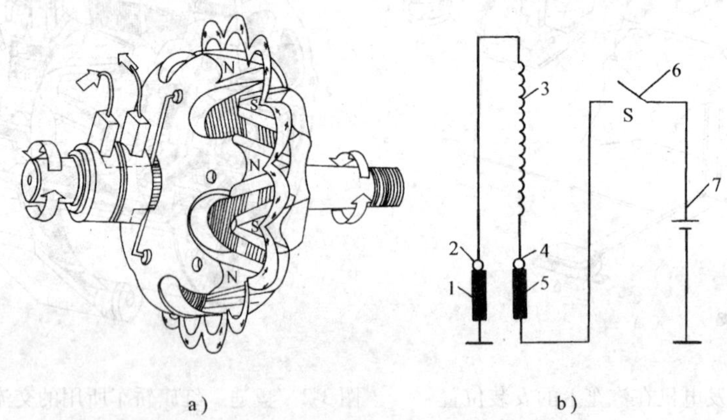

图 3-5　转子磁场的磁力线分布与磁场电路原理

a）转子磁场的磁力线分布　b）磁场电路原理

1、5—电刷　2、4—集电环　3—励磁绕组　6—点火开关　7—蓄电池

2. 定子

定子又叫做电枢，是用来产生交流电动势的，由铁心和三相绕组组成。定子铁心由相互绝缘的内圆带槽的环状硅钢片叠成，定子槽内置有三相对称绕组，三相绕组的连接方法可分为星形联结和三角形联结，目前大多数车用交流发电机采用星形联结。定子及定子绕组的连接如图 3-6 所示。

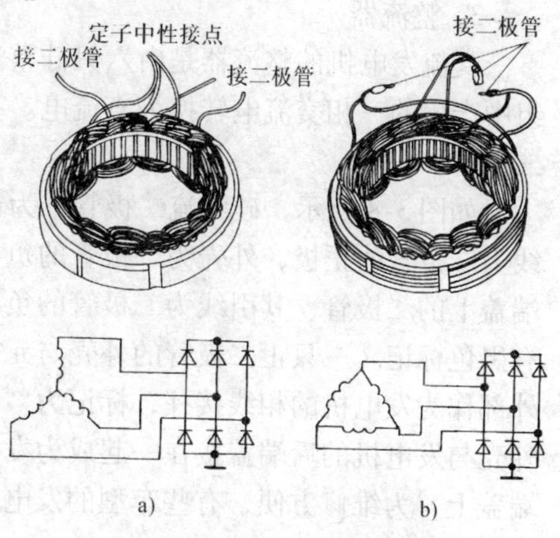

图 3-6　定子及定子绕组的连接
a）星形联结　b）三角形联结

在三相对称绕组中所产生的电动势是对称电动势，即电动势的大小相等、电位差互差 120°。这样为保证三相绕组中所产生的电动势是对称电动势，三相绕组在定子槽中的绕法必须满足：

1）每项绕组线圈的个数、每个线圈的匝数、每个线圈的大小都必须相等，这样可保证每项绕组所产生的电动势大小相等。

2）三相绕组的首端 U、V、W 在定子　槽内的排列必须间隔 120°电角度。图 3-7 所示为 JF132 型交流发电机定子绕组的展开图，发电机有 6 对磁极，定子总槽数为 36 槽，即一对磁极对应 6 个槽。当转子旋转时，转子磁场不断地和定子中的三相绕组作相对运动，在定子绕组中产生交流电动势。每转过一对磁极，定子绕组中的感应电动势就变化一个周期，即 360°电角度，也就是每转过 6 个定子中的感应电动势变化 360°电角度，所以每个槽对应 60°电角度。这样，要使三相绕组的首端相隔 120°电角度，每项绕组的首端在定子槽中应相隔 2 个槽（或 5 个槽、8 个槽）。JF132 型发电机定子绕组的三个首端 U1、V1、W 1 依次放入 1、9、17 三个槽中，而末端 U2、V2、W2 则相应放入 34、6、14 三个槽中，这时三相绕组之间的电位差为 120°电角度。

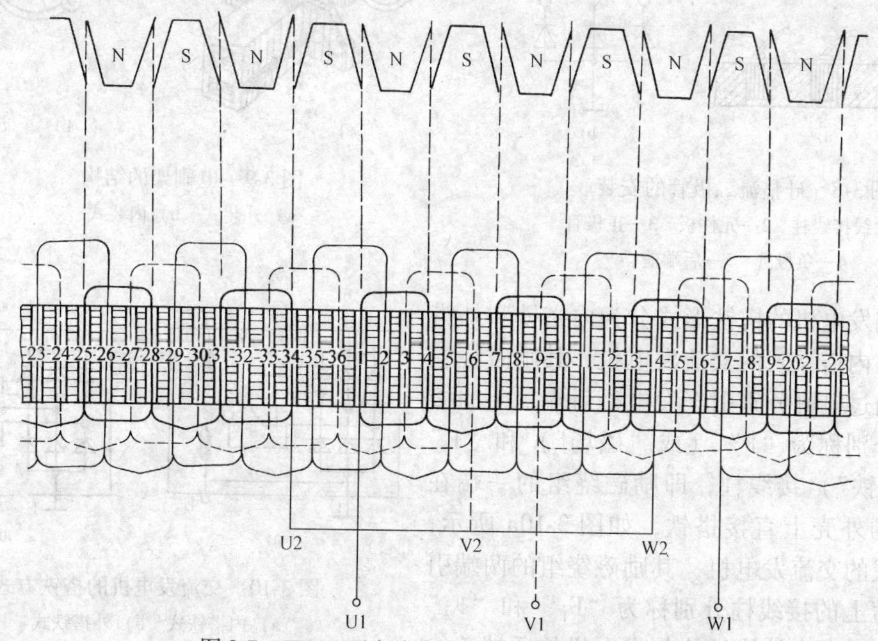

图 3-7　JF132 型交流发电机定子绕组的展开图

3. 整流器

交流发电机的整流器是由六只硅整流二极管组成三相桥式整流电路。其作用是将三相绕组中产生的三相交流电转换为直流电。有些发电机还有三只小功率励磁二极管和两只中性点二极管。

如图 3-8 所示，硅整流二极管分为正极管和负极管。压装在元件板上的三只二极管，引线为二极管的正极，外壳为二极管的负极，俗称“正极管”，管底涂有红色标记；压装在后端盖上的二极管，其引线为二极管的负极，外壳为二极管的正极，俗称“负极管”，管底涂有黑色标记。三只正二极管的外壳与元件板接在一起成为发电机的正极，用螺栓引至后端盖外部作为发电机的相线接柱，标记为“B”（“A”、“+”、或“电枢”）。而三只负二极管的外壳与发电机的后端盖接在一起成为发电机的负极。元件板必须与后端盖绝缘，并固定在后端盖上，为维修方便，有些车型的发电机将三只负二极管压装另一个元件板上。

4. 前后端盖

前后端盖由非导磁材料铝合金制成，漏磁少，并具有轻便、散热性能好等优点。在后端盖上装有电刷架和电刷，两个电刷分别装在电刷架的孔内，借弹簧压力与集电环保持接触。目前，交流发电机的电刷架有两种结构形式，如图 3-9 所示。一种是电刷架可以直接从发电机的外部进行拆装，称为外装式；另一种是电刷架不可以从发电机的外部进行拆装，称为内装式。外装式电刷拆装和更换在发电机外部即可进行，拆装检修十分方便，因此被普遍采用。

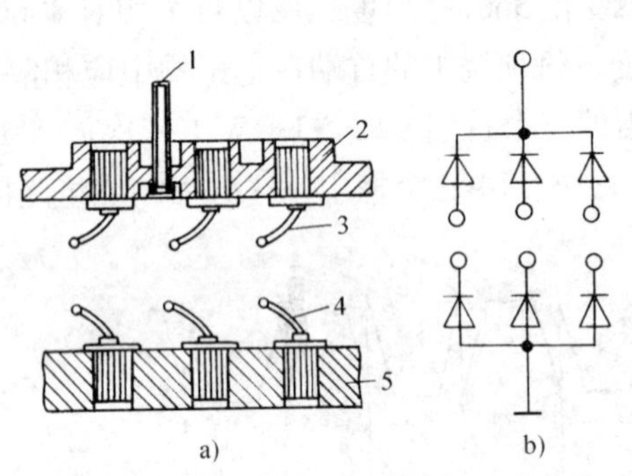

图 3-8 硅整流二极管的安装

1—火线接线柱 2—元件板 3—正极管 4—负极管 5—后端盖

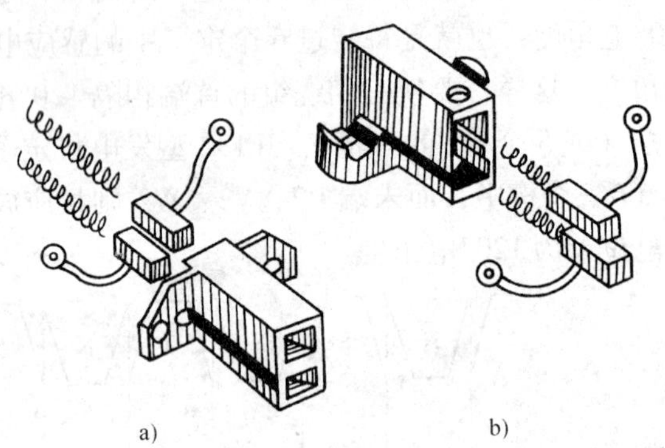

图 3-9 电刷架的结构

a）外装式 b）内装式

交流发电机的搭铁形式分为内搭铁和外搭铁两种。内搭铁式的交流发电机，其励磁绕组的两端通过电刷分别引至发电机后端盖上的接线柱，分别称为“F”（或“磁场”）和“E”（或“搭铁”）接线柱，即励磁绕组的一端在发电机的外壳上直接搭铁，如图 3-10a 所示；外搭铁式的交流发电机，其励磁绕组的两端引至后端盖上的接线柱分别称为“F_1”和“F_2”接线柱，且两个接线柱均与发电机的后端盖绝

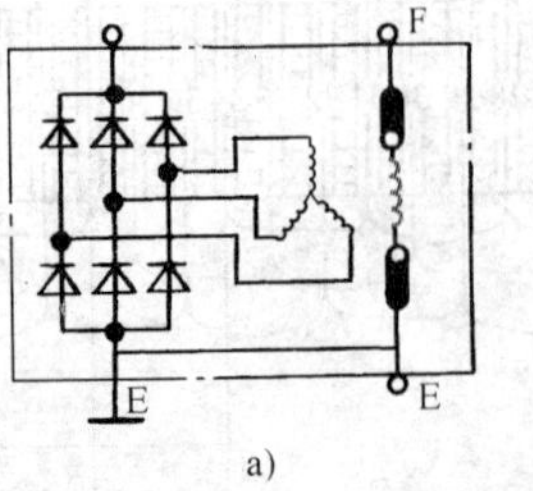

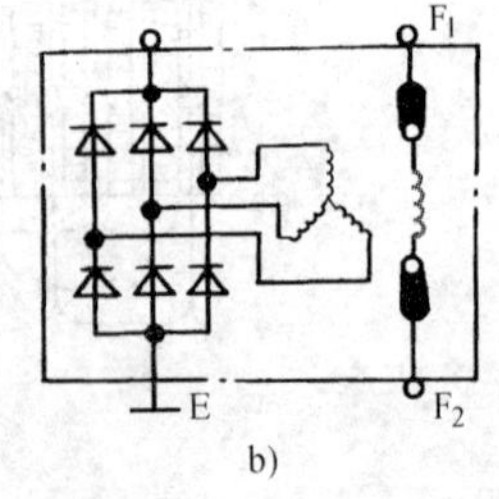

图 3-10 交流发电机的搭铁方式

a）内搭铁式 b）外搭铁式

缘，励磁绕组需经调节器搭铁，如图 3-10b 所示。

5. 带轮及风扇

交流发电机的前端装有带轮，由发动机通过风扇传动带驱动发电机旋转。在带轮的后面装有叶片式风扇，前后端盖上分别有出风口和进风口。当发动机带动发电机高速旋转时，可使空气流经发电机内部，对发电机进行冷却，图 3-11a 所示为奥迪轿车所用的发电机。对于一些高档轿车，其发电机的功率大，体积小，为了提高散热强度，装有两个风扇，且将风扇叶直接焊接在转子上，图 3-11b 所示为丰田轿车所用的发电机。

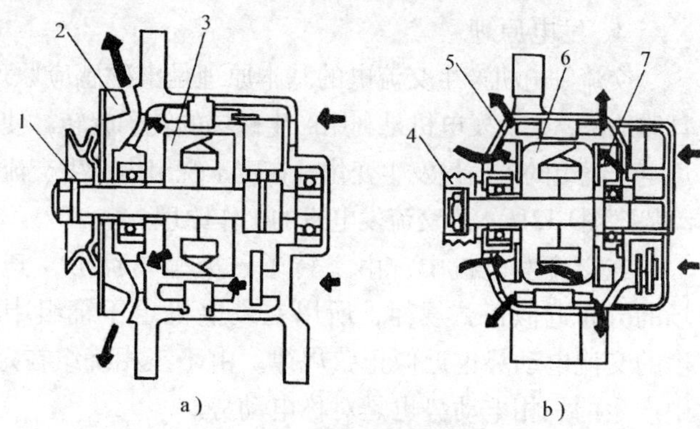

图 3-11　交流发电机的通风

a）单风扇式　b）双风扇式

1、4—带轮　2、5、7—风扇　3、6—转子

交流发电机的型号规定如下：根据我国汽车行业标准 QC/T 73—1993《汽车电气设备产品型号编制方法》的规定，汽车交流发电机的型号组成如下：

1	+	2	+	3	+	4	+	5

（1）产品代号　交流发电机的产品代号有 JF、JFZ、JFB、JFW 四种，分别表示交流发电机、整体式交流发电机、带泵式交流发电机和无刷式交流发电机。

（2）电压等级代号　用一位阿拉伯数字表示，见表 3-1。

表 3-1　电压等级代号

电压等级代号	1	2	3	4	5	6	7
电压等级/V	12	24	—	—	—	6	—

（3）电流等级代号　用一位阿拉伯数字表示，见表 3-2。

表 3-2　电流等级代号　（单位：A）

电流等级代号 / 发电机类型	1	2	3	4	5	6	7	8	9
交流发电机 整体式交流发电机 带泵式交流发电机 无刷式交流发电机	≤19	20～29	30～39	40～49	50～59	60～69	70～79	80～89	≥90

（4）设计序号　按产品的先后顺序，用阿拉伯数字表示 。

（5）变型代号　交流发电机是以调整臂的位置作为变型代号。从驱动端看，Y—右边；Z—左边；在中间时不加标记。

例如，桑塔纳、奥迪 100 型轿车所用的交流发电机代号为 JFZ1913Z，其含义为：电压等级为 12V、输出电流大于 90A、第十三代设计，调整臂位于左边的整体式交流发电机。

二、交流发电机的工作原理

1. 发电原理

交流发电机产生交流电的基本原理是电磁感应原理，具体地说，交流发电机是利用产生磁场的转子旋转，使穿过定子绕组的磁通量发生变化，在定子绕组内产生交流电动势。图3-12所示为交流发电机的工作原理。

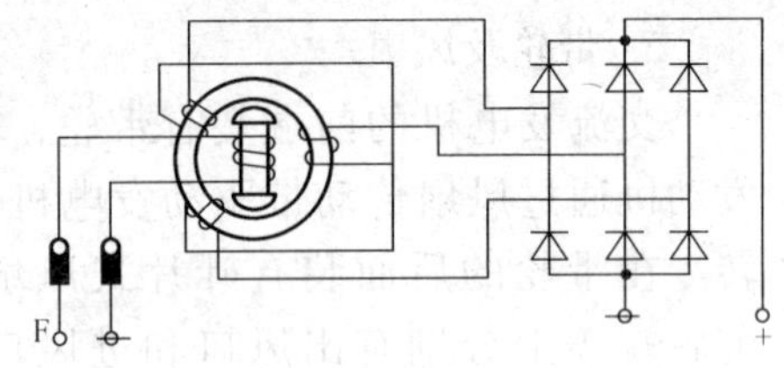

图 3-12　交流发电机的工作原理

在交流发电机中，由于转子磁极呈鸟嘴形，其磁场的分布近似正弦规律，所以在发电机定子绕组中产生的交流电动势也近似正弦规律。由于三相绕组在定子槽中是对称绕制的，因此在三相绕组中产生的三相电动势也是对称电动势。

2. 整流原理

硅二极管具有单向导电性。当给二极管加上正向电压（正极电位高于负极电位）时导通，二极管呈现低电阻状态；当给二极管加一反向电压（正极电位低于负极电位）时截止，二极管呈现高电阻状态。利用二极管的这种单向导电性，制成了交流发电机的硅整流器，使交流电变换为直流电。硅整流器实际上是一个由六只硅整流二极管组成的三相桥式整流电路，如图 3-13 所示。

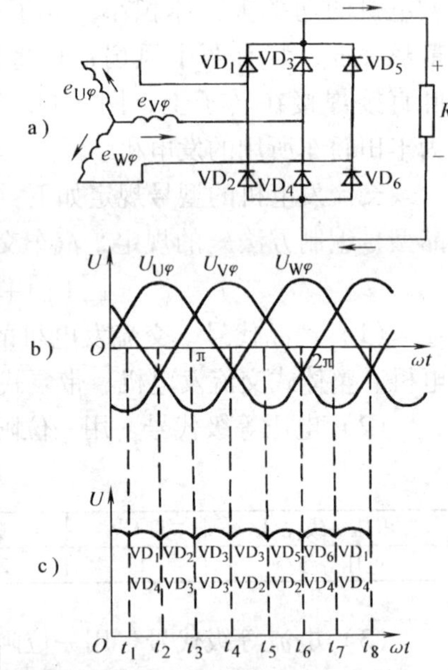

图 3-13　三相桥式整流器整流电路中的电压、电流波形

a）整流原理　b）三相交流电动势

c）整流后发电机输出的平稳脉冲电压

三相桥式整流电路的整流原理如下：

1）由于三个正极管（VD_1、VD_3、VD_5）的正极分别接在发电机三相绕组的首端（U1、V1、W1），而它们的负极同时接在元件板上，因此这三个正极管导通的条件是：在某一瞬间，哪一相的电压最高（相对其他两相来说正值最大），则该相的正极管子就导通。

2）由于三个负极管（VD_2、VD_4、VD_6）的负极也分别接在三相绕组的首端，而它们的正极同接在后端盖上，所以三只负极管的导通条件是：在某一瞬间，哪一相的电压最低（相对其他两相负值最大），则该相的负极管就导通。

3）在每一瞬间，同时导通的管子只有两只，即正极管、负极管各一只。

根据上述原则，其整流过程如下：

在 t_1-t_2时间内，U 相的电压为最高，而 V 相的电压为最低，故 VD_1、VD_4处于正向电压下而导通，R 两端得到电压 U_{UV}（为线电压的瞬时值，不计管子导通时的压降）。

在 t_2-t_3时间内，U 相的电压仍为最高，而 W 相的电压变为最低，于是 VD_1、VD_6导通，R 两端的电压为 U_{UW}。

在 t_3-t_4时间内，VD_3、VD_6导通，R 两端的电压为 U_{VW}。

这样依此类推，循环反复，就在负载 R 两端得到一个比较平稳的脉动直流电压 U，一个周期内有六个波形，如图 3-13c 所示。

有的发电机具有中性点接线柱，如图 3-14 所示。中性点接线柱是从三相绕组的末端引出来的，标记为“N”，输出电压为 U_N。由于 U_N 是通过三个接搭铁的负极管整流后得到的直流电压（即三相半波整流），所以

$$U_N = \frac{1}{2}U$$

中性点电压 U_N 一般用来控制各种用途的继电器，如磁场继电器、充电指示灯继电器等。

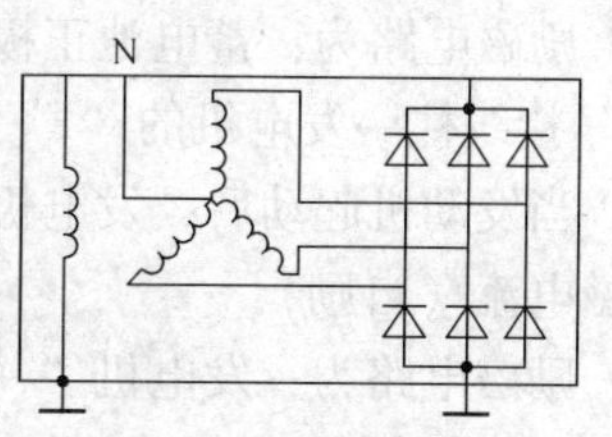

图 3-14　带有中性点接线柱的交流发电机

实际上，对有些交流发电机（如桑塔纳、奥迪等轿车）来说，在三相绕组的中性点处接上两只二极管，并通过这两只二极管与桥式整流器的正、负输出端相连。如图 3-15 所示，VD_7、VD_8 为中性点二极管。此种做法，当发动机高速运转时，可有效地利用中性点电压来增加发电机的输出功率。实践证明，在交流发电机上采用中性点二极管后，输出功率可增加 10% ~15%。

3. 励磁方法

交流发电机在无外接直流电源时，由于转子保留的剩磁很弱，因此在低速时，仅靠剩磁产生的电动势（小于 0.6V）并不能使二极管导通，发电机也就不能发电。为了克服这一缺点，在发电机开始发电时采用了他励方式，即由蓄电池为励磁绕组提供励磁电流，以增强磁场，使发电机在低速转动时电压能够迅速上升，从而实现发动机怠速时发电机便可向蓄电池充电。发电机向蓄电池充电时，励磁方法由他励方式变为自励方式，即励磁电流由发电机自己提供。简单地说，交流发电机的励磁方法是先他励、后自励。

图 3-16 所示为交流发电机的励磁电路。当点火开关 S 接通时，蓄电池便通过调节器向发电机的励磁绕组提供励磁电流（他励）：

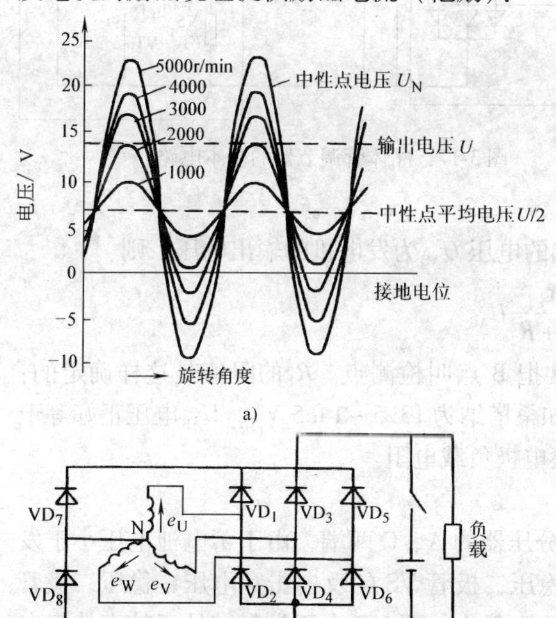

图 3-15　具有中性点二极管的整流电路

a）电压波形　b）原理图

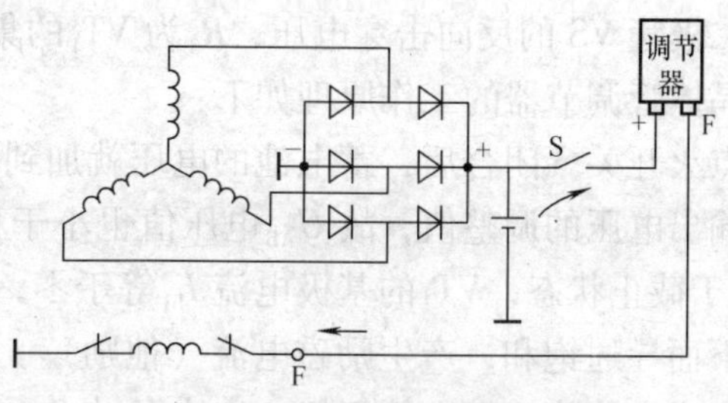

图 3-16　交流发电机的励磁电路

励磁电路为：蓄电池正极→点火开关 S→调节器“相线”接线柱→调节器→调节器的“F”接线柱→发电机的“F”接线柱→发电机励磁绕组→搭铁。

当发动机起动后，发电机的输出电压略高于蓄电池电压时，发电机自己给励磁绕组提供励磁电流（自励）：

励磁电路为：发电机“+”→点火开关 S→调节器“相线”接线柱→调节器→调节器的“F”接线柱→发电机的“F”接线柱→发电机励磁绕组→搭铁，发电机自励发电。

三、交流发电机的调节器

1. 电压调节器的工作原理

交流发电机每相绕组电动势有效值可写成：

$$E_{\Phi} = Cn\Phi$$

这里 C 为发电机的结构常数，n 为转子转速，Φ 为转子的磁极磁通。也就是说，交流发电机所产生的感应电动势与转子转速和磁极磁通成正比。当转速升高时，要想使发电机的输出电压保持恒定，只能通过减小磁通 Φ 来实现。因为磁极磁通 Φ 与励磁电流 I_j 成正比，所以减小磁通 Φ 也就是减小励磁电流 I_j。

交流发电机调节器的工作原理是：当交流发电机的转速升高时，调节器通过减小发电机的励磁电流来减小磁通 Φ，使发电机的输出电压保持不变。

2. 晶体管调节器

图 3-17 所示为晶体管调节器的基本电路。

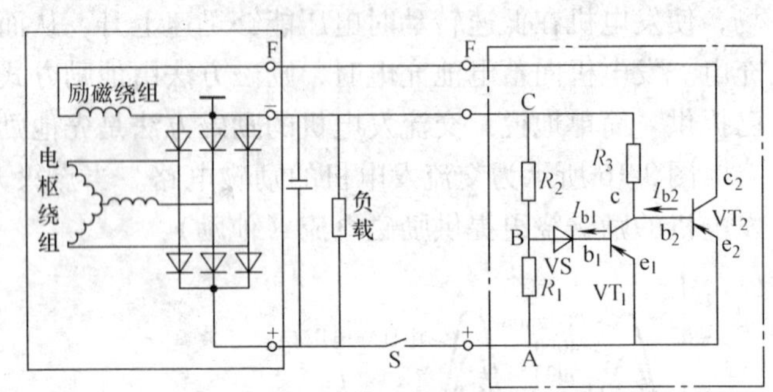

图 3-17　晶体管调节器的基本电路

VT_2 是大功率管，起开关作用，用来接通与切断发电机的励磁电路；VT_1 是小功率晶体管，用来放大控制信号。稳压二极管 VS 是感受器件，串联在 VT_1 的基极电路中，并通过 VT_1 的发射结并联于分压电阻 R_1 的两端，以感受发电机的输出电压。

电阻 R_1 和 R_2 组成一个分压器，分压器两端的电压 U_{AC} 为发电机的输出电压，则

$$U_{AB} = \frac{R_1}{R_1 + R_2} U_{AC}$$

U_{AB} 电压反向加在稳压二极管 VS 上，通常把 B 点叫检测点。R_1 的阻值是这样确定的：当发电机输出电压 U_{AC} 达到规定的调整值时（如桑塔纳为 13.5～14.5 V），U_{AB} 电压正好等于稳压二极管 VS 的反向击穿电压，R_3 为 VT_1 的集电极负载电阻。

晶体管调节器的工作原理如下：

点火开关 S 闭合后，蓄电池的电压就加到分压器的 A、C 两端，由于蓄电池电压小于发电机输出电压的调整值，故 U_{AB} 电压值也小于稳压二极管 VS 的反向击穿电压，稳压二极管 VS 处于截止状态，VT_1 的基极电流 I_{b1} 等于零，VT_1 截止，而 VT_2 由于发射结处于较高的正向电压下而导通饱和，产生励磁电流（他励）。

励磁电路为：蓄电池正极→点火开关 S→调节器“+”接线柱→VT_2→调节器“F”接线柱→发电机“F”接线柱→励磁绕组→蓄电池负极（搭铁）。

发动机起动后，发电机的输出电压将高于蓄电池的电压，发电机的励磁电流由他励转变为自励。

励磁电路为：发电机正极→点火开关 S→调节器“+”接线柱→VT_2→调节器“F”接线柱→发电机“F”接线柱→励磁绕组→蓄电池负极（搭铁）。

随着转速的升高，当发电机输出电压稍高于调整值时，U_{AB}电压达到了稳压二极管 VS 的反向击穿电压，稳压二极管 VS 导通，使 VT_1产生基极电流而导通，同时把 VT_2的发射结短路，使其由导通状态转变为截止状态，切断发电机的励磁电路，使发电机的输出电压急剧下降，当发电机的输出电压下降到稍低于调整值时，稳压二极管 VS 又由击穿状态恢复到截止状态。随之，VT_1也由导通状态化为截止状态，使 VT_2导通。如此反复，就使发电机的端电压维持在规定的调整值上。

3. 集成电路调节器

集成电路调节器也叫做 IC 调节器，是根据使用要求，将电路中的若干元器件集成在同一基片上，制成一个独立的电子芯片。集成电路调节器装于发电机内部，构成整体式交流发电机。发电机外部有 2 个或 3 个接线柱。

集成电路调节器的工作原理与晶体管调节器的工作原理完全一样，都是根据发电机的输出电压信号，利用晶体管的开关特性控制发电机的励磁电流，使发电机的输出电压保持恒定。

集成电路调节器，根据不同的电压检测方法可分为“发电机电压检测法”和“蓄电池电压检测法”两种电路，如图 3-18 所示。

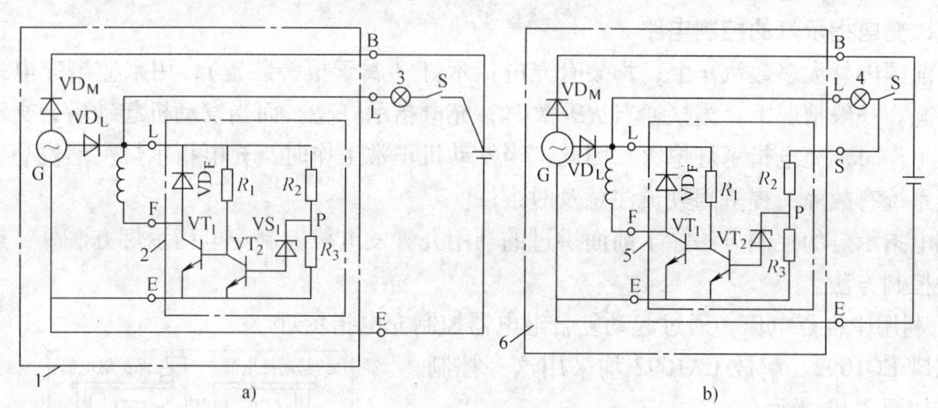

图 3-18　集成电路调节器的基本电路

a）发电机电压检测法　b）蓄电池电压检测法

1、6—发电机　2、5—集成电路调节器　3、4—充电指示灯

（1）发电机电压检测法　如图 3-18a 所示，分压器 R_2和 R_3的端电压 U_{LE}等于发电机的端电压 U_{BE}。由检测点 P 加到稳压二极管 VS_1两端的反向电压 U_{PE}（经 VT_2的发射结）正比于发电机的输出电压 U_{BE}，因此，这种基本电路称为发电机电压检测法。其工作原理如下；

点火开关 S 接通后，蓄电池电压加到充电指示灯和分压器 R_2、R_3上。这时由于 U_{PE}小于稳压二极管 VS_1的击穿电压，晶体管 VT_2截止；而 VT_1则由于发射结（经 R_1）承受正向电压而导通，励磁电路为他励：

蓄电池正极→点火开关→充电指示灯→励磁绕组→VT_1→蓄电池负极（搭铁）。

这时由蓄电池提供励磁电流，充电指示灯亮。发动机起动后，随着发动机转速升高，当发电机的输出电压超过蓄电池电动势时，发电机开始向蓄电池充电，同时，励磁方法由他励变为自励，励磁电路为：

发电机 VD_L→励磁绕组→VT_1→蓄电池负极（搭铁）。

同时，充电指示灯由于两端的电位相等而熄灭，表示发电机正常发电。当发电机的输出电压达到调整值时，U_{PE}之值大于稳压二极管 VS_1 的击穿电压，使稳压二极管 VS_1 导通，VT_2 导通，VT_2 导通的同时将 VT_1 的发射结短路，使 VT_1 截止，励磁电流迅速减小，发电机输出电压 U_{BE}（即 U_{LE}）也随之下降，接着稳压二极管 VS_1 和 VT_2 又重新截止，VT_1 又导通，产生励磁电流。如此循环，VT_1 反复导通与截止，控制励磁电流，使发电机的输出电压保持恒定。

VT_1 截止瞬间，在励磁绕组中产生的自感电动势，经续流二极管 VD_F 自成回路，迅速消失，从而保护了 VT_1，防止被反向击穿。

（2）蓄电池电压检测法　如图 3-18b 所示，蓄电池电压检测法原理与发电机电压检测法基本相同。所不同的是：发电机电压检测法的控制信号直接来自于发电机的输出电压，而蓄电池电压检测法的控制信号来自于蓄电池的正极。

相比而言，采用发电机电压检测法，可省去信号输入线，缺点是当发电机至蓄电池电路上的电压降较大时，可导致蓄电池充电不足。因此，一般大功率发电机多采用蓄电池电压检测法，使蓄电池的端电压得以保证。若采用蓄电池电压检测法，当发电机的电压输出线或信号输入线断路时，由于无法检测发电机的工作情况，可造成发电机失控现象。故多数车型在应用中，都对具体电路作了相应改进。

四、充电指示灯的控制电路

目前国内外大多数汽车上，均装有充电指示灯（属于报警装置），用来监测充电系统的工作情况。一般情况下，当接通点火开关时，充电指示灯亮，而当发动机起动后，交流发电机正常工作时，充电指示灯熄灭。因此，当发动机正常工作时，充电指示灯突然发亮，则表示充电系统有故障，提醒驾驶员注意及时维修。

充电指示灯的控制方法除了前面讲过的利用九管发电机控制充电指示灯方法外，还有如下几种控制方法。

1. 利用中性点电压，通过起动复合继电器控制充电指示灯

东风 EQ1092、解放 CA1092 均采用这一控制方式，如图 3-19 所示。

1）充电指示灯由起动复合继电器中的保护继电器控制。充电指示灯的控制电路为：

蓄电池正极→点火开关 S→充电指示灯→起动复合继电器的接线柱“L”→保护继电器的常闭触点 S_2→磁轭→起动复合继电器的接线柱“E”→搭铁。

2）当点火开关接通时，充电指示灯亮，电路如上。

3）当发动机起动后，发电机开始正常发电，由于发电机的中性点 N 有电压输出，这时，起动复合继电器上的磁化线圈 X_2 有电流通过，其电路

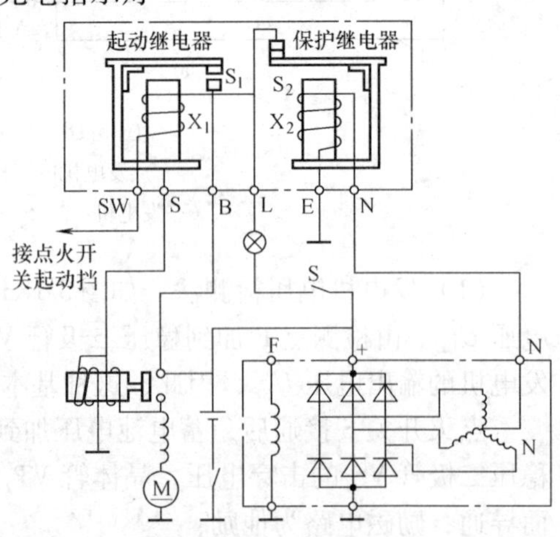

图 3-19　东风 EQ1092、解放 CA1092 充电指示灯控制电路

如下：

发电机的中性点接线柱 N→起动复合继电器的接线柱 N→磁化线圈 X_2→搭铁接线柱 E。这时，磁化线圈 X_2将产生磁吸力，将常闭触点 S_2打开，充电指示灯熄灭，表示发电机正常工作。

2. 利用二极管来控制充电指示灯

可以利用二极管的单向导电性控制充电指示灯，如图 3-20 所示，其工作原理如下：

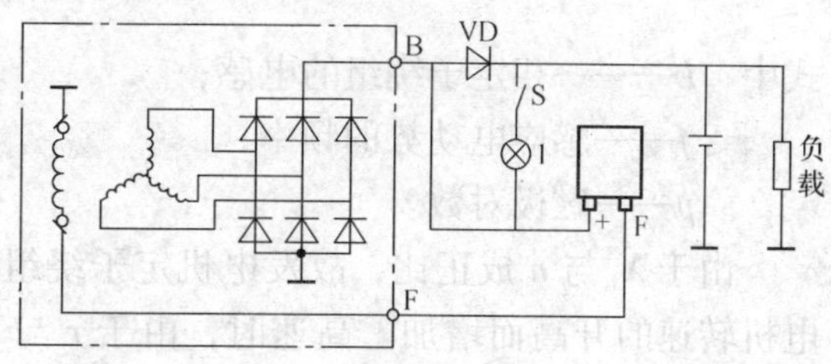

图 3-20 法国沃尔沃汽车的充电指示灯控制电路

1）当点火开关 S 闭合时，励磁电路如下（他励）：

蓄电池正极→点火开关 S→充电指示灯→调节器→发电机励磁绕组→搭铁。这时，充电指示灯亮。

2）当发动机起动后，发电机的输出电压高于蓄电池的电动势，二极管 VD 导通，同时，二极管 VD 将充电指示灯短路，充电指示灯熄灭，表示发电机正常工作。

蓄电池的充电电路为：发电机的相线接线柱 B→二极管 VD→蓄电池正极。

励磁电路（自励）为：发电机的 B 端→调节器→发电机的励磁绕组→搭铁。

五、交流发电机的工作特性

交流发电机的工作特点是转速变化范围大。对于一般汽油发动机来说，其转速变化约为 1：8，对柴油机来说约为 1：5，因此分析汽车交流发电机的工作特性应该以转速的变化为基础。交流发电机的工作特性有输出特性、空载特性和外特性，其中以输出特性最为重要。

1. 输出特性

输出特性是指在发电机端电压 U 不变（对 12V 系列的交流发电机规定为 14V，对 24V 系列的交流发电机规定为 28V）时其输出电流与转速之间的关系，即 U 为常数时 $I=f(n)$ 的函数关系，图 3-21 所示为交流发电机的输出特性曲线。

由特性曲线 $I=f(n)$ 可以看出：

1）发电机达到额定电压时的转速定为空载转速 n_1，空载转速常作为选择发电机与发动机速比的主要依据。

2）发电机达到额定电流时的转速定为满载转速 n_2，额定电流一般定为最大输出电流的2/3。

空载转速与满载转速是测试交流发电机性能的重要依据，发电机出厂时，通过试验，规定了空载转速与满载转速，并列入产品说明书。在使用过程中，可通过检测这两个数据，来判断发电机性能的好坏，表 3-3 所列为国产交流发电机的主要性能指标。

3）当转速 n 达到一定数值后，发电机的输出电流不再随转速升高而增加，此时电流又称为发电机的最大输出电流或限流值。由此可见，交流发电机自身具有限制输出电流防止过载的能力，又称为交流发电机的自我保护能力。

交流发电机自我限流的原理如下：

交流发电机定子绕组具有一定的阻抗 Z，它是由绕组的电阻 r 及感抗 X_L两部分组成，即

$$Z=\sqrt{r^2+X_L^2}$$

式中 r——一相绕组的电阻；

X_L——一相绕组的感抗。

$$X_L = 2\pi f L \quad f = \frac{pn}{60}$$

式中 L——一相定子绕组的电感；

f——感应电动势的频率；

p——磁极对数。

由于X_L与 n 成正比，故发电机定子绕组的阻抗 Z 随发电机转速的升高而增加。高速时，由于 r 与 X_L相比可忽略不计，故阻抗 Z 约等于 X_L，定子阻抗 Z 与转速 n 成正比，其值较大，产生较大的内压降；另外，定子电流增加时，由于电枢反应增强，也会使感应电动势下降。两者共同作用的结果是：当发电机的转速升高且负载电流达到最大值时，输出电流几乎不随负载电阻的减小或转速的增加而增大。

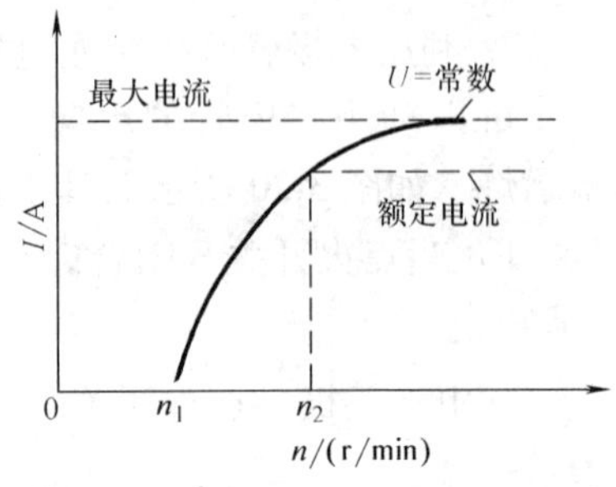

图 3-21 交流发电机的输出特性曲线

表 3-3 国产交流发电机的主要性能指标

交流发电机的型号	额定数据		空载转速/(r/min)	满载转速/(r/min)	适用车型
	电压/V	电流/A			
JF1314ZD	12	25	1000	3500	CA1090
JF1314-1	12	25	1000	3500	CA1090
JF1314B	12	25	1000	3500	EQ1090-1
JF1313Z	12	25	1000	3500	BJ1060 系列
JF13A	12	25	1000	3500	NJ1060
JF2311	24	18	1000	3500	NJ1140 系列
JFZ1714	12	45	1000	6000	依维柯
JFZ1913Z	12	90	1050	6000	桑塔纳
JFZ1512Z	12	55	1050	6000	广州标致
JFZ2518	24	27	1150	5000	切诺基

2. 空载特性

空载特性是研究发电机在空载运行时，其端电压随转速变化的关系，即 $I=0$ 时 $U=f(n)$的曲线，如图 3-22 所示。

3. 外特性

外特性是研究当发电机转速一定时，其端电压与输出电流的关系，即 n 为常数时 $U=f(I)$的曲线，如图 3-23 所示。

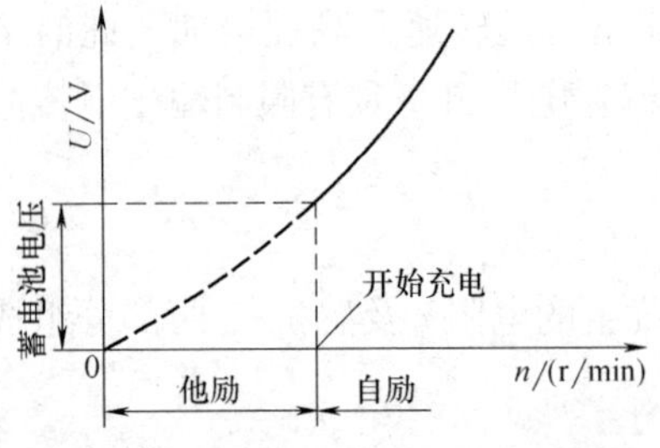

图 3-22 交流发电机的空载特性曲线

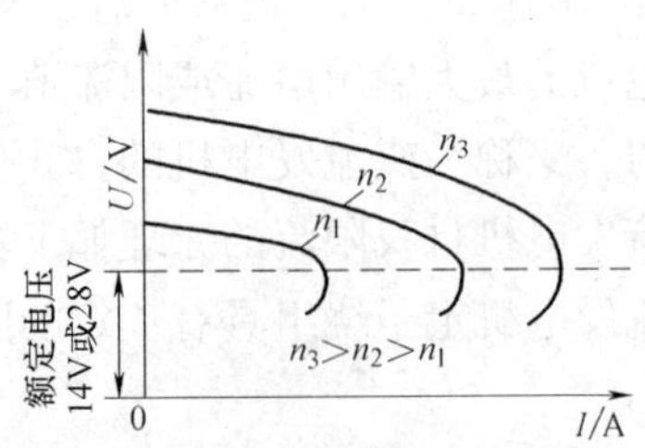

图 3-23 交流发电机的外特性

从外特性曲线可以看出发电机端电压受负载影响的程度：如果发电机在高速运转时，突然失去负载，发电机端电压会突然升高，致使发电机及调节器等内部电子元器件有被击穿的危险。

六、汽车交流发电机实例

1. 桑塔纳轿车所用的交流发电机

图 3-24 所示为桑塔纳轿车所用的交流发电机电路，该发电机是整体式交流发电机，采用了 11 只硅二极管，其中有 6 只整流二极管、3 只励磁二极管、2 只中性点二极管，集成电路调节器与电刷架制成一体，在发电机的外部有两个接线柱，分别为相线接线柱 B_+、磁场接线柱 D_+，相线接线柱 B_+ 向全车供电，磁场接线柱 D_+ 的作用是向励磁绕组提供励磁电流、为调节器提供工作电压及控制充电指示灯。

其工作原理如下：

1）接通点火开关 S，蓄电池向发电机提供励磁电流（他励），励磁电路如下：

蓄电池正极→点火开关 S→充电指示灯→二极管 VD→发电机磁场接线柱 D_+→励磁绕组→调节器→搭铁，此时充电指示灯亮。

2）发动机起动后，发电机的输出电压高于蓄电池的电动势，由于 D_+ 与 B_+ 电位相等，充电指示灯熄灭，励磁电流由他励变为自励，励磁电路如下：

励磁二极管→励磁绕组→调节器→搭铁。

3）当发电机的输出电压达到调整值时，调节器中起开关作用的晶体管截止，励磁电流迅速下降，发电机的输出电压也迅速下降。当发电机的输出电压小于调整值时，起开关作用的晶体管立刻导通，发电机的输出电压随之升高，就这样循环反复，使发电机的输出电压稳定在调整值范围内。

2. 夏利轿车所用的交流发电机

图 3-25 所示为夏利轿车所用的交流发电机集成电路调节器电路，该发电机属于小型高速发电机，采用两个风扇，风扇在发电机内部并直接焊在转子轴上，分别位于转子爪极的两侧，采用了两个中性点二极管。发电机的外部有三个接线柱：分别为相线接线柱“B”、点火接线柱“IG”、充电指示灯接线柱“L”，其工作原理如下：

1）接通点火开关 S，蓄电池电压经接线柱“IG”到集成电路调节器，使晶体管 VT_1、VT_2 中均有基极电流流过，于是 VT_1、VT_2 同时导通，励磁电路（他励）为：

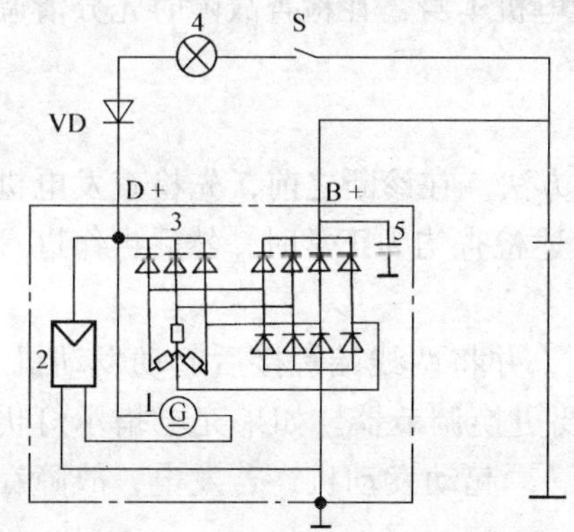

图 3-24　桑塔纳轿车发电机电路

1—励磁绕组　2—电压调节器　3—励磁二极管

4—充电指示灯　5—防干扰电容器

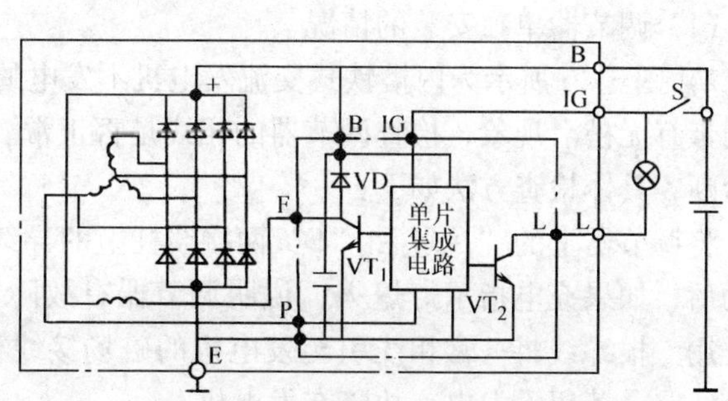

图 3-25　夏利轿车交流发电机集成电路调节器电路

蓄电池正极→发电机接线柱 B→励磁绕组→VT_1→搭铁。

VT_2导通时，充电指示灯亮，表示发电机不发电。充电指示灯电路为：

蓄电池正极→点火开关 S→充电指示灯→VT_2→搭铁。

2）发动机起动后，发电机的输出电压高于蓄电池的电动势而小于调节电压时，VT_1仍导通，但发电机由他励变为自励，并向蓄电池充电。同时，由于 P 点电压输入集成电路使VT_2截止，故充电指示灯自动熄灭，表示发电机正常工作。

3）当发电机的输出电压达到调节电压时，集成电路由 IG 点检测到该电压时，VT_1由导通变截止，励磁电流迅速减小，发电机的输出电压随之下降：当输出电压低于调整值时，集成电路又使 VT_1导通，励磁绕组中又有电流通过，发电机的输出电压又重新上升，如此反复，发电机的输出电压将被控制在调节电压范围内。

二极管 VD 为续流二极管，在 VT_1截止时，用于吸收励磁绕组中产生的自感电动势。

该发电机具有自诊及保护功能，具体工作原理如下：

1）自诊功能：当由于励磁绕组断路等因素导致发电机不发电时，P 点无电压输出时，集成电路将使 VT_2导通，充电指示灯一直发亮，提醒驾驶员充电系统有故障。

2）保护功能：当发电机的输出端 B 或信号输入端 IG 与蓄电池的接线有断路故障时，集成电路除上述自诊功能外，同时，集成电路可根据 P 点的电压信号控制 VT_1的导通与截止，将发电机的输出电压控制在调节电压范围内，防止失去控制。

七、充电系的故障诊断

目前，汽车充电系基本上有两大类：一类是交流发电机与调节器各自独立安装，采用的是普通交流发电机；另一类是将集成电路调节器安装在发电机内部，采用的是整体式交流发电机。这样，在进行充电系故障诊断时，首先要明确发电机是哪种类型的，要明确发电机、调节器、充电指示灯及充电系统线路连接的特点，然后查明故障发生的部位。如果确属交流发电机故障，就将发电机从车上拆下，作进一步检查与修理。

对于大多数汽车来说，充电系的电路故障现象都是根据充电指示灯来判断的，正常情况是：当打开点火开关时，充电指示灯亮，起动发动机后，充电指示灯应熄灭。一般充电系的故障现象有以下几种情况。

1. 发动机起动后，充电指示灯仍亮

这种情况说明发电机没有发电，但是故障不一定在发电机本身。在检查故障时先分清调节器是否单独安装。

（1）调节器单独安装的情况

1）图 3-26 所示为内搭铁式交流发电机不发电的诊断方法。在诊断之前，先检查发电机传动带有无松滑现象，检查调节器的相线是否正常。当上述检查均为正常时，然后再作进一步诊断，具体检查方法如下：

将调节器上的“+”和“F”两接线柱上的导线拆下，并将两线端短接后起动发动机。起动后，如果充电指示灯熄灭，说明调节器有故障，需要更换调节器。如果充电指示灯仍亮，用一根导线将一常相线引至发电机的磁场接线柱“F”，起动发动机，若发电，故障在充电线路，若仍不发电，故障在发电机。

2）图 3-27 所示为外搭铁式交流发电机不发电的诊断方法。在诊断之前，先检查发电机传动带有无松滑现象，检查调节器的相线是否正常，检查发电机的磁场接线柱“F_1”是否有

“火”。当上述检查均为正常时，然后再作进一步诊断，具体检查方法如下：

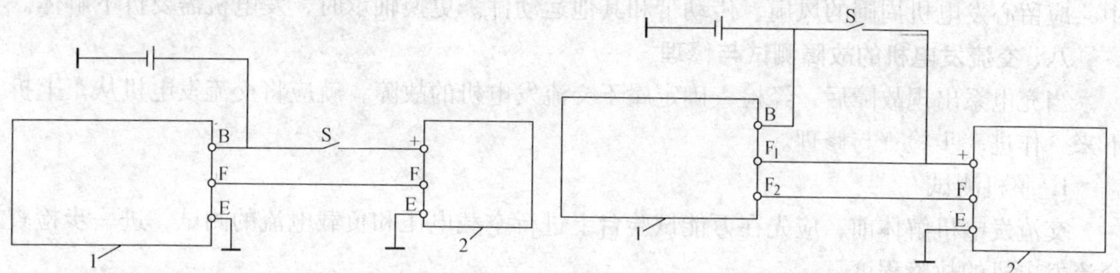

图 3-26　内搭铁式交流发电机不发电的诊断方法
1—发电机　2—调节器

图 3-27　外搭铁式交流发电机不发电的诊断方法
1—发电机　2—调节器

将调节器上的“F”和“E”两接线柱上的导线拆下，并将两线端短接后起动发动机。起动后，如果充电指示灯熄灭，说明调节器有故障，需要更换调节器。如果充电指示灯仍亮，用一根导线将发电机的磁场接线柱 F_2 直接搭铁，起动发动机。若发电，故障在充电线路，若仍不发电，故障在发电机。

（2）整体式交流发电机　以桑塔纳轿车为例（见图 3-24），首先检查发电机传动带有无松滑现象，发电机的外观接线是否脱落。当上述检查均为正常时，然后再作进一步诊断，具体方法如下：

先闭合点火开关，用万用表测量发电机上的“D_+”接线柱（蓝色）上的电压，如果有电压，说明发电机有故障，这时可先更换调节器，若发电，故障在调节器，若仍不发电，故障在发电机，应从车上拆下发电机进一步检查；如果测量“D_+”接线柱没有电压，则说明充电线路有故障，应检查线路。

2. 发动机起动后，充电指示灯亮，发动机高速时，充电指示灯熄灭

这种情况说明发电机发电量低。检查时应先检查发电机传动带有无松滑现象，发电机的固定是否牢固。这些情况排除后，故障原因可能是：电刷接触不良、整流器中的个别二极管损坏、定子中的三相绕组或转子中的励磁绕组局部短路等，一般需要将发电机拆下，解体检查。

3. 汽车运行时，经常烧灯泡、熔丝及开关等电器设备

这种情况说明发电机发电量高。在诊断时，用电压表测量蓄电池的两个极桩，测量时将发动机的转速控制在 2000r/min 左右，观察电压表的读数，如果大于 14.5V，说明电压调节器有故障，可直接更换调节器。

4. 打开点火开关，充电指示灯不亮

这种情况说明充电指示灯电路有故障。故障可能是：充电指示灯线路有断路的地方，对于桑塔纳轿车来说，这类发电机也可能是发电机的电刷损坏；对于东风、解放汽车来说，这类发电机也可能是组合继电器有故障。

5. 汽车运行时，发电机或传动带有异响

交流发电机的异响有可能是发电机轴承或传动带引起的。诊断时先检查传动带状况和张紧力，必要时可更换。检查轴承异响时，利用一段软管，或一把长一字形螺钉旋具，也可以用听诊器，将一端放在靠近轴承的地方，然后将耳朵贴在另一端倾听。在倾听过程中，可提

高发动机的转速，随着转速的提高，噪声越来越大，说明异响是轴承引起的，在听诊过程中，应留心发电机周围的风扇、传动带和其他运动件。更换轴承时，发电机需要拆下解体。

八、交流发电机的故障测试与修理

当充电系出现故障后，经检查确定属于交流发电机的故障，就应将交流发电机从车上拆下来，作进一步检查与修理。

1. 整机测试

交流发电机解体前，应先在万能试验台上进行空载电压和负载电流的测试，进一步检查交流发电机的故障程度。

（1）测量各接线柱之间的电阻　利用万用表的 $R\times1$ 挡测量“F”与“－”之间的电阻值，测量“＋”与“－”之间和“＋”与“F”之间的正、反向电阻值，也可以判断交流发电机内部的技术状况，其标准值见表 3-4。

表 3-4　交流发电机各接线柱之间的电阻值　（单位：Ω）

交流发电机的型号	“F”与“－”之间的电阻	“＋”与“－”之间的电阻		“＋”与“F”之间的电阻	
		正　向	反　向	正　向	反　向
JF11 JF13 JF21	5～6	40～50	＞1000	50～60	＞1000
JF12 JF22 JF23 JF26	19.5～21	40～50	＞1000	50～70	＞1000

如果“F”与“－”之间的阻值过大，表明电刷与集电环接触不良，或励磁绕组断开；若阻值过小，则表明励磁绕组有匝间短路的情况。

若“＋”与“－”、“＋”与“F”之间的正向电阻小于表中的标准值，则表示有硅二极管发生短路；如接近表中的数值，但负载电流测试时电流很小，则表示有的硅二极管发生断路。

（2）空载转速的测试　空载电压的测试在实验台上进行，接线方法如图 3-28 所示。先将开关 S_1 闭合，由蓄电池给发电机提供他励电流，接着起动电动机，逐步提高电动机的转速。当转速上升到 500～800r/min 时，发电机开始自励；继续提高转速，同时观察电压表的读数；转速上升到规定值时，如果电压低于标准值（见表 3-3），则表明发电机有故障。

（3）满载转速的测试　有些故障，在没有电流输出的情况下是表现不出来的，所以在对发电机进行空载转速测试后，应再作满载转速测试。满载转速测试可以接着空载转速进行，如图 3-28 所示。

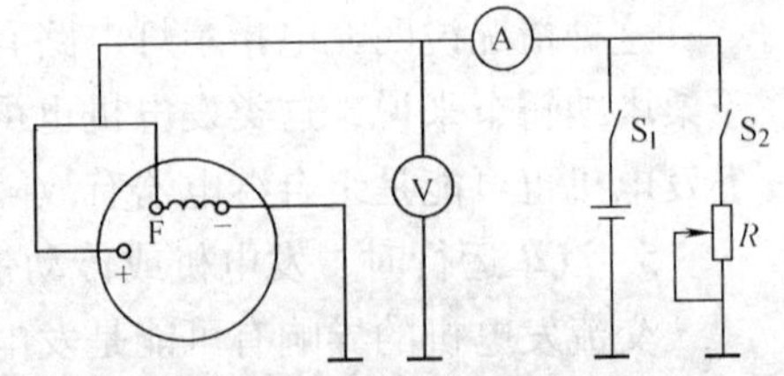

图 3-28　交流发电机的空载和满载测试

当交流发电机的空载转速达到额定值时，接通 S_2，提高发电机转速，改变电阻 R，不断增大负载电流。如果发电机在输出额定电流的情况下，其电压能够达到或超出额定值（见表 3-3），则说明发电机完好。如果发电机在输出额定电流的情况下，其电压低于额定值，表明发电机有故障。

（4）用示波器观察输出电压的波形　当交流发电机有故障时，其输出电压的波形将出现异常，因此根据输出电压波形可以判断交流发电机内部二极管及定子绕组是否有故障，交流发电机出现各种故障时输出电压的波形如图 3-29 所示。

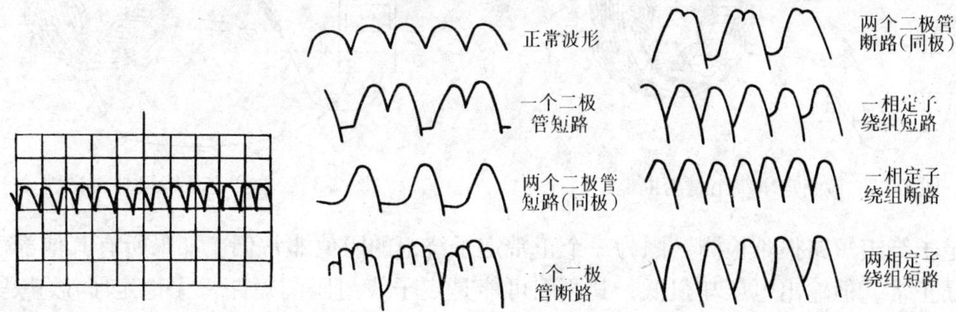

图 3-29　交流发电机各种故障时的输出电压波形

2. 交流发电机零部件的检修

（1）转子的检修　用万用表可检测励磁绕组是否短路、断路及搭铁。

如图 3-30 所示，用万用表可以检测励磁绕组是否短路或断路。如果阻值低于标准值（见表 3-4），则说明励磁绕组短路了；如果阻值为无限大，则说明励磁绕组断路。

如图 3-31 所示，用万用表可检测励磁绕组是否搭铁。每个集电环与转子轴之间，其阻值都是无穷大，如果阻值很低，说明励磁绕组搭铁了。

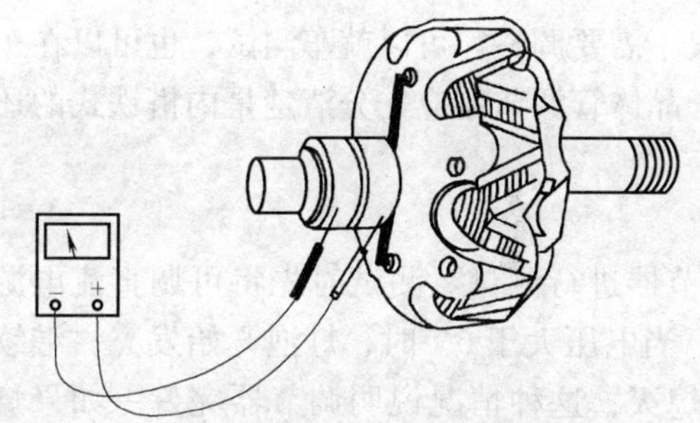

图 3-30　检查励磁绕组是否短路和断路

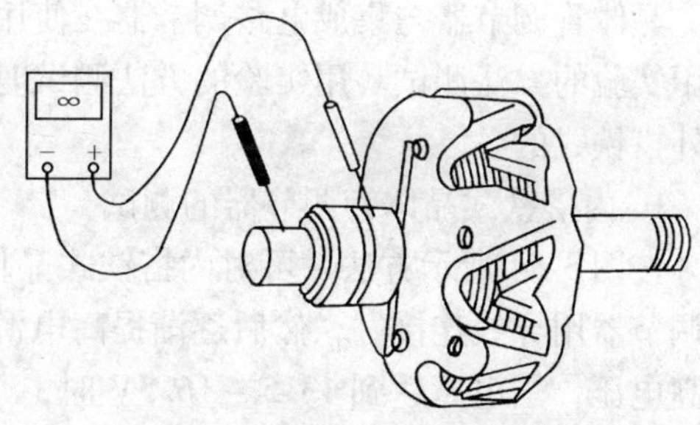

图 3-31　检查励磁绕组是否搭铁

无论励磁绕组是短路、断路还是搭铁，都必须更换转子。但是，更换转子的费用与更换发电机的费用十分接近，所以，一般情况下当励磁绕组需要更换时，就可以直接更换发电机总成了。

（2）定子的检修　用万用表可以检测定子绕组是否断路和搭铁。

如图 3-32 所示，用万用表可检测定子绕组是否断路。检测时，每次任取两个首端，测量三次，每次测量的阻值都应小于 0.5Ω；如果阻值有无穷大的情况，说明励磁绕组断路，需更换定子总成。

如图 3-33 所示，用万用表可检测定子绕组是否搭铁。测量三次，阻值均应为无穷大，如果有不是无穷大的情况，说明定子绕组搭铁，需更换定子总成。

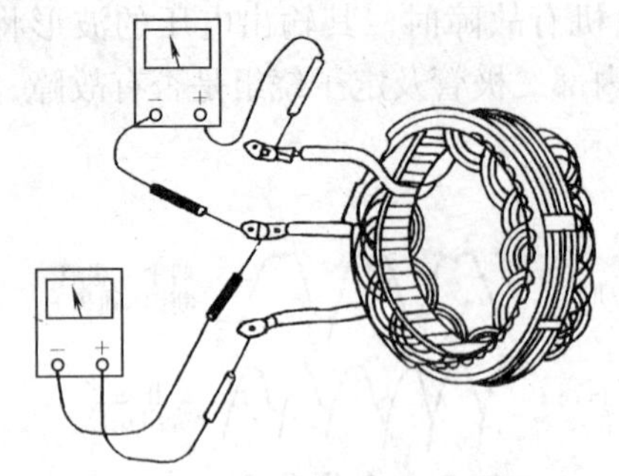

图 3-32　检测定子绕组是否断路

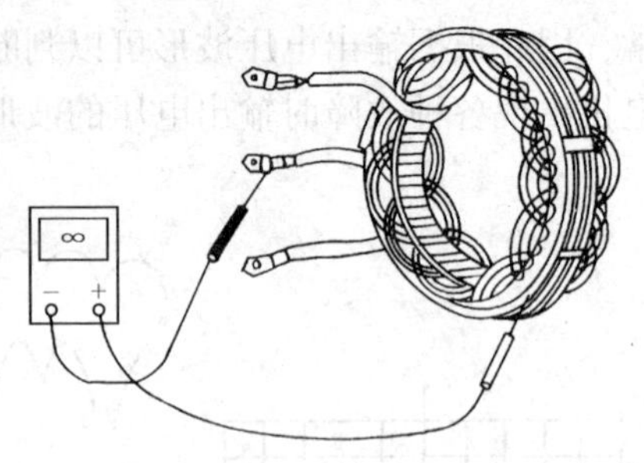

图 3-33　检测定子绕组是否搭铁

定子绕组短路很难检测。因为一个正常定子绕组的阻值非常低。如果所有其他部件的检测均属正常，但输出电压却很低，其原因可能是定子绕组匝间短路。无论定子绕组是断路、短路还是搭铁，均需更换定子总成。

（3）二极管的检测　首先将二极管与定子绕组之间的连线断开，用万用表的两个表笔分别接到二极管的引线与壳体上，测二极管的正向与反向电阻。二极管的正向电阻应为 8 ~ 10Ω，反向电阻应在 1000Ω 以上。若正、反向电阻均为 0，说明二极管短路；若正、反向电阻均为无穷大，说明二极管断路。更换二极管需要在压床上进行，或在台虎钳上使用专用工具，但不得使用锤子敲击，以免损坏元件。压装二极管时，过盈量控制在 0.07 ~ 0.09mm。

3. 电刷的检测

电刷的标准高度应是 14mm，磨损至 7mm 时，应进行更换。

九、调节器的测试

晶体管调节器与集成电路调节器在使用中一般不需要调整，可以就车测试，也可以在车下用实验的方法测试。用实验的方法测试时，对于晶体管调节器应先分清楚是内搭铁式的还是外搭铁式的。

1. 内搭铁式晶体管调节器的测试

按图 3-34 所示方法，可对内搭铁式晶体管调节器进行测试。测试时先将可调直流电源与调节器用导线连接好，然后逐渐提高电源电压，当电压大于 6V 时，灯泡开始发亮，继续提高电压，当电压达到 13.5 ~ 16.5V 时，灯泡应熄灭，这种情况说明调节器完好。如果灯泡从开始时一直不亮或亮了以后一直不熄灭，说明调节器有故障。

2. 外搭铁式晶体管调节器的测试

按图 3-35 所示方法，可对外搭铁式晶体管调节器进行测试。测试时先将可调直流电源与调节器用导线连接好，测试方法与内搭铁式晶体管调节器完全相同，这里不再重复。

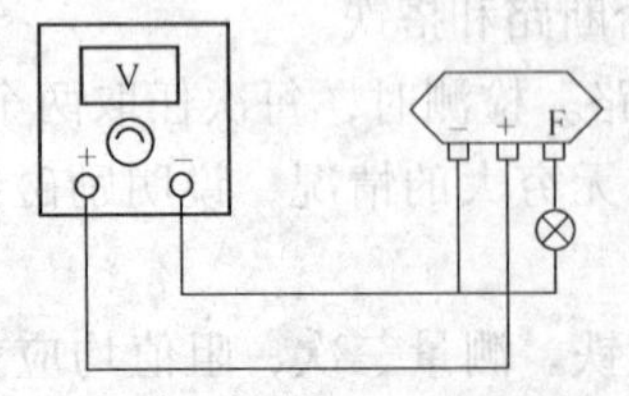

图 3-34　内搭铁式晶体管调节器的测试

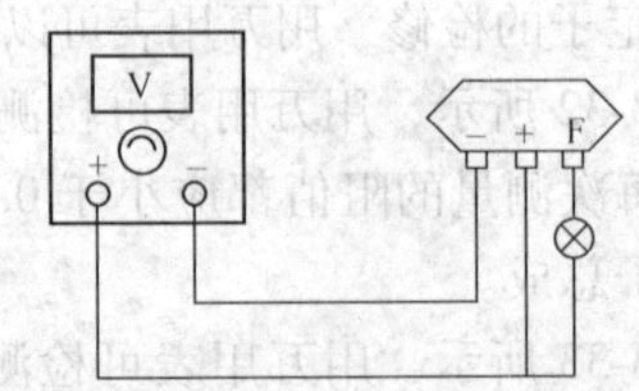

图 3-35　外搭铁式晶体管调节器的测试

3. 集成电路调节器的测试

整体式交流发电机的励磁绕组一般是通过调节器搭铁的。根据这一原理，按图3-36所示方法，先将可调直流电流与集成电路调节器用导线连接好，测试方法与上述两种方法相同。

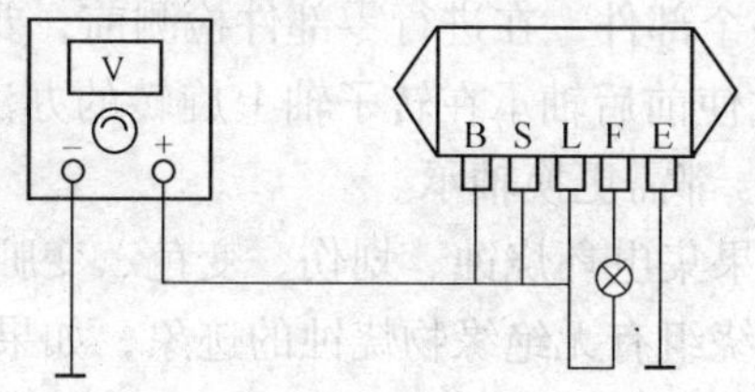

图3-36　集成电路调节器的测试

十、交流发电机与调节器的使用与维护

1. 交流发电机与调节器的使用注意事项

1）蓄电池的极性必须负极搭铁，不得接反。否则，会烧坏发电机与调节器中的电子元器件。

2）发电机工作时，不允许用试火的方法检查发电机的相线接柱是否发电，否则将损坏发电机的整流器。

3）当发现发电机不发电或发电量小时，应及时到修理厂检修，否则易导致蓄电池充电不足。

4）发电机正常工作时，切不可任意拆动用电设备的连接线，以防止引起电路中的瞬时过电压，损坏电子元器件。

5）发动机自行熄火时，应及时关闭点火开关，以防止蓄电池通过励磁电路放电。

6）选用专用调节器，特殊情况临时使用代用调节器时，注意代用调节器的标称电压与搭铁极性。

2. 维护注意事项

1）在进行充电系统检测之前，初步检验是很必要的。许多故障都是从这个简单的步骤中查出的。其检查项目如下：

① 发电机传动带的状况。过松将影响发电机的发电量，过紧将导致轴承早期损坏。如图3-37所示为奥迪轿车发电机传动带松紧度的检测，a的标准值为10~15mm。

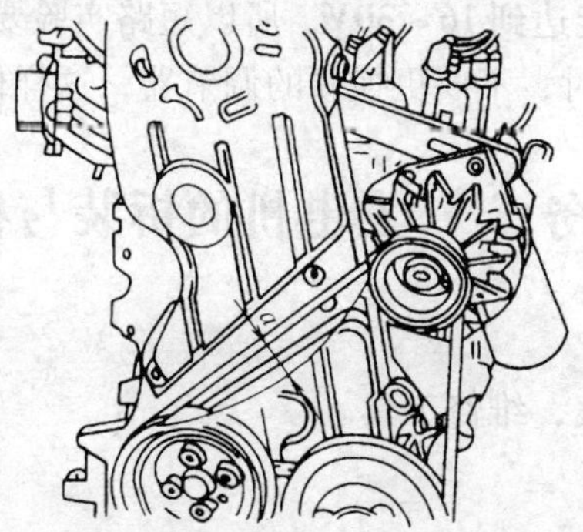

图3-37　奥迪轿车发电机传动带松紧度的检测

② 发电机、调节器的线束连接。

③ 蓄电池的电缆线和极桩，发动机与底盘的搭铁线。

④ 检查蓄电池有无充电不足的迹象。

⑤ 检查蓄电池有无过充电的迹象。

2）解体后，必须清洁各个部件，在进行零部件检测前，要进行简单的检验。

① 如图3-38所示，通过使前后轴承在转子轴上旋转的办法检查轴承有无噪声、晃动或发涩，如果有任何一种情况，都需更换轴承。

② 目测检查集电环。如果集电环烧蚀、划伤、变色、变脏，可用细砂布抛光。

③ 目测定子绕组和励磁绕组有无绝缘物烧蚀的迹象，如果有，应更换定子或转子总成。

④ 目测前后端盖、风扇及带轮有无裂纹。如果有，更换该部件。

⑤ 电刷高度小于7mm时，必须更换。

3）发电机拆卸的注意事项。

① 必须首先拆下蓄电池的搭铁线，然后才可以断开发电机与调节器的线束。

② 当拆卸发电机轴承时，必须使用拉力器，如图3-39所示。

图3-38　发电机轴承的检测

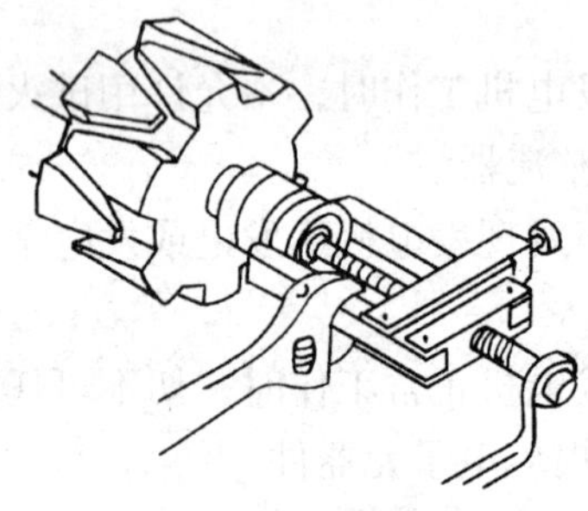

图3-39　用拉力器拆卸轴承

③ 一般情况下，发电机的带轮、风扇和前端盖不必从转子轴上拆卸。

④ 拆卸整流器及后端盖上的接线柱时，所有绝缘衬套和绝缘垫圈不得丢失。

4）就车维修检测时的注意事项

① 最好使用专用工具，如美国SUN电子公司产的VAT-40充电系统检测仪、国产发电机故障试验器VW1315A等设备。

② 在判断不发电故障部位是在发电机还是调节器时，将调节器短路，必须注意此时发电机的电压将失控，电压可能达到16~30V，所以短路实验要控制在很短时间内进行。

③ 当线路故障没有排除时，不要更换新的调节器，这样做可能会损坏新的调节器。

任务二　发电机的拆装与检测

一、工具材料

汽车交流发电机，万用表，维修工具。

二、操作要点及项目

1. 发电机拆解作业

1）拆下电刷及电刷架（外装式）紧固螺钉，取下电刷架总成，如图3-40所示。

2）在前后端盖上做记号，拆下连接前后端盖的紧固螺栓（见图3-41），将其分解为与转子结合的前端盖和与定子连接的后端盖两大部分。

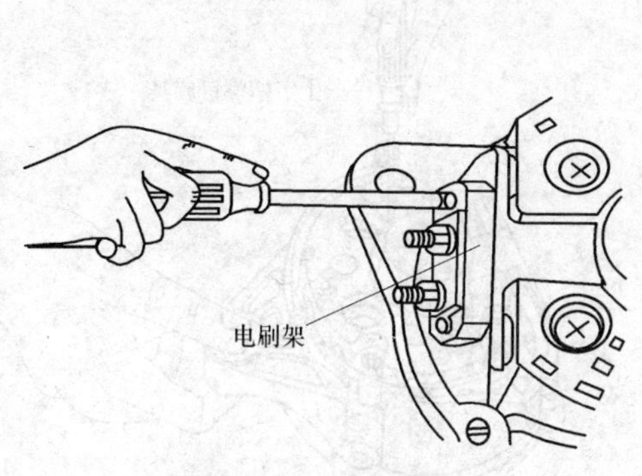

图3-40　电刷架拆解

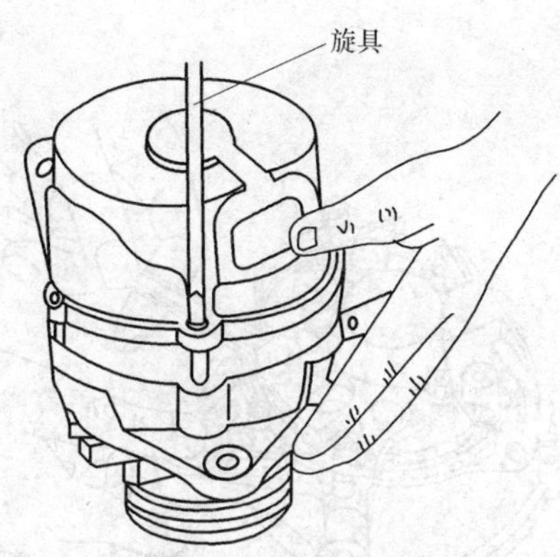

图3-41　前、后端盖的分解

3）将转子夹紧在台虎钳上，拆下带轮紧固螺母（见图3-42），再依次取下带轮、风扇、半圆键、定位套。

4）将前端盖与转子分离，若该部装配过紧，可用拉器拉开（见图3-43）或用木槌轻轻敲，使之分离。注意：铝合金端盖容易变形，因此拆卸时应均匀用力。

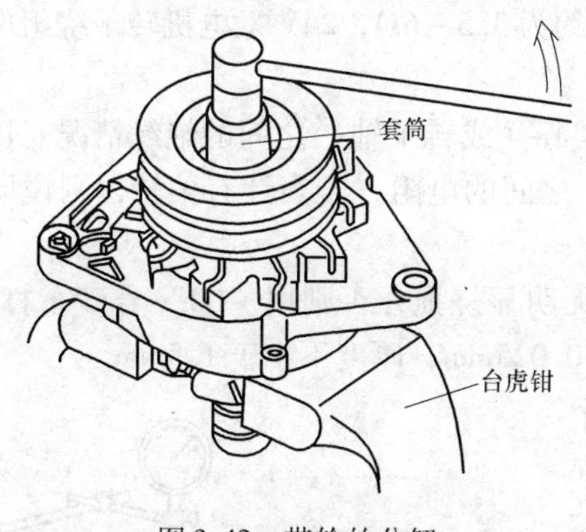

图3-42　带轮的分解

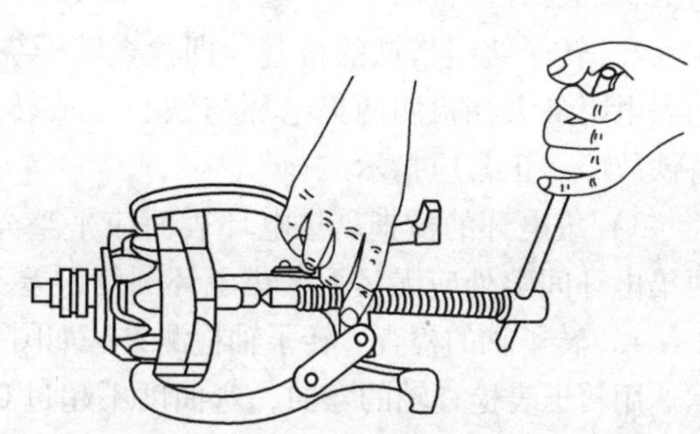
图3-43　前端盖的分解

5）拆掉防护罩，拆掉图3-44所示后端盖上的三个螺钉，即可将防护罩取下。

对于整体式发电机，先拧下“B”端子上的固定螺母并取下绝缘套管；再拧下后防尘盖上的3个带垫片的固定螺母，取下后防尘盖；然后拆下电刷组件的两个固定螺钉和调节器的3个固定螺钉，取下电刷组件和IC调节器总成；最后拧下整流器二极管与定子绕组引线端子的连接螺钉，取下整体式整流器总成。

6）拆下定子上四个接线端（三相绕组首端及中性点）在散热板上的连接螺母，使定子与后端盖分离，如图3-45所示。

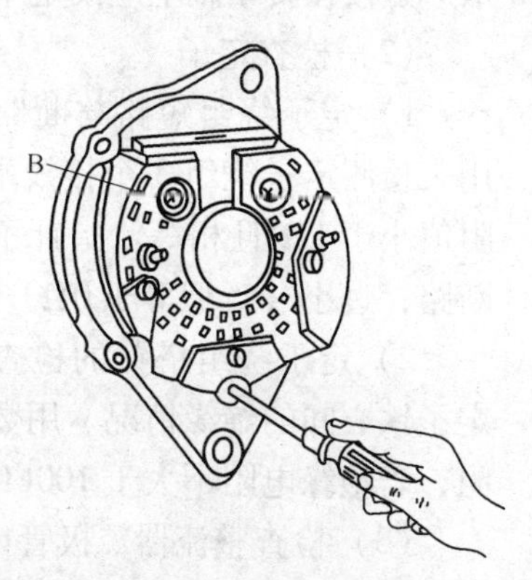

图3-44　后端盖的分解

7）拆下后端盖上紧固整流器总成的螺钉，取下整流器总成（见图3-46）。

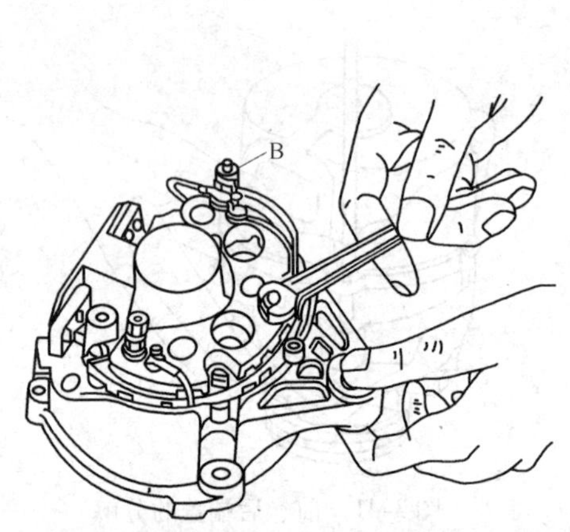

图3-45　定子线圈与整流板的分解

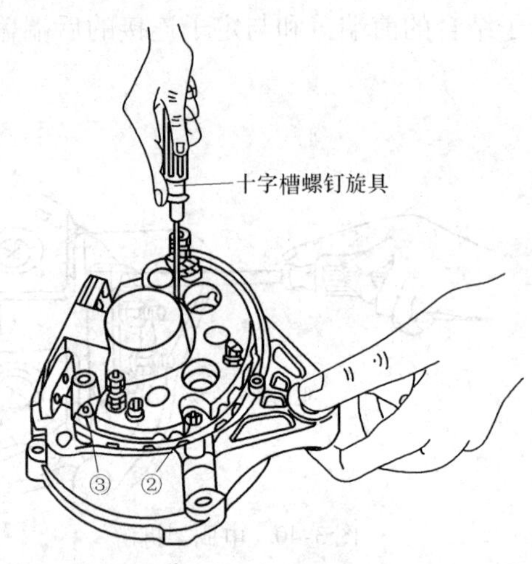

图3-46　整流板的分解

2. 发电机的检测

（1）检查转子

1）转子绕组（磁场绕组）短路与断路的检查。若阻值为“∞”，则说明断路；若阻值过小，则说明短路。一般12V发电机转子绕组电阻约为3.5～6Ω，24V发电机转子绕组电阻为15～21Ω。

2）转子绕组搭铁的检查。即检查转子绕组与铁心（或转子轴）之间的绝缘情况。用万用表电阻最大挡检测两集电环与铁心（或转子轴）之间的电阻，若表针有偏转，则说明有搭铁故障。正常应指示“∞”。

3）集电环的检查。集电环表面应平整光滑，无明显烧损，否则用“00”号砂布打磨。两集电环间隙处应无污垢。集电环圆度误差不超过0.025mm，厚度不小于1.5mm。

4）转子轴的检查。转子轴检测方法如图3-47所示。用转子表检查轴的弯曲，弯曲度不超过0.05mm（径向圆跳动公差不超过0.1mm），否则应予校正。爪形磁极在转子轴上应固定牢靠，间距相等。

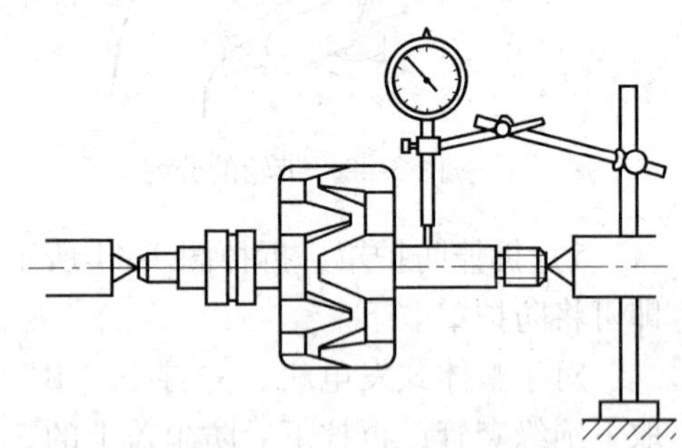

图3-47　转子轴检测方法

（2）检查定子

1）定子绕组短路与断路的检查。用数字式万用表检测定子绕组3个接线端，两两相测。正常时阻值小于1Ω且相等。指针不动或阻值过大，说明断路；过小（近似等于0Ω）说明短路。

2）定子绕组搭铁的检查。即检查定子绕组与定子铁心间的绝缘情况。用数字式万用表电阻最大挡检测定子绕组接线端与定子铁心间的电阻，若绝缘电阻不大于100kΩ，则说明有搭铁故障。正常时的指示趋于“∞”。

（3）检查整流器二极管

1）检查单个二极管的好坏。分解发电机后端盖和整流板，将每个二极管的中心引线从接线柱上拆下或焊下，逐一检测。

测量正向电阻值，一般为几十欧；反向电阻值一般为几十千欧以上。若正、反向电阻值一大一小差异很大，说明二极管良好。若正、反向电阻均为∞，说明断路；若均为0Ω，说明短路。

2）整体式整流器的检查。下面以图3-48所示夏利轿车JFZ1542型整体式发电机为例进行说明。当检测负极管时，先将万用表黑表笔接“E”端（图中有三个部位），红表笔分别接P_1、P_2、P_3、P_4点，万用表均应导通，如不通，说明该负极管断路，则应更换整流器总成；再调换两表笔检测部位进行测量，万用表应不导通，如导通，说明该负极管短路，也需更换整流器总成。当检测正极管时，先将万用表红表笔接整流器端子“B”，另一只表笔分别接P_1、P_2、P_3、P_4点进行检测，万用表均应导通，如不通，说明该正极管断路，则应更换整流器总成；再调换两表笔检测部位进行检测，此时万用表应不导通，如导通，说明该正极管短路，也应更换整流器总成。

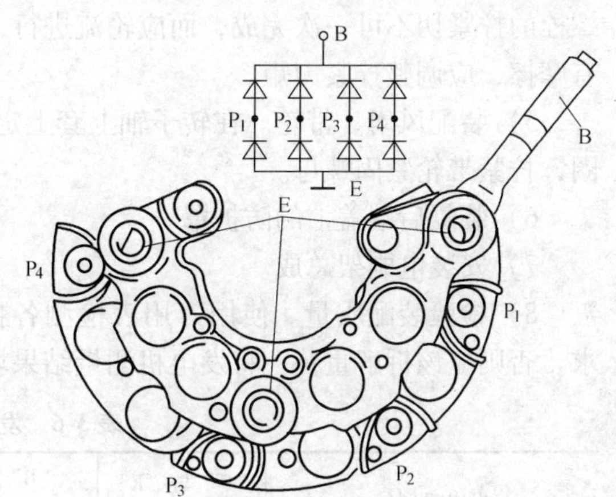

图3-48　夏利轿车JFZ1542型整体式发电机整流板

（4）检查电刷组件　电刷表面不得有油污，且应在电刷架中活动自如，电刷磨损不得超过原高度的1/2（用游标卡尺或钢直尺检测）；检测电刷弹簧压力时，当电刷从电刷架中露出长度为2mm时，电刷弹簧力一般为2～3N；电刷架应无烧损、破裂或变形。

（5）检查其他零件　检查轴承轴向和径向间隙均不应大于0.20mm，滚珠、滚道无斑点，轴承无转动异响；检查前后端盖、带轮等应无裂损，绝缘垫应完好。将上述检测结果记录于表3-5中。

表3-5　发电机测量记录

转子阻值/Ω			转子绝缘电阻			定子阻值/Ω			定子绝缘电阻	
二极管测量	二极管编号	1	2	3	4	5	6	7	8	9
	正向测量值/Ω									
	数字表测量值/mV									
	反向测量值/kΩ									
集电环检测记录										
转子轴检测记录										
电刷检测记录										
轴承、端盖检测记录										

3. 发电机的装配

发电机装配过程与分解过程的顺序相反，先拆的后装，装配的每个步骤要参照拆解过程的图示。

1）将整流器装到后端盖上，拧上三个固定螺钉，整流器即被固定在后端盖上。

应注意各绝缘垫片不能漏装。装复后用万用表电阻挡测量“B”接线柱与端盖间的电阻应为∞。测量两散热板之间及绝缘散热板与端盖之间的电阻，均应为∞。若上述电阻较小或者为零，表明漏装了绝缘垫片或套管，应拆开重装。

2）将定子总成与后端盖结合。将定子绕组上的四个接线端子从后端盖孔中穿出，将接线端分别连接在整流器的接线螺钉上。

3）将前端盖装到转子轴上。先将前端盖上的轴承、轴承盖安装并紧固好，再将该部分套到转子轴上，若过盈量较大，可用木槌轻轻敲入。

4）将后端盖、定子装到转子轴上。应注意使前后端盖上的发电机安装挂脚的位置恰当（符合拆解标记）。上述两大部分结合后，穿上前、后端盖紧固螺栓并分几次拧紧。注意各螺栓的拧紧切不可一次完成，而应轮流进行，并且不断转动转子，若转子运转受阻或者内部有摩擦，应调整拧紧力矩。

5）装配风扇、带轮。在转子轴上套上定位套、安装半圆键、风扇叶片、带轮、弹簧垫圈，拧紧带轮紧固螺母。

6）装复后端盖上的防护罩。

7）安装电刷架总成。

8）检验装配质量。使用万用表检测各接线柱和与外壳间的电阻值，应该符合参数要求。否则应该拆解重装。将发电机测量结果填入表3-6中，并据此判断发电机状态。

表3-6 发电机测量结果

发电机型号	“F”与“E”间电阻/Ω	“B”与“E”间电阻/Ω		“N”与“E”或“B”间电阻/Ω	
		正向	反向	正向	反向

任务三 充电系统故障诊断与排除

一、工具材料

桑塔纳轿车一台，要求充电系统工作完好。实验设备要求有万用表、各种导线、电工常用的各种钳子、螺钉旋具等。

二、操作要点

1）先由实验教师在充电系统设计故障，故障现象为发动机正常工作时充电指示灯亮。

2）在实验教师的监护下，由学生独立完成故障的诊断与排除。

3）在操作过程中，注意操作程序与规范，注意设备的正确使用。

三、故障诊断步骤

1）断开蓄电池负极搭铁线。

2）如图3-49所示，断开发电机的励磁接线（实际为蓝色线）。

3）连接蓄电池负极搭铁线，打开点火开关到ON挡。如图3-50所示，测量发电机线束中励磁线对地电位。如果有高电位，说明发电机有故障，需要拆下发电机进行检查。

图 3-49　桑塔纳轿车发电机线束

图 3-50　测量发电机励磁线束的对地电压

小　　结

发电机的基本原理包括发电原理、整流原理及励磁方法。整体式发电机应用非常广泛。充电指示灯用来监视充电系统的工作状态，当发动机工作而发电机不发电时，充电指示灯亮起，用来提醒驾驶员充电系统有故障。

调节器的作用是用来调节发电机的输出电压，使输出电压保持恒定（一般为 14V）。调节器串联在发电机的励磁电路中，当发电机转速升高，输出电压超过 14V 时，调节器中起开关作用的晶体管截止，切断发电机励磁绕组的电路；当输出电压小于 14V 时，调节器中起开关作用的晶体管导通。

复习思考题

1. 简述发电机的励磁方法。画图说明发电机的励磁电路。
2. 简述电压调节器的原理。
3. 简述充电指示灯的作用及控制方法。

项目四　起动机的使用与维修

知识点

（1）掌握起动机的构造与工作原理。

（2）掌握起动系统的组成及工作过程。

（3）了解起动无力或起动机不工作的原因。

技能点

（1）能正确对起动机进行拆装与检测。

（2）能正确诊断起动系统的故障部位并排除故障。

（3）能够正确分析起动系统的电路。

任务一　理 论 学 习

一、概述

汽车发动机是靠外力起动的，常用的起动方式有人力起动和电力起动两种。人力起动简单，但是不方便，劳动强度大，目前只在部分汽车上作为后备方式而保留着。而电力起动操作简便，起动迅速可靠，重复起动能力强，所以在现代汽车上广泛采用。

1. 起动系统的组成

起动系统是由蓄电池、起动机、起动继电器、点火开关等组成，如图 4-1 所示。起动机在点火开关和起动继电器的控制下，将蓄电池的电能转化为机械能，带动发动机飞轮齿圈使曲轴转动，完成发动机的起动。

2. 起动机的组成

起动机是起动系统的主要组成部分，由直流串励式电动机、传动机构和电磁开关三部分组成，如图 4-2 所示为起动机的结构。

（1）直流串励式电动机　直流串励式电动机的作用是产生电磁转矩。

（2）传动机构　传动机构的作用是在起动发动机时使起动机小齿轮与飞轮齿圈啮合，将起动机的转矩传递给发动机曲轴；在发动机起动后又能使起动机小齿轮自动空转或与飞轮齿圈脱离啮合。

（3）电磁开关　电磁开关的作用是用来接通和切断直流串励式电动机与蓄电池之间的电路。

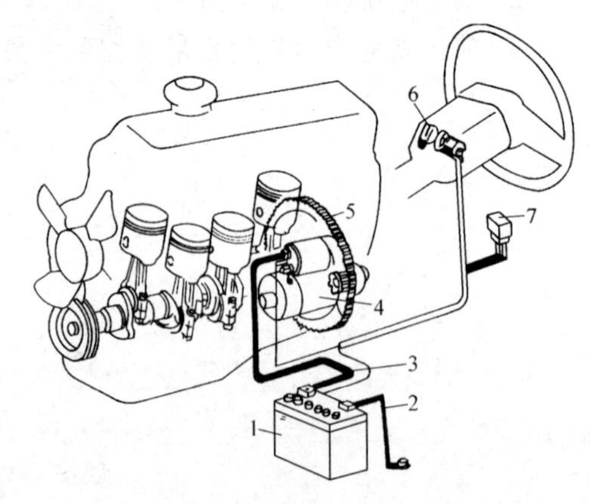

图 4-1　起动系统的组成

1—蓄电池　2—搭铁电缆　3—起动机电缆　4—起动机　5—飞轮　6—点火开关　7—起动继电器

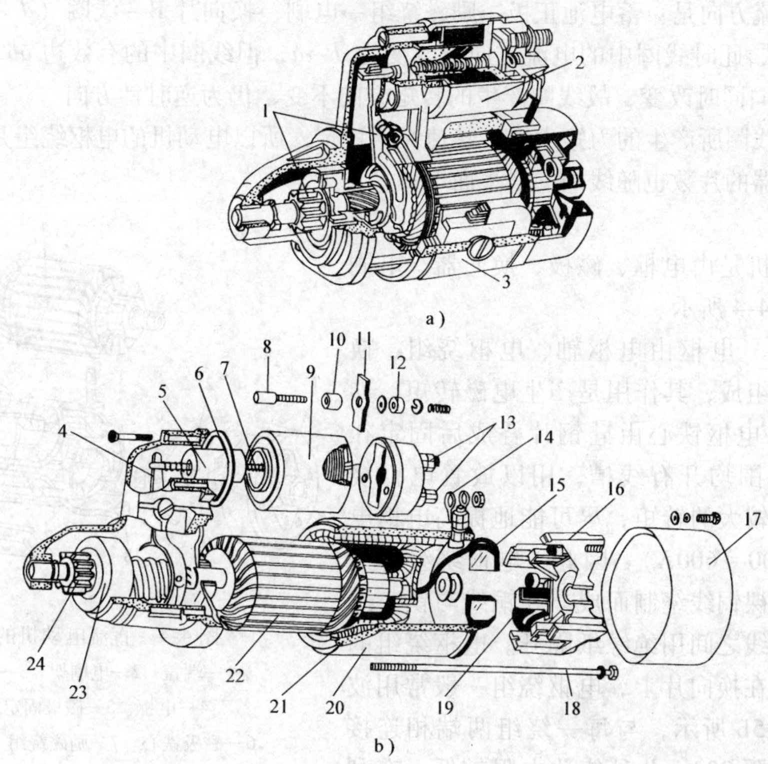

图 4-2 起动机的结构

a）整体结构图 b）分解图

1—传动机构 2—电磁开关 3—直流串激式电动机子 4—拨叉 5—活动铁心 6—垫圈 7—弹簧 8—顶杆 9—线圈体 10、12—绝缘垫 11—接触盘 13—接线柱 14—连接铜片 15—电刷 16—端盖 17—防护罩 18—穿钉 19—搭铁电刷 20—外壳 21—定子绕组 22—电枢 23—单向离合器 24—驱动齿轮

对于汽油发动机，有些起动机的电磁开关还具有在起动发动机时短路点火线圈附加电阻的作用。

二、直流电动机

1. 工作原理

直流电动机是将电能转变为机械能的装置，是以通电导体在磁场中受磁场力作用这一原理为基础制成的，其工作原理如图 4-3 所示。

当电路接通时，如图 4-3a 所示，线圈 *abcd* 的电流方向是：蓄电池正极→励磁绕组→电刷→换向片 A→线圈（*a*→*d*）→换向片 B→电刷→搭铁，此时励磁绕组中产生电磁场，磁场磁极如图 4-3a 所示。根据左手定则可知，线圈中的有效边 *ab* 与 *cd* 所受磁场力 *F* 的方向如图4-3a所示，此时线圈产生的转矩方向为逆时针；当线圈转过半周后，如图 4-3b 所示，线圈 *abcd* 中的电流方向

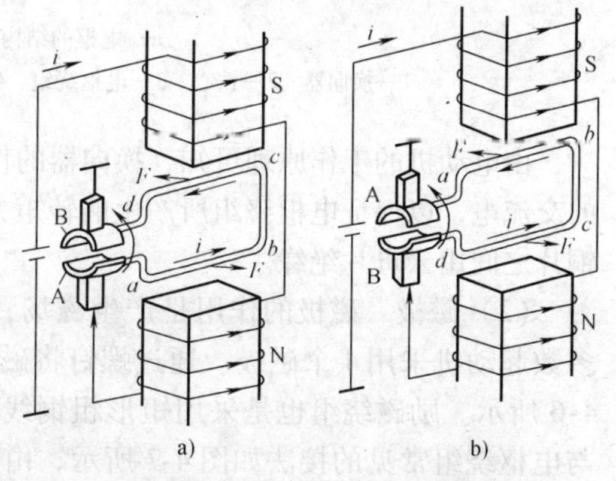

图 4-3 直流电动机的工作原理

发生改变，电流方向是：蓄电池正极→励磁绕组→电刷→换向片 B→线圈（$d \to a$）→换向片 A→电刷→搭铁，此时线圈中的电流方向虽改变为 $d \to a$，但线圈中的有效边 ab 与 cd 所受的磁场力 F 的方向同时改变，故线圈产生的转矩方向不变，仍为逆时针方向。

由于一个线圈所产生的力矩太小，转速又不稳定，所以电动机的电枢绕组是由很多线圈组成的，换向器的片数也随线圈的增多而增加。

2. 构造

直流电动机是由电枢、磁极、换向器、电刷等组成，如图 4-4 所示。

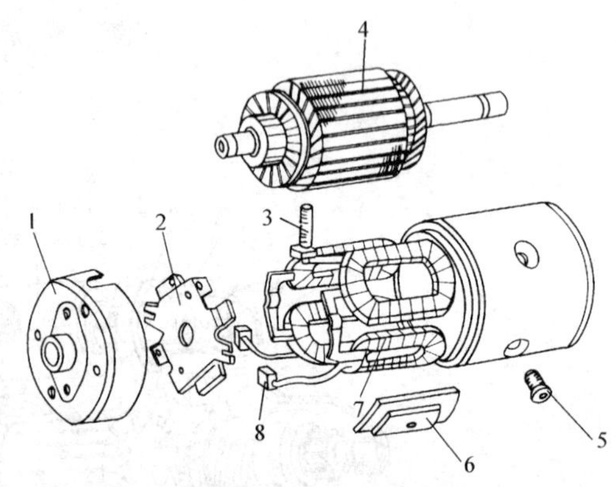

图 4-4　直流电动机的结构

1—端盖　2—电刷架　3—接线柱　4—电枢　5—磁极固定螺钉　6—磁极铁心　7—励磁绕组　8—电刷

（1）电枢　电枢由电枢轴、电枢绕组、换向器、铁心等组成，其作用是产生电磁转矩，如图 4-5a 所示。电枢铁心由硅钢片叠成后固定在轴上，铁心外围均开有线槽，用以放置电枢绕组。为了得到较大的转矩，尽可能地提高电枢电流（一般为 200～600A）。因此，电枢绕组都是用较粗的矩形裸铜线绕制而成，在铜线与铁心之间、铜线与铜线之间用绝缘纸隔开。电枢绕组的两端均匀地焊在换向片上，电枢绕组一般常用波绕法，如图 4-5b 所示，与每一绕组两端相连接的换向器片相隔 90°，此种绕法电阻较低，有利于提高转矩。

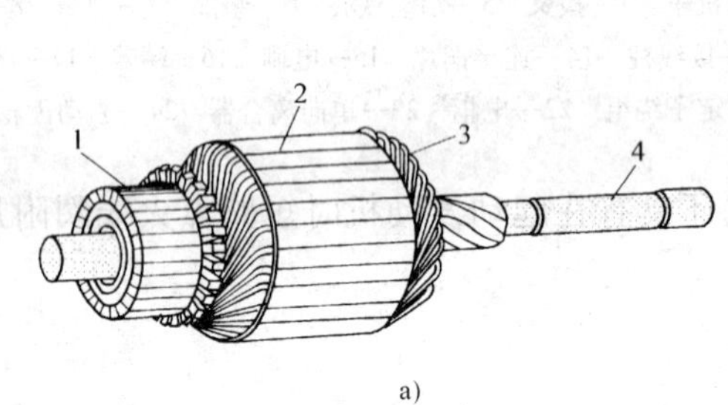

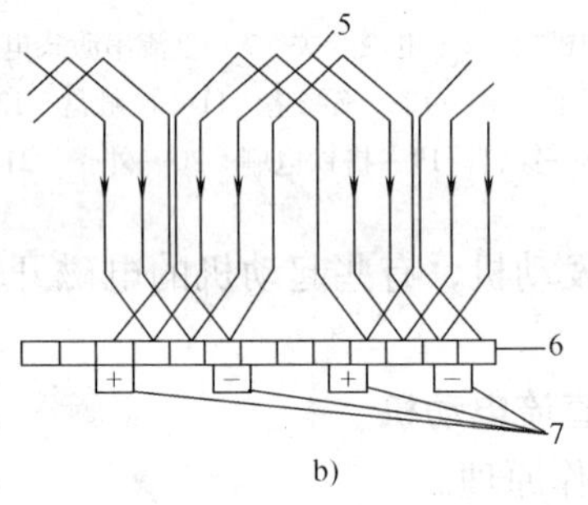

图 4-5　电枢

a）电枢的结构　b）电枢绕组的展开图

1—换向器　2—铁心　3—电枢绕组　4—电枢轴　5—电枢绕组　6—换向器　7—电刷

由电动机的工作原理可知，换向器的作用是将电源提供的直流电转换成电枢绕组所需要的交流电，以保证电枢绕组所产生的转矩方向不变。换向器由铜片和云母片相间叠压而成，铜片之间用云母片绝缘。

（2）磁极　磁极的作用是产生磁场，由铁心和励磁绕组构成。为增大磁场强度，大多数起动机采用 4 个磁极。通过螺钉将磁极铁心固定在电动机的外壳上，磁极与磁路如图 4-6 所示。励磁绕组也是采用矩形粗铜线绕制而成的（电流达到 200～600A），励磁绕组与电枢绕组常见的接法如图 4-7 所示，由于励磁绕组与电枢绕组串联，故称为直流串励式电动机。

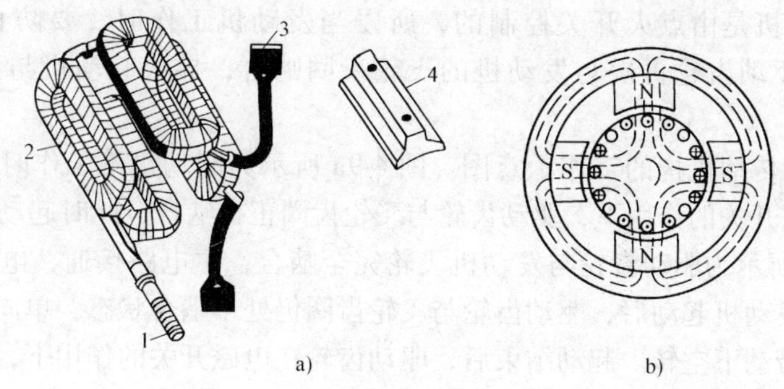

图4-6　磁极

a）磁极的结构　b）磁路

1—接线柱　2—励磁绕组　3—电刷　4—铁心

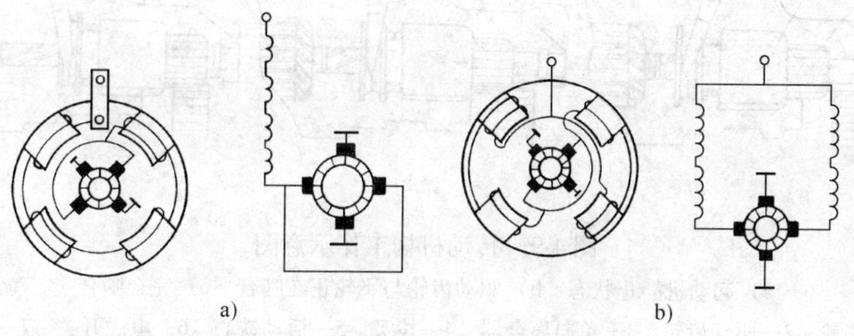

图4-7　励磁绕组与电枢绕组常见的接法

a）四励磁绕组串联　b）励磁绕组两两串联后再关联

（3）电刷与电刷架　电刷与电刷架的作用是将电流引入电动机使电枢产生定向转矩。电刷一般是用铜和石墨粉压制而成，有利于减小电阻及增加耐磨性。电刷装在电刷架中，借弹簧压力压在换向器上，如图4-8所示。一般电动机内装有4个电刷，其中2个电刷直接搭铁，称为搭铁电刷。

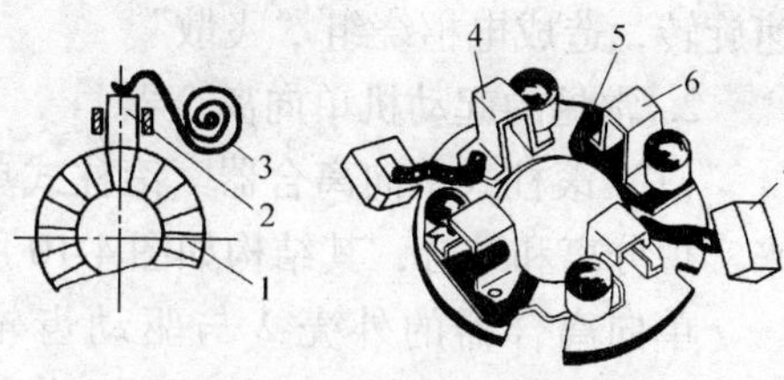

图4-8　电刷与电刷架

1—换向器　2—电刷　3—盘形弹簧

4—搭铁电刷架　5—绝缘垫

6—绝缘电刷架　7—搭铁电刷

（4）轴承　因起动机每次工作时间很短，并承受的是冲击载荷，所以起动机轴承一般都采用青铜石墨轴承或铁基含油轴承。但减速起动机由于电枢轴转速很高，电枢轴承则采用滚柱轴承或滚珠轴承。

三、传动机构

1. 汽车发动机对起动机传动机构的要求

1）起动机的驱动齿轮与发动机的飞轮齿圈啮合时要平稳，不能发生冲击现象。

2）由于起动机的驱动齿轮与发动机的飞轮齿圈速比很大（一般大于15），因此发动机起动后，驱动齿轮应能自动打滑或脱离啮合，以免发动机带动起动机电枢高速旋转，造成电枢绕组“飞散”。

3）因为起动机是由点火开关控制的，所以当发动机工作时，要防止点火开关误操作，使起动机的驱动齿轮再次与发动机的飞轮齿圈啮合，导致起动机与发动机飞轮齿圈的损坏。

图 4-9 所示为传动机构的工作示意图。图 4-9a 所示为起动机不工作时所处的位置；图 4-9b所示为在电磁开关的作用下，驱动齿轮与飞轮齿圈正在啮合，此时起动机的主电路还没有接通；图 4-9c 所示为驱动齿轮与发动机飞轮完全啮合，主电路接通，电枢轴开始带动发动机曲轴旋转。发动机起动后，驱动齿轮与飞轮齿圈仍处于啮合状态，单向离合器打滑，驱动齿轮在飞轮的带动下空转。起动结束后，驱动齿轮在电磁开关的作用下，与发动机飞轮齿圈脱离啮合。

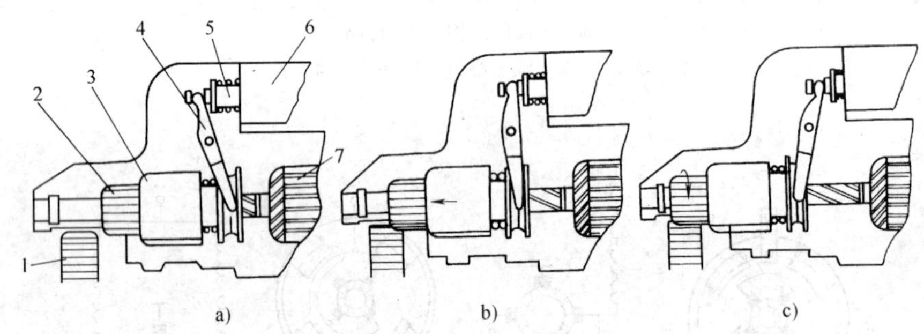

图 4-9　传动机构工作示意图

a）起动机静止状态　b）驱动齿轮与飞轮正在啮合　c）完全啮合

1—飞轮　2—驱动齿轮　3—单向离合器　4—拨叉　5—活动铁心　6—电磁开关　7—电枢

起动机的传动机构主要指的就是单向离合器。其作用是在起动时将电枢产生的电磁转矩传递给发动机飞轮。而当发动机起动后，单向离合器立刻打滑，防止发动机飞轮带动电枢高速旋转，造成电枢绕组“飞散”。

2. 常见的起动机单向离合器

（1）滚柱式单向离合器　滚柱式单向离合器的原理是通过改变滚柱在楔形槽中的位置来实现分离和结合，其结构如图 4-10 所示。

单向离合器的外壳 2 与驱动齿轮为 1 为一体，外壳 2 与十字块 3 之间形成 4 个楔形槽，每个槽中有一个滚柱，十字块 3 与传动套筒 10 为一体，传动套筒 10 内侧带键槽，套在电枢轴的花键部位上。

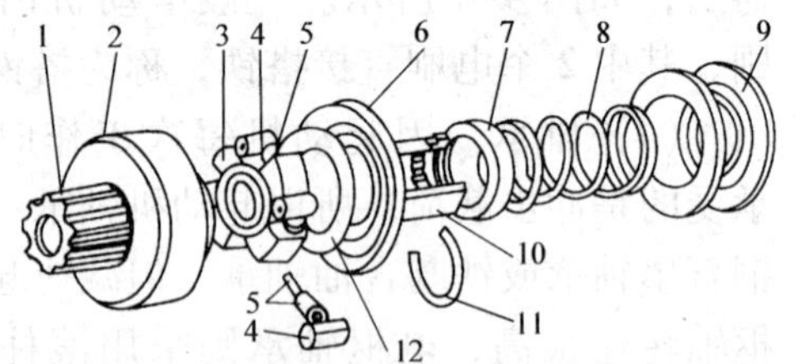

图 4-10　滚柱式单向离合器的结构

1—驱动齿轮　2—外壳　3—十字块　4—滚柱　5—弹簧与压帽　6—护盖　7—弹簧座　8—弹簧　9—移动衬套　10—传动套筒　11—卡簧　12—垫圈

其工作过程如下：当起动机开始工作时，拨叉拨动移动衬套 9，使驱动齿轮 1 与发动机飞轮齿圈啮合，电磁转矩由电枢轴传到传动套筒 10 与十字块 3，使十字块 3 同电枢轴一同旋转。此时，再加上飞轮齿圈给驱动齿轮 1 的反作用力，滚柱在摩擦力矩的作用下，滚入楔形槽的窄端而卡死（图4-11a），于是驱动齿轮 1 和传动套筒 10 为一个整体，带动飞轮，起动发动机。当发动机起动后，发动机飞轮带动驱动齿轮 1 旋转，外壳 2 的转速高于十字块 3 的转速。此时，滚柱滚向楔形槽的宽端而打滑（图 4-11b）。这样发动机的转矩就不能通过驱动齿轮 1 传递给电枢，防止电枢因高速飞转而造成电枢绕组“飞散”的事故。

滚柱式单向离合器结构简单，在中小功率的起动机上被广泛应用。但在传递较大转矩时，滚柱易变形卡死，因此滚柱式单向离合器不适于用在功率较大的起动机上。

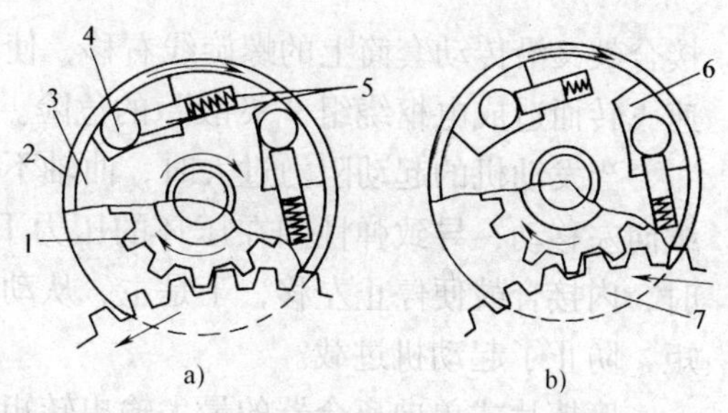

图 4-11 滚柱式单向离合器的工作原理

a）起动时传递电磁转矩 b）起动后打滑

1—驱动齿轮 2—外壳 3—十字块 4—滚柱 5—弹簧与压帽 6—楔形槽 7—飞轮

（2）摩擦片式单向离合器 摩擦片式单向离合器的原理是通过主、从动摩擦片的压紧和放松来实现接合与分离的，其结构如图 4-12 所示。

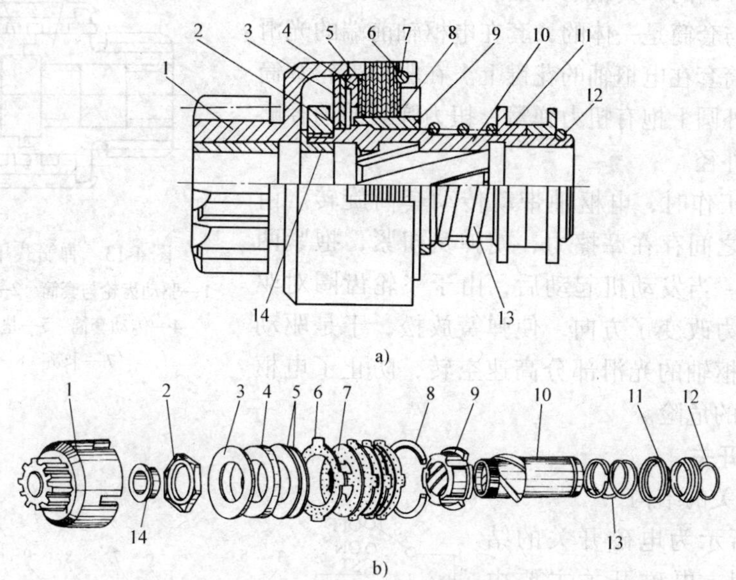

图 4-12 摩擦片式单向离合器

a）装配图 b）解体图

1—外接合鼓 2—螺母 3—弹性圈 4—压环 5—调整垫圈 6—从动摩擦片 7—主动摩擦片 8、12—卡环 9—内接合鼓 10—传动套筒 11—移动衬套 13—缓冲弹簧 14—挡圈

传动套筒 10 套在电枢轴的螺旋花键上，在传动套筒 10 的外表面上又有三线螺旋花键，套着内接合鼓（主动鼓）9，内接合鼓上有 4 个轴向槽，用来插放主动摩擦片 7 的内齿。由传动套筒 10、内接合鼓 9 和主动摩擦片 7 共同组成单向离合器的主动部分。从动摩擦片 6 的外齿插放在与驱动齿轮成一整体的外接合鼓 1 的槽中，两者共同组成离合器的从动部分。主动、从动摩擦片相间组装，螺母 2 与摩擦片之间装有弹性圈 3、压环 4 和调整垫圈 5。

起动机工作时，起动机电枢轴带动传动套筒 10 转动，由于惯性的作用，内接合鼓 9 随着传动套筒 10 的旋转而左移，使主、从动摩擦片紧压在一起，利用摩擦力将电枢转矩传递给飞轮。发动机起动后，起动机的驱动齿轮被飞轮带着转动，转速高于电枢的转速，于是内接合鼓又沿传动套筒上的螺旋线右移，使主、从动摩擦片相互脱离而打滑，避免了因电枢高速飞转而造成电枢绕组“飞散”的危险。

当发动机的起动阻力过大时，曲轴不能立刻转动，此时内接合鼓在传动套筒作用下，继续向左移动，导致弹性圈在压环的压力下弯曲，当弹性圈弯曲到与内接合鼓的左端面接触时，内接合鼓便停止左移，于是主、从动摩擦片之间开始打滑，限制了起动机的最大输出转矩，防止了起动机过载。

摩擦片式单向离合器的最大输出转矩是可调节的，增减调整垫圈的片数，可以改变内接合鼓左端面与弹性圈之间的间隙，调节起动机的最大输出转矩。

摩擦片式单向离合器可以传递较大的转矩，应用于大功率起动机上。但是在使用过程中，摩擦片摩损后，传递的转矩将会下降，因此需要经常调整，而且其结构复杂。

（3）弹簧式单向离合器　弹簧式单向离合器的原理是通过扭力弹簧的径向收缩和放松来实现接合和分离的，其结构如图4-13所示。

驱动齿轮与套筒是一体的，套在电枢轴前端的光滑部分，传动套筒套在电枢轴的花键上。在驱动齿轮套筒与传动套筒的外圆上抱有扭力弹簧，扭力弹簧的内径略小于两套筒的外径。

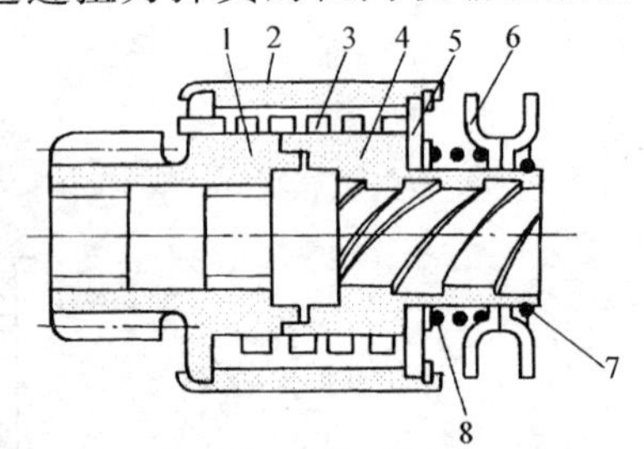

图4-13　弹簧式单向离合器结构

1—驱动齿轮与套筒　2—护套　3—扭力弹簧　4—传动套筒　5—垫圈　6—移动衬套　7—卡簧　8—缓冲弹簧

当起动机工作时，电枢轴带动传动套筒旋转。由于弹簧与套筒之间存在摩擦力，使弹簧扭紧，抱紧两套筒传递转矩。当发动机起动后，由于飞轮齿圈对驱动齿轮的作用力改变了方向，使弹簧放松，于是驱动齿轮只能在电枢轴的光滑部分高速空转，防止了电枢超速运转带来的危险。

四、电磁开关

1. 电磁开关的结构

图4-14所示为电磁开关的结构与工作原理。电磁开关主要由吸合线圈、保持线圈、活动铁心、接触盘等组成。其中吸合线圈与电动机串联，保持线圈与电动机并联，直接搭铁。活动铁心一端通过接触盘控制主电路的导通，另一端通过拨叉控制驱动齿轮的啮合。在起动机电磁开关上有三个接线柱：主接线柱3（接蓄电池的起动电缆线），起动接线柱5（接点火开关起动挡或起动继电器），点火线圈附加电阻短路接线柱2（接点火线圈）。

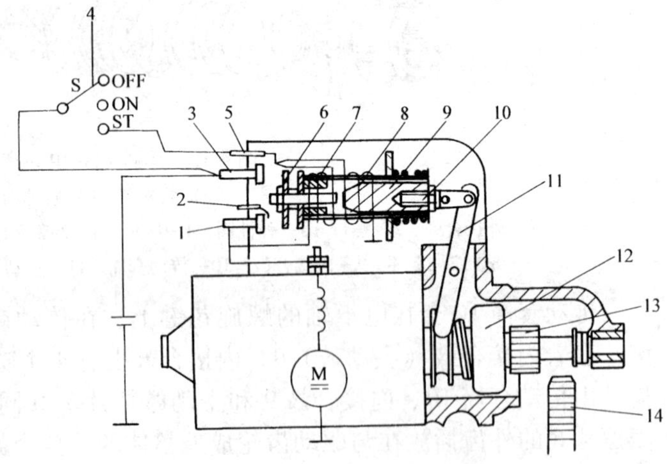

图4-14　电磁开关的结构与工作原理

1、3—主接线柱　2—接线柱　4—点火开关　5—起动接线柱　6—接触盘　7—吸合线圈　8—保持线圈　9—活动铁心　10—调节螺钉　11—拨叉　12—单向离合器　13—驱动齿轮　14—飞轮

2. 起动机的工作过程

1）起动时，将点火开关打到起动挡（ST），电磁开关通电，其电路如下：

蓄电池正极→起动机主接线柱 3→点火开关→起动接线柱 5 ↗ 保持线圈→搭铁 ↘ 吸合线圈→主接线柱 1 → 直流串励式电动机→搭铁。

此时，吸合线圈与保持线圈的电流绕向相同，磁场方向相同，活动铁心 9 在两个线圈磁场力的共同作用下克服回位弹簧的作用向左移动，通过拨叉 11 使驱动齿轮 13 与飞轮 14 啮合。当驱动齿轮与飞轮啮合后，接触盘 6 将主接线柱 1、3 内侧触头接通，于是起动机的主电路接通（电流为 200～600A），电路如下；

蓄电池正极→主接线柱 3→接触盘 6→主接线柱 1→励磁绕组→电刷→电枢绕组→电刷→搭铁。

这时直流电动机产生电磁转矩，通过单向离合器带动曲轴旋转，起动发动机。

2）发动机起动后，单向离合器打滑。

3）松开点火开关，点火开关从起动挡（ST）回到点火挡（IG），这时从点火开关到起动接线柱 5 之间已没有电流，吸拉线圈与保持线圈的电路变为：

蓄电池正极→主接线柱 3→接触盘 6→主接线柱 1→吸合线圈 7→保持线圈 8→搭铁。

此时，由于吸合线圈与保持线圈的电流绕向相反，磁场方向相反，磁吸力相互抵消，因此，活动铁心在回位弹簧的作用下，迅速右移，使主电路断开，驱动齿轮与飞轮脱离啮合，起动机停止工作。

在接触盘 6 接通主电路之前，由于电流经吸合线圈到励磁绕组与电枢绕组，所以电枢产生了一个较小的电磁转矩，使驱动齿轮在缓慢旋转状态下与飞轮平稳啮合。主电路接通后，吸合线圈被短路，活动铁心的位置由保持线圈产生的磁吸力来保持。

主电路接通的同时，接触盘将接线柱 2 接通，使点火线圈的附加电阻短接，提高点火电压。现在附加电阻已经很少采用，所以这个接线柱或不接线，或已经取消。

五、起动机的工作特性

1. 直流串励式电动机的工作特性

在直流电动机中，励磁绕组与电枢绕组的连接方式可分为串励式、并励式和复励式三种形式，如图 4-15 所示。汽车起动机所用的电动机为直流串励式电动机，其工作特性有以下几点：

（1）转矩特性　如图 4-15a 所示，由于励磁绕组与电枢绕组是串联的，因此其励磁电流 I_J 与电枢电流 I_S 相等，在磁路未饱和时，磁通 Φ 与励磁电流 I_J 成正比，即 $\Phi = C_1 I_J = C_1 I_S$（C_1 为常数），故电动机产生的电磁转矩为

$$M = C_m \Phi I_S = C_m \cdot C_1 \cdot I_S \cdot I_S = C I_S^2 \qquad (4\text{-}1)$$

式中　C_m——电动机的结构常数。

C——常数。

在磁路未饱和时，串励式直流电动机的电磁转

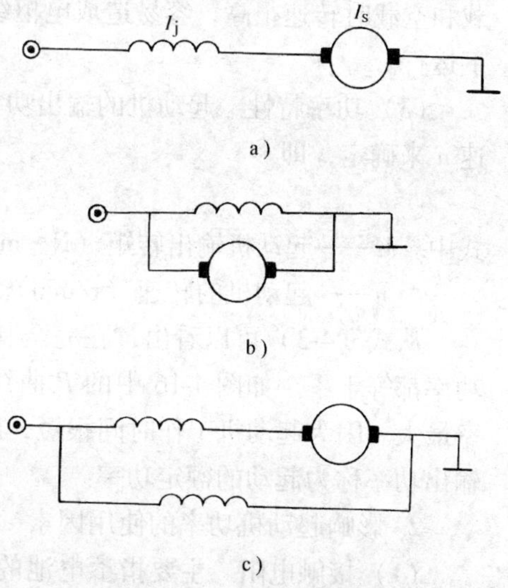

图 4-15　直流电动机的励磁方法

a）串励式　b）并励式　c）复励式

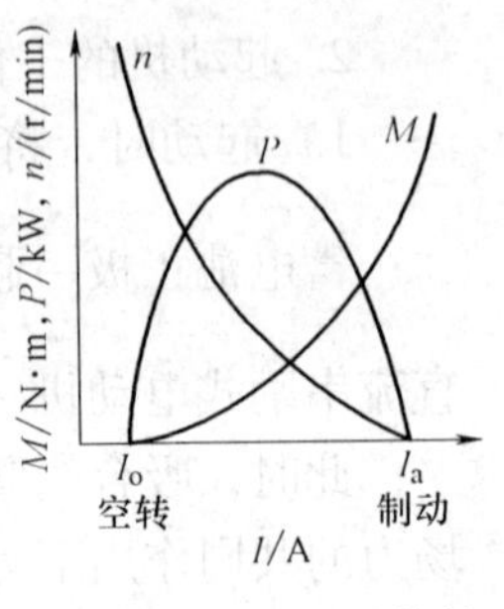

图 4-16 起动机的特性

矩 M 与电枢电流 I_S 的二次方成正比。但在磁路饱和时，磁极磁通 Φ 为常数，电磁转矩与电枢电流呈直线关系，如图 4-16 中的 M 曲线所示。

由式（4-1）可知：当电枢电流相同时，串励式直流电动机产生的电磁转矩比并励式的电动机产生的电磁转矩（$M = CI_S$）要大得多，这是汽车起动机采用串励式电动机的原因之一。

当电枢在电磁力矩的作用下转动时，电枢绕组在转动的同时由于切割磁力线而产生感应电动势，根据右手定则可判定其方向与电枢电流 I_S 的方向相反，故称为反电动势 E_f。且 $E_f = C_m\Phi_n$（C_m 为电动机的结构常数），这样，外加电压 U 除一部分降落在电枢绕组的电阻 R_S 和励磁绕组的电阻 R_J 上外，另一部分则用来平衡反电动势 E_f，即

$$U = E_f + I_S R_S + I_S R_J$$

在起动瞬间，由于发动机的阻力矩很大，起动机处于完全制动的情况下，$n = 0$，所以 $E_f = 0$。

$$I_S = \frac{U - E_f}{R_S + R_J} = \frac{U - C_m \cdot \Phi \cdot n}{R_S + R_J}$$

此时电枢电流 I_S 将达到最大值（称为制动电流），产生最大转矩（称为制动转矩），从而使起动机易于起动，这就是汽车上采用直流串励式电动机的另一个原因。

（2）转速特性　由电动机的电压平衡方程式可知，起动机的转速为

$$n = \frac{U - I_S \cdot (R_S + R_J)}{C_m \cdot \Phi} \tag{4-2}$$

由式（4-2）可知：直流串励式电动机在轻载时 I_S 小，转速高；重载时 I_S 大，转速低，如图 4-16 中的曲线 n 所示。

直流串励式电动机在重载时转速低而转矩大的特性，可以保证起动安全可靠。但是在轻载和空载时转速很高，容易造成电枢绕组飞散。因此，直流串励式电动机不可在轻载或空载下运行。

（3）功率特性　起动机的输出功率 P 可以通过测量电枢轴上的输出转矩 M 和电枢的转速 n 来确定，即

$$P = Mn/9550 \tag{4-3}$$

式中　M——起动机输出转矩（N·m）；

　　　n——起动机的转速（r/min）。

从式（4-3）可以看出，在完全制动（$n = 0$）和空载（$M = 0$）两种情况下，起动机的功率都等于零。如图 4-16 中的 P 曲线所示，在 I_S 接近全制动电流 1/2 时，起动机的输出功率最大。因为起动机工作时间很短，所以允许在最大功率状态下工作。通常把起动机的最大输出功率称为起动的额定功率。

2. 影响起动机功率的使用因素

（1）接触电阻　主要指蓄电池的极柱与起动机电缆线、起动电缆线与搭铁、接触盘与主接线柱内侧触头、起动机电刷与换向器片等接触不良，导致起动主电路电阻增大，起动电流下降，使起动机功率下降。另外起动机的电缆线不要随意更换，最好使用与车型配套的电

缆线，否则电缆线过长、过细都会使电阻增大，使起动机功率下降。

（2）蓄电池的容量　蓄电池的容量越小，则内阻越大，起动电流下降，使起动机功率下降。所以在使用蓄电池时，要经常保持蓄电池充足电。

（3）温度　温度低时会引起蓄电池的内阻增大，容量下降，导致起动机输出功率下降。

六、起动机的典型结构

1. 普通式起动机

红旗轿车采用的起动机为普通式起动机，如图 4-17 所示。电动机为直流串励式电动机，采用滚柱式单向离合器。该车起动系统的控制电路如图 4-18 所示，电磁开关上有两个接线柱：30 为主接线柱，50 为起动接线柱。红旗轿车与奥迪轿车的起动系是完全一样的，如图 4-18 所示，起动系中没有起动继电器，这是因为点火开关起动挡容量大，允许短时间内通过起动机电磁开关线圈内的电流（大于 20A）。

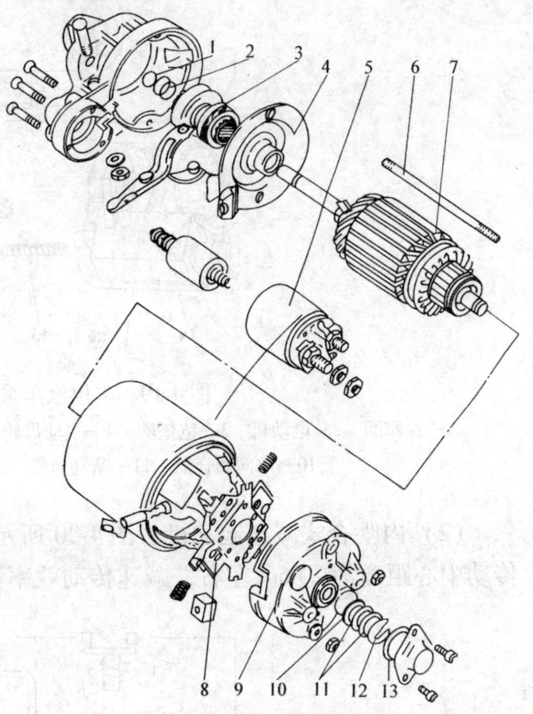

图 4-17　红旗轿车用起动机的结构

1—开口弹簧圈　2—止推垫圈　3—单向离合器　4—中间轴承　5—电磁开关　6—穿钉　7—转子　8—电刷架　9—后端盖　10—密封垫　11、13—垫片　12—锁紧片

工作过程为：起动发动机时，将点火开关 1 打到起动挡，电磁开关接通，拨叉使单向离合器的驱动齿轮与飞轮啮合，接触盘使起动机的主电路接通，电枢绕组产生电磁转矩，带动发动机曲轴旋转。当发动机起动后，单向离合器打滑；松开点火开关到点火挡，主电路断开，拨叉使驱动齿轮与飞轮脱离啮合，完成起动动作。

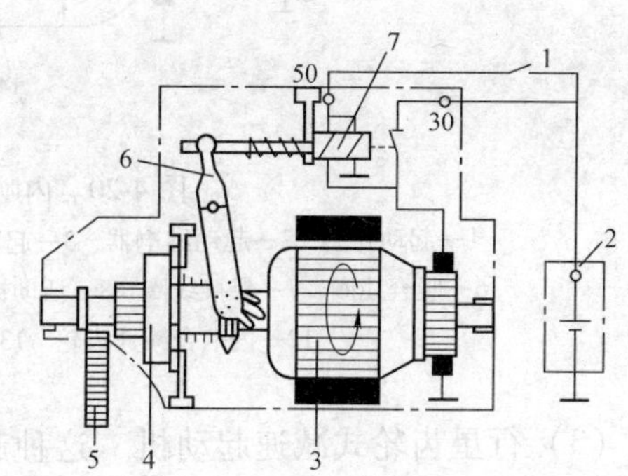

图 4-18　红旗轿车起动系统的控制电路

1—点火开关　2—蓄电池　3—电枢　4—单向离合器　5—飞轮　6—拨叉　7—电磁开关

2. 减速起动机

减速起动机的结构特点是在电枢和驱动齿轮之间装有一级减速齿轮（一般速比为 3 ~ 5），它的优点是：在同样输出功率下，体积和质量比普通起动机减小 30% ~50%，并便于安装，提高了起动转矩，有利于低温起动。起动机的减速机构常见的有外啮合式、内啮合式及行星齿轮式三种。

（1）外啮合式减速起动机　图 4-19 所示为丰田汽车采用的外啮合式减速起动机。该起动机的传动中心距离为 30mm 左右，在电枢轴与驱动齿轮之间，利用惰轮做中间传动，且电磁开关铁心与驱动齿轮同轴心，电磁开关直接推动驱动齿轮与飞轮啮合，无须拨叉，起动机的减速传动效率高，成本适中，广泛应用于小功率的起动机上。

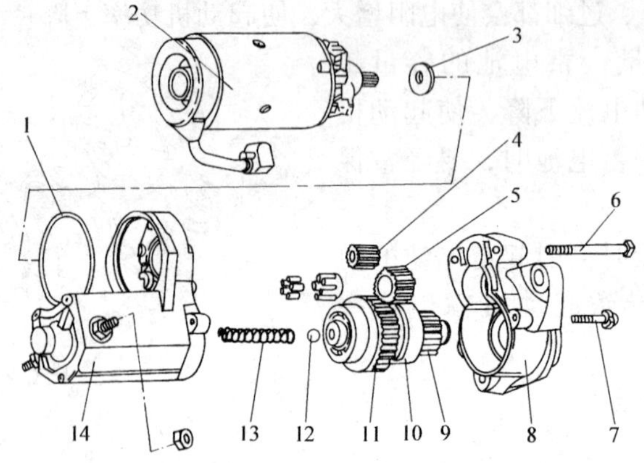

图 4-19　丰田汽车采用的外啮合式减速起动机

1—橡胶圈　2—电动机　3—毡垫圈　4—主动齿轮　5—惰轮　6—穿钉　7—螺栓　8—外壳　9—驱动齿轮　10—单向离合器　11—从动齿轮　12—钢球　13—回位弹簧　14—电磁开关

(2) 内啮合式减速起动机　图 4-20 所示为内啮合式减速起动机的结构。该种起动机的传动中心距离为 20mm 左右，减速传动效率高，但成本高。

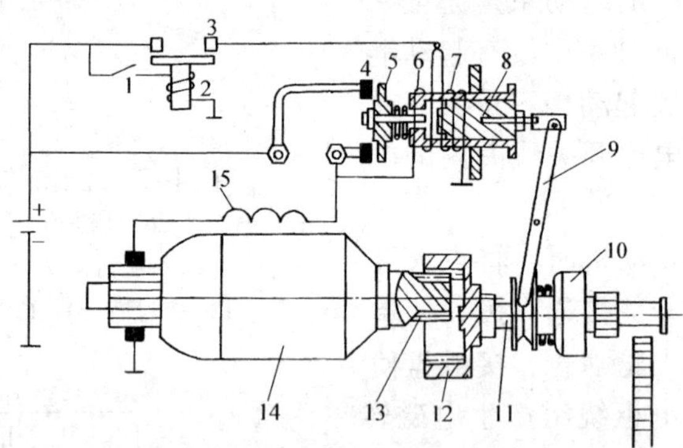

图 4-20　内啮合式减速起动机的结构

1—起动开关　2—起动继电器　3—起动继电器触点　4—主接线柱内侧触头　5—接触盘　6—吸合线圈　7—保持线圈　8—活动铁心　9—拨叉　10—单向离合器　11—螺旋花键轴　12—内啮合减速齿轮　13—主动齿轮　14—电枢　15—励磁绕组

(3) 行星齿轮式减速起动机　这种起动机的传动中心距离为零，输出轴与电枢轴同心，可使整机尺寸减小。同时该种起动机传动比最大，可达 4.5∶1，大大减少了起动机的起动电流。如图 4-21 所示，行星齿轮减速器在电枢与驱动齿轮之间传递动力。行星齿轮总成由太阳轮、3 个行星齿轮、内齿圈组成。太阳轮装在电枢轴上，三个行星齿轮装在行星齿轮架上，内齿圈固定不动。当电枢旋转时，太阳轮带动三个行星齿轮绕内齿圈的内齿旋转，行星齿轮绕内齿圈的运动，带动行星齿轮架旋转，行星齿轮架与输出轴连接。动力传递路线为：电枢轴（太阳轮）→行星齿轮及支架（与输出轴一体）→滚柱式单向离合器→驱动齿轮→飞轮。

3. 永磁式起动机

永磁式起动机以永磁材料为磁极，具有质量轻、结构简单等优点。由于永磁式电动机的

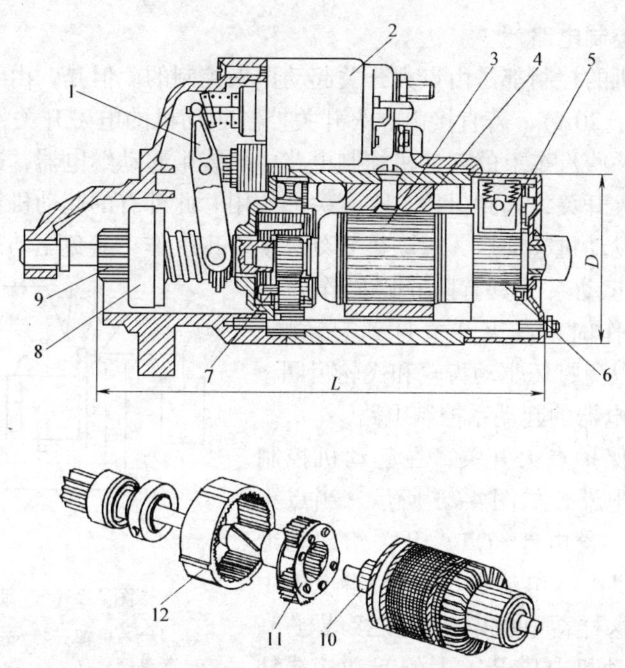

图 4-21　行星齿轮式减速起动机

1—拨叉　2—电磁开关　3—电枢　4—磁场　5—电刷　6—换向器　7—行星齿轮减速机构
8—单向离合器　9—驱动齿轮　10—太阳轮　11—行星齿轮架　12—内齿圈

机械特性较差，所以永磁式电动机必须配有减速机构，即永磁式起动机一般都是永磁减速式起动机。这种起动机一般有 2 ~ 3 对磁极，在其他方面与有励磁绕组的起动机一样。应用车型为美国通用公司生产的部分轿车、国产北京切诺基等。

图 4-22 所示为奥迪 100 型轿车五缸增压发动机采用的永磁式减速起动机的分解图。该起动机采用了行星齿轮减速机构、滚柱式单向离合器，减速机构的工作原理参见行星齿轮式减速起动机的工作原理。其他部分的工作原理前面都已叙述过了，这里不再介绍。

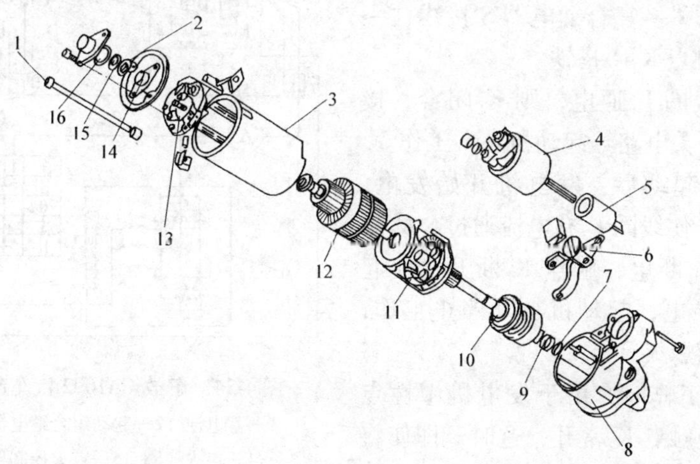

图 4-22　奥迪 100 型轿车五缸增压发动机采用的永磁式减速起动机分解图

1—穿钉　2—调整垫片　3—机壳　4—电磁开关　5—活动铁心　6—拨叉　7—卡环　8—驱动端盖　9—止推垫圈
10—单向离合器　11—行星齿轮机构　12—转子　13—电刷架　14—端盖　15—锁片　16—密封圈

七、起动机的控制电路

一般汽车起动机的控制都是由点火开关起动挡来控制的。但是，由于起动机的电磁开关工作电流较大（大于20A），若直接由点火开关控制起动机的电磁开关，点火开关会因此而经常烧坏。为此在一些汽车上的起动机控制电路中加装了起动继电器，避免起动机电磁开关的电流直接通过点火开关，起到保护点火开关的作用。此外有的起动机控制电路还具有起动保护功能，可保证发动机起动后，起动机立刻自动停止工作，避免驱动齿轮随飞轮高速空转而增加磨损，而且起动系还具有防止误操作的功能：即在发动机工作时，点火开关打到起动挡，起动机不能工作，以免打坏驱动齿轮和飞轮齿圈。

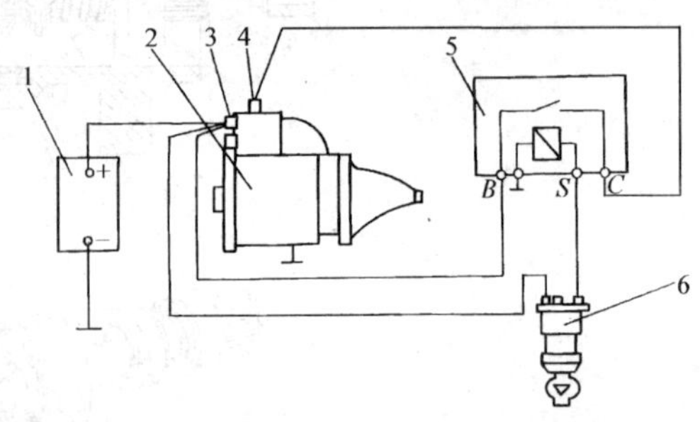

图4-23　起动系的基本电路

1—蓄电池　2—起动机　3—主接线柱　4—起动接线柱　5—起动继电器　6—点火开关

1. 带有起动继电器的起动系控制电路

大部分汽车为保护点火开关，在起动机控制电路中加装起动继电器，如图4-23所示。当点火开关打到起动挡时，蓄电池经点火开关给起动继电器中的磁化线圈供电（电流很小），使继电器中的常开触点闭合，这样蓄电池电流经主接线柱3、继电器的触点到起动机电磁开关上的起动接线柱4，起动机开始正常工作。

2. 解放CA1092汽车起动机控制电路

图4-24所示为解放CA1092汽车起动机控制电路。解放CA1092汽车起动机由复合继电器控制，而复合继电器是由起动继电器和充电指示灯继电器组成。起动继电器的触点K_1常开，充电指示灯继电器的触点K_2常闭。其工作原理如下：

1）起动时，点火开关打到Ⅱ挡，复合继电器中的起动继电器线圈L_1通电，其电路如下：

蓄电池正极→起动机主接线柱→熔丝→电流表→点火开关→复合继电器S接线柱→磁化线圈L_1→触点K_2→搭铁。

由于磁化线圈L_1通电，则K_1闭合，接通起动机电磁开关电路，起动机正常工作。

2）发动机起动后，发电机开始发电，发电机中性点N使线圈L_2有电流通过，K_2断开，磁化线圈L_1断电，触点K_1断开，使起动机电磁开关断电，起动机自动停止工作，同时充电指示灯熄灭。

3）发动机工作时，由于发电机中性点电压的作用而使触点K_2常开，这时，即使将点火开关误打到起动挡，起动机也不会工作，防止误操作。

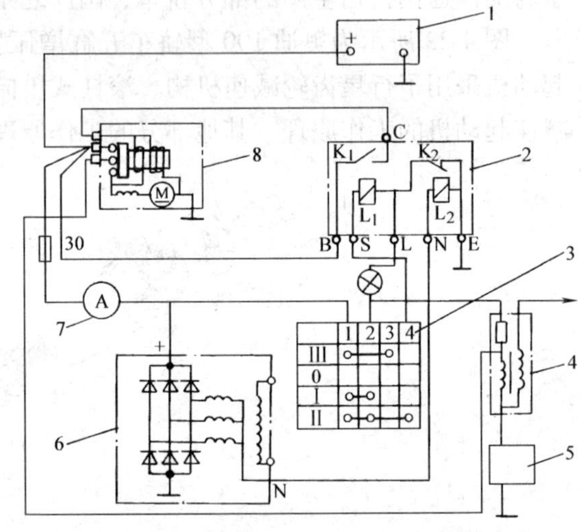

图4-24　解放CA1092汽车起动机控制电路

1—蓄电池　2—起动组合继电器　3—点火开关　4—点火线圈　5—点火控制器　6—发电机　7—电流表　8—起动机

3. 防止起动系的误操作

当发动机工作时，起动机是不能工作的，这一点除了利用发电机的中性点电压控制起动复合继电器外，大多数汽车采用点火开关锁体控制。打起动挡时，点火开关是从 Off（关断）挡→On（运行）挡→Start（起动）挡，重复打起动挡时，点火开关必须从 Off 挡开始。即当发动机没有起动着火，或发动机自动熄火，需要再次起动发动机时，点火开关必须先回到 Off 挡，然后才能起动发动机。当发动机运行时（在 On 挡），锁体向 Start 挡方向是拧不动的。这样就可以防止起动系统的误操作，如桑塔纳、奥迪等车都是采用这种方式防止误操作的。

对于装有自动变速器的汽车，要求只有变速器在 P 挡（停车挡）或 N 挡（空挡）时，起动机才能工作，否则起动发动机时，汽车不是向前跑就是向后跑而发生事故。为此装备自动变速器的汽车，在起动系中都设有“空挡起动开关”，当自动变速器在 P 挡或 N 挡之外的任何挡位时，此开关都是断开的，即将起动机控制电路断开，使起动机无法工作。

八、起动系的故障诊断

发动机不能起动这一故障现象是一个非常复杂的综合故障。产生这一故障的原因很多，包括起动系统、点火系统、燃油供给系统、点火正时、配气相位、压缩比及其他的机械故障等原因，都可导致发动机不能起动。所以对于发动机不能起动，要根具体车型、当时的维修情况及起动时发动机的特征，从简单到复杂，一个系统一个系统地检查。下面主要介绍起动系的诊断。当起动系统出现故障时，故障可能是蓄电池、起动机、起动继电器、点火开关、起动系线路等引起的，通过故障诊断，能准确判断故障在哪个部位。下面是起动系常见故障的诊断方法。

1. 起动机不工作

起动机不工作指的是当点火开关打到起动挡时，起动机不转动，并且电磁开关没有动作。检查步骤如下：

（1）检查蓄电池　应先检查蓄电池的极柱是否松脱、氧化、腐蚀，检查电缆线及搭铁端是否正常。然后检查蓄电池是否亏电，可以按喇叭，根据喇叭声音的大小可判断蓄电池是否亏电，也可以开前照灯，根据灯光亮度的变化来判断蓄电池是否亏电，如果喇叭声音变小或前照灯灯光变暗，说明蓄电池亏电。如果以上都正常，进行下一步检查。

（2）检查起动机　将起动机上接电缆线的主接线柱与起动接线柱短接（见图 4-23 中的接线柱 3 与 4），若起动机不能工作，说明起动机的电磁开关等有故障，需拆下起动机检修。如果起动机能正常工作，进行下一步检查。

（3）将起动继电器上的“电池”和“点火”两接线柱短接（见图 4-23 中的接线柱 B 和 S，注意确认接线柱 B 有电）

1）若起动机正常工作，说明起动继电器及起动继电器到起动机的线路正常，故障在点火开关或点火开关到起动继电器的线路上，进行下一步检查。

2）若起动机不工作，再将起动继电器上的“电池”和“起动”两接线柱短接（见图 4-23 中的接线柱 B 与 C），起动机正常工作，故障在起动继电器；起动机不工作，故障在起动继电器到起动机的线路上。

2. 起动机起动无力

起动机起动无力指的是起动机的驱动齿轮已经与飞轮齿圈啮合，但由于起动机的转速太慢而不能使发动机起动。起动无力一般是由于电路中存在潜在的故障引起的，这些潜在的故障引起额外的电压降，使起动电流减小。起动机起动无力的原因有：蓄电池故障，包括蓄电池亏电，蓄电池极柱松动、氧化或腐蚀；起动机故障，包括电刷与换向器接触不良、电磁开关中的接触盘烧蚀、直流串励式电动机的励磁绕组或电枢绕组有局部短路。检查步骤如下：

（1）检查蓄电池　先检查蓄电池的极桩与电缆线的接触是否有松动、氧化或腐蚀等现象；然后通过按喇叭、开前照灯等检查蓄电池是否亏电，如果以上情况都正常，可初步判断故障在起动机。

（2）检查起动机　当发生起动机起动无力时，如果不是蓄电池、极柱及起动电缆线等故障，一般可将起动机从车上拆下，将起动机解体后，进行检查维修。

3. 起动机工作正常，但发动机不转动（或转动速度慢），并有异响

这种故障现象的主要原因可能是单向离合器打滑，或者是飞轮齿圈有部分齿损坏。一般可根据声音判断，声音“轻、尖且连续”的是单向离合器打滑，应更换单向离合器；声音“沉重、间断”的是飞轮齿圈损坏。也可重新转动曲轴或将车挂上挡，前后移动一下汽车，使起动机的驱动齿轮与发动机的飞轮重新啮合。如果能起动发动机，说明飞轮齿圈的齿轮啮合面部分损伤，飞轮齿圈损伤轻微的可将飞轮齿圈翻转过来，重新使用，飞轮齿圈损伤严重的应更换齿圈。

九、起动机的检修与试验

起动系统发生故障后，经过诊断，确定是起动机故障后，需将起动机从车上拆下，进行检修。

1. 起动机部件的检修

（1）励磁绕组的检修　励磁绕组导线截面积较大，通电电流非常大，易出现的故障是短路与搭铁，而断路的可能性很小，重点检查的是短路与搭铁故障。

励磁绕组短路故障的检查如图 4-25 所示。将蓄电池的电压加在励磁绕组的两端，注意控制电流，同时用一铁片或螺钉旋具在四个磁极上分别感受磁吸力的大小，如果某一磁极有磁吸力明显低于其他磁极，则表明该磁极上的励磁绕组短路。

励磁绕组搭铁故障的检查如图 4-26 所示。用万用表检查电刷与起动机外壳之间的导通情况。若导通，说明励磁绕组有搭铁故障。

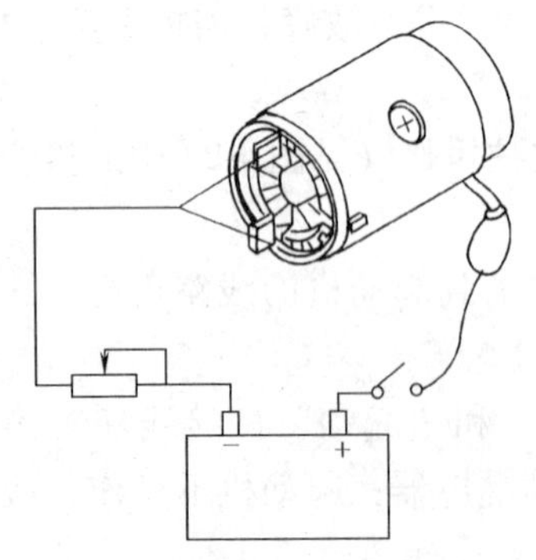

图 4-25　励磁绕组短路故障的检测

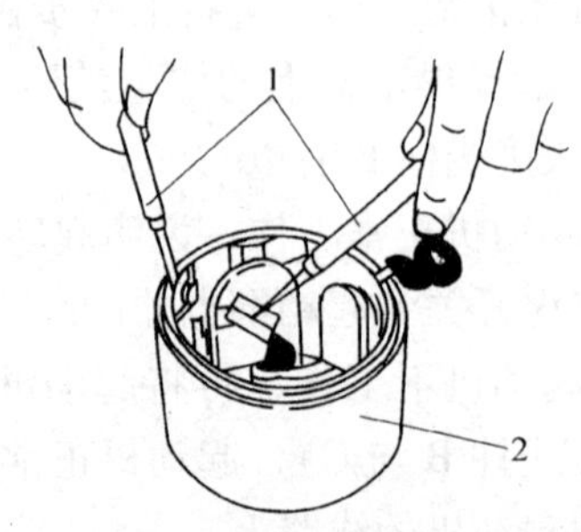

图 4-26　励磁绕组搭铁故障的检测

1—万用表表笔　2—起动机外壳

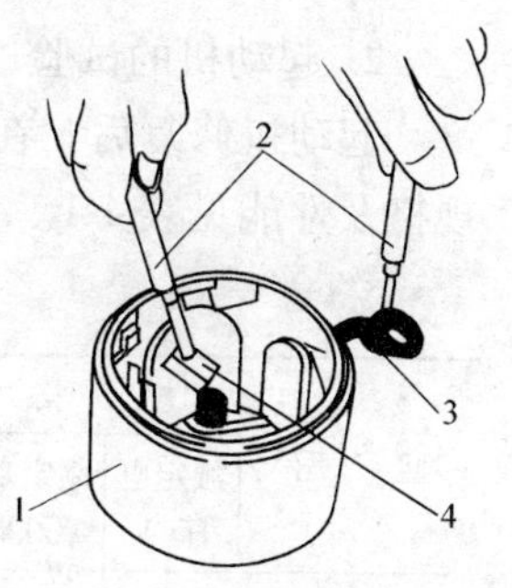

图 4-27 励磁绕组断路故障的检测

1—外壳 2—万用表表笔 3—引线 4—电刷

励磁绕组断路故障的检查如图 4-27 所示。用万用表检查测量励磁绕组两端的导通情况。若不导通，说明励绕组有断路故障。

以上每种故障现象发生时，都需更换励磁绕组，或更换起动机总成。

（2）电枢的检修

1）电枢绕组。

① 搭铁故障的检查如图 4-28 所示。可用万用表检测换向器与电枢轴之间的导通情况。若导通，说明有搭铁故障，应更换电枢。

② 短路故障的检查如图 4-29 所示。可用电枢检验仪检查电枢绕组间的短路情况。接通电枢检验仪的电源，并将钢片放在电枢铁心上方的线槽上，若电枢中有短路现象，则在电枢绕组中产生感生电流，钢片在交变磁场的作用下，在槽上振动，由此可判断电枢绕组中的短路故障。有短路故障时，应更换电枢。

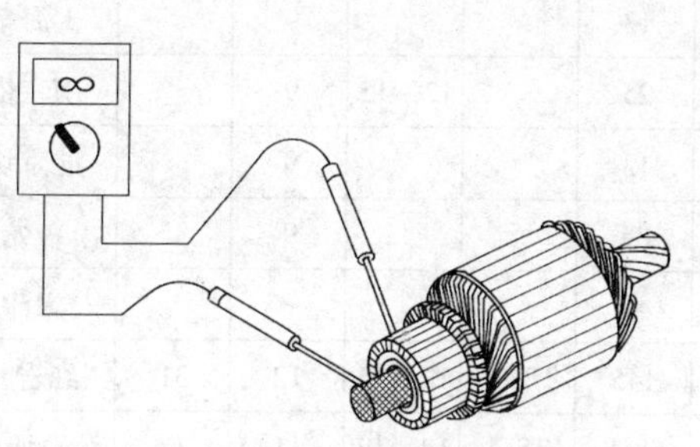

图 4-28 电枢绕组搭铁故障的检测

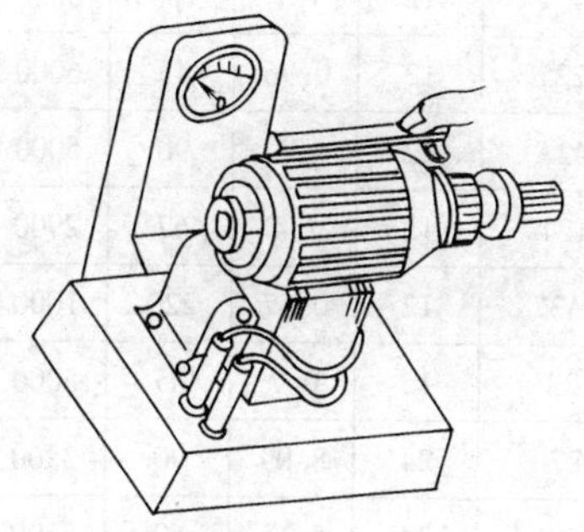
图 4-29 电枢绕组短路故障的检测

2）换向器。当换向器表面有轻微烧蚀时，用细砂纸打磨即可，严重烧蚀（径向圆跳动大于 0.05mm）时，可在车床上精加工，但铜片厚度不得小于 2mm。修整后，云母片的高度与原标准一致，国产车的铜片与云母片等高，进口车的铜片比云母片高 0.2mm 以上。

3）电枢轴。电枢轴的常现故障是弯曲变形，检查方法如图 4-30 所示。用百分表测量电枢轴的弯曲程度，径向圆跳动不大于 0.15mm，否则应校正。

（3）电刷与电刷架的检修　电刷使用的极限高度为标准高度的 2/3，小于极限值时应更换。电刷的接触面不应小于 75%。电刷弹簧的弹力可用弹簧秤测量，弹力应大于 12N，否则应更换。电刷架的绝缘情况可用万用表测量，如图 4-31 所示。

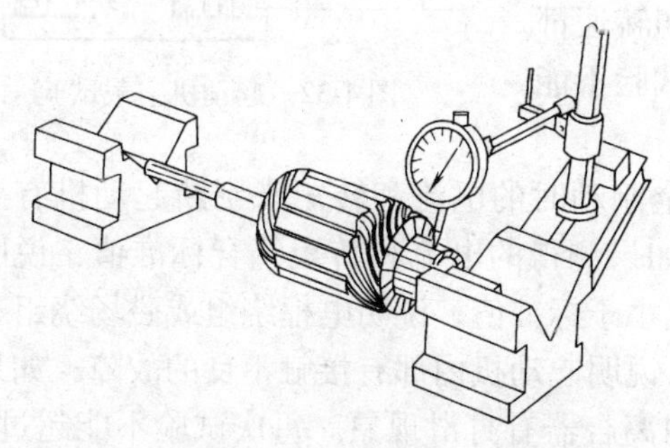
图 4-30 电枢轴的弯曲检测

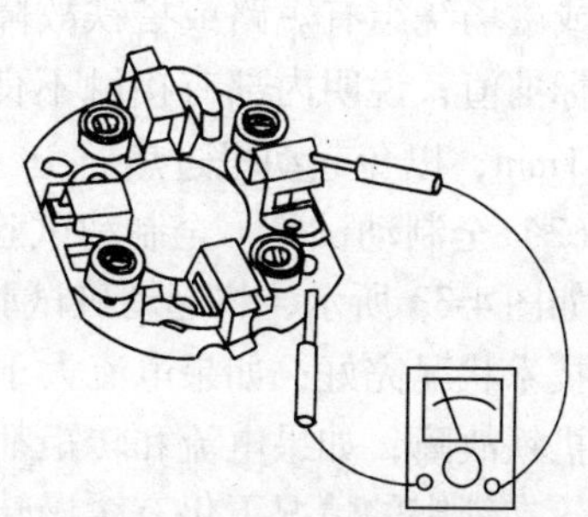
图 4-31 电刷架的绝缘检测

2. 起动机的试验

起动机修复后，在装车前应进行试验，确定起动机的性能是否达到标准。常见起动机的规格及性能见表4-1。

表 4-1 常见起动机的规格及性能

型号	规格		空载特性		全制动特性			电刷		驱动齿数		适用车型
	额定电压/V	额定功率/kW	电流/A	转速/(r/min)	电压/V	电流/A	扭矩/N·m	牌号	弹簧压力/N	齿数	齿轮行程/mm	
QD124A	12	1.85	95	5000	8	600	24	TS-2		9	20	解放 CA1091
QD1215	12	1.85	90	5000	6	700	24					解放 CA1091
QD124H	12	1.47	90	5000	8	650	29.4		2~15			解放 CA1091
QD124F	12	1.47	90	5000	8	650	29.4		8~13	11		东风 EQ1090
QD1211	12	1.8	90	5000	7.5	750	34		12~15	11		东风 EQ1090
321	12	1.1	100	5000	6	525	15.7	TS-4	12~15	9	20	北京 2020N
QD1225	12	0.96	45	6000	7	480	13			9		上海桑塔纳
QD142A	12	3	90	5000	7	650	25		12~15	9		南京依维柯
DW1.4	12	1.4	67	2900	9.6	160	13			9		北京切诺基
D6RA37	12	0.57	220	1000		350	85			9		神龙富康
CB-23	12	0.7	55	5000								天津夏利
QD27	24	8.09	90	3200	12	1700	145	TS103	12~15	12	31	红岩 CQ261
QD50	24	5.15	80	6500	10	900	58.8	TS-4	12~17	11	18	黄河 JN151
ST614	24	5.15	80	6500		900	58.8	TSQ5	12~17	11	26	黄河 JN151
QD25	24	3.5	90	6000	9	900	34.3			9		跃进 NJ1061

（1）空载试验　空载试验是通过测量空载转速和空载电流来判断起动机有无故障。如图4-32所示，将起动机试验电路接好。在试验过程中，起动机应运转平稳，换向器不应有火花。如果测得的空载转速和空载电流符合标准，说明起动机技术状况完好；如果电流大于标准值、转速低于标准值，则可能是起动机装配过紧，电枢绕组或磁场绕组有短路或搭铁故障；如果电流和转速都低于标准值，说明内部有接触不良之处。每次试验不能超过1min，以免起动机过热。

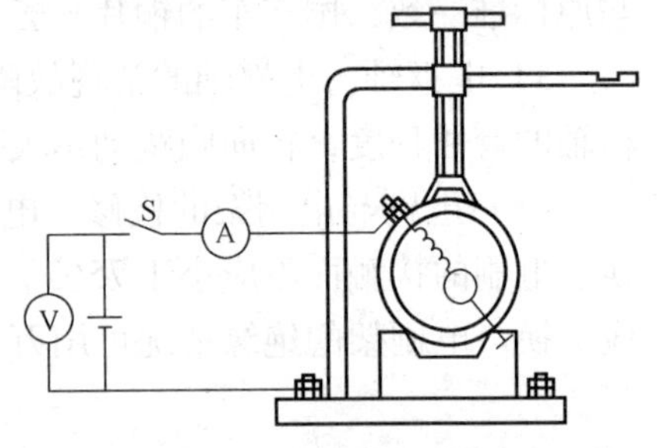

图 4-32　起动机空载试验

（2）全制动试验　全制动试验是通过测量全制动时的电流和转矩来判断起动机有无故障。如图4-33所示，将起动机试验电路接好，如果测得的电流和转矩符合标准值，说明起动机技术状况完好；如果电流大于标准值、转矩小于标准值，说明电枢绕组或磁场绕组有短路或搭铁故障；如果电流和转矩都小于标准值，说明起动机内部有接触不良的故障；如果驱动齿轮在锁定的情况下仍有缓慢转动，说明单向离合器有打滑现象。每次试验不能超过5s，以免烧坏起动机。

3. 起动机的调整

起动机修复后重新装配时，要检查驱动齿轮与止推垫圈之间的间隙，一般为 1.5 ~ 2.5mm。检查方法如图 4-34 所示，用导线分别将蓄电池的正极与起动机的起动接线柱 50、蓄电池的负极与起动机的外壳连接起来。这样使驱动齿轮到达啮合位置，然后可检测驱动齿轮与止推垫圈之间的间隙 c。

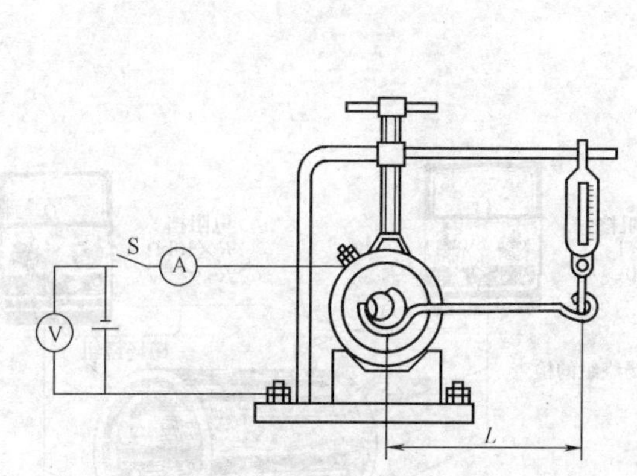

图 4-33　起动机全制动试验

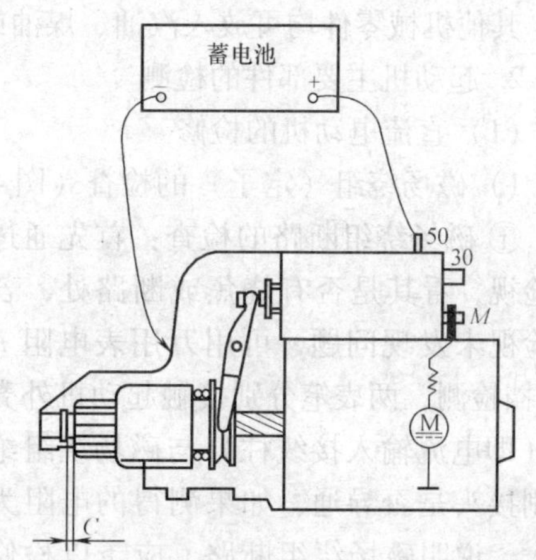

图 4-34　检查驱动齿轮止推垫圈之间的间隙

十、起动机的使用与维护

1. 起动机使用的注意事项

1）起动前应将变速器挂上空挡，自动变速器的汽车应将变速杆置于停车挡 P 或空挡 N，起动同时踩下离合器踏板。

2）每次接通起动机的时间不得超过 5s，两次之间应间歇 15s 以上。

3）当发动机起动后应立刻松开点火开关，切断起动挡，使起动机停止工作。

4）经过三次起动，发动机仍没有起动着火，仍停止起动，进行简单的检查，如蓄电池的容量、极柱的连接、油电路等，否则蓄电池的容量将严重下降，起动发动机变得更加困难。

2. 起动系维修的注意事项

1）在车上进行起动检测之前，一定要将变速器挂上空挡，并实施驻车制动。

2）在拆卸起动机之前，应先拆下蓄电池的搭铁电缆。

3）有些起动机在起动机与法兰盘之间使用了多块薄垫片，在装配时应按原样装回。

任务二　起动机的拆装与检测

一、工具材料

汽车用起动机，万用表，维修工具。

二、操作要点及项目

1. 起动机的拆解和清洗

1）首先将待修起动机外部的尘污、油污清除。

2）拆下连接片与电磁开关，取下电磁铁心。

3）拆下防尘箍，用钢丝钩子提起电刷弹簧取出电刷。

4）拆下起动机贯穿螺栓，使后端盖、起动机外壳、电枢分离。

5）取下拨叉支承销，取下驱动端盖、拨叉与转子总成。

6）用专用工具拆下止推座圈，取下驱动齿轮、单向离合器。

7）对分解的零部件进行清洗。清洗时，对所有的绝缘部件只能用干净布蘸少量汽油擦拭，其他机械零件均可放入汽油、煤油或柴油中洗刷干净并晾干。

2. 起动机主要部件的检测

（1）直流电动机的检修

1）磁场绕组（定子）的检查（图4-35）。

① 磁场绕组断路的检查：首先通过外部验视，看其是否有烧焦或断路处，若外部验视未发现问题，可用万用表电阻 $R\times1\Omega$ 挡检测，两表笔分别接触起动机外壳引线（即电流输入接线柱）与磁场绕组绝缘电刷接头是否导通，如果测得的电阻为无穷大，说明磁场绕组断路，应予以检修或更换。

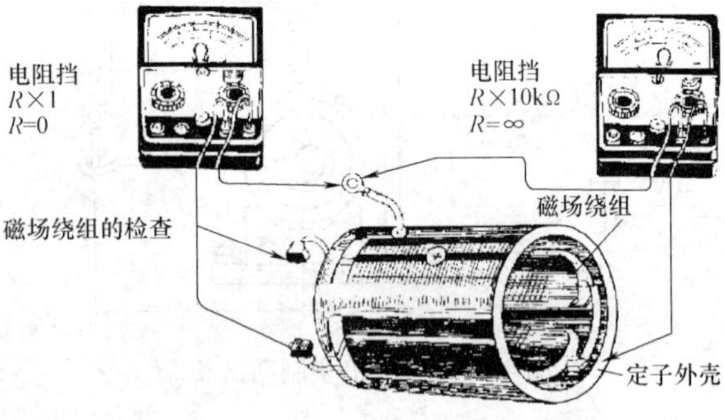

图4-35　磁场绕组断路及搭铁的检查

② 磁场绕组搭铁的检查：用万用表电阻 $R\times10k\Omega$ 挡（或数字式万用表高阻挡）检测磁场绕组电刷接头与起动机外壳是否相通，如果相通，说明磁场绕组绝缘不良而搭铁；如果阻值较小，说明有绝缘不良处，应检修或更换磁场绕组。

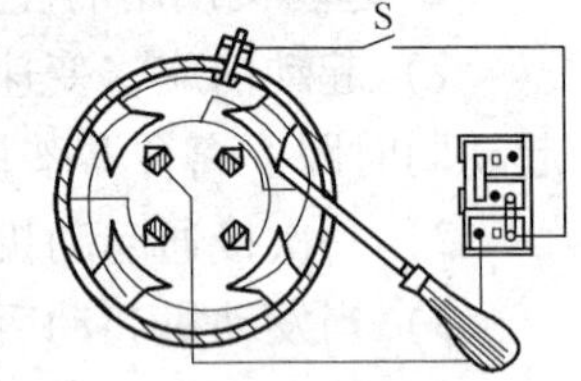

图4-36　磁场绕组短路的检查

③ 磁场绕组短路的检查：可用2V直流电源进行接线，如图4-36所示。电路接通后，将螺钉旋具放在每个磁极上，检查磁极对螺钉旋具的吸引力是否相同。若某一磁极吸力太小，就表明该磁场绕组有匝间短路故障存在。

2）电枢绕组（转子）的检查。

① 使用万用表对电枢绕组搭铁的检查：用电阻 $R\times10k\Omega$ 挡检测，如图4-37所示。用一根表笔接触电枢，另一根表笔依次接触换向器铜片，万用表指针不应摆动，即电阻为无穷大，否则说明电枢绕组与电枢轴之间绝缘不良有搭铁之处。

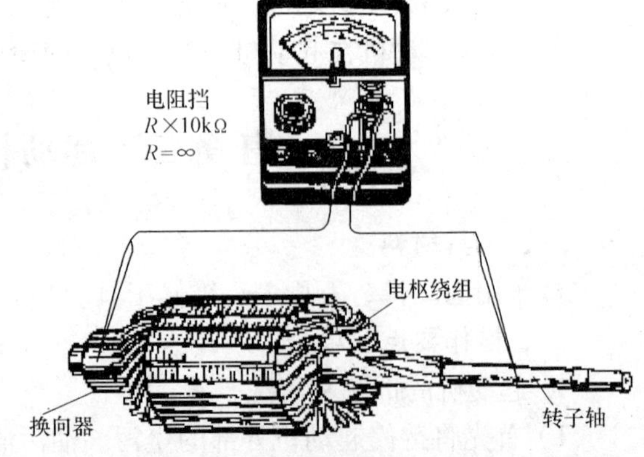

图4-37　检测电枢轴与电枢绕组之间的绝缘电阻

② 使用万用表对电枢绕组的短路检查：用电阻 $R\times1\Omega$ 挡检查换向器和电枢铁心之间是否导通，如图4-38所示。如有导通现象，说明电枢绕组搭铁，应更换电枢。

③ 使用万用表对电枢绕组断路的检查：用电阻 $R\times1\Omega$ 挡，将两个表笔分别接触换向器相邻的铜片，如图4-39所示。测量每相邻

两换向片间是否相通，如万用表指针指示“0”，说明电枢绕组无断路故障，若万用表指针在某处不摆动，即电阻值为无穷大，说明此处有断路故障，应更换电枢。

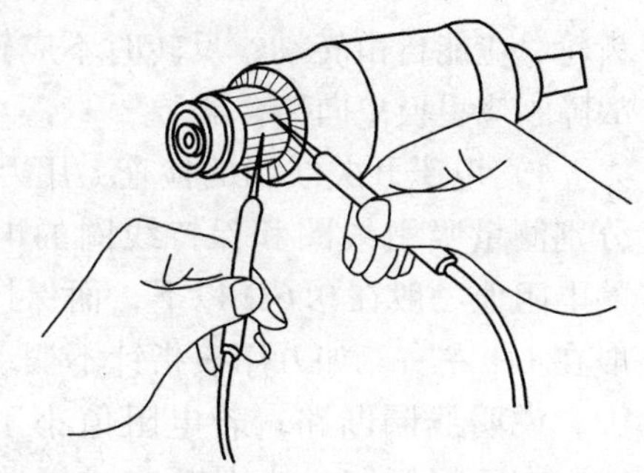

图 4-38 电枢绕组搭铁的检查

3）电枢轴的检查。用千分表检查电枢轴是否弯曲，如图 4-40 所示。若铁心表面摆差超过 0.15mm 或中间轴颈摆差大于 0.05mm 时，均应进行校正或更换。另外，还应检查电枢轴上的花键齿槽，如严重磨损或损坏，则应修复或更换。

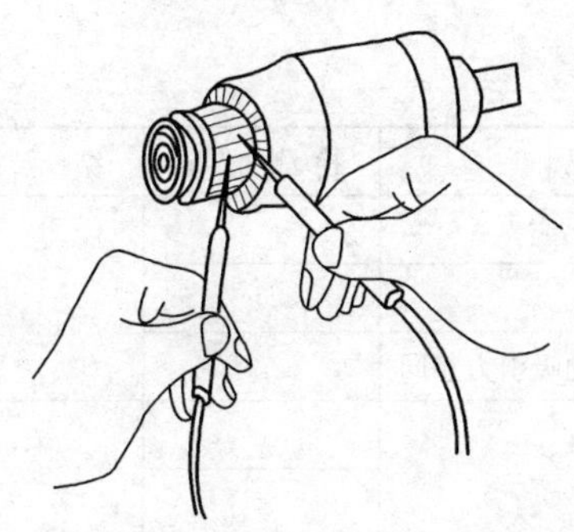

图 4-39 电枢绕组断路的检查

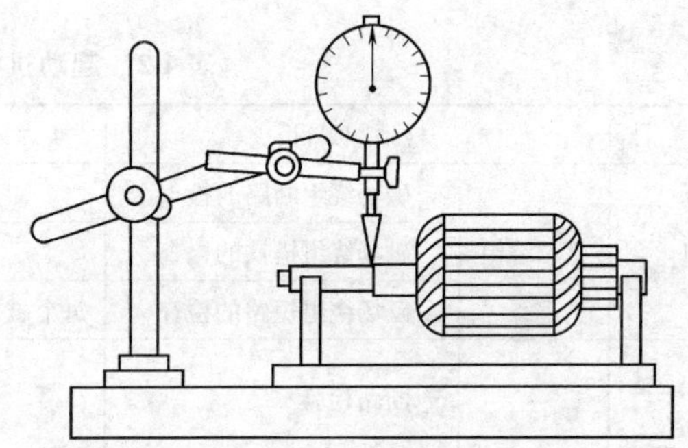

图 4-40 电枢轴弯曲度的检验

4）电刷的检查。

① 检查电刷的高度。电刷高度应不低于新电刷高度的 2/3（国产起动机新电刷高度一般为 14mm），即 7 ~ 10mm，否则应换新。

② 检查电刷架的接触面积。电刷与整流子表面之间的接触面积应达到 75% 以上，否则应研磨电刷。

（2）传动机构的检修

1）检查拨叉。拨叉应无变形、断裂、松旷等现象，回位弹簧应无锈蚀、弹力正常，否则应更换。

2）检查驱动齿轮。驱动齿轮的齿长不得小于全齿长的 1/3（如解放牌与跃进牌汽车的齿长不应短于 16mm），且不得有缺损、裂痕，否则应予更换；齿轮磨损严重或扭曲变形时，也应更换。

3）安装与检查单向离合器。如图 4-41 所示，将单向离合器及驱动齿轮总成装到电枢轴上，握住电枢 1，当转动单向离合器外座圈 2 时，驱动齿轮总成应能沿电枢轴滑动自如。

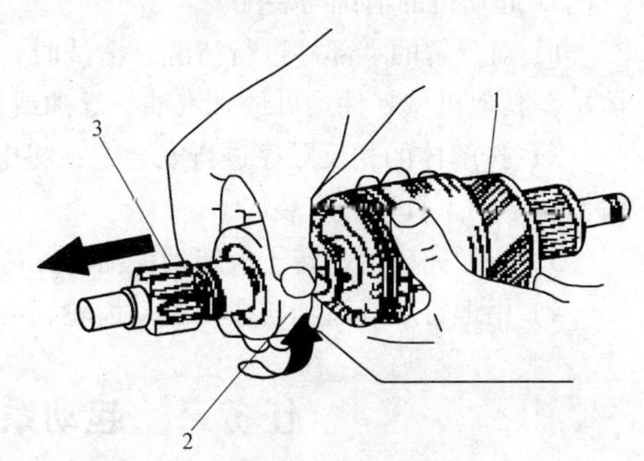

图 4-41 单向离合器总成的安装与检查
1—电枢 2—单向离合器外座圈 3—驱动小齿轮

如图 4-42 所示，握住外座圈，转动驱动齿轮，应能自由转动；反转时不应转动，否则就有故障，应更换单向离合器。

4）电磁开关线圈的检查：用万用表 $R\times1\Omega$ 挡分别测量吸引线圈和保持线圈的电阻，吸引线圈的电阻值一般在 0.6Ω 以下，而保持线圈的阻值一般在 1Ω 左右。如万用表指针不摆动即电阻为无穷大，说明线圈断路；若电阻值小于规定值，说明线圈有匝间短路。线圈断路或短路均需更换。将上述检测结果填入表 4-2 中，并与标准要求比较，给出结论。

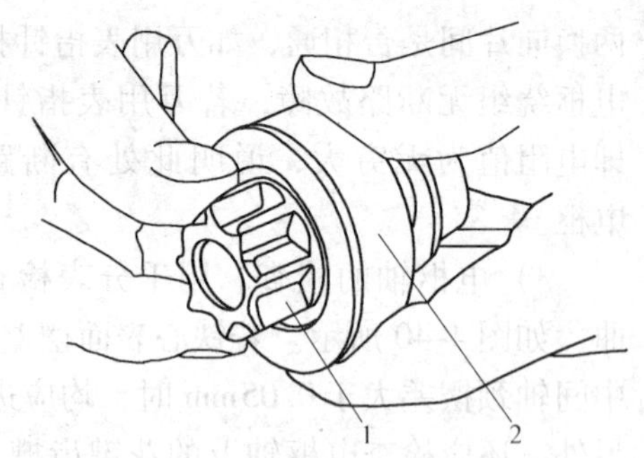

图 4-42　单向离合器的进一步检查
1—驱动小齿轮　2—单向离合器外座圈

表 4-2　起动机检测数据记录

序号	检测项目		标准情况	检测情况	结论
1	磁场绕组	磁场绕组断路的检查	通（0Ω）		
		磁场绕组搭铁的检查	不通（∞）		
		磁场绕组短路的检查	每个磁极对螺钉旋具的吸引力相同		
2	电枢绕组	断路检验	$R=0\Omega$		
		搭铁检验	$R=\infty$		
		短路检验	$R=\infty$		
3	电枢轴弯曲度		≤0.15mm		
4	电刷高度		7～10mm		
5	电磁开关线圈	吸合线圈电阻值/Ω	0.6Ω 以下		
		保持线圈的阻值/Ω	1Ω		

3. 起动机的清洗与装配

1）对分解的零部件进行清洗。清洗时，对所有的绝缘部件，只能用干净布蘸少量汽油擦拭，其他机械零件均可放入汽油、煤油或柴油中洗刷干净并晾干。

2）按解体的相反顺序进行安装，在将电枢轴装入电刷架时，应防止将电刷撞断，必要时使用专用工具进行安装。

3）装配完毕后，转子应转动灵活，无碰擦或卡滞现象。

4）用螺钉旋具沿轴向拨动驱动齿轮，应能伸出并能自动回位。

任务三　起动系统故障诊断与排除

一、工具材料

桑塔纳轿车一台，要求起动系统工作完好；万用表、各种导线、电工常用的各种钳子、螺钉旋具、绝缘胶布等。

二、操作要点及项目

1）由实验教师在起动系统设计故障，故障现象为起动机不工作。

2）在实验教师的监护下，由学生独立完成故障的诊断与排除。

3）操作过程中，注意操作程序与规范，注意设备的正确使用。

三、故障诊断步骤

1）确认蓄电池电源正常。可以通过按喇叭、开前照灯等方法确认蓄电池容量正常。

2）如图4-43所示，断开起动机起动接线柱的接线。

3）如图4-44所示，在将点火开关打到起动挡的瞬间，测量起动机起动接线柱线束的对地电压，如果有电压，则故障在起动机，需要拆下起动机进行检修。

图4-43 桑塔纳轿车起动系统电路（一）

图4-44 桑塔纳轿车起动系统电路（二）

小　结

起动机由磁力开关、直流串励式电动机及单向离合器三部分组成。磁力开关的作用有两个方面：一是控制小齿轮与发动机飞轮的啮合；另一个是控制接触盘与主接线柱的接合，接通主电路。在起动机工作过程中，小齿轮先与发动机飞轮啮合，然后是接触盘将主电路接通。

直流串励式电动机产生的转矩随着电流的增大而增大。在发动机刚起动的瞬间（此时起动阻力最大）起动转矩最大，这样非常有利于发动机的起动。因此，在车辆使用过程中，起动机主电路工作状况对起动机的影响很大，如电刷的接触情况、磁力开关中接触盘的接触情况都将影响主电路的工作情况。

由于发动机的实际工况，需要起动机配置单向离合器。单向离合器的作用是在发动机起动时将起动机的动力传递给发动机；当发动机起动后而点火开关还没有离开起动挡位时，单向离合器打滑，防止发动机带动起动机飞转。在车辆使用过程中，单向离合器因磨损严重，而在发动机起动过程中不能正常传递转矩，导致发动机无法正常起动，这时就需要更换单向离合器。

复习思考题

1. 起动机由几部分组成？各部分的作用是什么？
2. 起动机的起动转矩与什么因素有关？
3. 单向离合器有什么作用？
4. 简述起动机的工作过程。
5. 起动机工作无力的原因是什么？
6. 当点火开关打到起动挡时起动机不转动，故障部位一定在起动机吗？

项目五　点火系统的使用与维修

知识点

（1）掌握点火系统的组成、作用及工作原理。

（2）了解点火线圈、分电器、火花塞及高压线组的常见故障及原因。

技能点

（1）能正确对点火系统进行拆装与检测。

（2）能正确诊断点火系统的故障部位并排除故障。

（3）能够正确分析点火系统的电路。

任务一　理论学习

一、发动机对点火系统的要求

点火系统应在发动机各种不同工况和使用条件下，保证可靠而准确地点燃混合气。为此，点火装置应满足下列三个基本要求：

1. 能产生足以击穿火花塞间隙的电压

发动机正常工作时，击穿火花塞间隙的电压一般在10kV左右，而在低温起动时，由于火花塞电极温度低，气缸内的温度与压力均低，混合气雾化不良，因此，击穿火花塞间隙的电压需要在19kV以上。为了保证发动机点火的可靠性，点火系统必须有一定的二次电压储备。但过高的二次电压，将造成线路绝缘困难，使成本提高。一般点火系统的二次电压设计能力为30kV，或者稍高一些。

2. 火花应具有足够的能量

要使混合气可靠点燃，火花塞产生的电火花必须具有一定的能量。发动机正常工作时，由于混合气压缩终了的温度已接近其自燃温度，因此，所需的火花能量很小（1～5mJ）。但发动机在低温起动时，因为混合气雾化不良，所以需较高的火花能量。为了保证发动机可靠点火，一般应保证火花塞跳火时有100mJ以上的火花能量。

3. 点火时刻应适应发动机的工况

首先，点火系统应按发动机的工作顺序进行点火。一般六缸发动机的点火顺序为1→5→3→6→2→4，四缸发动机的点火顺序为1→3→4→2，但也有不同，一般应以制造厂家提供的技术数据为准。其次，必须在最有利的时刻进行点火。

二、点火系统的分类

目前应用在汽车上的点火装置较多，大致可分为以下几种：

1. 按点火能量的储存方式分类

1）电感储能式电子点火系统（电感放电式电子点火系统）。

2）电容储能式电子点火系统（电容放电式电子点火系统）。

2. 按信号发生器的原理分类

1）电磁感应式电子点火系统（如丰田车系）。

2）霍尔效应式电子点火系统（如大众车系）。

3）光电式电子点火系统（如日产车系）。

3. 按照一次电路的控制方式分类

1）传统点火系统（或称为蓄电池点火系统，现已淘汰，本章不再介绍）。

2）电子点火系统（应用于化油器式发动机的点火系统，如国产的CA1091、EQ1091及早期生产的普桑、捷达、奥迪、红旗等车型，本章没有特别说明的均指电子点火系统）。

3）计算机控制点火系统（广泛应用于电控发动机的点火系统）。

4. 按照高压电的配电方式分类

1）机械配电点火系统（有分电器点火系统）。

2）微机配电点火系统（无分电器点火系统）。

在以上各种点火系统装置中，相对于电容储能式来说，电感储能式点火系统较为广泛；在电感储能式点火系统中，以电磁感应式和霍尔式较为广泛；对于配电方式来说，有分电器的点火系统在中低档车中应用较为广泛；无分电器点火系统在中高档车中应用较为广泛。

所谓电感储能式，就是点火系统火花的能量是以磁场的形式储存在点火线圈中的，蓄电池点火系统属于电感储能式点火系统。

所谓电容储能式，就是点火系统火花的能量以电场的形式储存在专门的储能电容器中。

三、点火系统的组成及功用

点火系统的组成如图5-1所示。

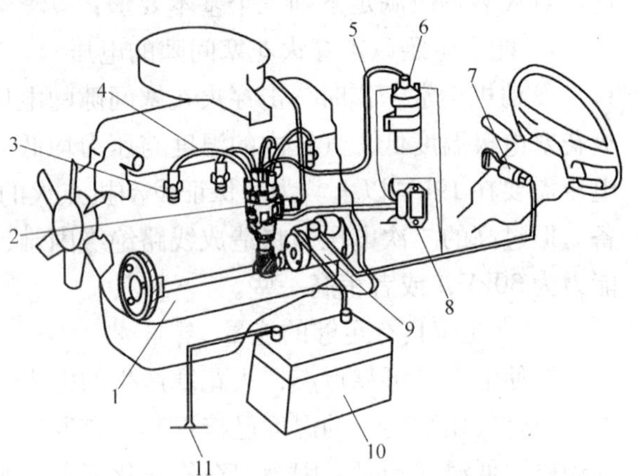

图5-1 点火系统的组成

1—中间轴 2—分电器 3—火花塞 4—分高压线 5—中央压线 6—点火线圈 7—点火开关 8—点火控制器 9—起动机 10—蓄电池 11—搭铁端

1. 电源

点火系统的电源为蓄电池或发电机，其作用是给点火系统提供低压直流电源，电压一般为12V。

2. 点火线圈

点火线圈的作用是将12V低压电变成30kV的高压电，其结构与自耦变压器相似，所以也称为变压器。

3. 分电器

分电器是由配电器、信号发生器和机械点火提前机构等组成的。配电器的作用是将点火线圈产生的高压电，按照发动机的工作顺序送至各缸火花塞；信号发生器的作用是产生脉冲信号，送给点火控制器，由点火控制器控制一次电路的通断；机械点火提前机构的作用是随发动机转速和负荷的变化而改变点火提前角。

在早期的电子点火系统中，机械式点火提前机构位于分电器中，而现在的微机控制点火系统中，机械式点火提前机构已经取消，点火提前由微机来完成。在有些微机控制的发动机系统中已取消了分电器，点火信号来自于曲轴位置传感器和凸轮轴位置传感器，高压电由点火线圈直接送给火花塞，一般是一个点火线圈控制两个火花塞，也有的是一个点火线圈控制一个火花塞。

4. 点火控制器

点火控制器也称为点火模块，集成电路主要由整形电路、放大电路和开关电路组成，主要起开关作用，用来控制点火系统一次电路的导通与截止。

5. 火花塞

火花塞的作用是将高压电引入气缸燃烧室，产生电火花点燃混合气。

6. 高压线

高压线用来连接点火线圈、分电器及各个火花塞。

7. 点火开关

点火开关用来控制点火系统的一次电路，同时也控制充电系的励磁电路、起动电路及由点火开关控制（15号相线供电）的所有用电设备。

四、点火系统的基本工作原理

图 5-2 所示为点火系统的结构，图5-3所示为点火系统的工作原理。在点火系统中，一般将点火线圈一次绕组 N_1 所在的闭合电路称为一次电路（低压电路）；将点火线圈的二次绕组 N_2 所在的闭合电路称为二次电路（高压电路），一般将点火线圈到火花塞的电路称为高压电路。流经一次绕组 N_1 的电流为一次电流，一般一次电流为 7 ~ 8A，一次电路的电压为电源电压（12V），二次电路的电压为 30kV 左右的高压电。

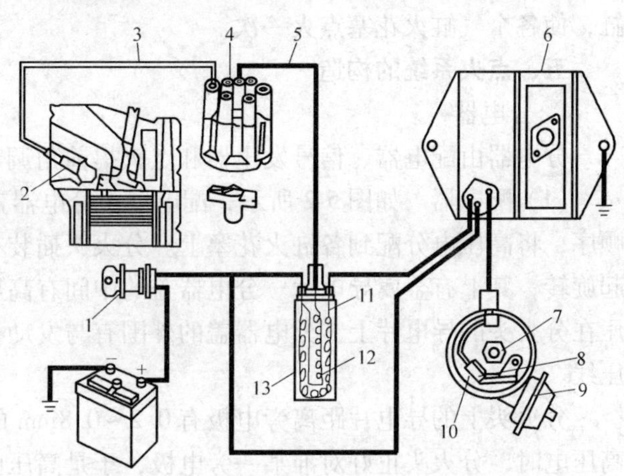

图 5-2　点火系统的结构

1—点火开关　2—火花塞　3—高压线　4—分电器盖及分火头　5—中央高压线　6—点火控制器　7—信号转子　8—信号发生器线圈　9—真空调节器　10—分电器　11—一次绕组　12—二次绕组　13—点火线圈

发动机工作时，分电器中信号发生器的转子也随之旋转。转子旋转时，在信号发生器的感应线圈中便产生正弦脉冲信号。当信号发生器传送给点火控制器的信号为正向脉冲时，点火控制器中起开关作用的晶体管导通，一次电路导通，电路为：蓄电池的“+”→点火开关→点火线圈的“+”接线柱→一次绕组 N_1→点火线圈的“-”接线柱→点火控制器→搭铁，一次电路的电流方向如图 5-3 所示。

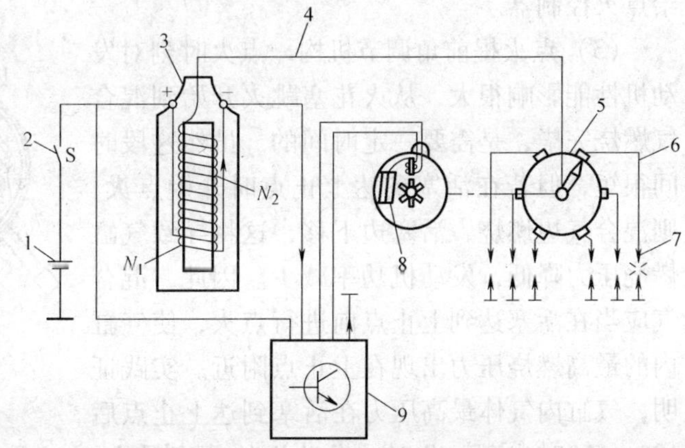

图 5-3　点火系统的工作原理

1—蓄电池　2—点火开关　3—点火线圈　4—中央高压线　5—配电器　6—分高压线　7—火花塞　4—信号发生器　9—点火控制器

点火系统的一次电路导通时，一次绕组便产生磁场。

当信号发生器传送给点火控制器的信号为负脉冲信号时，点火控制器中起开关作用的晶体管截止，一次电路被切断，一次电流及磁场迅速消失。这时，在点火线圈两个绕组中都产生感应电动势。由于二次绕组 N_2的匝数多，因此在点火线圈的次级线圈中产生高压电。

此时，随分电器轴一同旋转的分火头正好对准分电器盖上某缸的旁电极，高压电由分高压线送给火花塞，使火花塞跳火，点燃混合气。

根据以上分析，点火系统的工作过程可分成三个阶段：一次电路导通，点火能量储存；一次电路截止，二次电路产生高压电；火花塞电极产生火花，点燃混合气。

信号发生器向点火控制器每传送一个点火信号时，点火线圈便产生一次高压电，信号发生器转子转动一周，即分电器每转动一圈，由配电器按照点火顺序将高压电轮流引至各气缸，使各个气缸火花塞点火一次。

五、点火系统的构造

1. 分电器

分电器由配电器、信号发生器和点火提前角调节机构等组成。

（1）配电器　如图5-2所示，配电器由分电器盖和分火头组成，其作用是按发动机点火顺序，将高压电分配到各缸火花塞上。分火头插装在分电器轴的顶端，和信号发生器转子一起旋转，其上有金属导电片。分电器盖的中间有高压线插孔，其内装有带弹簧的炭柱，炭柱压在分火头的导电片上。分电器盖的外围有与发动机气缸数相等的旁电极插孔，以安装分高压线。

分火头上的导电片距离旁电极有0.2～0.8mm的间隙。当一次电路截止、一次电路产生高压电时，分火头正好对准某一旁电极，于是高压电由分火头上的导电片跳至与其相对的旁电极，再经高压分线送至相应的火花塞。

（2）信号发生器　常用的信号发生器有三种类型，分别是电磁感应式、霍尔式及光电式。图5-2所示的信号发生器为电磁感应式的，其具体结构如图5-4所示。当分电器轴转动时，带动信号转子旋转，这样在信号发生器的感应线圈中便产生电磁脉冲信号，此信号传送给点火控制器。

（3）点火提前角调节机构　点火时刻对发动机性能影响很大，从火花塞跳火开始到混合气燃烧完毕，是需要一定时间的。虽然这段时间很短，但若在活塞到达上止点时开始点火，则混合气边燃烧，活塞边下移，这将导致气缸燃烧压力降低，发动机功率减少。因此，混合气应当在活塞达到上止点前进行点火，使气缸内的最高燃烧压力出现在上止点附近。实践证明，气缸内气体最高压力在活塞到达上止点后10°～15°时出现，此时，发动机的功率最大，热能利用率最高。所以，最佳点火时刻是在活塞到达上止点前的某一刻。

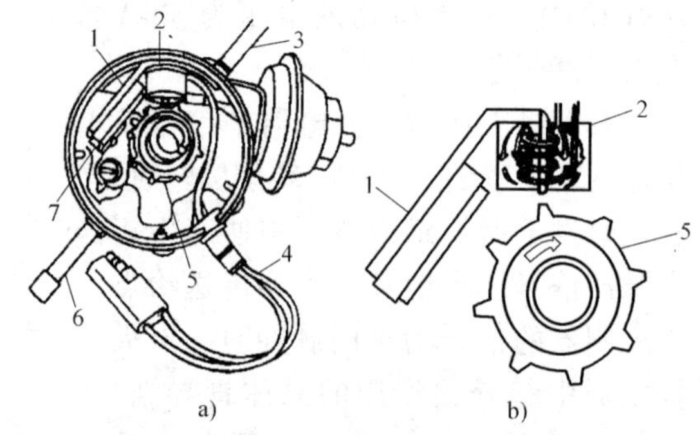

图5-4　电磁感应式信号发生器的结构

a）在分电器中的安装位置　b）结构原理

1—永久磁铁　2—信号线圈　3—分电器盖卡簧　4—信号发生器线束　5—转子　6—分电器盖卡簧　7—活动板（定子盘）

从开始点火到活塞到达上止点这段时间，

用曲轴转角来表示，这个曲轴转角称为点火提前角。或者说，在活塞到达上止点前，提前点火的时间用点火提前角来表示。提前点火的时间由混合气的燃烧速度决定，混合气的燃烧速度由气缸内的温度、压力及混合气的浓度来决定。当气缸内的温度、压力高时，混合气的燃烧速度就快，提前点火的时间就应该缩短，点火提前角就应该小。因此，最佳点火提前角与发动机转速、负荷等有关。

当转速一定时，随着负荷的增大，进入气缸的可燃混合气的增多，压缩终了时的压力和温度增高，混合气燃烧速度加快，这时点火提前角应适当减小；反之，发动机负荷减少时，点火提前角应当加大。

当负荷一定，发动机转速升高时，相同时间内曲轴将转过较大的转角，这时应适当增大点火提前角。否则，点火过晚，燃烧会延续到做功过程的后期，燃烧热能利用率低，使发动机功率下降。因此点火提前角应随发动机转速的提高而增大。

点火系统最主要的任务就是保证发动机在各种工况下都能在最佳点火时刻点燃混合气。若点火提前角过大，混合气在压缩行程燃烧产生的气缸压力将迅速上升，给上行的活塞造成很大的阻力，白白消耗发动机的功率，还易出现爆燃等不正常燃烧现象。若点火提前角过小，混合气将在做功行程燃烧甚至在排气管中燃烧，使气缸中的压力降低，发动机过热，功率下降。

为了保证发动机在任何工况下都能实现在最佳点火时刻点燃混合气，在分电器内设置了点火提前角调节机构，即离心式调节器和真空式调节器。

1）离心式调节器。离心式调节器的作用是在发动机转速升高时，自动增大点火提前角，其结构如图 5-5 所示。

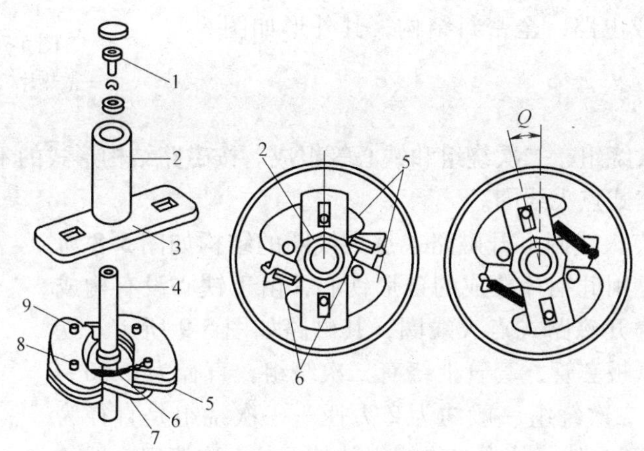

图 5-5　离心式调节器

1—固定螺钉　2—信号发生器转子轴　3—拨板　4—分电器轴　5—离心重块　6—弹簧　7—托板　8—销钉　9—柱销

在分电器轴上固定有托板，托板上面有两个重块，每个重块的一端套在托板的柱销上，另一端由弹簧拉住。信号发生器的转子和拨板为一体，套在分电器轴的上端，而拨板两端的孔插在重块的销钉上。

当发动机转速升高，重块的离心力增大时，离心力使重块克服弹簧拉力绕柱销转动一个角度，重块上的销钉推动拨板，使信号发生器的转子沿旋转方向相对于分电器轴转过一个角度，实现提前点火，即转速升高时，点火提前角增大。

2）真空式调节器。真空式调节器的作用是在发动机负荷增大时，自动减小点火提前角，其结构如图 5-6 所示。

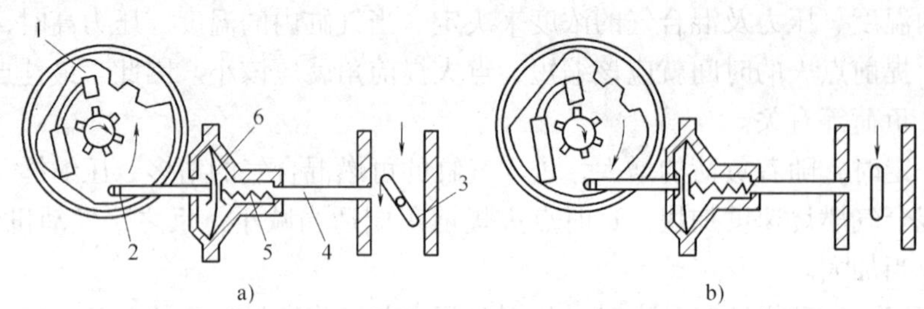

图 5-6　真空式调节器

a）负荷减小时　b）负荷增大时

1—活动板（定子盘）　2—驱动连接件　3—节气门　4—真空管　5—弹簧　6—膜片

发动机负荷减小时，节气门开度也小，节气门下方及管道的真空度增大，真空吸力吸引膜片向右拱曲，通过拉杆拉动活动板（信号发生器的信号线圈位于活动板上）逆着分电器轴旋转的方向相对转子转动一个角度，实现提前点火，即点火提前角增大，如图 5-6a 所示。反之，当负荷增大时，点火提前角减小，如图 5-6b 所示。

2. 点火控制器

点火控制器的作用是控制点火系统一次电路的导通与截止，其内部为集成电路，全密封结构，其外形如图 5-7 所示。

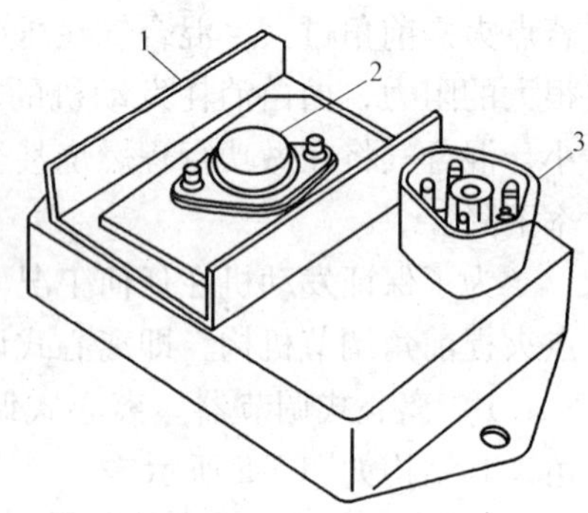

图 5-7　点火控制器

1—散热片　2—晶体管　3—端子

3. 点火线圈

点火线圈由一次绕组、二次绕组和铁心等组成。按磁路结构形式的不同，可分为开磁路式点火线圈和闭磁路式点火线圈。

（1）开磁路式点火线圈　开磁路式点火线圈的结构如图 5-8 所示，点火线圈中心是用硅钢片叠成的条形铁心，由于铁心没有构成闭合回路，所以称为开磁路式点火线圈，其磁路如图 5-9 所示。铁心外部套有绝缘的纸板套管，套管上绕有二次绕组，直径为 0.06 ~ 0.10mm 的漆包线，二次绕组一般约为 2 万匝。一次绕组是直径为 0.5 ~ 1.0mm 的高强漆包线，绕在二次绕组的外面，一次绕组一般约为 200 匝，绕组和外壳之间装有导磁钢套。为加强绝缘与防潮，条形铁心底部装有瓷绝缘支座，外壳内充满沥青或变压器油等绝缘物。点火线圈的顶部是胶木盖，并加以密封。

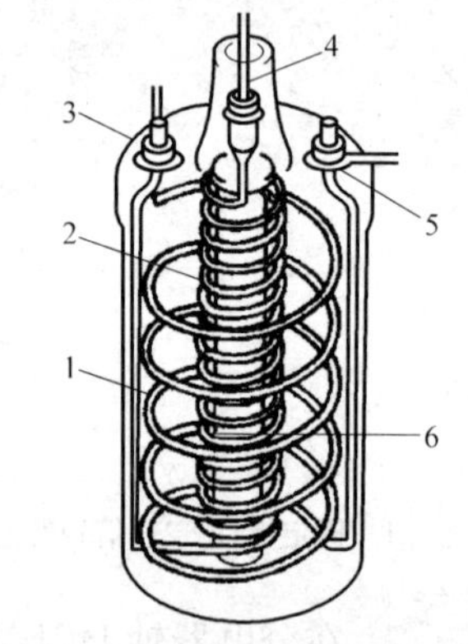

图 5-8　开磁路式点火线圈

1—一次绕组　2—二次绕组

3—点火线圈“+”接线柱

4—中央高压线接线柱

5—点火线圈“-”接线柱

6—铁心

为改善点火性能，在应用开磁路式点火线圈的点火系统一次电路中，一般设有附加电阻（热敏电阻），温度升高，附加电阻阻值增大。这样，当点火线圈温度高时，可减小一次电流，防止点火线圈过热。同时，在起动发动机时，利用起动电路将附加电阻短路，增大一次电流，提高次级电压，有利于发动机起动。附加电阻有两种结构形式，一种是设在点火线圈外部，这种形式的点火线圈有三个接线柱；还有一种附加电阻为导线形式，用来连接点火开关与点火线圈，这种形式的点火线圈有两个接柱。

在早期的点火系统中，开磁路式点火线圈应用较多。但由于开磁路式点火线圈磁路磁阻大，磁通量泄漏多，因此能量转换效率低，现已很少应用。

(2) 闭磁路式点火线圈　闭磁路式点火线圈也称为高能点火线圈，其结构如图 5-10 所示。在“口”字形或“日”字形铁心内绕有二次绕组，在二次绕组外面绕有一次绕组，一次绕组产生的磁通通过铁心构成闭合磁路，其磁路如图 5-11所示。

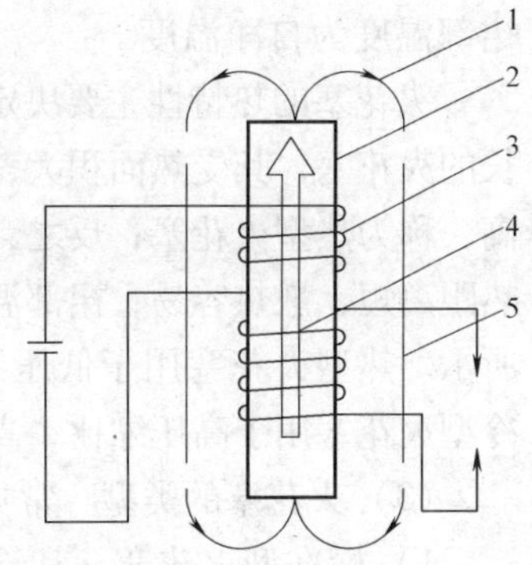

图 5-9　开磁路式点火线圈的磁路
1—磁力线　2—铁心　3—一次绕组　4—二次绕组　5—导磁钢套

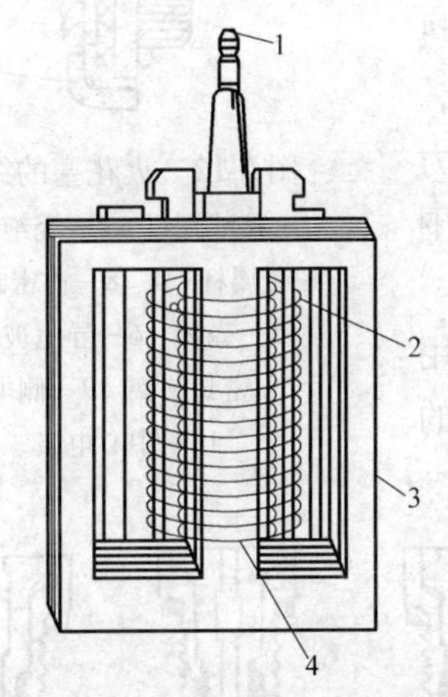

图 5-10　闭磁路式点火线圈
1—中央高压线接线柱　2—二次绕组　3—铁心　4—一次绕组

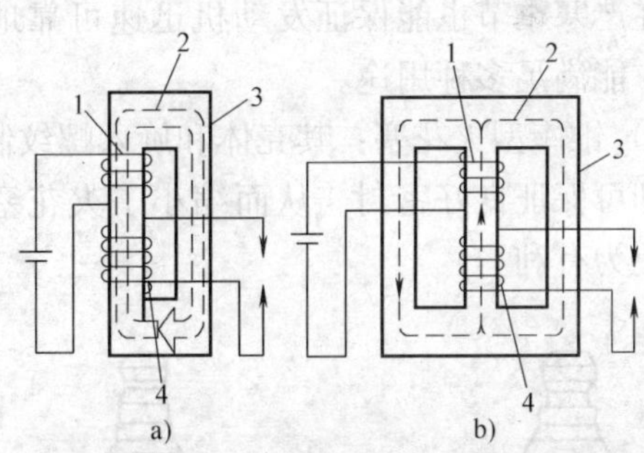

图 5-11　闭磁路式点火线圈的磁路
a)“口”字形铁心　b)“日”字形铁心
1—一次绕组　2—磁力线　3—铁心　4—二次绕组

与开磁路式点火线圈相比，闭磁路式点火线圈具有漏磁通少、能量损失小、效率高、体积小、重量轻和易散热等优点，因此在点火系统中广泛应用。

4. 火花塞

火花塞的工作条件十分恶劣，它承受高压、高温及燃烧产物的强烈腐蚀。因此，火花塞必须具有足够的强度，能承受温度的强烈变化，应有良好的热特性，火花塞的电极应采用难熔、耐腐蚀的材料制成。

(1) 火花塞的结构　火花塞的结构如图 5-12 所示，中心电极用镍铬合金制成，具有良好的耐高温、耐腐蚀性能，中心电极做成两段，中间加有导电玻璃，由于导电玻璃和瓷绝缘体的膨胀系数相近，因此，导电玻璃主要是起密封作用。火花塞间隙多为 1. 0 ~ 1. 2mm。

(2) 火花塞的热特性　火花塞的热特性是指火花塞下部（裙部）的温度特性。实践证明，火花塞裙部温度保持在 500 ~ 600℃时，落在绝缘体上的油滴能立即烧去，通常将这个温度称为火花塞的“自净温度”。低于这个温度时，火花塞易产生积炭，高于这个温度时，在火花塞表面易产生炽热点，形成早燃。因此，要使火花塞能正常工作，就要保证火花塞的裙部温度为自净温度。

火花塞的热特性主要决定于绝缘体裙部的长度，绝缘体裙部长的火花塞，其受热面积大，传热距离长，散热困难，裙部温度高，称为热型火花塞；反之，裙部短的火花塞，吸热面积小，传热距离短，散热容易，裙部温度低，称为冷型火花塞，如图 5-13 所示。热型火花塞用于低压缩比、低转速、小功率的发动机中；冷型火花塞用于高压缩比、高转速、大功率的发动机中。

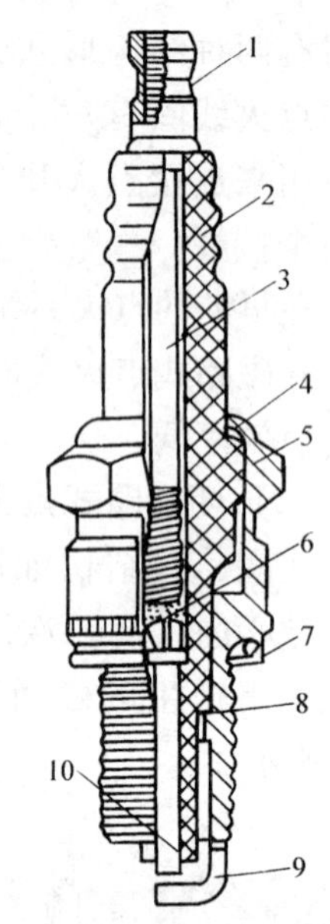

图 5-12　火花塞的结构
1—接线螺母　2—瓷绝缘体
3—金属杆　4、8—内密封垫圈
5—壳体　6—导电玻璃
7—密封垫圈　9—侧电极
10—中心电极

（3）火花塞的类型　常见火花塞的结构类型如图 5-14 所示。

1）标准型火花塞：其绝缘体裙部略缩入壳体端面，侧电极在壳体端面以外，是使用最为广泛的一种。

2）绝缘体突出型火花塞：其绝缘体裙部较长，突出于壳体端面以外。它具有吸收热量大，抗污能力好的优点，且能直接受到进气的冷却而降低温度，因而也不易引起炽热点火，故热适应范围宽。

3）细电极型火花塞：其电极很细，火花强烈，点火能力好，在严寒季节也能保证发动机迅速可靠地起动。热适应范围较宽，能满足多种用途。

4）锥座型火花塞：其壳体和旋入螺纹制成锥型，因此不用垫圈即可保证良好密封。从而缩小了火花塞体积，对发动机的设计更为有利。

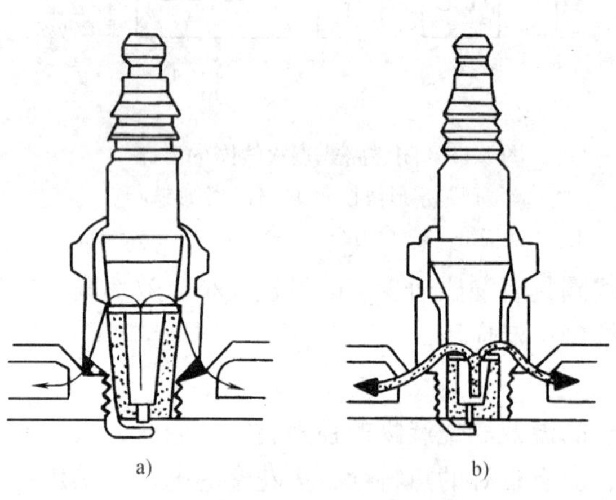

图 5-13　火花塞的热特性
a）热型火花塞　b）冷型火花塞

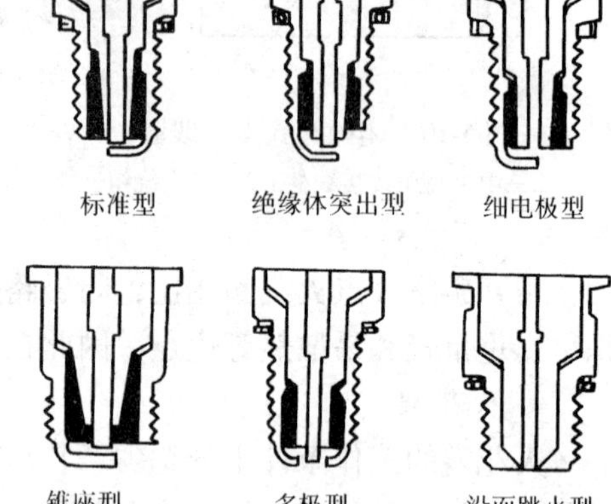

图 5-14　常见火花塞的结构类型

5）多极型火花塞：侧电极一般为两个或两个以上，优点是点火可靠，间隙不需经常调整，故在电极容易烧蚀和火花间隙不能经常调整的一些汽油机上常常采用。

6）沿面跳火型火花塞：它是一种最冷型的火花塞，其中心电极与壳体端面之间的间隙是同心的。它必须与点火能量大、电压上升快的电容放电式点火系统配合使用，可完全避免火花塞“炽热点火”和电极“跨连”现象，即使在油污情况下也能正常点火。其缺点是可燃气体不易接近电极，故在稀混合气情况下，不能充分发挥汽油机的功能。另外，由于点火能量增大，中心电极容易烧蚀。

7）电阻型火花塞：电阻型火花塞是在火花塞内装有5～10kΩ的电阻，可抑制点火系统的电磁干扰。

8）屏蔽型火花塞：屏蔽型火花塞是利用金属壳体把整个火花塞屏蔽密封起来，不仅可抑制电磁干扰，还可用于防水、防爆的场合。

(4) 火花塞的型号　火花塞型号由三部分组成：

第一部分为汉语拼音字母，表示火花塞的结构类型及主要形式尺寸。

第二部分为阿拉伯数字，表示火花塞热值。

第三部分为汉语拼音字母，表示火花塞派生产品结构、发火端特征、材料特性及特殊技术要求。

例如，F5RTC型火花塞，是螺纹旋合长度为19mm，壳体六角对边为20.8mm，热值为5的M14×1.25带电阻的镍铜复合电极的绝缘体突出型平座火花塞。

六、电磁感应式电子点火系统

电磁感应式电子点火系统又称为磁脉冲式电子点火系统。日本丰田汽车公司的大部分汽车都使用这种点火装置，国产的北京切诺基、解放CA1092、东风EQ1090等汽车也使用这种点火装置，属于电感储能式。

1. 丰田（TOYOTA）汽车20R型发动机的点火装置

该点火系统由信号发生器、点火控制器、点火线圈、分电器和火花塞等组成，如图5-15所示。

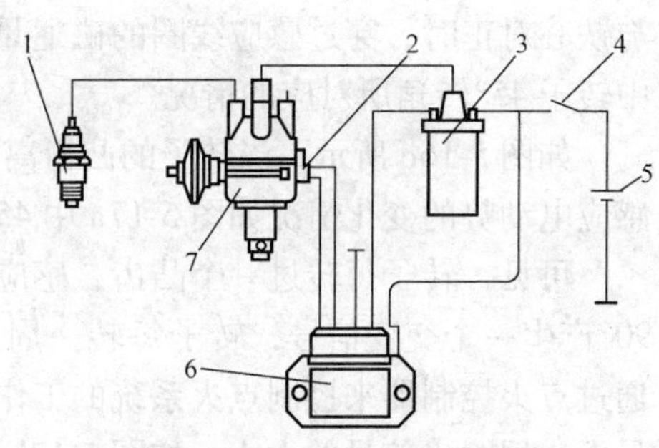

图5-15　丰田汽车20R型发动机的点火装置

1—火花塞　2—信号发生器　3—点火线圈　4—点火开关　5—蓄电池　6—点火控制器　7—分电器

(1) 信号发生器　信号发生器的功用是产生信号电压，输出给点火控制器，通过点火控制器来控制点火系统的工作，其结构如图5-16所示。

信号发生器在分电器内，主要由转子、感应线圈和永久磁铁等组成。

信号发生器的转子是由分电器轴带动的，转子上的凸齿数与发动机的气缸数相等，其工作原理如下：

永久磁铁的磁路为：N极→空气气隙→转子→空气气隙→铁心→S极。当发动机工作时，分电器轴带动信号发生器的转子旋转，使转子与铁心之间的空气气隙发生有规律的变化，因此穿过感应线圈的磁通量也发生变化，从而在感应线圈中产生感应电动势。

如图5-16a所示，当转子中的凸齿逐渐接近铁心时，磁通量逐渐增加，此时感应线圈的磁通和感应电动势的变化情况如图5-17a中0°～45°之间的波形。

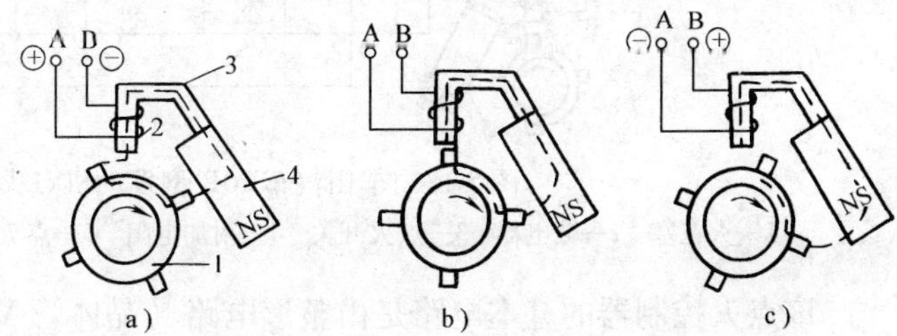

图5-16　丰田汽车20R型发动机的信号发生器

a）靠近时　b）对正时　c）离开时

1—转子　2—感应线圈　3—铁心　4—永久磁铁

如图5-16b所示，当转子凸齿

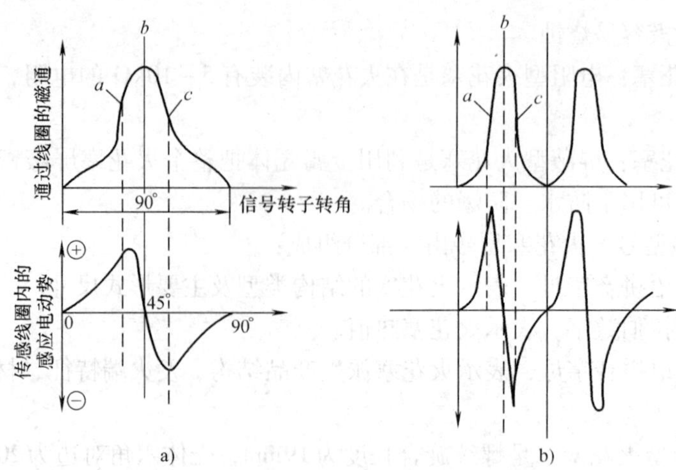

图 5-17　不同转速时感应线圈内磁通及感应电动势的变化情况

a）低速　b）高速

与铁心对正时，穿过感应线圈的磁通量最大，此时感应线圈的感应电动势为 0，如图 5-17a 中转子 45°转角所对应的情况。

如图 5-16c 所示，当转子的凸齿离开铁心时，磁通量逐渐减小，此时感应线圈的磁通和感应电动势的变化情况如图 5-17a 中 45°～90°之间的波形。

可见，转子每转过一个凸齿，感应线圈中的感应电动势正好变化一个周期，即转子每转 90°产生一个交变信号，转子每转一周，便产生四个交变信号，该信号输出给点火控制器，通过点火控制器来控制点火系统的工作。此信号发生器的缺点是发动机转速的高低将影响信号发生器输出信号的大小，如图 5-17b 所示。

（2）点火系统的工作过程　丰田汽车 20R 型发动机点火系统的工作原理如图 5-18 所示。

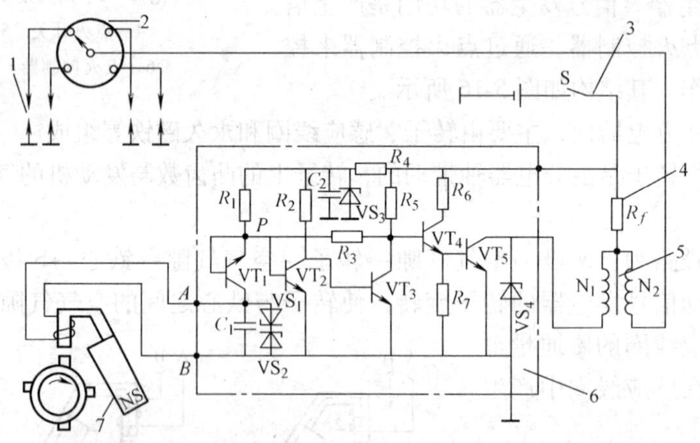

图 5-18　丰田汽车 20R 型发动机点火系统的工作原理

1—火花塞　2—分电器　3—点火开关　4—附加电阻　5—点火线圈　6—点火控制器　7—信号发生器

该点火控制器的基本电路是由整形电路（晶体管 VT_2）、放大电路（VT_3、VT_4）和开关电路（VT_5）组成。其中 VT_1 主要起温度补偿作用，由于其发射极和基极相接，故相当于一个二极管，如图 5-19 所示。VT_5 为大功率晶体管，起开关作用，与点火线圈的一次绕组串联构成初级电路，并控制一次电路的导通与截止。其工作过程如下：

在接通点火开关，发动机未工作时，蓄电池的“+”→点火开关→R_4→R_1→P 点→VT_1→A 点→信号发生器的感应线圈→B 点→搭铁。于是电路中的 P 点电位高于晶体管 VT_2 的导通电压，VT_2 导通，VT_2 导通后其集电极电位降低，使 VT_3 截止。VT_3 截止时，蓄电池通过 R_5 向 VT_4 提供偏流使 VT_4 导通。VT_4 导通后，R_7 上的电压降给 VT_5 提供正向偏置电压，使 VT_5 导通。于是点火系统的一次电路导通，电路为：蓄电池的“+”→点火开关→附加电阻→点火线圈的一次线圈 N_1→VT_5→搭铁。

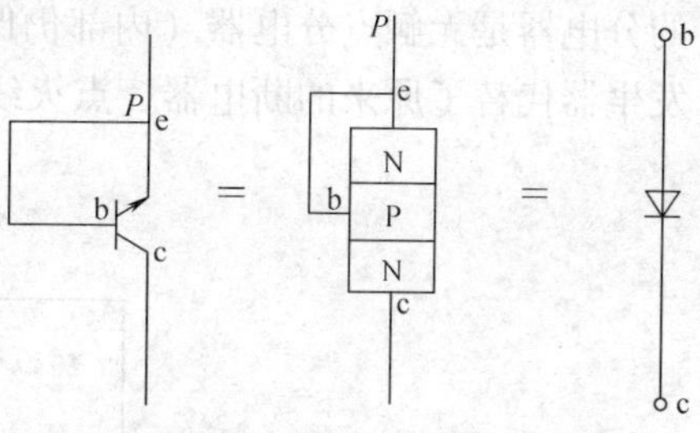

图 5-19　VT_1 的二极管作用

1）当信号发生器的感应线圈输出“+”信号时（A 端为“+”、B 端为“-”），由于 VT_1 的集电极加反向电压而使 VT_1 截止，故 P 点电位仍是高电位，使 VT_2 导通，于是 VT_3 截止，VT_4 和 VT_5 导通，点火系统的一次电路导通，产生一次电流。

2）当信号发生器的感应线圈输出“-”信号时（A 端为“-”、B 端为“+”），VT_1 管因加正向电压而导通，此时 P 点电位为低电位，于是 VT_2 截止。当 VT_2 截止时，蓄电池通过 R_2 向 VT_3 提供偏流，使 VT_3 导通，VT_4、VT_5 截止，点火系统的一次电路截止，二次线圈产生高压电。

3）高压电由分电器分配至各火花塞，使火花塞跳火，点燃混合气。

信号发生器转子转动一周，各个气缸便轮流点火一次。图 5-20 所示是点火系统工作过程中各部分的电压波形。

（3）电路中其他元器件的作用原理

1）VT_1 的温度补偿作用。VT_1 在电路中等效于二极管，利用 VT_1 与 VT_2 型号相同、温度系数相同的特点，可对电路进行温度补偿。若没有温度补偿作用，当温度升高时，VT_2 的开启电压降低，使 VT_2 提前导通而截止滞后，从而导致点火迟后。将 VT_1 与 VT_2 并联后，温度升高时，由于 VT_1 压降降低，使 P 点电位下降，则正好补偿了温度升高对 VT_2 的影响，使 VT_2 的导通和截止时间与常温时相同。

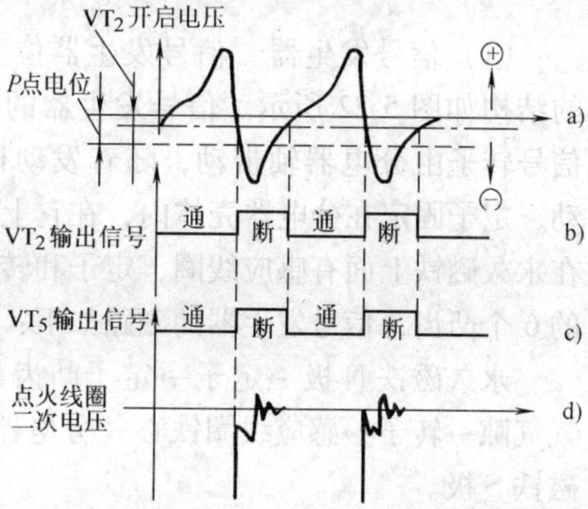

图 5-20　点火系统工作过程中各部分的电压波形
a）信号发生器输出信号　b）VT_2 的输出信号
c）VT_5 的输出信号　d）二次电压

2）稳压二极管 VS_1、VS_2 的作用。稳压二极管 VS_1 和 VS_2 反向串联，并与信号发生器的感应线圈并联，其作用是“削平”在高速时感应线圈所产生的大信号波峰，保护 VT_1、VT_2 不受损害。

3）稳压二极管 VS_3、VS_4 的作用。稳压二极管 VS_3 的作用是稳定 VT_1 和 VT_2 的电源电压，稳压二极管 VS_4 作用是保护 VT_5。

4）电容器 C_1 和 C_2 的作用。电容器 C_1 与信号发生器的感应线圈并联，可以保证信号电压平滑稳定，使点火时间准确无误，C_2 的作用是吸收瞬时过电压，保护 VT_1 和 VT_2。

5）电阻 R_3 的作用。电阻 R_3 是正反馈电阻，可加速 VT_2、VT_5 翻转。

2. 解放 CA1092 汽车点火装置

解放 CA1092 汽车采用的也是电磁感应式晶体管点火装置，点火系统的组成如图 5-21 所示。该点火系统从外观上看，仅比原解放 140 型汽车点火系统多了一个点火控制器。但是它的分电器是无触点分电器（内部仍保留传统的配电器、离心和真空点火提前机构），用信号发生器代替了原来的断电器，点火线圈为专用的 JDQ172 型高性能点火线圈。

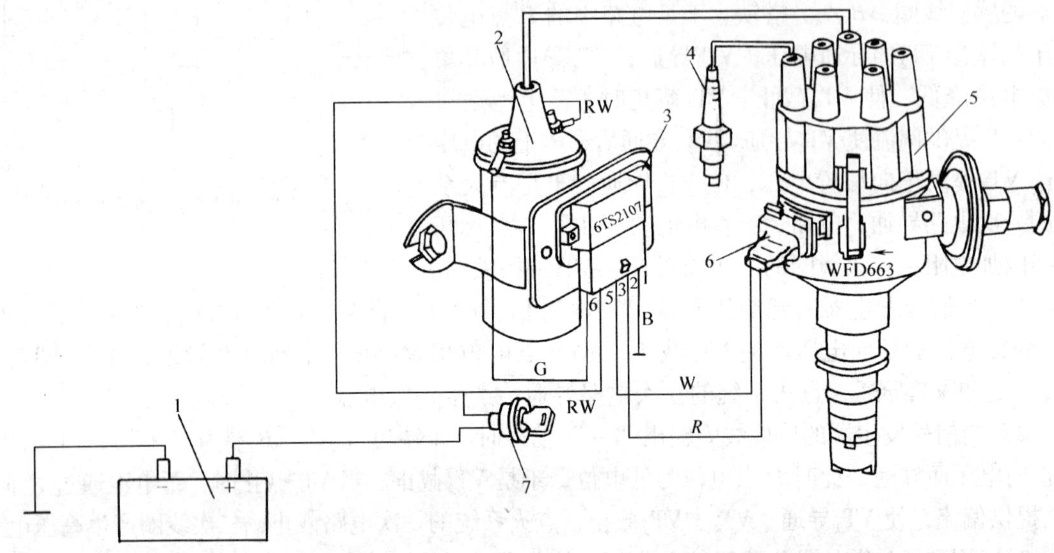

图 5-21　解放 CA1092 汽车（CA6102 汽油机）电子点火系统的组成

1—蓄电池　2—点火线圈　3—点火控制器　4—火花塞　5—分电器　6—信号发生器　7—点火开关

（1）信号发生器　信号发生器位于分电器内，分电器的结构如图 5-22 所示。信号发生器的结构如图 5-23 所示，信号转子由分电器轴带动，随着发动机的工作而不停地转动，定子固定在分电器壳体内，在它上面装有永久磁铁，而在永久磁铁上面有感应线圈，定子和转子均有与气缸数相等的 6 个凸齿，信号发生器的磁路如下：

永久磁铁 N 极→定子→定子凸齿与转子凸齿之间的空气气隙→转子→感应线圈铁心（分电器轴）→导磁板→永久磁铁 S 极。

当转子由分电器轴带动旋转时，转子的凸齿与定子凸齿间的气隙将发生周期性的变化，使穿过感应线圈的磁通量也发生周期性的变化，于是在感应线圈中便会产生感应电动势，如图 5-24 所示。

转子转动时，当转子的凸齿与定子凸齿对正时，磁阻最小，磁通量最大，磁通量变化率为 0，则感应线圈产生的电动势为 0；当转子的凸齿在定子两个凸齿正中间时，磁阻最大，磁通量最小，磁通量变化率为 0，则感应线圈产生的电动势为 0；当转子旋转到接近或离开定子凸齿的某一位置时，感应线圈的磁通量增大或减小，但由于此时的磁通量变化率为正、负最大，故感应线圈的感应电动势也为正、负最大。由此可见，每当转子旋转一周，便可从感应线圈两端输

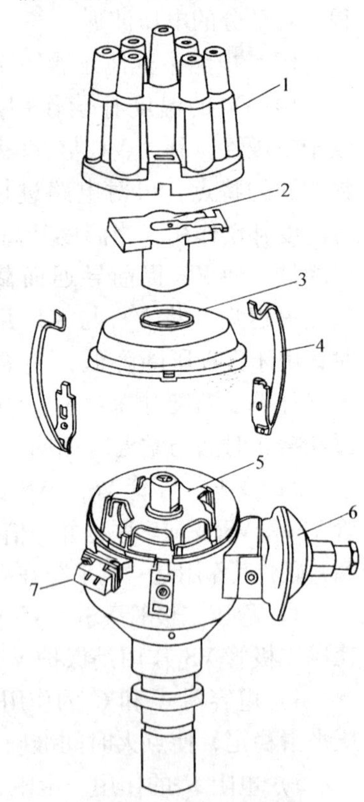

图 5-22　分电器的结构

1—分电器盖　2—分火头　3—防护　4—固定夹　5—信号发生器　6—真空调节器　7—信号发生器端子

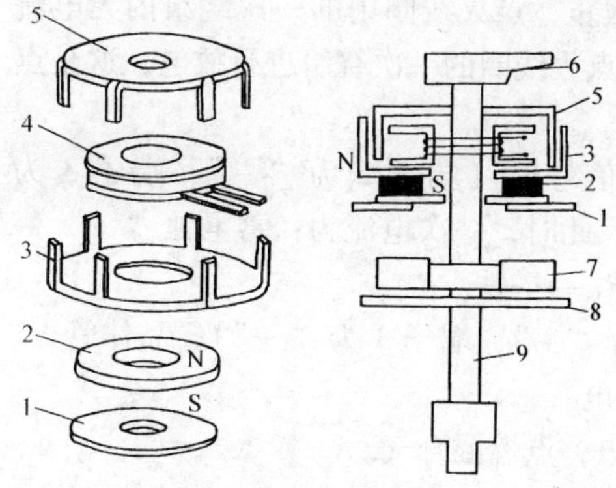

图 5-23　信号发生器的结构

1—导磁板　2—永久磁铁　3—定子

4—线圈　5—转子　6—分火头

7—离心调节器　8—托板　9—分电器轴

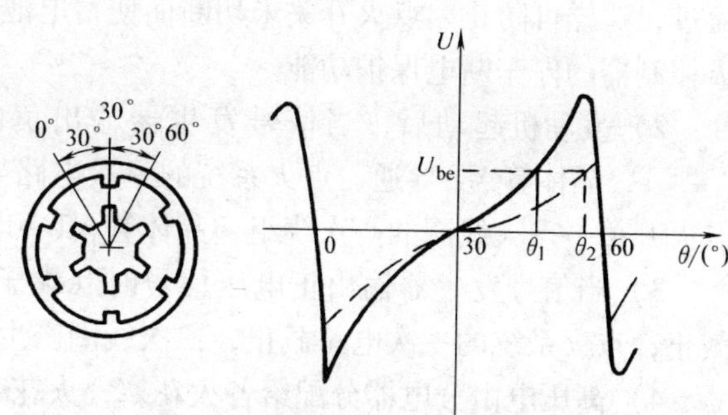

图 5-24　感应线圈产生的感应电动势

出 6 个交变电压波形。在实际工作中，只需感应线圈输出信号的正、负信号的最大值，以此作为点火控制器的输入信号，从而控制点火系统一次电路的导通与截止。

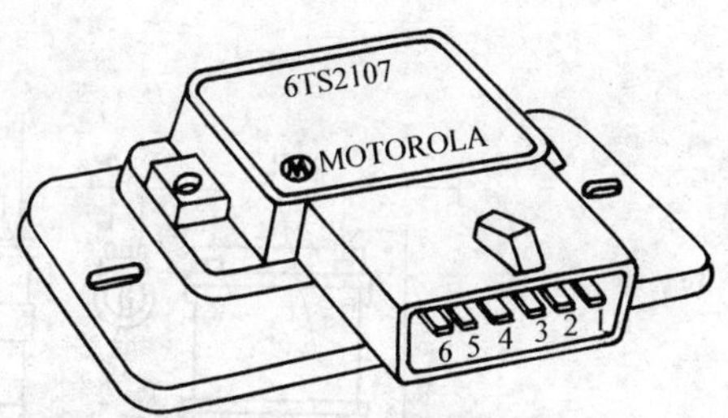

图 5-25　解放 CA1092 汽车 6TS2107 型点火控制器

（2）点火控制器　解放 CA1092 汽车使用的点火控制器是引进美国摩托罗拉（MOTOROLA）公司生产的 6TS2107 型点火控制器，其外形如图 5-25 所示，它采用厚膜混合电路技术制造，全密封结构，底板为铝质散热板，用两个螺钉固定在点火线圈支架上，该点火控制器具有恒能控制、停车断电控制和低速推迟点火等功能。

（3）解放 CA1092 汽车点火系统的工作过程（见图 5-26）

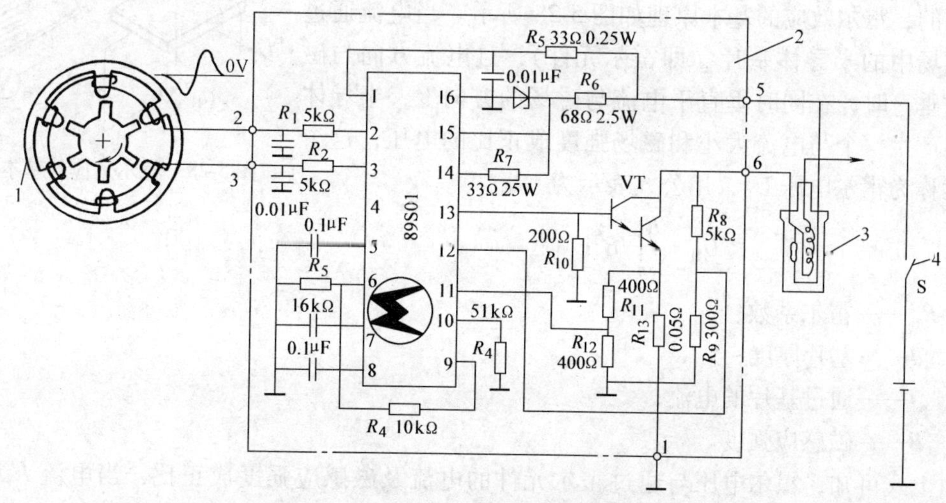

图 5-26　解放 CA1092 汽车点火系统原理图

1—信号发生器　2—点火控制器　3—点火线圈　4—点火开关

1）接通点火开关，点火控制器中的晶体管 VT 截止，点火线圈中的一次绕组内无电流流过，这样可防止因点火开关未切断而使蓄电池通过点火线圈的一次绕组进行放电，这是点火控制器的停车断电保护功能。

2）发动机起动后，当信号发生器输出负电压信号时（端子 2 为“－”，端子 3 为“＋”），晶体管 VT 导通，点火系统的一次电路导通。此时，一次电流为：蓄电池“＋”→点火开关→点火线圈的一次绕组→晶体管 VT→电阻 R_{13}→搭铁。

3）当信号发生器输出正电压信号时（端子 2 为“＋”，端子 3 为“－”），晶体管 VT 截止，点火系统的一次电路截止，二次线圈产生高压电。

4）高压电由分电器分配给各火花塞，火花塞跳火，点燃混合气。

七、霍尔效应式电子点火系统

霍尔效应式电子点火系统的信号发生器是利用霍尔效应制成的。目前国产的桑塔纳、奥迪、捷达、红旗等轿车的点火系统均采用这种点火装置。下面以桑塔纳轿车为例说明霍尔效应式电子点火系统的工作原理。桑塔纳轿车点火系统的组成如图 5-27 所示。

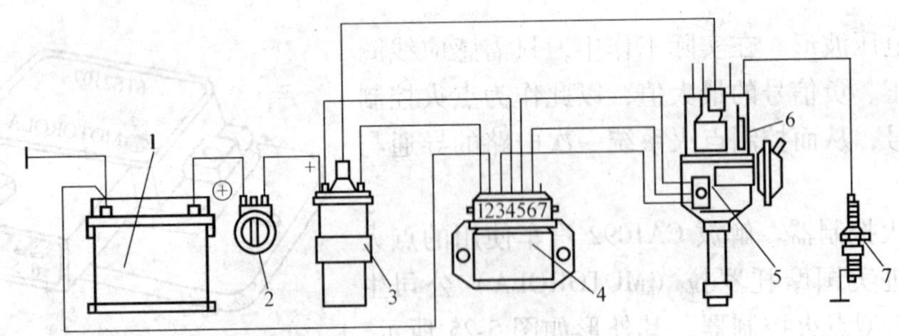

图 5-27　桑塔纳轿车点火系统的组成

1—蓄电池　2—点火开关　3—点火线圈　4—点火控制器　5—霍尔发生器　6—分电器　7—火花塞

1. 霍尔信号发生器

（1）霍尔效应　霍尔效应是由美国物理学家霍尔于 1897 年发现的，霍尔效应的基本原理如图 5-28 所示。当电流通过放在磁场中的半导体基片（即霍尔元件），且电流方向与磁场方向垂直时，在同时垂直于电流与磁场的方向上，半导体基片内产生一个与电流大小和磁场强度成正比的电压，这个电压就称为霍尔电压 U_H，用公式表示为

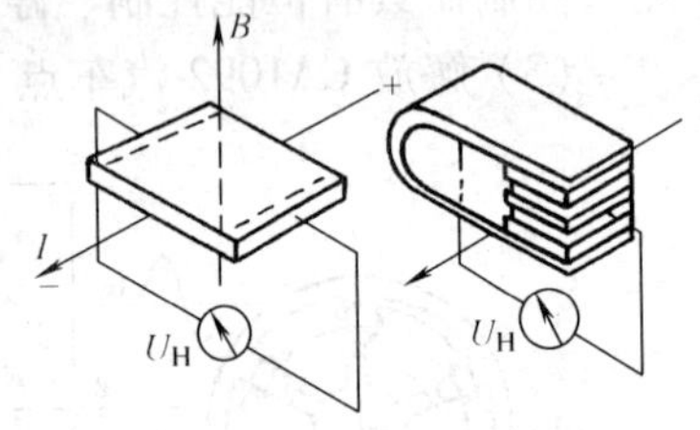

图 5-28　霍尔效应的基本原理

$$U_H = \frac{R_H}{d}IB$$

式中　R_H——霍尔系数；

d——基片厚度；

I——通过基片的电流；

B——磁感应强度。

由上式可知，霍尔电压与通过霍尔元件的电流及磁感应强度成正比，当电流 I 为定值时，霍尔电压只与磁感应强度成正比，利用这一效应制成了霍尔效应发生器。

（2）霍尔信号发生器的结构与原理　图 5-29 所示为桑塔纳轿车使用的带有霍尔信号发

生器的分电器。霍尔信号发生器位于分电器内，霍尔信号发生器的结构如图5-30所示，主要由触发叶轮、永久磁铁、霍尔元件等组成。触发叶轮与分火头制成一体，由分电器轴带动，且触发叶轮的叶片数与发动机的气缸数相等。

在霍尔信号发生器中应用的霍尔元件实际上是一个霍尔集成电路，内部原理如图5-31所示。因为在霍尔元件上得到的霍尔电压一般为20mV左右，因此必须把20mV的霍尔电压进行放大、整形后再输出给点火控制器。

霍尔信号发生器的工作原理如图5-32所示。当发动机工作时，分电器轴带动触发叶轮转动，每当触发叶轮的叶片进入永久磁铁和霍尔元件之间的空气气隙时，原来垂直进入霍尔元件的磁力线被叶片遮住，霍尔元件的磁路被触发叶轮的叶片旁路，因此霍尔元件不产生霍尔电压，霍尔集成电路输出级的晶体管处于截止状态，其集电极电位为高电位（11~12V），即此时信号发生器的输出信号为11~12V（图5-31）。当触发叶轮的叶片离开此间隙时，永久磁铁的磁力线则可垂直进入霍尔元件，于是在霍尔元件中便会产生霍尔电压，霍尔集成电路输出级的晶体管处于导通状态，其集电极电位为低电位（0.3~0.4V），这时霍尔信号发生器输出的信号为0.3~0.4V。故触发叶轮每转一周，霍尔信号发生器便可产生4个脉冲信号，将此信号传输给点火控制器便可实现对点火系统的控制。

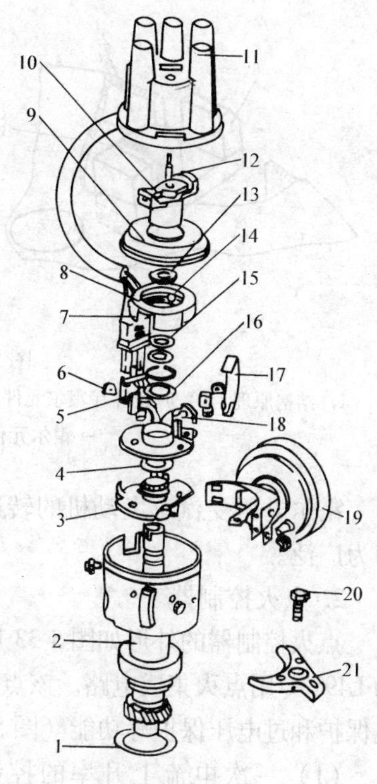

图5-29　桑塔纳轿车使用的带有霍尔信号发生器的分电器

1、4、15、16—垫圈　2—分电器壳　3—底板　5—插座　6、14—定位销　7—插头　8—叶轮　9—防尘罩　10—分火头　11—分电器盖　12—电刷　13—挡圈　17—固定夹　18—霍尔信号发生器　19—真空调节器　20—固定螺栓　21—压板

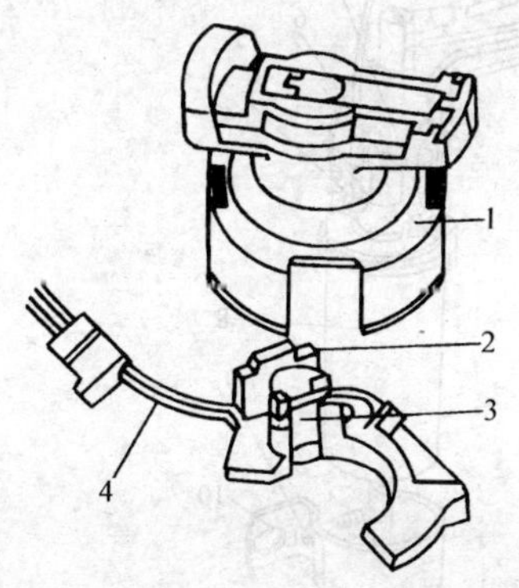

图5-30　霍尔信号发生器的结构

1—分火头及触发叶轮　2—霍尔集成电路　3—永久磁铁　4—专用插座

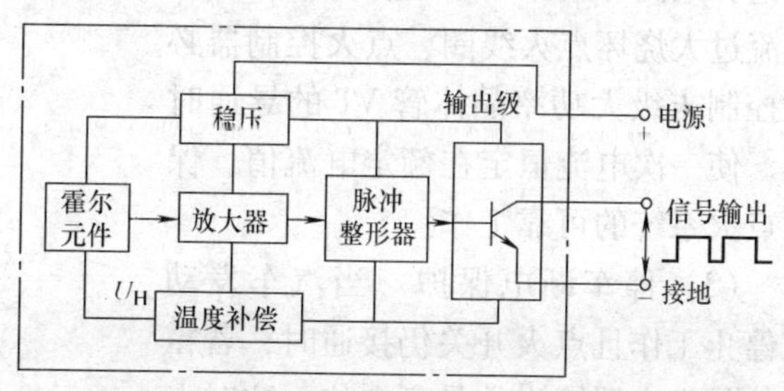

图5-31　霍尔信号发生器内部集成电路原理

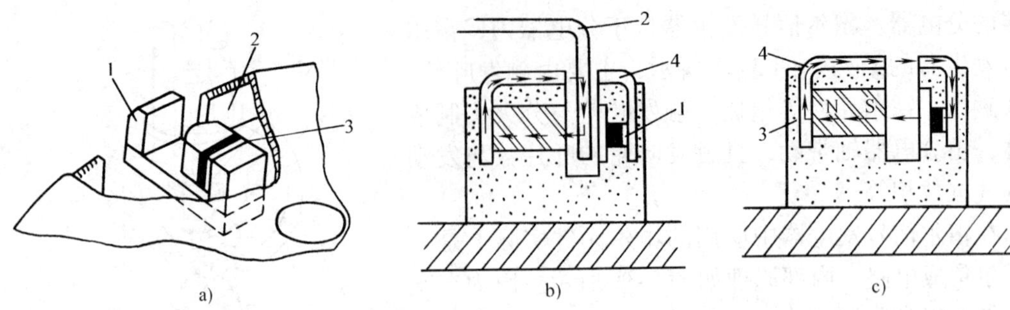

图 5-32　霍尔信号发生器的工作原理

a）结构原理　b）叶轮片在霍尔元件与永久磁铁之间的气隙　c）叶轮片离开霍尔元件与永久磁铁之间的气隙

1—霍尔元件　2—触发叶轮片　3—永久磁铁　4—导磁板

霍尔电压受汽车发动机的转速影响小，可靠性高，所以霍尔信号式点火系统在欧洲应用较为广泛。

2. 点火控制器

点火控制器的外形如图 5-33 所示。点火控制器内部采用意大利 SGS—THOMSON 公司生产的 L497 专用点火集成电路。该点火控制器具有一次电流上升率的控制、闭合角控制、停车断电保护和过电压保护等功能（图 5-34）。

（1）一次电流上升率的控制　该点火控制器如果检测到点火线圈一次绕组 N_1 中的电流小于额定电流较多时，控制电路便迅速提高一次电流的上升率，使一次电流恒定在额定电流值（7.5A），保证点火能量恒定。

（2）闭合角控制　闭合角是指点火控制器中的末级大功率晶体管 VT 的导通时间。由于采用了高能点火线圈，即一次绕组 N_1 的电阻很小，阻值为 0.52～0.76Ω，这样点火系统一次电路的饱和电流可达 20A 以上，为防止一次电流过大烧坏点火线圈，点火控制器必须控制末级大功率晶体管 VT 的导通时间，使一次电流恒定在额定电流值，保证点火系统的可靠工作。

（3）停车断电保护　当汽车发动机停止工作且点火开关仍接通时，若霍尔信号发生器输出的是高电位，这时点火线圈一次绕组 N_1 处于长时间通电状态，使点火线圈过热，蓄电池长时间放电。为避免此种情况的发生，点火控制

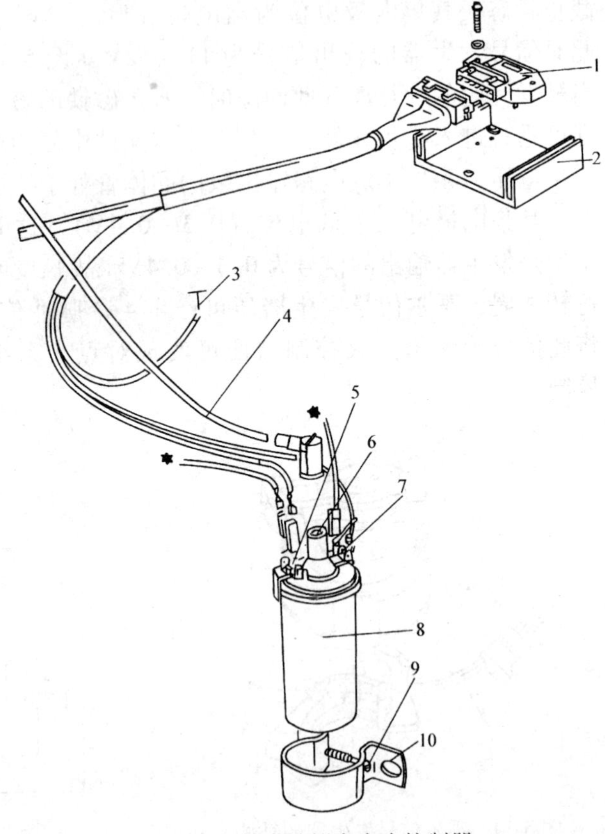

图 5-33　桑塔纳轿车点火控制器

1—点火控制器　2—散热器　3—接地线　4—高压线
5—接线柱（－）　6—中心电极插座　7—接线柱（＋）
8—点火线圈　9—夹紧螺栓　10—夹箍

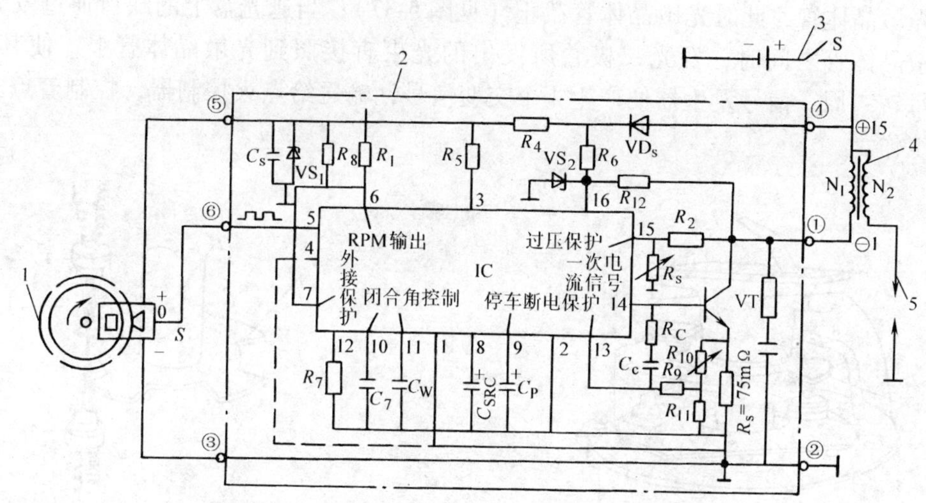

图5-34 桑塔纳轿车点火系统的工作原理
1—霍尔信号发生器 2—点火控制器 3—点火开关 4—点火线圈 5—火花塞

器内设有断电保护控制电路。当霍尔信号发生器输送给点火控制器高电压信号的时间比设定的时间长时（设定时间为1～2s），点火控制器内的断电保护控制电路将切断一次电流。

（4）过电压保护 对末级大功率晶体管VT进行电流过载保护及瞬间的反向过电压保护。

3. 点火系统的工作过程

桑塔纳轿车点火系统的工作原理如图5-34所示。

1）发动机工作时，分电器轴带动霍尔信号发生器的触发叶轮旋转。当触发叶轮的叶片进入空气气隙时，霍尔信号发生器输出高电压信号（11～12V），高电压信号使点火控制器集成电路中的末级大功率晶体管VT导通，点火系统的一次电路导通。

电源“+”→点火线圈N_1→点火控制器（晶体管VT)→搭铁。

2）当触发叶轮的叶片离开霍尔元件的气隙时，霍尔信号发生器输出0.3～0.4V的低电压信号，低电压信号使点火控制器末级大功率晶体管VT截止，一次电路截止，一次电流消失，二次电路产生高压电。

3）高压电由分电器分配到各火花塞，点燃混合气。

八、光电式电子点火系统

光电式电子点火系统是由蓄电池、点火开关、点火线圈、点火控制器、光电式信号发生器和分电器等组成。日本日产公司生产的大部分汽车都使用这种点火装置。

1. 光电式信号发生器

（1）光电式信号发生器的结构 光电式信号发生器主要由发光二极管、光敏晶体管和遮光盘三部分组成，如图5-35所示。发光二极管作为光源，可发出红外线光束，且发光二极管耐振、使用寿命长；光敏晶体管作为光接收器，当红外线光束照射到晶体管时，晶体管导通；遮光盘安装在分电器上，遮光盘外缘上的缺口与发动机的气缸数相等。

（2）光电式信号发生器的工作原理 如图5-36所示，遮光盘随分电器轴旋转时，当遮光片转至发光二极管与光敏晶体管之间时，便把发光二极管发出的光束阻断，使其不能射入光敏晶体管，此时光敏晶体管截止（见图5-37）；当遮光盘上的缺口通过发光二极管与光敏晶体管之间时，发光二极管所发出的光束直接照到光敏晶体管上，使其导通。遮光盘每转一周，信号发生器便产生4个交变信号，输送给点火控制器，控制着点火系统的正常工作。

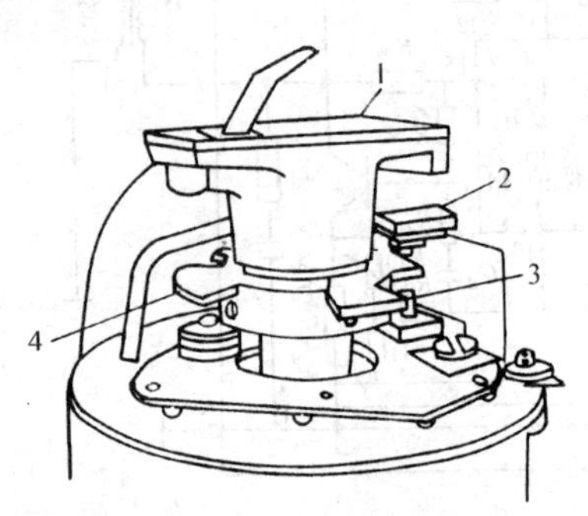

图5-35　光电式信号发生器的结构

1—分火头　2—发光二极管

3—光敏晶体管　4—遮光盘

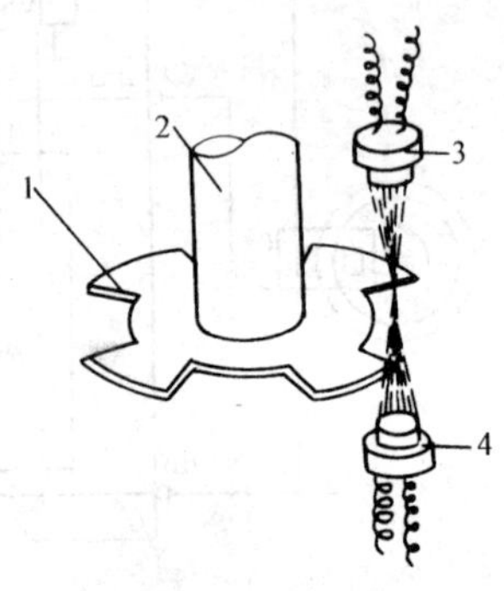

图5-36　光电式信号发生器的工作原理

1—遮光盘　2—分电器轴

3—发光二极管　4—光敏晶体管

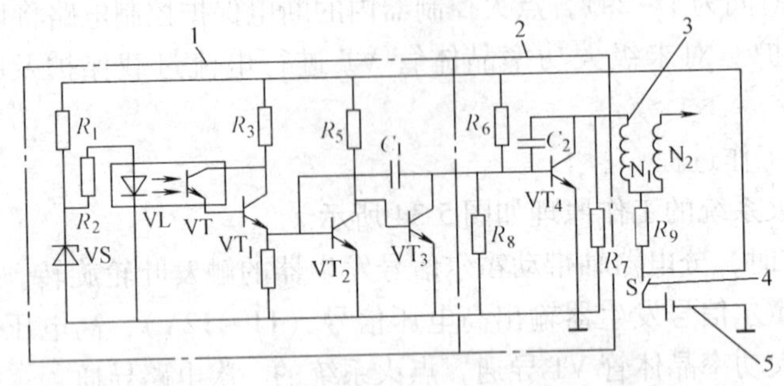

图5-37　光电式电子点火系统的工作原理

1—光电式信号发生器　2—点火控制器　3—点火线圈　4—点火开关　5—蓄电池

2. 光电式电子点火系统的工作原理

光电式电子点火系统的工作原理如图5-37所示。VL为发光二极管，VT为光敏晶体管。

1）当发动机工作时，遮光盘随分电器转动，当遮光盘的缺口通过发光二极管与光敏晶体管时，则红外线通过缺口照射到光敏晶体管VT，使其导通，则VT_1导通，VT_2导通，VT_3截止，由于R_6、R_8的分压为VT_4提供偏置电压，VT_4导通。于是点火系统的一次电路导通。

2）当遮光盘的叶片部分遮住发光二极管发出的红外线光束时，VT截止，则VT_1、VT_2截止，VT_3经R_5获得偏流而导通，VT_4截止，使点火系统的一次电路截止，点火线圈的二次绕组产生高压电。

3）高压电通过分电器分配给各火花塞，点燃混合气。

九、电容放电式点火系统

电容放电式电子点火系统的火花能量是以电场的形式储存在专门的储能电容器中，当储能电容通过点火线圈一次绕组放电时，在点火线圈二次绕组中产生高压电，高压电使火花塞跳火，点燃混合气。

1. 电容放电式点火系统的组成

电容放电式点火系统是由蓄电池、直流升压器、储能电容、晶闸管、触发器、点火线圈、分电器和火花塞等组成，其原理如图 5-38 所示。

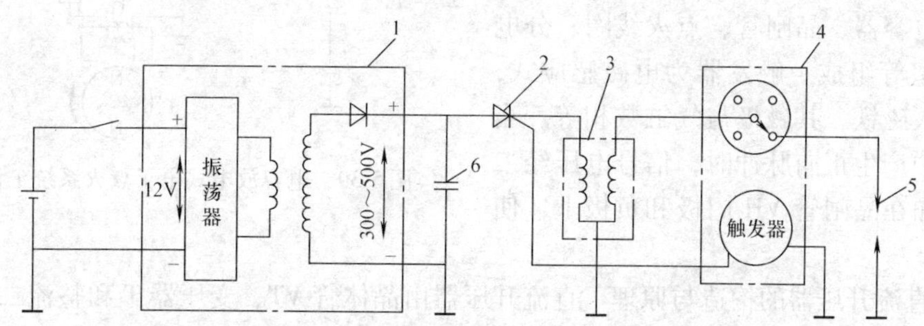

图 5-38　电容储能式点火系统的组成

1—直流升压器　2—晶闸管　3—点火线圈　4—分电器　5—火花塞　6—储能电容器

（1）直流升压器　直流升压器由振荡器、变压器和整流器三部分组成。其作用是将电源的 12V 低压直流电变成 300 ~ 500V 的直流电压。

（2）储能电容器　通过充电，把点火能量以电场的形式储存起来。

（3）晶闸管　在触发器输出信号的作用下，导通储能电容器和一次线圈的放电回路。

（4）触发器　产生触发信号，导通晶闸管。

2. 电容放电式点火系统的工作过程

1）接通点火开关，直流升压器投入工作，将 12V 的直流电压提高至 300 ~ 500V，并不断给储能电容器充电。

2）发动机工作后，分电器轴带动触发器的转子旋转，使触发器不断输出信号电压，导通晶闸管。

3）晶闸管导通后，储能电容器经晶闸管向一次线圈放电，与此同时在一次线圈中产生了高压电，使火花塞跳火，点燃混合气。

3. 电容放电式点火系统的优点

（1）二次电压不受转速的影响　由于储能电容器充、放电时间极短，且晶闸管的导通速度极快（5 ~ 10μs），因此，二次电压不受转速影响。

（2）二次电压上升速度快　电容放电式点火系统的二次电压上升快，一般为 10 ~ 20μs（传统点火系统为 120 ~ 200μs），因此，二次电压不受积炭影响。

（3）能量利用率高　储能电容器向一次绕组放电时，二次绕组产生高压电，火花塞跳火，其能量利用率高。

（4）寿命长，可靠性高　储能电容放电时，通过点火线圈一次绕组的电流仅为 0.02A，使点火线圈的工作温度明显下降，提高了点火系统工作的可靠性，延长了使用寿命。

（5）对电源电压要求不高　电容放电式点火系统中的储能电容器的充电电流仅为 1A，而电感放电式点火系统为保证有足够的点火能量，对一次电流的要求较高（7 ~ 8A），故对电源电压要求也很严格。电容放电式点火系统的不足之处是结构复杂、成本高，并且由于放电时间极短，易导致低速点火不良，故仅适合高速汽油发动机。

4. 电容放电式点火系统实例

图 5-39 所示为电容放电式电子点火系统工作原理。该点火系统由触发器、升压器、储能电容器、晶闸管、点火线圈、分电器和火花塞等组成。触发器为电磁感应式，转子为永久磁铁，其磁极与气缸数相等。当感应线圈中产生正向脉冲时，信号电压经二极管 VD_2加在晶闸管 VH 门极和负极上，使 VH 导通。

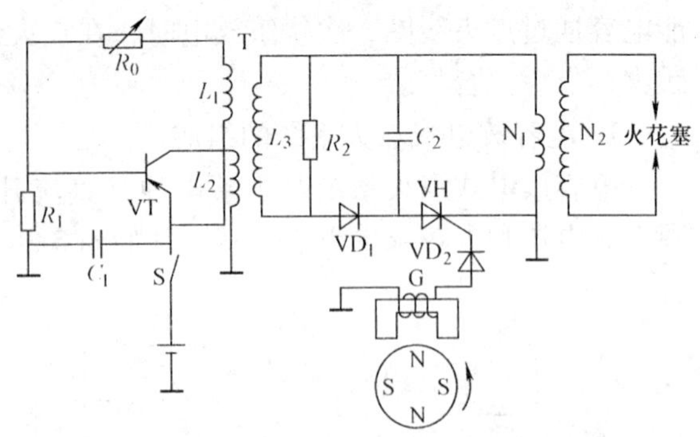

图 5-39　电容放电式电子点火系统工作原理

（1）直流升压器的构造与原理　直流升压器由晶体管 VT、变压器 T 和整流二极管 VD_1 等组成，其中晶体管 VT 和线圈 L_1组成正反馈自激振荡电路。升压器的任务是为储能电容器 C_2提供 300～500V 的充电电压。其工作过程如下：

1）接通点火开关，蓄电池经电阻 R_1向晶体管 VT 提供偏流，使其导通，产生集电极电流。集电极电流经蓄电池正极→晶体管 VT→线圈 L_2→接铁。由于线圈 L_2中出现电流，故同时在线圈 L_1和 L_2中产生感应电动势。这时，因为反馈线圈 L_1中产生的电动势为上负下正，通过 R_0加在 VT 的基极和发射极上，使基极电位下降，加速导通，直至饱和。

2）VT 饱和后，L_2中的电流达到最大值，并瞬间稳定，于是 L_1、L_2中的感应电动势又下降为零，VT 的基极电位回升，L_2中的电流开始减小，在 L_1、L_2中又感应出上正下负的感应电动势，使 VT 的基极电位迅速提高，集电极电流急剧减小，直至完全截止，接着又是 VT 导通、饱和、截止，如此反复，便在 L_3中感应出交流电动势。

（2）点火系统的工作过程

1）线圈 L_3产生的交流电动势经 VD_1整流后为 300～500V 的直流电压，有规律地向储能电容 C_2充电。

2）晶闸管 VH 在其门极获得正向脉冲信号电压时迅速导通，C_2随即经 VH 向点火线圈的一次绕组 N_1放电，同时在二次绕组 N_2中感应出高压电动势，于是火花塞跳火，点燃混合气。

电容 C_1是保护晶体管 VT 的。R_0是可变电阻，改变 R_0的电阻值可以调节升压器的输出功率和振荡频率（即改变了 L_1、R_0、R_1、C_1回路中的时间常数）。R_2和 L_3并联，可以吸收 L_3中的反向电动势，以免线圈 L_3中的感应电动势与 U_{c2}串联后反向击穿 VD_1。

十、点火系统的故障诊断与维修

当发动机有故障时，首先要确定故障是在燃油供给系还是点火系统。确定点火系统是否有故障时可以通过转动曲轴，观察高压线是否跳火来判断点火系统是否有故障。当确定点火系统有故障后，就要确定故障的具体部位，确定故障的具体部位，关键是要确定故障是在低压电路还是在高压电路。

1. 点火系统的故障诊断

不同电子点火系统故障诊断的区别主要在于信号发生器的检测，而其检测原理是相同的，下面以常见的霍尔式电子点火系统为例说明电子点火系统的故障诊断与维修。

(1) 确定故障在低压电路上还是在高压电路上

1) 打开分电器盖，转动曲轴，使分电器转子缺口对正霍尔发生器。

2) 拔出分电器盖上的中央高压线，使其端部离气缸体 5 ~ 7mm。

3) 接通点火开关，用螺钉旋具在霍尔发生器的间隙中轻轻地插入和拔出，模拟转子在间隙中的动作，如图 5-40 所示。

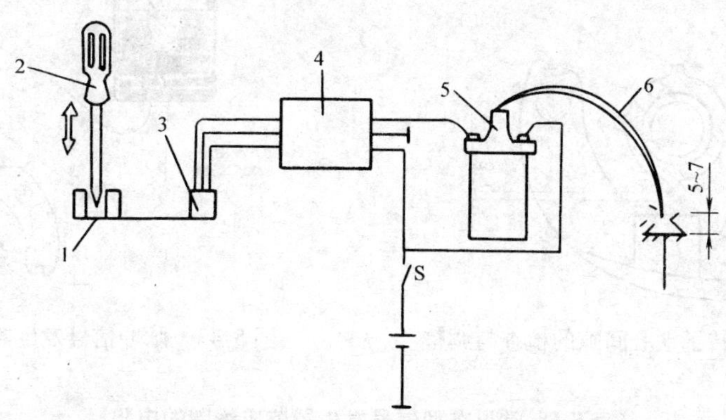

图 5-40 确定电子点火系统的故障

1—分电器内的霍尔式信号发生器的空气气隙 2—螺钉旋具
3—霍尔传感器插接器 4—点火控制器 5—点火线圈 6—高压线

4) 如果高压线端部跳火，表明低压电路中的霍尔发生器、点火控制器及点火线圈性能良好，故障在高压电路；如不跳火，在点火线圈及线路良好的情况下，可确定故障在霍尔发生器或点火控制器，应进一步检查。

(2) 如何确定霍尔信号发生器和点火控制器有故障 如图 5-41 所示，用万用表测量分电器上信号发生器的信号端子“S”与搭铁端子“－”之间的电压。

转动分电器轴，万用表的测量值若在 0.3 ~ 0.4V 与 11 ~ 12V 之间变化，说明霍尔信号发生器良好，点火控制器有故障；若测量值与上述值不一致，说明点火近控制器有故障。

2. 点火系统主要部件的检测

(1) 点火线圈的检测 电子点火系统的点火线圈为高能点火线圈，一次绕组的电阻一般较小，检测时可参考维修手册，桑塔纳轿车点火线圈一次绕组的电阻为 0.52 ~ 0.76Ω，二次绕组为 2.4 ~ 3.5kΩ；奥迪轿车点火线圈一次绕组的电阻为 0.6 ~ 0.7Ω，二次绕组为 2.5 ~ 3.5kΩ。

点火线圈的性能可在万能试验台上进行测试，主要通过测量跳火间隙来判断点火线圈的性能。

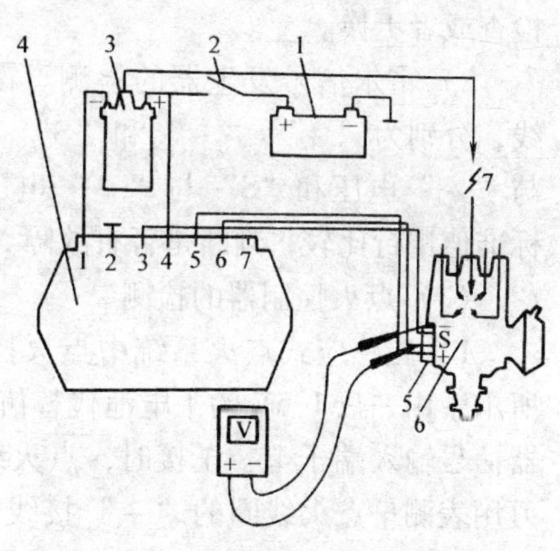

图 5-41 确定故障是在霍尔发生器上还是在点火控制器上

1—蓄电池 2—点火开关 3—点火线圈
4—点火控制器 5—霍尔信号发生器插接器
6—分电器 7—高压线

(2) 信号发生器的检测

1) 磁感应式信号发生器的检测。

① 检查信号发生器的间隙，如图 5-42 所示。信号转子与传感线圈铁心之间的间隙一般为0.2～0.4mm。

② 用万用表测量信号发生器感应线圈的电阻，如图5-43所示，参照维修手册来判断其是否有故障。常见车型信号发生器感应线圈的电阻见表 5-1。

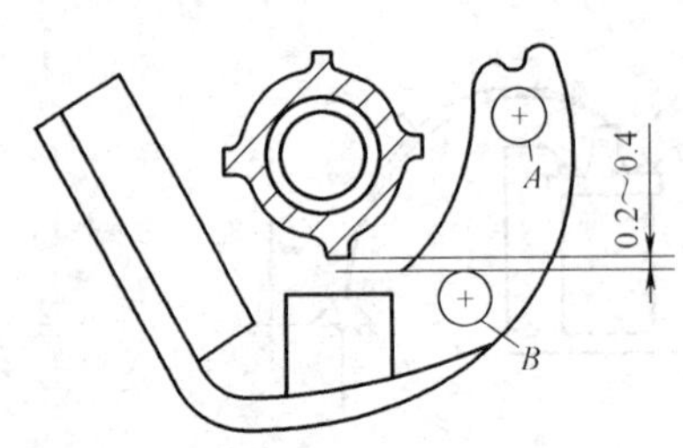

图 5-42 信号转子铁心间隙的检查与调整

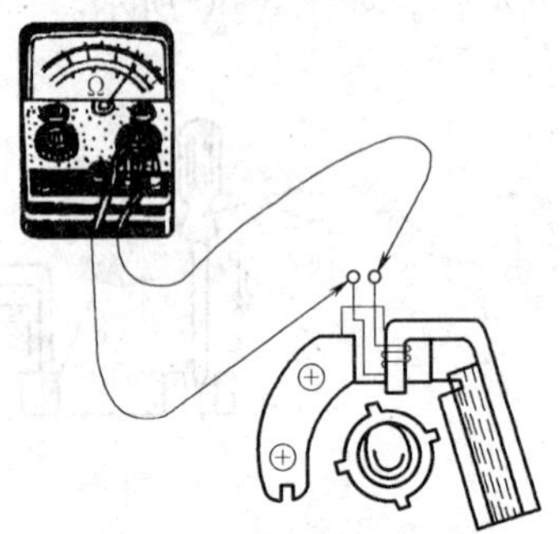

图 5-43 脉冲信号发生器传感线圈的测量

表 5-1 常见车型信号发生器感应线圈的电阻 （单位：Ω）

车 型	解放 CA1092	北京切诺基	富康轿车	丰田轿车	克莱斯勒
感应线圈电阻	600～800	400～800	300	140～180	500～700

③ 测量传感线圈的信号电压，如图 5-44 所示。在检查时，用万用表 0～10V 交流电压挡，使两表笔分别接在分电器感应线圈两接线柱上，用手快速转动分电器轴，观察信号电压值是否符合规定值（一般有 1～1.5V 信号电压）。若万用表读数过低，甚至无读数指示，说明信号发生器有故障，应检查或者更换。

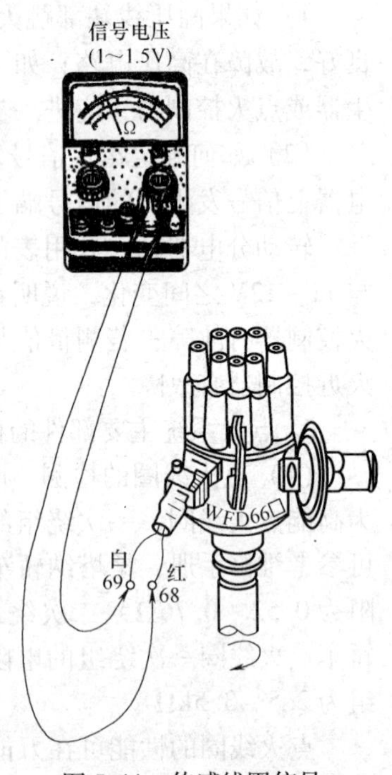

图 5-44 传感线圈信号电压的测量

2）霍尔信号发生器的检测。霍尔信号发生器有三根引线，分别为“+”、“-”和“S”。检测时，分别检测“+”与“-”电压和“S”与“-”电压，然后与维修手册中的标准值进行比较，判断是否有故障。

（3）点火控制器的检测

1）磁感应式点火系统中点火控制器的检测。如图 5-45 所示，用一只 1.5V 的干电池代替信号发生器，接到点火控制器信号输入端子上，正接时，点火线圈的一次绕组导通，用万用表测量点火线圈的“-”接线柱与搭铁之间的电压，应为 1～2V（图 5-45a）；将电池的极性颠倒后，再进行测量（图5-45b），其值应为 12V。若与上述不符，说明点火控制器有故障，应更换。

2）霍尔式点火系统中点火控制器的检测。检查点火控制器，必须要了解点火控制器的接线。以桑塔纳轿车为例，其点火控制器的接线如下：1—接点火线圈“-”(绿色);2—接电源负极(棕色);3—接霍尔发生器“-”(棕/白色);4—接点火线圈“+”(黑色);5—接霍尔发生器“+”(红/黑色);6—接霍尔发生器信号输出“S”(绿/白色)。

接通点火开关,用万用表测量1与4端子之间的电阻值为0.52~0.76Ω;2与4之间的电压应为12V;3与5之间的电压应为11~12V;测3与6之间的电压时,应慢慢转动分电器轴,其电压值应在0.3~0.4V与11~12V之间变化。

用电压表接在点火线圈的“+”与“-”接线柱上,接通点火开关,观察电压表读数应大于2V,1~2s后,电压降为0。若上述检测结果不正常,说明点火控制器有故障,应更换。

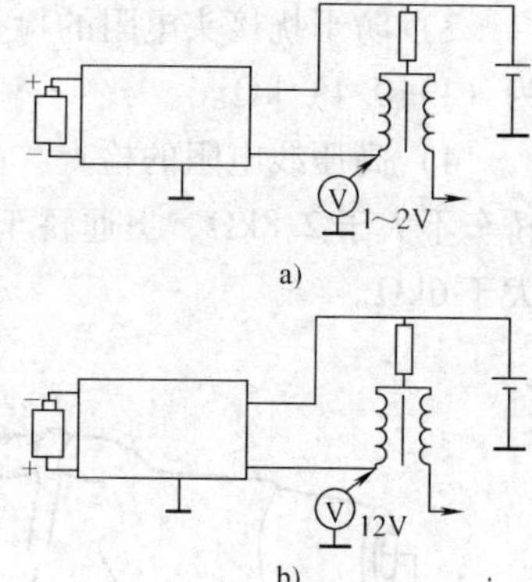

图5-45 用干电池检查磁感应式电子点火系统中的点火控制器

(4)点火正时的检测 点火正时的检测可以通过路试,也可以用正时灯或点火测试仪。下面介绍使用正时灯检查点火正时的步骤:

1)起动发动机,预热至正常工作温度。

2)预热后,检查怠速是否在规定的范围内。

3)将正时灯的红色线和黑色线分别连接在蓄电池正极和负极上,信号线连接在第一缸高压分线上,如图5-46所示。

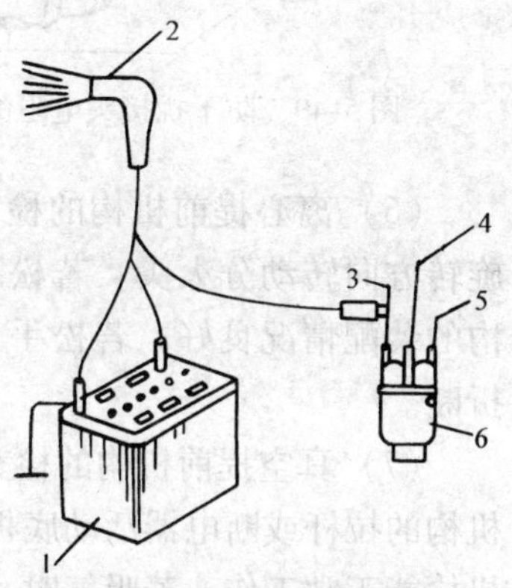

图5-46 正时灯的连接方法

4)使发动机在规定的转速运转,将正时灯对准规定的正时记号(如桑塔纳、奥迪等对准飞轮)。若指针出现在正时记号的前方,表明点火过早;若出现在正时记号之后,则表明点火过迟。

5)点火正时不正确时,应转动分电器的外壳进行调整。

(5)高压电路电阻的检查

1)分火头电阻的检查。分火头电阻的检查如图5-47所示,桑塔纳、奥迪轿车为(1±0.4)kΩ。

2)火花塞插头电阻的检查。火花塞插头电阻的检查如图5-48所示,桑塔纳、奥迪轿车为(1±0.4)kΩ(无屏蔽)和(5±1.0)kΩ(有屏蔽)。

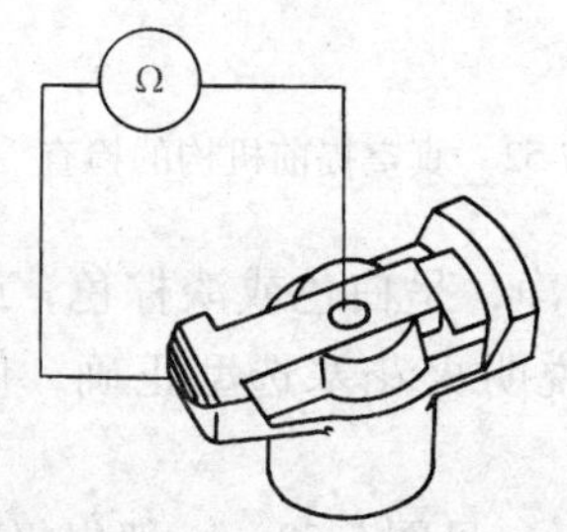

图5-47 分火头电阻的检查

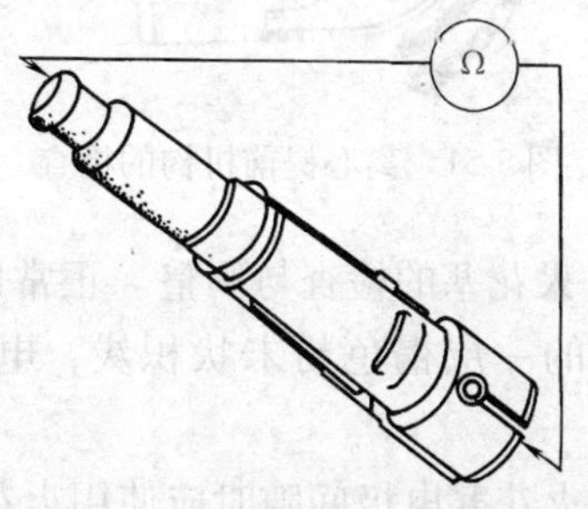

图5-48 火花塞插头电阻的检查

3）防干扰接头电阻的检查。防干扰接头电阻的检查如图5-49所示，桑塔纳、奥迪轿车为（1±0.4）kΩ。

4）高压线电阻的检查。高压线电阻的检查如图5-50所示，中心高压线的电阻，桑塔纳轿车不大于2.8kΩ，奥迪轿车不大于2kΩ；高压分线的电阻，桑塔纳不大于7.4kΩ，奥迪不大于6kΩ。

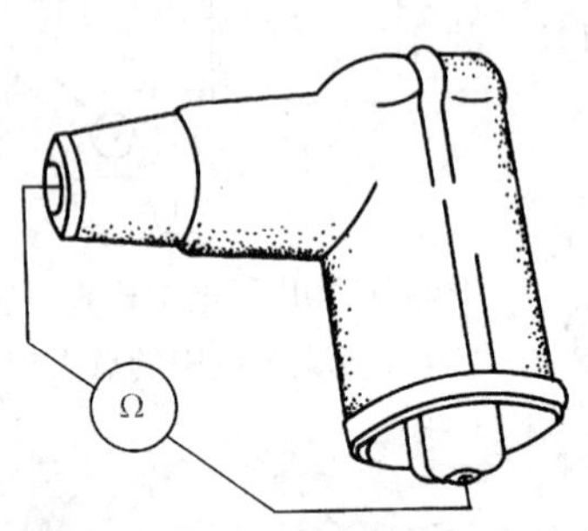

图5-49　防干扰接头电阻的检查

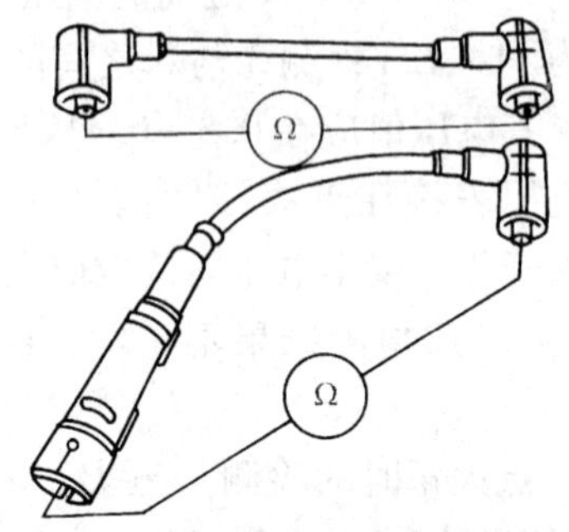

图5-50　高压线电阻的检查

（6）离心提前机构的检查　如图5-51所示，用手抓住分火头与分电器轴，沿凸轮的旋转方向转动分火头。若松手后分火头能迅速回转，说明离心提前机构的弹簧张力及机构的装配情况良好；若松手后分火头不能回转，则离心提前机构的两个弹簧可能脱落或折断。

（7）真空提前机构的检查　检查方法如图5-52所示，当用嘴由管口吸气时，真空提前机构的拉杆或断电器活动底板能转动，不吸气时拉杆或活动底板能迅速返回，说明真空提前机构能正常工作。若吸气时，无真空感觉，而且拉杆或活动底板不动，说明膜片可能破裂或壳体漏气。

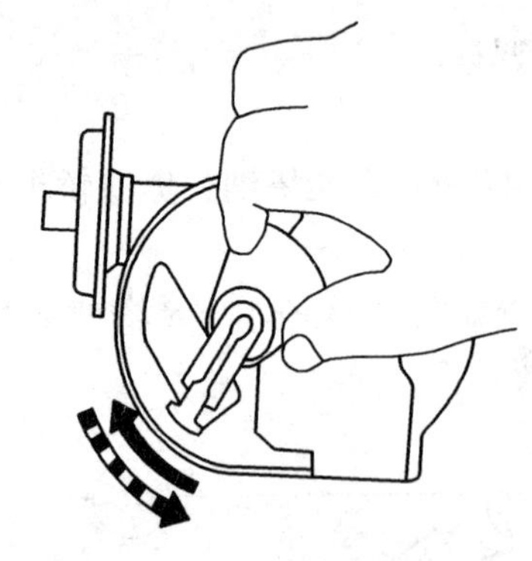

图5-51　离心提前机构的检查

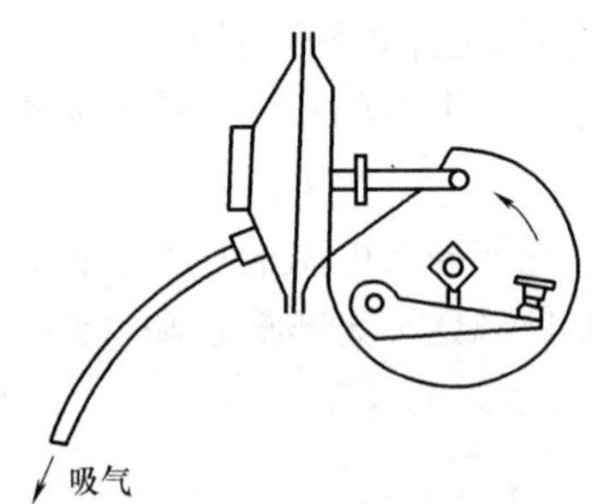

图5-52　真空提前机构的检查

（8）火花塞的检查与调整　正常的火花塞瓷芯表面洁净，呈白色或淡棕色，或瓷芯上只有微薄的一层褐色粉末状积炭，电极完整无缺损，这说明火花塞选型正确，使用条件良好。

检查火花塞电极间隙时应使用火花塞电极间隙量规进行，见图5-53。一般电极间隙标准为1.0~1.2mm，如间隙不符合标准，可用专用扳手扳动侧电极进行调整。

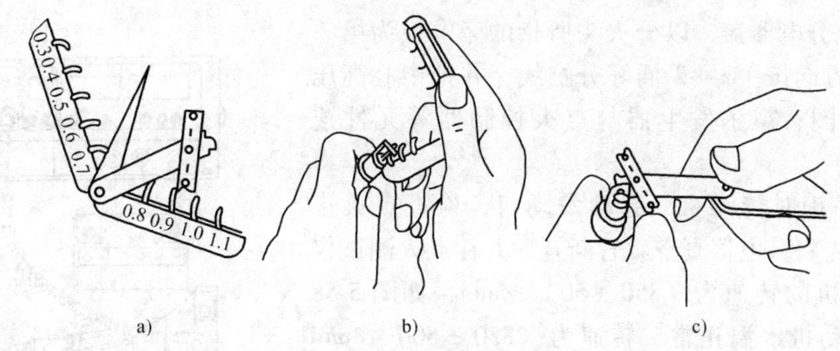

图 5-53 火花塞的检查

a）电极间隙量规 b）电极间隙测量方法 c）电极间隙调整

3. 点火正时的确定

当发动机大修（或分电器重新安装）时，必须确定点火正时。下面以桑塔纳轿车为例，来说明点火正时的步骤：

1）转动曲轴，将发动机第一缸活塞置于上止点位置，如图 5-54 所示。此时，飞轮上的刻度线与壳体上的指针对齐。

2）转动凸轮轴，使凸轮轴上正时齿轮的标记与气门室罩底面平齐，如图 5-55 所示。

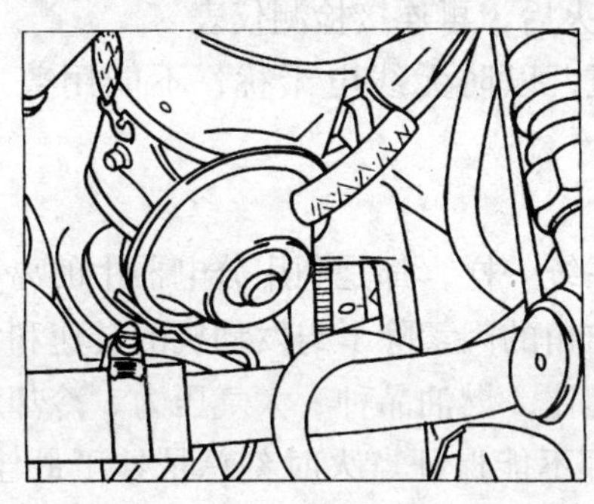

图 5-54 第一缸上止点正时记号

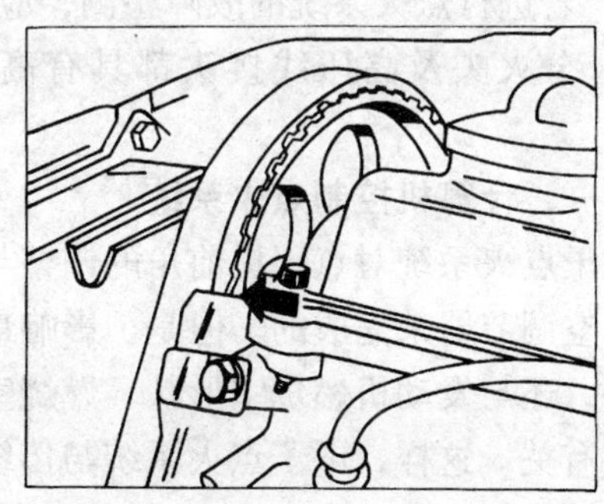

图 5-55 凸轮轴正时齿轮的正时记号

3）使机油泵轴驱动端部凸起的矩形块长边与曲轴的方向一致，如图 5-56 所示。令分电器上的分火头指向分电器壳体上的第一缸标记，如图 5-57 所示；然后将分电器总成插入安装孔，使其轴端凹槽与机油泵轴端的矩形凸起相配，将分电器壳体逆时针转动 3°（桑塔纳轿车的初始点火提前角为曲轴转角 6°），然后用压紧板固定分电器。

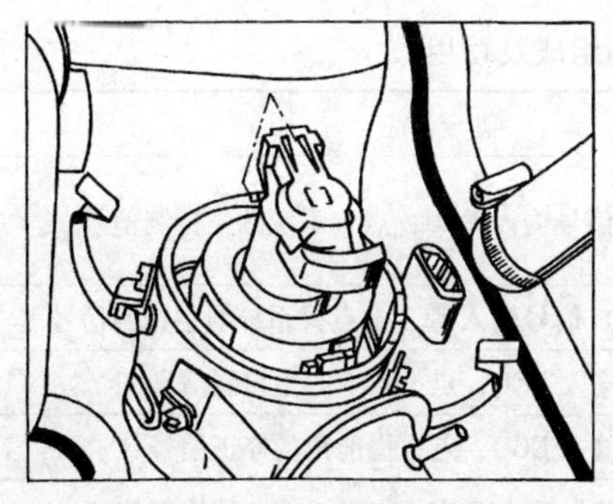

图 5-56 机油泵轴端凸起的矩形块方向

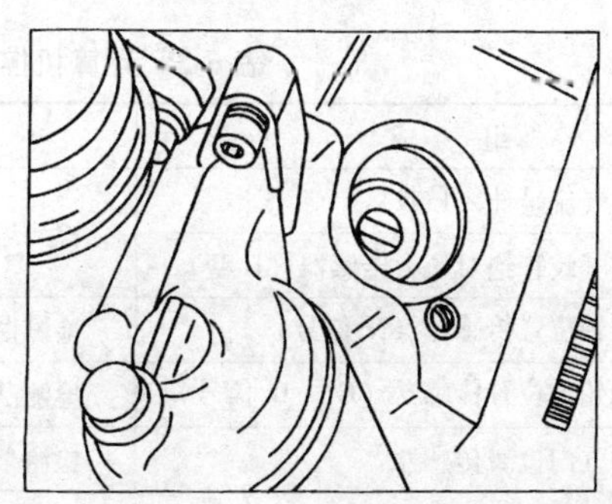

图 5-57 分火头指向分电器壳体上的第一缸标记

4）盖上分电器盖，以分火头所指的旁电极为第一缸，顺时针方向按 1-3-4-2 插好分缸线，并把中心高压线与点火线圈、霍尔发生器与点火控制器等元件连接好。

5）装好正时传动带，起动发动机，检查点火正时。检查前先将分电器真空软管断开，并在点火测试仪上设定发动机的转速为（850 ± 50）r/min，如图 5-58 所示。在发动机水温正常、转速为（850 ± 50）r/min 时，检测点火提前角应为 6°。如不符合要求，松开压紧板螺钉，可转动分电器外壳，进行调整，调整好后，紧固压紧板螺钉，固定好分电器，安装好分电器真空管。

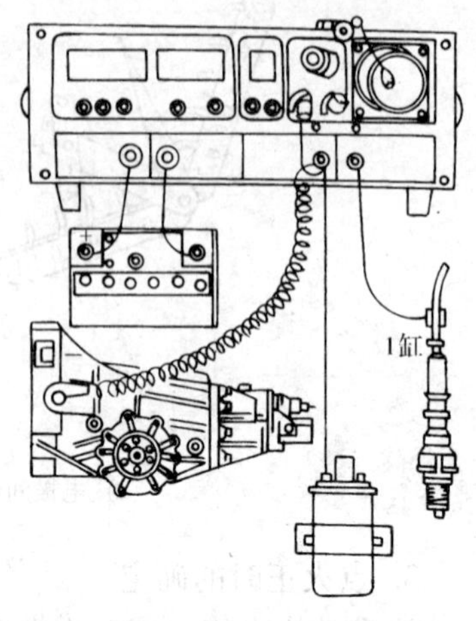

图 5-58 点火正时测试仪接线示意图

4. 点火系统的使用与维护注意事项

1）一般轿车采用的是高性能点火线圈，由于一次电流较大，不能用普通的点火线圈代替。

2）清洗发动机时必须在发动机熄火后进行。

3）若进行点火系统的故障检测，应在发动机熄火后，再连接检测仪表。

4）分火头及高压线接头都具有高压阻尼电阻，以防无线电干扰，不能用普通件来代替。

十一、计算机控制点火系统

电子点火系统对点火提前角的调整与传统点火系统一样，都是利用分电器中的离心调节器和真空调节器来完成的。但是，影响最佳点火提前角的因素除了与发动机的转速和负荷有关之外，还与发动机燃烧室形状、燃烧室温度、空燃比，燃油品种、大气压力、冷却水温度等因素有关。这样，电子点火系统与传统点火系统都不能保证点火时刻总是处于最佳状态，而采用计算机控制点火系统（ESA），发动机在各种工况下，点火系统都可提供理想的点火提前角，因此发动机的动力性、经济性和排放污染等都可以达到最佳状态。计算机控制点火系统（ESA）目前主要有两种形式：一种是带分电器的计算机控制点火系统；另一种是不带分电器的直接点火系统（DLI 点火系统）。

1. 计算机控制点火系统的组成及功用

计算机控制点火系统的组成及功用见表 5-2。

表 5-2 计算机控制点火系统的组成及功用

组成		功能
传感器	空气流量计（L 型）	检测进气量（负荷）信号输入 ECU，点火系统的主控制信号
	进气歧管绝对压力传感器（D 型）	
	曲轴位置传感器（N_e信号）	检测曲轴转角（转速）信号输入 ECU，点火系统的主控制信号
	凸轮轴位置传感器（G_1、G_2信号）	检测凸轮轴转角信号输入 ECU，点火系统的主控制信号
	节气门位置传感器	检测节气门开度信号输入 ECU，点火提前角的修正信号
	水温传感器	检测发动机冷却水温信号输入 ECU，点火提前角的修正信号

（续）

组成		功能
传感器	起动开关	向 ECU 输入发动机正在起动中的信号，点火提前角的修正信号
	空调开关 A/C	向 ECU 输入空调的工作信号，点火提前角的修正信号
	进气温度传感器	检测进气温度信号输入 ECU，点火提前角的修正信号
	空挡位置开关	检测 P 挡或 N 挡信号输入 ECU，点火提前角的修正信号
	爆燃传感器	检测发动机的爆燃信号输入 ECU，点火提前角的修正信号
	发电机负荷信号	检测发电机负荷信号输入 ECU，点火提前角的修正信号
执行器	点火控制器	根据 ECU 输出的点火控制信号控制点火线圈一次电路的通断，产生二次高压。同时，向 ECU 反馈点火确认信号
ECU		根据各传感器输入的信号，计算出最佳期点火提前角，并将点火控制信号输送给点火控制器

2. 计算机控制点火系统的控制内容

（1）点火提前角的控制

1）发动机起动时，由于转速与负荷信号都不稳定，点火时刻是在固定的曲轴转角点火，即点火提前角固定，与发动机的其他信号无关。

2）发动机正常工作时，ECU 根据发动机的转速和负荷信号，在 ECU 存储器中查到这一工况下对应的基本点火提前角，即先确定基本点火提前角；然后 ECU 根据得到的修正信号对点火提前角进行修正，确定实际的最佳点火提前角。

（2）通电时间的控制　计算机控制点火系统基本上都属于电感储能式点火系统，对于电感储能式点火系统，二次电压的最大值 U_{2max} 与一次断开电流成正比，而一次断开电流又随一次电路导通的时间增长而增大，因此必须保证一次电路导通时间才能使一次电流达到饱和。在计算机控制点火系统中，为了减小转速对二次电压的影响，提高点火能量，采用了初级线圈电阻很小的高能点火线圈，其饱和电流可达 30A 以上。为了防止一次电流过大烧坏点火线圈，在点火控制电路中，必须控制一个最佳通电时间，保证在任何车速下一次电流都能达到规定值 7A。这样既能改善点火性能，又能防止一次电流过大而烧坏点火线圈。

（3）爆燃控制　为了获得最大的动力性和最佳的经济性，需要增大点火提前角。但点火提前角过大，又会引起爆燃。对于上述问题，计算机控制点火系统增加了爆燃控制。爆燃控制方法如图 5-59 所示。爆燃传感器安装在气缸体上，其原理是利用压电晶体的压电效应，把爆燃时传到气缸体上的机械振动转换成电压信号，输入 ECU，ECU 把爆燃传感器输出的信号进行滤波处理并判断有无爆燃及爆燃的强度。爆燃强，推迟点火的角度大；爆燃弱，推迟点火的角度小。每次调整都以一固定的角度递减，直到爆燃消失为止。而后又以一固定的角度提前，当发动机再次出现爆燃时 ECU 又使

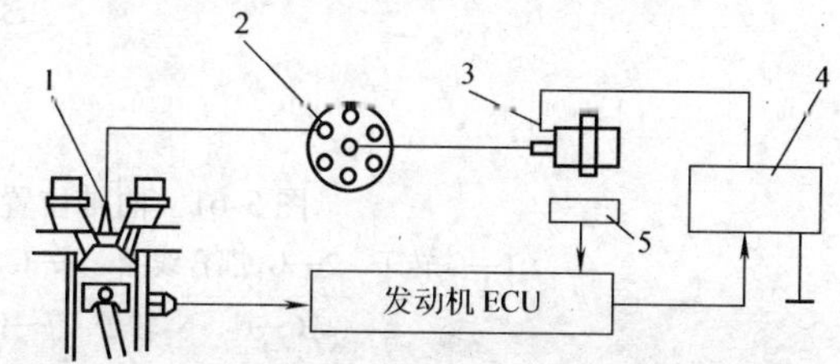

图 5-59　爆燃控制

1—火花塞　2—分电器　3—点火线圈
4—点火控制器　5—爆燃传感器

点火提前角再次推迟，调整过程如此反复。

3. 计算机控制点火系统的实例

（1）皇冠3.0汽车2JZ—GE型发动机点火控制系统　图5-60所示为皇冠3.0汽车2JZ—GE型发动机点火控制系统的控制电路。由图可见，在计算机控制的点火系统中，发动机ECU通过点火信号IGT控制点火控制器的搭铁，进而控制一次电路的导通与截止，控制二次电路高压电的产生，控制点火系统的工作。

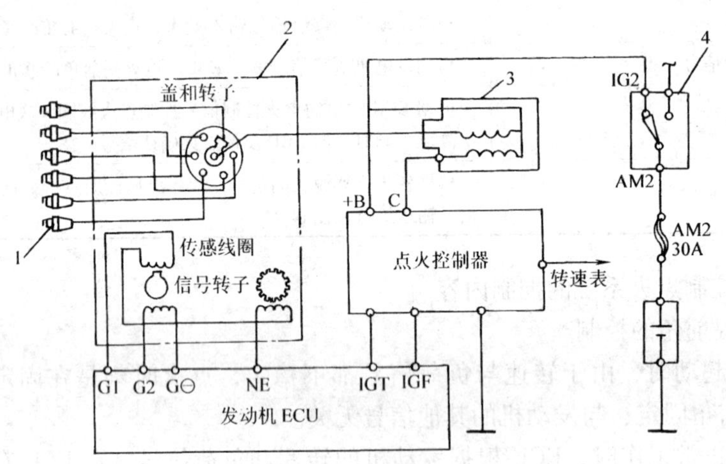

图5-60　皇冠3.0汽车2JZ—GE型发动机点火控制系统的控制电路

1—火花塞　2—分电器　3—点火线圈　4—点火开关

在该点火系统中，曲轴位置传感器安装在分电器中，其结构如图5-61所示，该传感器为电磁式的。分电器轴转动时，G转子与N_e转子同步转动，具有一个齿的G转子与G_1、G_2线圈间的磁隙不断变化，分电器每转一圈，G_1和G_2线圈各产生一个电压脉冲。这样发动机ECU可根据G_1、G_2信号判别一、六缸压缩行程上止点位置。

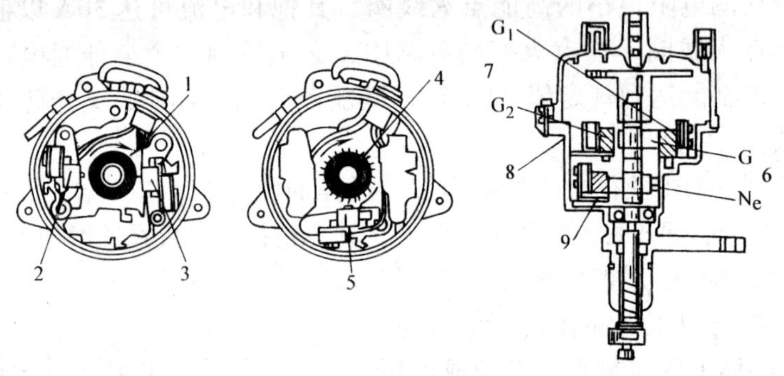

图5-61　曲轴位置传感器的结构与安装位置

1—G转子　2—G_1耦合线圈　3—G_2耦合线圈　4—N_e转子　5、9—N_e耦合线圈

6—G、N_e转子　7—G_1、G_2耦合线圈　8—分电器

具有24个齿的N_e转子对应N_e线圈，分电器轴每转一圈，N_e线圈将产生24个电压脉冲。这样发动机ECU可根据N_e信号更精确地检测曲轴转角位置和检测发动机转速。

点火系统的工作原理是：电流经点火开关向点火控制器和点火线圈一次绕组供电。一次电路为：蓄电池正极→点火开关→点火线圈一次绕组→点火控制器→搭铁。当发动机ECU向点火控制器提供IGT点火信号时，点火控制器立刻切断一次电路，二次绕组产生高压电，火花塞跳火，点燃混合气。

发动机ECU根据转速信号（N_e）、曲轴位置信号（G_1、G_2）、进气歧管真空度信号、起动开关信号、进气温度信号、水温信号等计算点火提前角，通过“IGT”端子向点火控制器输出点火正时信号，即点火正时。同时，点火控制器向ECU反馈点火确认信号“IGF”，当EGU接收不到点火控制器反馈的“IGF”点火确认信号时，ECU立即切断喷油器的电路，停止燃油喷射，发动机熄火。

（2）HONDA Accord（本田雅阁）汽车F22B1型发动机点火控制系统　如图5-62所示为HONDA Accord（本田雅阁）汽车F22B1型发动机点火系统元件位置图，该车发动机ECU在驾驶室内仪表台的下方。图5-63所示为点火控制系统电路，在该点火系统中，曲轴位置传感器（TDC/CKP/CYP）、点火线圈、点火控制器都在分电器中，与分电器合为一体，分电器的结构如图5-64所示。

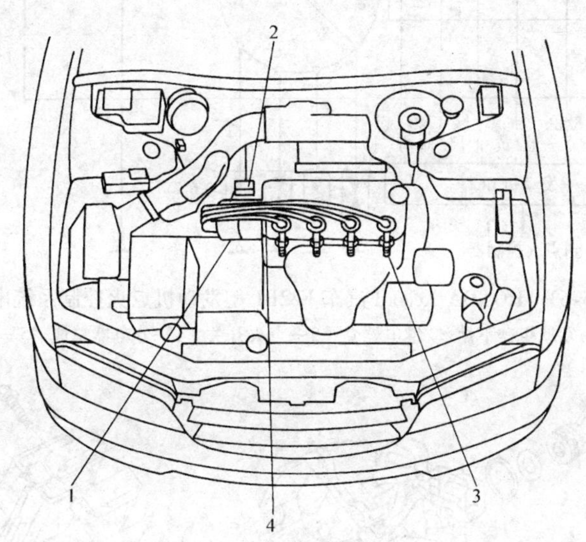

图5-62　HONDA Accord汽车F22B1型发动机点火系统元件位置图

1—分电器　2—点火线圈　3—火花塞　4—高压线

点火系统的一次电路为：蓄电池正极→点火开关→点火线圈一次绕组→点火控制器→搭铁。点火系统由发动机ECU控制，发动机ECU根据发动机转速传感器、讲气歧管压力传感器、曲轴位置传感器、节气门位置传感、发动机冷却液温度传感器、进气温度传感器等输入信号，计算最佳点火时刻，然后输出10V触发信号（点火信号IGT）到点火控制器，点火控制器使点火线圈的一次电路迅速截止，从而使二次线圈产生高压电，点燃混合气。

（3）奥迪V6发动机无分电器点火系统　奥迪V6发动机点火系统采用的是无分电器点火系统（DLI），无分电器点火系统（DLI）是在计算机控制的基础上将点火系统中的分电器总成用电子控制装置取代，又称为直接点火系统。这种全电子点火系统没有分电器，无机械磨损，无需调整，点火电压高，是较理想的点火系统。

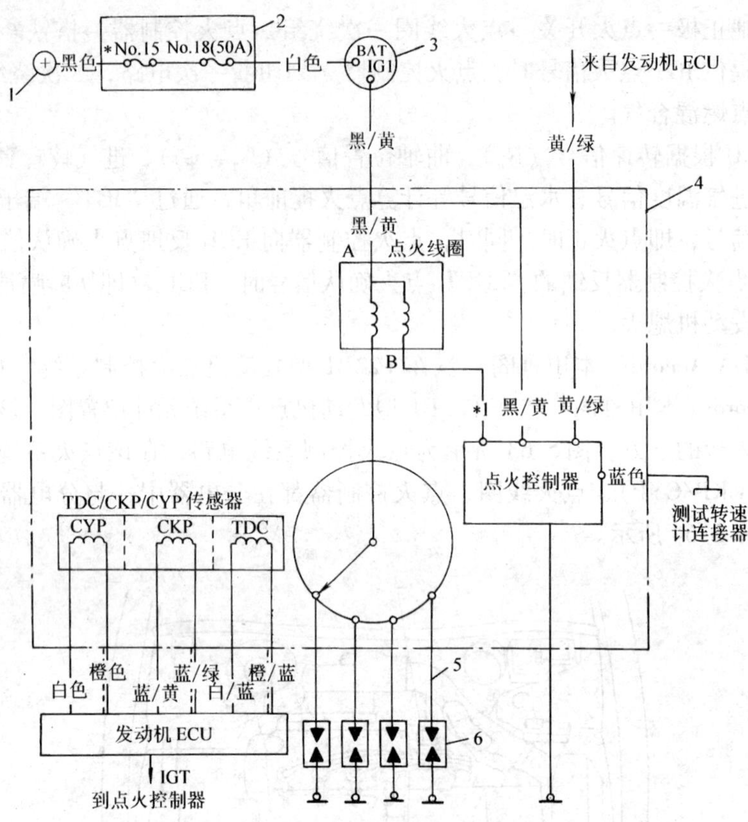

图 5-63 HONDA Accord 汽车 F22B1 型发动机点火控制系统电路

1—蓄电池正极 2—发动机盖下熔丝/继电器盒 3—点火开关 4—分电器总成 5—高压线 6—火花塞

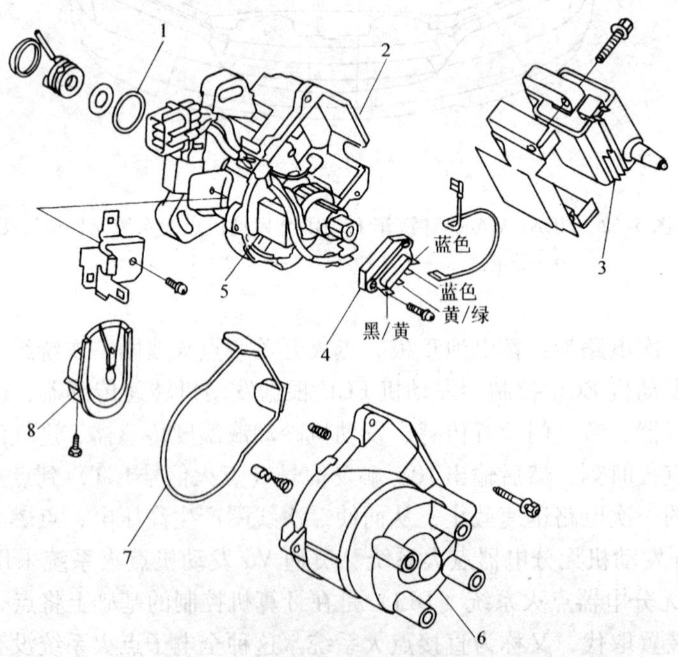

图 5-64 HONDA Accord 汽车 F22B1 型发动机分电器的结构

1—O 形圈 2—分电器外壳 3—点火线圈 4—点火控制器 5—曲轴位置传感器 6—分电器盖 7—油封 8—分火头

其点火系统的控制原理如图 5-65 所示，与前面介绍的点火控制系统不同的是：无分电器点火系统（DLI）的点火控制器同时还具备电子配电功能，即可控制点火线圈组中点火线圈导通与截止的时序，以此控制火花塞依次跳火，完成点火控制过程。该点火系统的组成如图 5-66 所示，主要传感器的位置如图 5-67 所示。

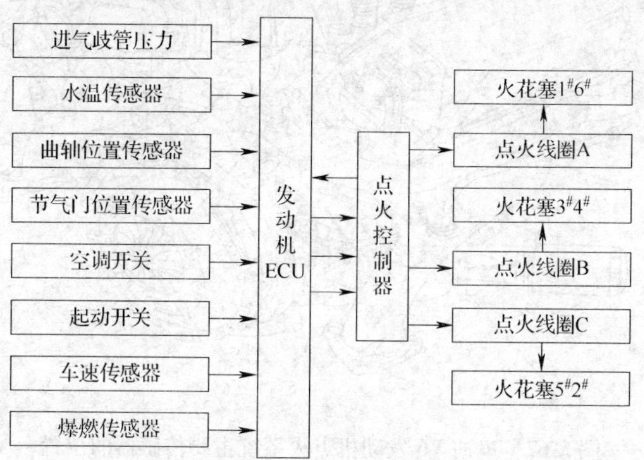

图 5-65　奥迪 V6 汽车点火系统的控制原理

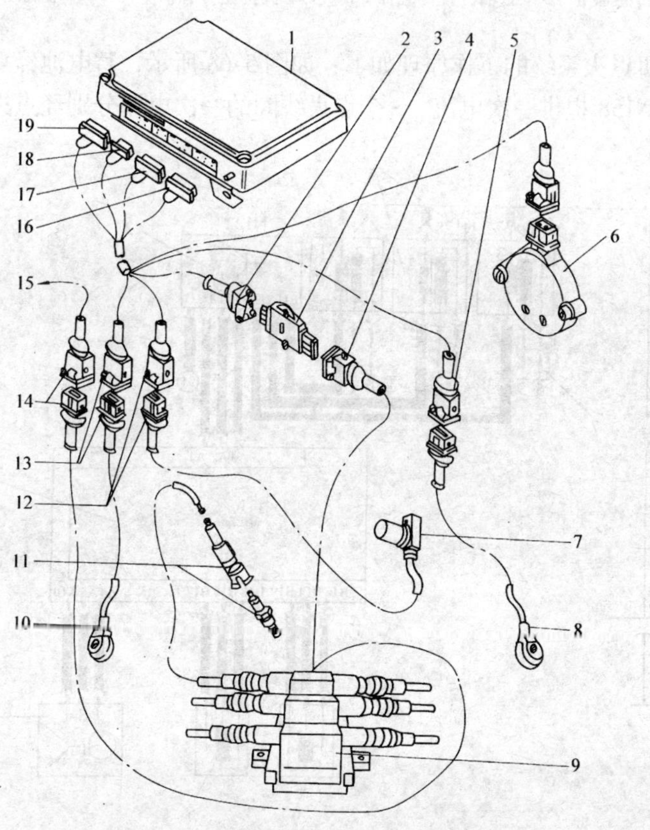

图 5-66　奥迪 V6 发动机点火系统的组成

1—发动机 ECU　2—发动机 ECU 点火信号线插接器（4 孔）　3—点火控制器 N122　4—点火线圈端插接器（3 孔）　5、12、13、14、16、17、18、19—插接器　6—凸轮轴位置传感器 G40　7—曲轴位置传感器 G4　8—爆燃传感器Ⅱ　9—双点火线圈 N、N128 和 N158　10—爆燃传感器Ⅰ　11—火花塞及插接器　15—点火开关控制的相线

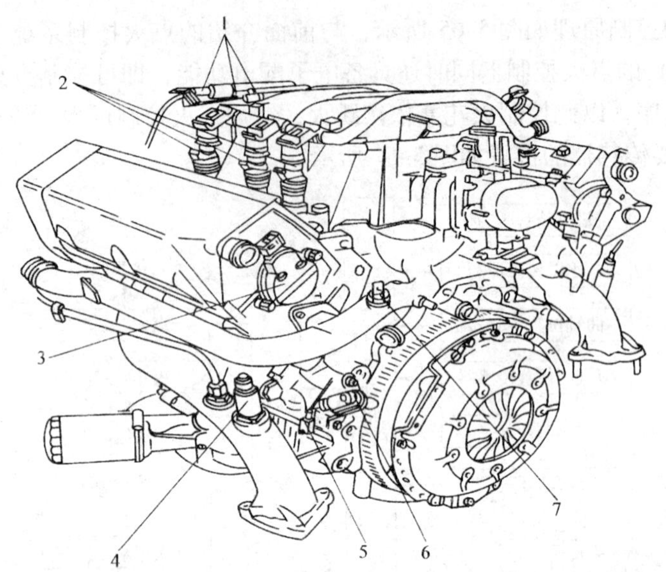

图 5-67　奥迪 V6 发动机点火系统主要传感器的位置

1—双点火线圈 N、N128 和 N158　2—喷油器　3—凸轮轴位置传感器（霍尔式）
4—λ 传感器Ⅱ　5—曲轴位置传感器　6—发动机转速传感器　7—冷却液温度传感器

奥迪 V6 发动机点火系统的工作原理如下：如图 5-68 所示，蓄电池经点火开关向 3 个双点火线圈 N、N128、N158 提供一次电流，3 个点火线圈的一次电路分别经点火控制器 N122 搭铁。

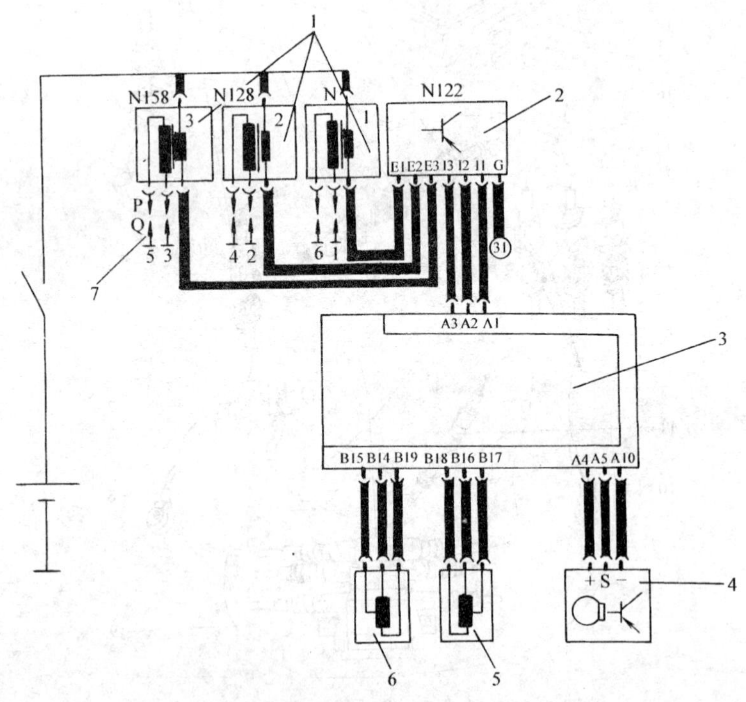

图 5-68　奥迪 V6 发动机点火系统的工作原理

1—双点火线圈 N、N128 和 N158　2—点火控制器 N122　3—发动机 ECU　4—凸轮轴位置传感器 G40
5—发动机转速传感器 G28　6—曲轴位置传感器 G4　7—火花塞

发动机ECU根据发动机的转速信号、曲轴位置信号、凸轮轴位置信号、进气压力传感器（安装在发动机ECU中）信号、冷却液温度信号等计算最佳点火提前角，并判断缸位，向点火控制器发出点火信号（IGT）和气缸缸序判别信号（IGD），点火控制器由此可判断发动机气缸的点火次序，依次使各点火线圈一次电路由导通变为截止，各点火线圈的二次绕组依次产生高压电，使对应的两个火花塞同时跳火，点燃其中位于压缩行程气缸内的混合气。

奥迪V6发动机的1缸和6缸、2缸和4缸、3缸和5缸同时处于上止点，并且总是一个气缸为压缩行程的上止点，另一个气缸为排气行程的上止点，每两个气缸共用一个双点火线圈，如图5-69所示。点火时，由点火控制器交替地控制三个点火线圈，每个点火线圈产生高压电时，两个气缸的火花塞同时跳火：其中一个火花塞点燃位于压缩行程气缸内的可燃混合气，另一个火花塞虽然也跳火，但是由于该气缸处于排气行程，因而不起作用。

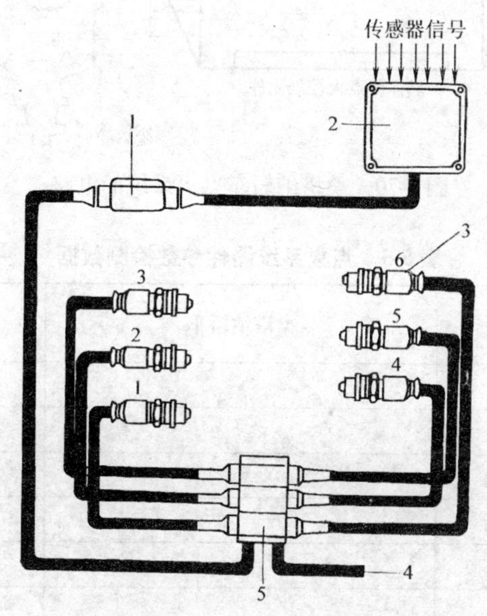

图5-69　双点火线圈两缸同时跳火

任务二　点火系统的检测

一、工具材料

1）桑塔纳轿车点火系统各部件。

2）万用表、维修工具等。

二、操作要点及项目

桑塔纳轿车点火系统的电路如图5-70所示。参照理论学习内容，进行下列各项内容的检测，并将检测结果填写在表5-3中，最后给出结论。

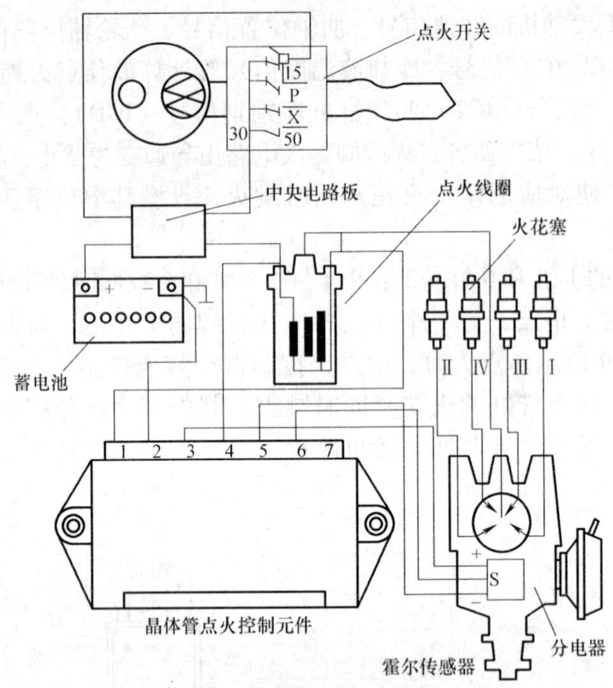

图 5-70　桑塔纳轿车点火系统的电路

表 5-3　点火系统器件参数检测数据

项目 \ 车型		桑塔纳轿车	结　论
一次绕组电阻/Ω			
二次绕组电阻/kΩ			
火花塞间隙/mm	调整前		
	调整后		
高压线电阻			
分高压线电阻			
霍尔发生器测量			
点火控制器			

1）一次绕组电阻值的检测。

2）二次绕组电阻值的检测。

3）点火线圈绝缘电阻的检测。

4）离心提前机构的检测。

5）真空提前机构的检测。

6）火花塞的检测与调整。

7）高压线整体电阻的测量。

8）霍尔信号发生器的检测。

9）点火控制器的检测。

任务三　点火系统故障诊断与排除

一、工具材料

桑塔纳轿车一台、微机检测仪、万用表、各种导线、电工常用的各种钳子、螺钉旋具、绝缘胶布等。

二、操作要点及项目

1）先由实验教师在点火系统设计故障，故障现象为发动机起动不着火。

2）在实验教师的监护下，由学生独立完成故障的诊断与排除。

3）在操作过程中，对照理论学习内容，注意操作程序与规范，注意设备的正确使用。

三、故障诊断步骤

1）确认故障现象，起动系统正常且发动机无着火迹象。

2）用微机检测仪读故障码或数据流。

3）按微机提示逐项检测。

小　结

点火系统由传感器、点火模块、发动机 ECU、点火线圈、火花塞、高压线等组成。点火系统的作用是按照发动机工况及工作顺序点燃混合气。点火时刻越准确，发动机的动力性、经济性及排放性能越好。

点火系统由一次电路和二次电路两部分组成，一次电路的导通与截止由发动机 ECU 或点火模块控制。当一次电路截止时，二次电路产生高压电，高压电使火花塞跳火，点燃混合气。

普通电子点火系统的点火提前角只由发动机的负荷及转速确定，而计算机控制的点火系统，发动机的负荷及转速只确定基本点火提前角，然后发动机 ECU 根据各传感器信号对点火提前角进行修正，确定发动机每一工况的最佳点火时刻。因此，计算机控制点火系统控制的点火时刻更精确。

复习思考题

1. 简述点火系统的组成及作用。
2. 简述计算机控制点火系统的工作过程。
3. 简述点火正时的步骤。
4. 说明计算机点火系统与普通电子点火系统的区别？
5. 什么是点火提前角？点火提前角过大与过小对发动机有什么影响？
6. 简述霍尔传感器的工作原理。

项目六　照明与信号系统的使用与维修

知识点

（1）掌握照明与信号系统的组成及各主要部件的作用及工作原理。

（2）了解照明与信号系统的作用及相关的交通法规要求。

技能点

（1）能够正确分析照明与信号系统的系统电路。

（2）能正确操作照明与信号系统各种开关。

（3）能正确分析照明与信号系统的故障原因并排除故障。

任务一　理论学习

一、照明与信号系统的组成

为了保证汽车行驶安全，现代汽车上都装备了多种照明及信号设备，而且各个国家对照明及信号设备在法律上都作了不同程度的规定。不同汽车照明及信号系统是不完全相同的，除了美观、实用外，必须满足以下两个要求：保证运行安全；符合交通法规。汽车照明与信号系统的基本组成如下：

（1）前照灯　其任务是夜间运行时照明道路，功率为40～60W。

（2）小灯　小灯又称为驻车灯、示廓灯，其任务是汽车夜间行车或停车时，标示其轮廓或存在，前小灯为白色，后小灯为红色，功率为5～10W。

（3）牌照灯　牌照灯安装在汽车尾部的牌照上方，灯光为白色，其作用是夜间照亮汽车牌照，功率为5～15W。

（4）仪表灯　仪表灯安装在汽车仪表上，用于夜间照亮仪表，灯光为白色，功率为2～8W。

（5）顶灯　顶灯安装在驾驶室的顶部，其作用是驾驶室内部照明，灯光为白色，功率为5～8W。

（6）雾灯　其作用是雨、雾天气用来照明，灯光为黄色，因为黄色有良好的透雾性，功率为35～55W。

（7）转向灯　其作用是表示汽车的运行方向，左、右转向灯同时闪亮时，表示有紧急情况，灯光为黄色，功率为20W以上。

（8）制动灯　制动灯又称为刹车灯，安装于汽车后面，其作用是在汽车制动停车或制动减速行驶时，向后面的车发出灯光信号，以警告尾随的车辆，防止追尾，灯光为红色，功率为20W以上。

（9）倒车灯　其作用有两个：一个是向其他车辆和行人发出倒车信号；另一个是夜间

倒车照明，灯光为白色，功率为20W。

（10）指示灯　其作用是指示某一系统是否处于工作状态，灯光为红色，功率为2W。如远近光指示灯、转向指示灯、雾灯工作指示灯、空调工作指示灯、驻车制动指示灯、收放机工作指示灯、自动变速器挡位指示灯等。

（11）报警灯　报警灯安装在仪表板上，其作用是监测汽车各系统的技术状况，当某一系统出现异常情况时，对应的报警灯亮，提醒驾驶员该系统出现故障，灯光为红色、绿色或黄色，功率为2W，如发动机故障报警灯、机油报警灯、水温报警灯等。

此外还有工作灯、门灯、踏步灯、行李箱灯、阅读灯、喇叭、蜂音器等。

二、前照灯

1. 汽车对前照灯的要求

由于前照灯的照明效果直接影响夜间的行车安全，故世界各国都以法律的形式规定了前照灯的照明标准，以确保夜间行车时的交通安全。其基本要求如下：

1）汽车前照灯的夜间照明必须保证车前100m以内的路面上有明亮而均匀的光照，使驾驶员能够看清车前100m以内的路面情况。随着汽车行驶速度的提高，对汽车前照灯照明距离的要求也将相应地增加，现代高速汽车的照明距离应达到200m以上。

2）前照灯应具有防眩目的装置，以免夜间两车相会时，使对面汽车驾驶员眩目而引发事故。

2. 前照灯的结构

前照灯的光学组件由灯泡、反射镜和配光镜三部分组成。

（1）灯泡　目前汽车前照灯的灯泡有两种，即充气灯泡和卤钨灯泡，其构造如图6-1所示。

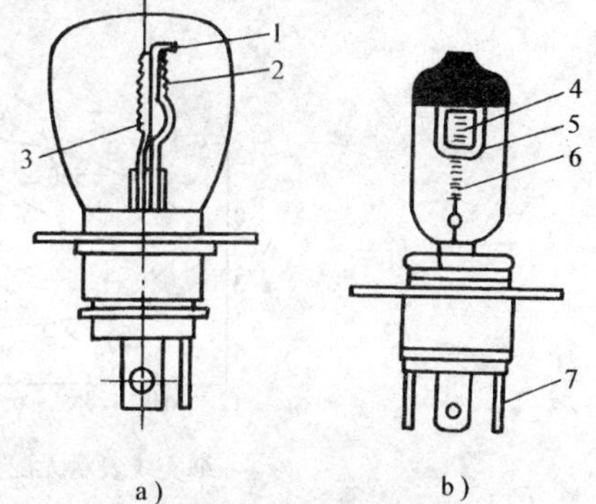

图6-1　前照灯的灯泡

a）充气灯泡　b）卤钨灯泡

1、5—遮光罩　2、4—近光灯丝

3、6—远光灯丝　7—插片

1）充气灯泡。充气灯泡是采用钨丝作为灯丝，灯泡内充满氩和氮的混合惰性气体。在灯泡工作时，由于惰性气体受热后膨胀会产生较大的压力，这样可减少钨的蒸发，故能提高灯丝的温度，增强发光效率，从而延长灯泡的使用寿命。

2）卤钨灯泡。充气灯泡虽已充入惰性气体，但仍然有少量钨丝蒸发而使灯泡变黑。为了防止钨丝的蒸发，近年来又发明了卤钨灯泡。

所谓卤钨灯泡，就是在充入灯泡的气体中掺入某一卤族元素，如氟、氯、溴、碘等。在灯泡工作时，其内部可形成卤钨再生循环反应，从钨丝上蒸发出来的气态钨与卤族元素反应生成了一种挥发性的卤化钨，它扩散到灯丝附近的高温区后又受热分解，使钨重新回到灯丝上。被释放出来的卤素继续参与下一次循环反应，如此周而复始地循环下去，从而防止了钨丝的蒸发和灯泡的黑化现象。卤钨灯泡的玻璃是由耐高温、高强度的玻璃制成，且灯泡内的充气压力较大，工作温度高，可更有效地抑制钨的蒸发量，延长使用寿命，提高发光效率。在功率相同的情况下，卤钨灯泡的亮度是充气灯泡的1.5倍，寿命是充气灯泡的2~3倍。

（2）反射镜　反射镜是用薄钢板冲压而成的，如图6-2所示。其表面镀银、铬、铝等，然后抛光。反射镜的作用是尽可能多地收集灯泡发出的光线，并将这些光线聚合成很强的光束射向远方。

反射镜的表面形状大都是旋转抛物面，位于反射镜焦点上的灯泡所发出的光线，经反射镜反射后的情况如图6-3所示。无反射镜的灯泡，其光度只能照亮周围6m左右的距离，而经反射镜反射后的平行光束可照亮远方150m以上的距离。经反射镜后，尚有少量的散射光线，其中朝上的光线完全无用，向侧方和下方的光线则有助于照明5~10m的路面和路缘。

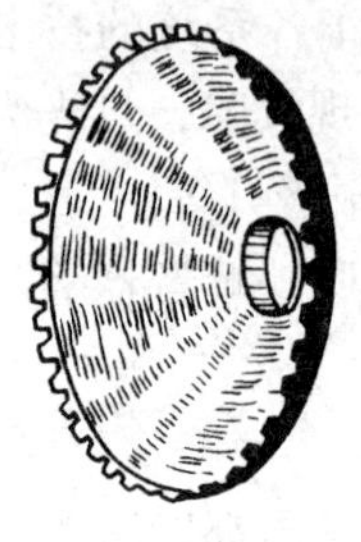

图6-2　反射镜

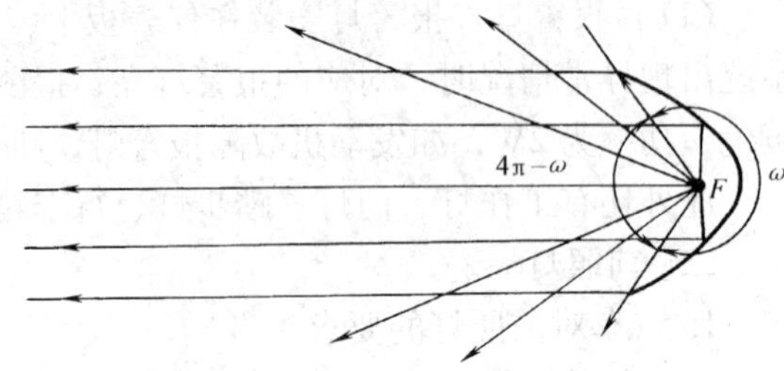

图6-3　反射镜反射光线的情况

（3）配光镜　配光镜也称为散光玻璃，是透明玻璃压制而成的棱镜和透镜的组合体。配光镜的作用是将反射镜反射出的光束进行折射，以扩大光线的照射范围，使车前100m内的路面有良好而均匀的照明，配光镜的光线分布如图6-4所示。

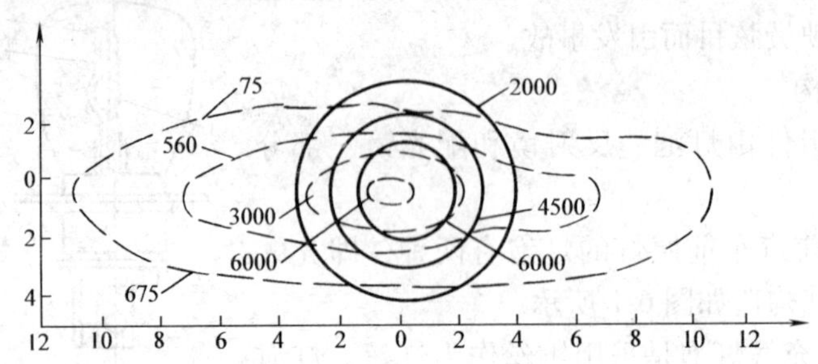

细实线表示无配光镜的光线分布　虚线表示有配光镜的光线分布

图6-4　配光镜的光线分布

3. 前照灯的防眩目

夜间会车时，前照灯发出的强光束会使迎面而来的汽车驾驶员眩目，很容易发生交通事故，所以在这方面必须引起足够的重视。

（1）采用双丝灯泡　前照灯采用双丝灯泡，远光灯丝位于反射镜的焦点上，功率为45~60W；近光灯丝位于反射镜焦点的上方或前方，功率为20~50W。这样夜间行车，当对面无来车时，使用远光灯，可照亮车前方150m以外的路面；当对面来车时，使用近光灯，由于光线较弱，经反射后的光线大部分射向车前的下方，所以可避免对方驾驶员眩目，双丝灯泡的远、近光束如图6-5所示。

（2）采用带遮光罩的双丝灯泡　上述双丝灯泡中，近光灯丝射向反射镜下部的光线经反射后，将射向斜上方，仍会使对面的驾驶员轻微眩目。为了克服上述缺陷，在近光灯丝的下方装有遮光罩。当使用近光灯时，遮光罩能将近光灯丝射向反身镜下部的光线遮挡住，无法反射，提高防眩目效果，目前在汽车广泛使用这种双丝灯泡，带遮光罩的双丝灯泡如图6-6所示。

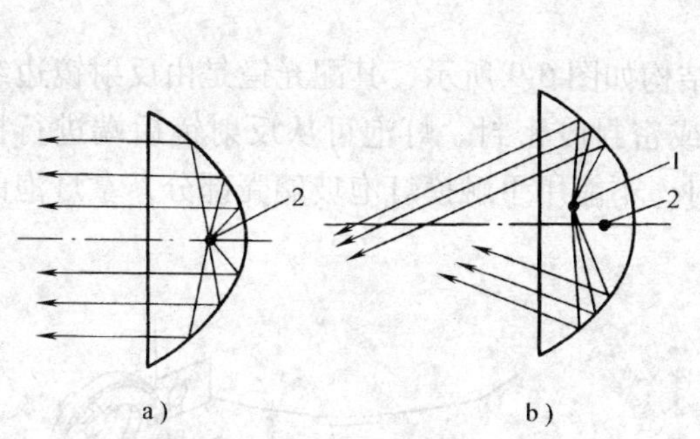

图6-5　双丝灯泡的远、近光束

a）远光灯　b）近光灯

1—近光灯丝　2—远光灯丝

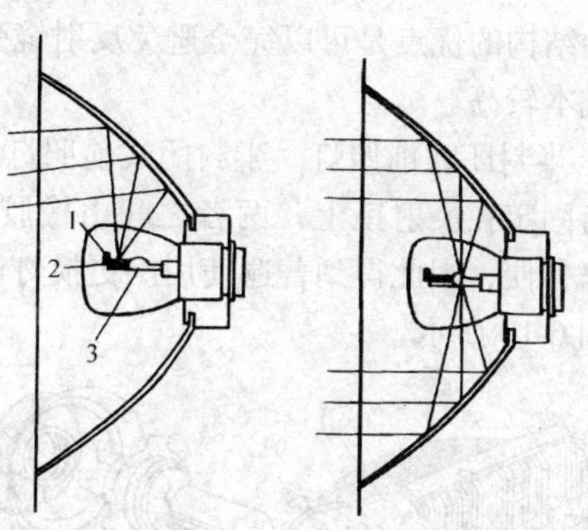

图6-6　带遮光罩的双丝灯泡

1—近光灯丝　2—遮光罩　3—远光灯丝

（3）采用非对称型光形　这是一种新型的防眩目前照灯，安装时将遮光罩偏转一定的角度，使其近光的光形分布不对称，将近光灯右侧光线倾斜升高15°，如图6-7b所示。

（4）Z型光形　Z型光形是目前比较先进的光形，它不仅可防止对面驾驶员眩目，也可防止非机动车人员眩目，如图6-7c所示。

4. 前照灯的分类

（1）可拆式前照灯　这种前照灯的配光镜靠反射镜边缘上的齿簧与反射镜组合在一起，并用箍圈和螺钉将它们固定在灯壳上。可拆式前照灯由于密封性不好，反射镜易受灰尘和湿气的污染而变黑，严重影响照明效果，目前已很少采用。

（2）全封闭式前照灯　全封闭式前照灯又称为真空灯，它的反射镜和配光镜制成一体，里面装有灯丝，并充以惰性气体。灯丝焊在反射镜底座上。反射镜的镜片为真空镀铝，其结构如图6-8所示。

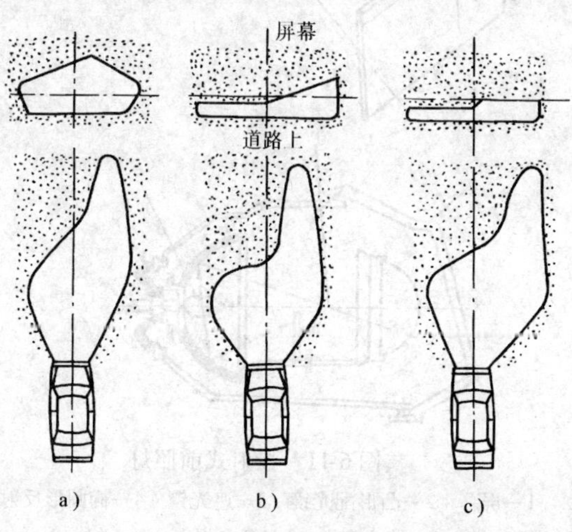

图6-7　前照灯配光光形

a）标准型　b）非对称型　c）Z型

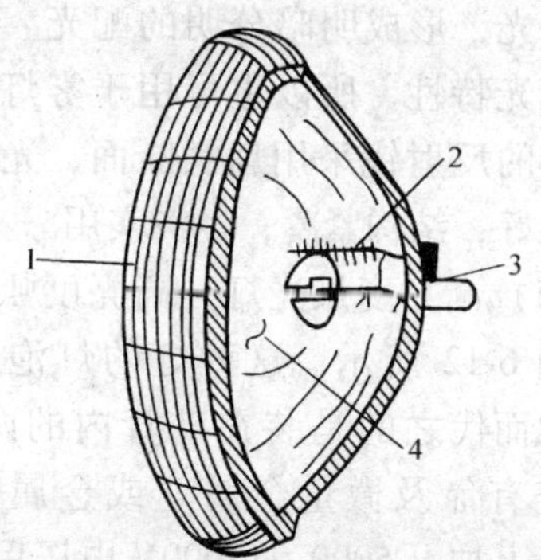

图6-8　全封闭式前照灯

1—配光镜　2—灯丝

3—插片　4—反射镜

这种结构的优点是可以完全避免反射镜受到污染，但是当灯丝烧坏后，需要更换前照灯总成，成本较高。

（3）半封闭式前照灯　半封闭式前照灯的结构如图6-9所示，其配光镜是由反射镜边缘上的牙齿固定在反射镜上，两者之间由橡胶圈或密封胶密封。灯泡可从反射镜后端进行拆装，维修方便，因此得到普遍使用。更换灯泡时，不能用手触摸灯泡玻璃壳部分，拿灯泡的方法如图6-10所示。

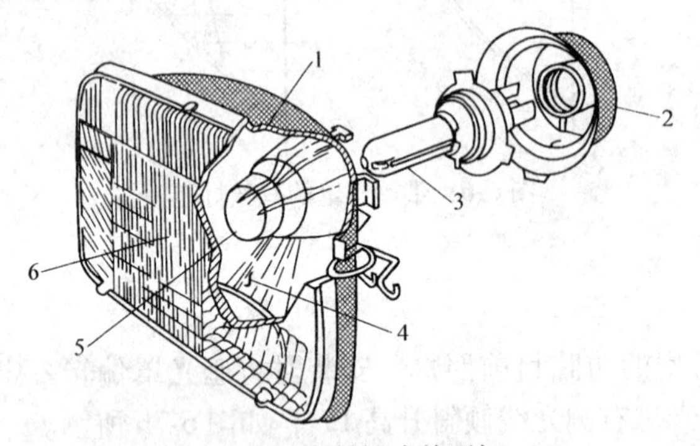

图6-9　半封闭式前照灯

1—灯壳　2—灯泡卡盘　3—灯泡　4—反射镜　5—玻璃球面　6—配光镜

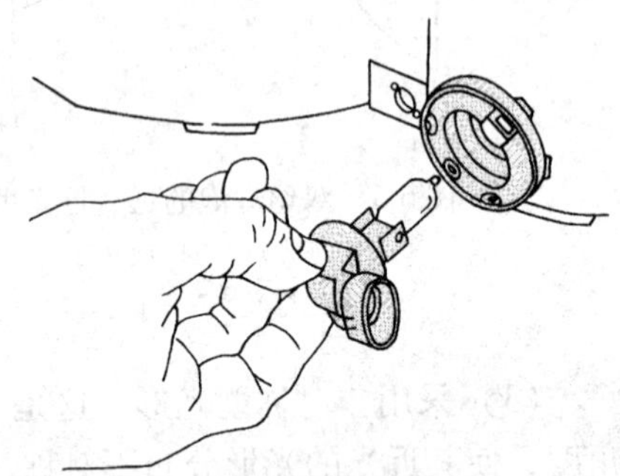
图6-10　拿灯泡的方法

（4）投射式前照灯　如图6-11所示，投射式前照灯的反射镜近似于椭圆形状，它具有两个焦点。第一焦点处放置灯泡，第二焦点是由光线形成的，凸形配光镜的焦点与第二焦点是一致的。来自灯泡的光利用反射镜聚成第二焦点，再通过配光镜将聚集的光投射到前方，投射式前照灯采用的灯泡为卤钨灯泡。

在第二焦点附近设有遮光板，可遮挡上半部分光，形成明暗分明的配光。由于它的这种配光特性，所以也可用于雾灯。投射式前照灯的反射镜采用扁长断面，光束横向分布效果好，结构紧凑，经济实用。

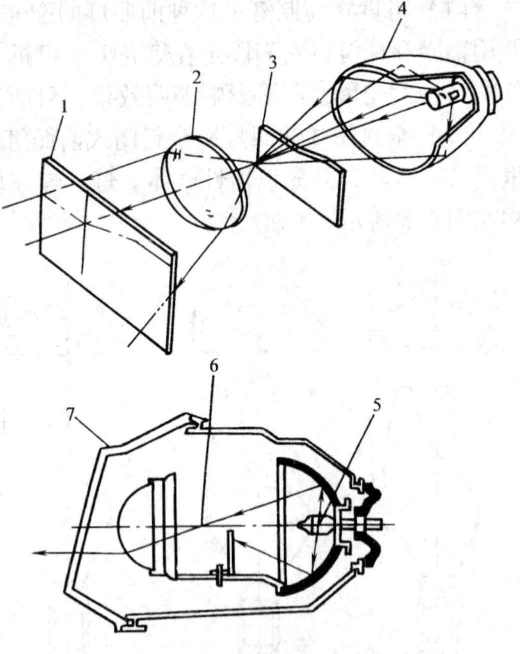

图6-11　投射式前照灯

1—屏幕　2—凸形配光镜　3—遮光镜　4—椭圆形反射镜　5—第一焦点　6—第二焦点　7—总成

（5）高亮度弧光灯　高亮度弧光灯的结构如图6-12所示，这种灯的灯泡里没有灯丝，取而代之的是装在硅管内的两个电极，管内充有氙及微量金属（或金属卤化物）。在电极上加上5000～12000V电压后，气体开始电离而导电。由气体原子激发到电极间的少量水银蒸气弧光放电，最后转入卤化物弧光灯工作，采用多种气体是为了加快起动。

弧光灯由弧光灯组件、电子控制器和升压器三大部分组成。其灯泡的光色和荧光灯相似，亮度是卤钨灯泡的2.5倍，寿命是卤钨灯泡的5倍，灯泡的功率为35W，可节能40%。

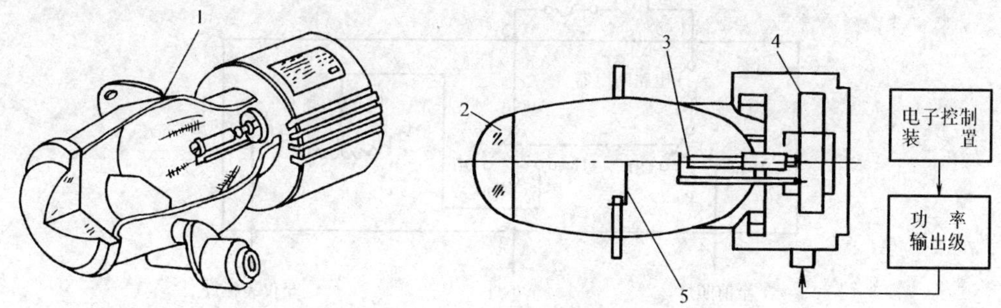

图6-12　高亮度弧光灯

1—屏幕　2—凸形配光镜　3—遮光镜　4—椭圆反射镜　5—第一焦点（F_1）

三、灯光开关与前照灯电路

1. 灯光开关与前照灯电路简介

照明系统的大部分电路是由灯光开关来控制的，最常用的灯光开关一般有关闭（Off）挡、小灯（Park）挡和前照灯（Head）挡三个挡位。对大部分车来说，灯光开关上的两个相线接线柱与蓄电池正极直接相连，灯光电路不受点火开关控制，即点火开关在关闭挡时，灯光开关也能开、闭照明电路。

灯光开关可以装在仪表板上，也可装在转向柱上，如图6-13所示。灯光开关的结构原理如图6-14所示。灯光开关在关闭（Off）挡时，关断所有的灯泡电路；在小灯（Park）挡时，通过接线柱3（图6-14）接通小灯、尾灯、牌照灯和仪表灯；在前照（Head）挡时，通过接线柱2接通前照灯电路，小灯（Park）挡电路继续接通。仪表灯的亮度调节旋钮是由一个变阻器组成的，可单独安装在仪表板上，也可安装在灯光开关上。在灯光开关上有两个相线接柱1和5，分别给大灯电路和小灯电路供电，防止当一个电路出现断路故障时，全车灯光电路没电。

变光开关大多数安装在转向柱上，串接在前照灯电路中，当灯光开关打到前照灯挡时，驾驶员可通过变光开关控制大灯的远光和近光，如图6-15所示。

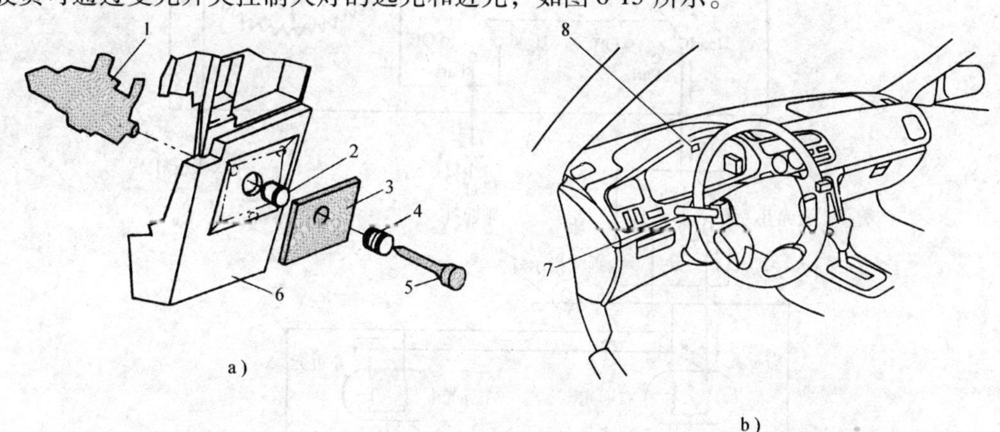

图6-13　灯光开关的安装位置

a）安装在仪表板上的灯光开关　b）安装在转向柱上的灯光开关

1—灯光开关　2—衬套　3—面板　4—定位件　5—拉杆　6—仪表板　7—灯光组合开关　8—远光指示灯

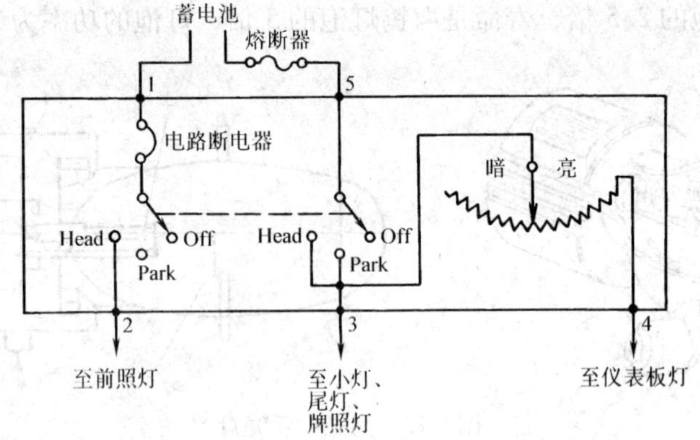

图 6-14　灯光开关的结构原理

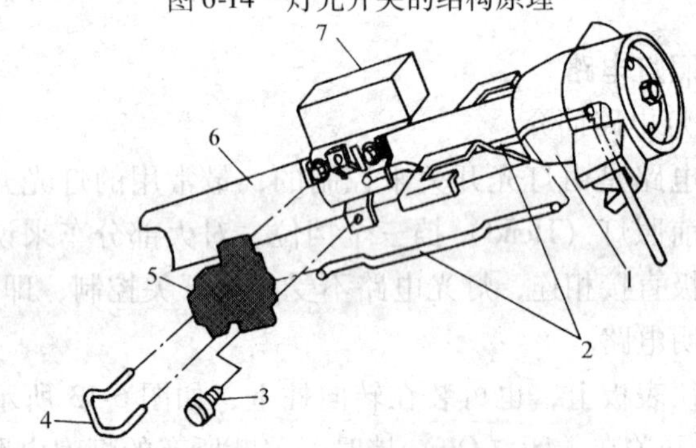

图 6-15　变光开关

1—转向柱护罩　2—手柄连动杆　3—固定螺钉　4—调节销　5—变光开关　6—转向柱　7—点火开关

前照灯电路由灯光开关、变光开关、远光指示灯和前照灯等组成。前照灯电路如图 6-16

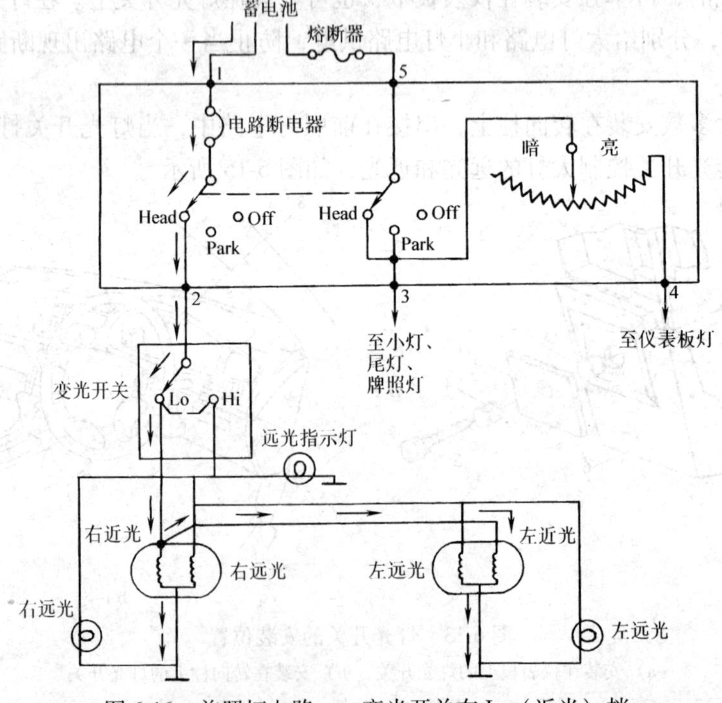

图 6-16　前照灯电路——变光开关在 Lo（近光）挡

和图 6-17 所示。由前照灯电路可知，灯光开关和变光开关都不搭铁，而是采用灯丝搭铁，且前照灯都是并联的，这样可防止一个灯丝烧断导致全车前照灯不亮。

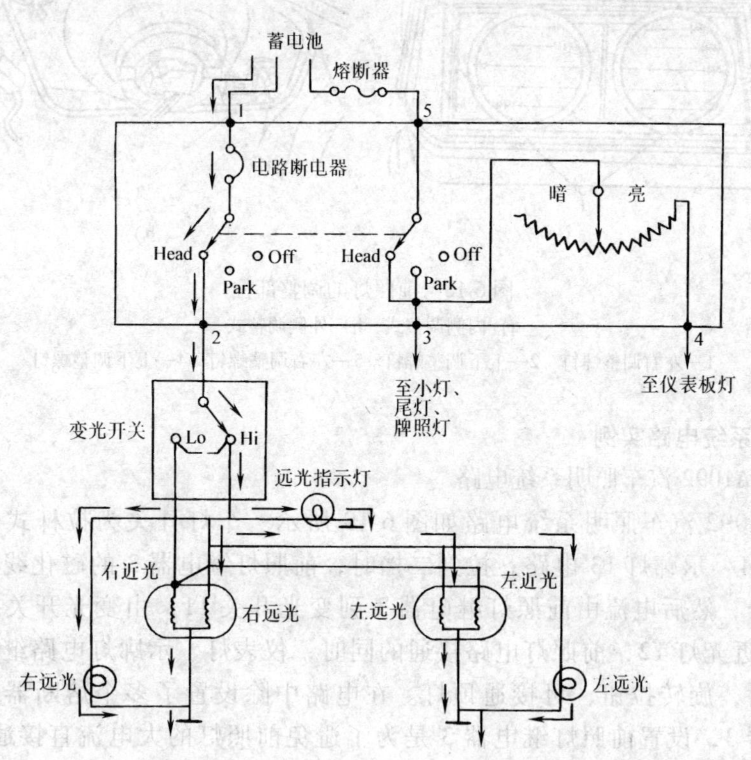

图 6-17 前照灯电路——变光开关在 Hi（远光）挡

2. 前照灯的使用与调整

（1）前照灯使用时的注意事项

1）前照灯在使用时要注意密封，防止水分及灰尘进入。

2）光学组件要配套使用，不要随意更换灯泡功率及其他光学组件。

3）前照灯在车上安装要牢固。

（2）前照灯的故障现象及排除

1）前照灯不亮：原因有熔丝烧断、变光开关有故障、前照灯搭铁不良等。排除方法为：若熔丝烧断或变光开关有故障，应更换；若搭铁不良，根据情况进行修理。

2）只有远光灯亮或只有近光灯亮：原因有熔丝断、变光开关有故障。排除方法为：更换熔丝或变光开关。

3. 前照灯的调整

前照灯在使用过程中，光轴方向偏斜（或更换新前照灯总成）时，应进行调整。调整部位一般分外侧调整式和内侧调整式两种，如图 6-18 所示。

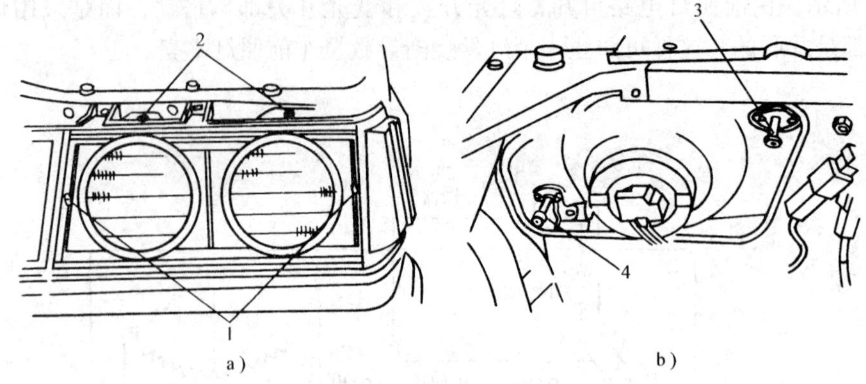

图 6-18　前照灯的调整部位

a）内侧调整式　b）外侧调整式

1—左右调整螺钉　2—上下调整螺钉　3—左右调整螺钉　4—上下调整螺钉

四、照明系统电路实例

1. 解放 CA1092 汽车照明系统电路

解放 CA1092 汽车照明系统电路如图 6-19 所示。车灯开关为拉杆式，拉到一挡时接通仪表灯 14、示廓灯 13 电路；拉到二挡时，前照灯继电器 3 的磁化线圈通电，继电器的触点闭合，然后电流由前照灯继电器 3 到变光开关 11，由变光开关控制前照灯的远光灯 10 和近光灯 12，前照灯电路接通的同时，仪表灯、示廓灯电路继续接通。灯光开关不拉出时，旋转拉钮，可接通顶灯。在电路中除设置了多个熔断器外，还设置了前照灯继电器 3，设置前照灯继电器 3 是为了避免前照灯的大电流直接通过车灯开关，从而可保护车灯开关。

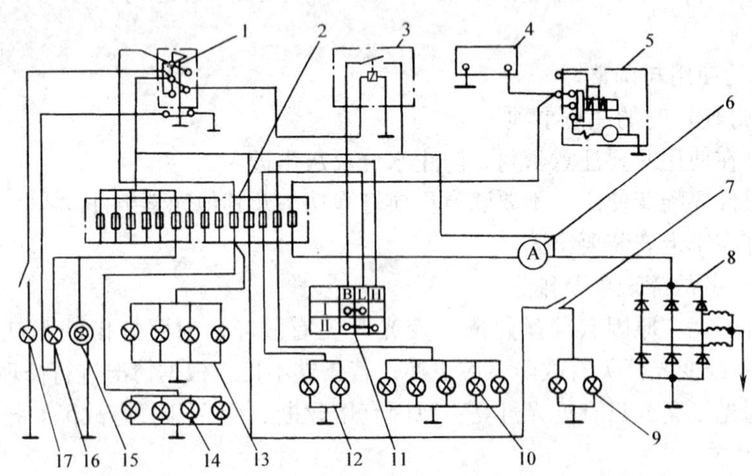

图 6-19　解放 CA1092 汽车照明系统电路

1—车灯开关　2—熔断器　3—前照灯继电器　4—蓄电池　5—起动机　6—电流表　7—雾灯开关　8—发电机　9—雾灯　10—远光灯　11—变光开关　12—近光灯　13—示廓灯　14—仪表灯　15—工作灯插座　16—顶灯　17—工作灯（发动机罩下灯）

2. 桑塔纳轿车照明系统电路

桑塔纳轿车照明系统电路如图 6-20 所示。

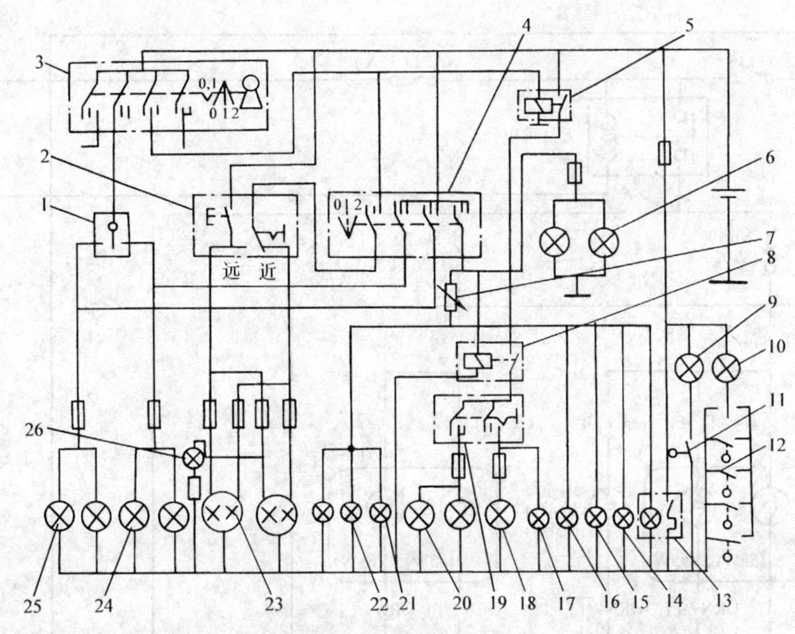

图 6-20 桑塔纳轿车照明系统电路

1—停车灯开关 2—变光和超车灯开关 3—点火开关 4—车灯开关 5—中间继电器 6—牌照灯 7—仪表灯调节电阻 8—雾灯继电器 9—行李箱灯 10—前顶灯 11—行李箱灯开关 12—前顶灯门控开关 13—点烟器照明灯 14—雾灯开关照明灯 15—后风窗除霜器开关照明灯 16—空调开关照明灯 17—雾灯指示灯 18—后雾灯 19—前后雾灯开关 20—前雾灯 21—仪表灯 22—时钟照明灯 23—前照灯 24—右前后示廓灯 25—左前后示廓灯 26—远光指示灯

桑塔纳轿车的前照灯 23 直接由车灯开关 4 控制，车灯开关 4 在Ⅱ挡时，通过变光和超车灯开关 2 进行远光和近光变换控制。此外，远光灯还可由变光和超车灯开关 2 直接控制，在超车时使用。

雾灯继电器 8 由车灯开关 4 的Ⅰ挡控制。前后雾灯开关 19 的电源来自中间继电器 5 控制的大功率相线。雾灯开关的Ⅰ挡接通前雾灯 20 的电路，Ⅱ挡同时接通前后雾灯的电路。

牌照灯 6 由车灯开关 4 控制，在车灯开关Ⅰ挡或Ⅱ挡时都接通。

前顶灯 10 和行李箱灯 9 由门控开关控制，当行李箱或车门打开时，其门控开关就会接通行李箱灯或顶灯电路。

仪表板、时钟、点烟器、后除霜器开关、空调开关、雾灯开关等照明灯也均由车灯开关控制。当车灯开关在Ⅰ挡或Ⅱ挡时，上述照明灯均被接通，其亮度可通过仪表板上的仪表灯调光器 7 进行调节。

3. HONDA Accord（本田雅阁）照明系统电路

HONDA Accord（本田雅阁）照明系统电路如图 6-21 所示。

照明系统的熔丝、大灯继电器、大灯变光继电器和灯光组合开关（灯光开关）等零件的位置如图 6-22 所示。

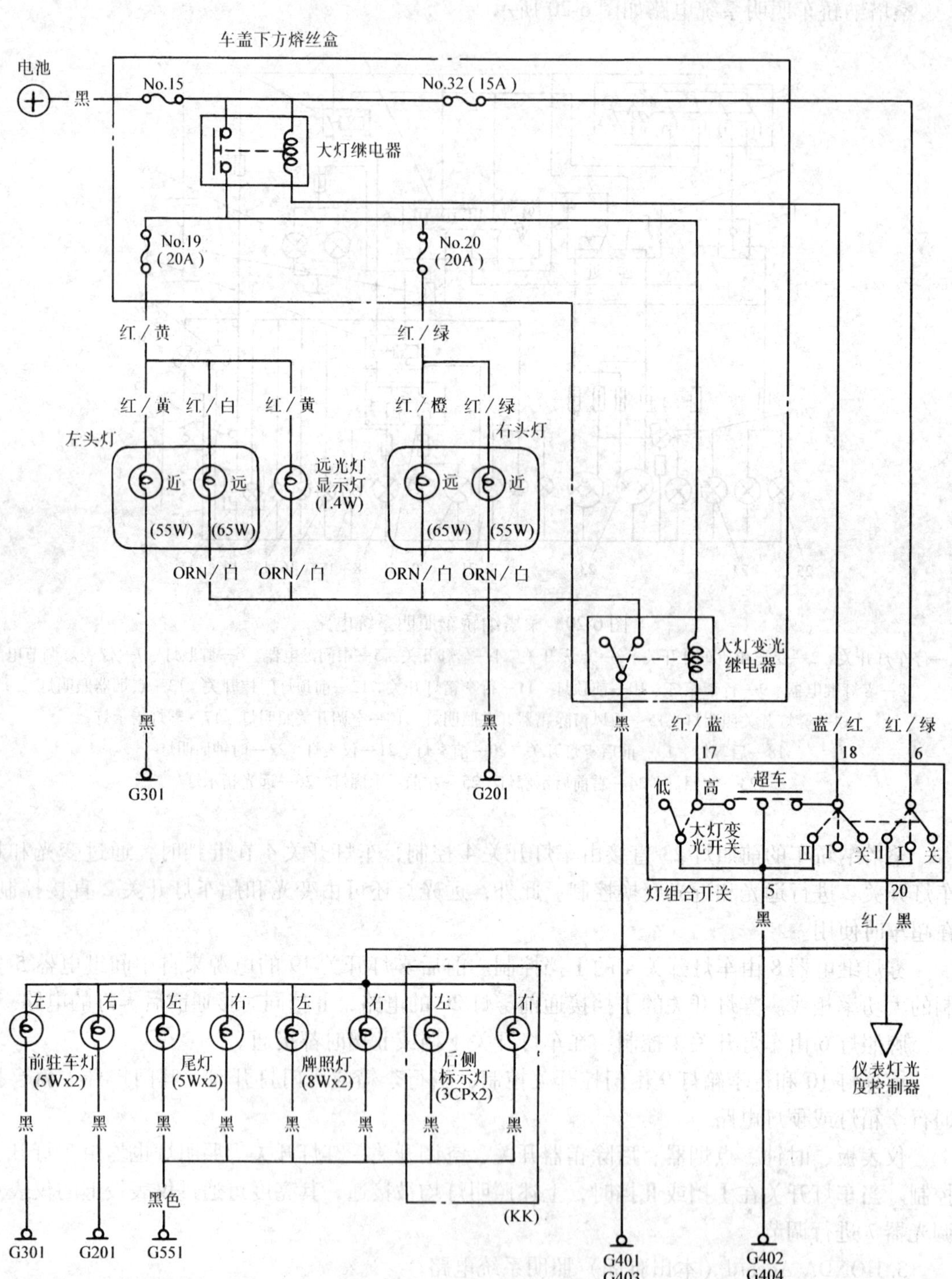

图 6-21　HONDA Accord 照明系统电路

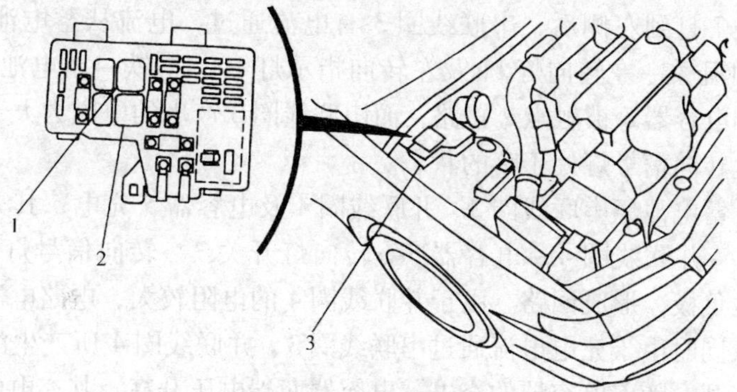

图 6-22 灯光照明系统零件位置图

1—大灯变光继电器 2—大灯继电器 3—发动机盖下熔丝/继电器盒

灯光组合开关在Ⅰ挡时，可控制仪表灯、前驻车灯、尾灯、牌照灯和后标示灯；灯光开关在Ⅱ挡时，上述灯继续亮的同时，灯光开关使大灯继电器接通，前照灯近光灯工作；灯光开关中的大灯变光开关可通过大灯变光继电器控制远光灯的工作。灯光开关向上，大灯变光继电器的磁化线圈通电，触点闭合，远光灯电路接通；灯光开关向下，远光灯电路断开。此外远光灯还可通过灯光开关中的超车挡直接控制，在超车时使用。

五、转向信号电路与闪光器

汽车转向信号灯主要用来指示车辆行驶方向。其灯光信号采用闪烁的方式，用来指示车辆左转或右转，以引起其他车辆和行人的注意，提高车辆的安全性。我国交通法规对转向信号灯的使用有明确的规定，并且还规定汽车在行驶中，如遇危险情况，可使前、后、左、右4个转向灯同时闪烁，作为危险警告信号，请求其他车辆避让。转向信号灯电路系统由转向和警告两部分电路组成，一般都是共用一个闪光器，用转向开关和危险警告开关分别进行控制。

转向信号灯电路主要由转向信号灯、闪光器、转向灯开关等组成。转向信号灯的闪烁是由闪光器控制的，常见的闪光器有热丝式、电容式、翼片式和电子式等。热丝式结构简单、成本低，但闪光频率不够稳定，寿命短，信号明暗不明显，现已被淘汰；电容式和翼片式闪光器闪光频率较为稳定，翼片式闪光器还具有结构简单、体积小、工作时伴有响声可起监控等特点；电子式闪光器具有性能稳定和工作可靠的特点，目前已广泛应用。

1. 电容式闪光器

电容式闪光器的结构与工作原理如图 6-23 所示。电容式闪光器主要由一个继电器和一个电容器组成，是利用电容器充、放电延时特性，使继电器的两个线圈产生的电磁吸力时而相加，时而相减，使触点周期性地打开或关闭，形成转向信号灯闪烁。其工作原理如下：

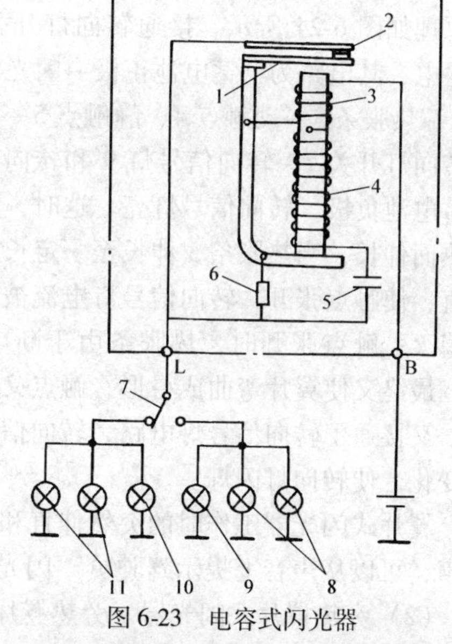

图 6-23 电容式闪光器

1—弹簧片 2—触点 3—串联线圈 4—并联线圈 5—电容器 6—灭弧电阻 7—转向灯开关 8—右转向灯 9—右转向指示灯 10—左转向指示灯 11—左转向灯

当转向灯开关 7 打到左侧后，串联线圈 3 有电流通过，电流从蓄电池正极→串联线圈 3→触点 2→转向灯开关→左转向灯 11 及左转向指示灯 10→搭铁→蓄电池负极，形成回路。此时并联线圈 4 和电容器 5 被触点 2 短路，而串联线圈 3 产生的电磁力大于弹簧片 1 的弹力使触点张开，因此转向信号灯处于暗的状态。

触点打开后，蓄电池经串联线圈 3、并联线圈 4 及电容器 5 充电，其充电电流由蓄电池正极→串联线圈 3→并联线圈 4→电容器 5→转向灯开关 7→转向信号灯 11 及转向指示灯 10→搭铁→蓄电池负极，形成回路。由于并联线圈 4 的电阻较大，电路电流很小，故转向灯仍处于暗的状态。同时由于充电电流通过串联线圈 3、并联线圈 4 所产生的电磁力的方向相同，触点仍保持打开。随着电容器的充电，电容器两端电压升高，其充电电流逐渐减小，线圈的电磁力也减小，于是触点又重新闭合。

触点闭合后，通过转向信号灯的电流增大，转向信号灯及指示灯变亮，信号灯电路为：蓄电池的正极→串联线圈 3→触点→转向灯开关 7→左转向灯 11 及左转向指示灯 10→搭铁→蓄电池负极，形成回路。与此同时，电容器 5 通过并联线圈 4 和触点放电，其放电电流通过并联线圈 4 所产生的磁场方向与串联线圈 3 的磁场方向相反，磁力相互抵消，触点继续闭合，转向信号灯仍发亮。随着放电电流的逐渐减小，并联线圈 4 产生的磁场逐渐减弱。当两线圈的磁场力总和大于弹簧片的弹力时，触点张开，灯光又变暗，周而复始，继电器触点不断地开闭，使转向信号灯和指示灯发出闪光。灭弧电阻 6 与触点并联，用来减小触点火花。

2. 翼片式闪光器

翼片式闪光器是利用电流的热效应，使热胀条通电时热胀、断电时冷缩，通过翼片产生变形动作来控制触点的开闭。根据热胀条受热情况的不同，可分为直热式和旁热式两种。

（1）直热翼片式闪光器　直热翼片式闪光器的结构原理如图 6-24 所示。接通转向灯开关时，转向信号灯通电，其电路为：蓄电池正极→闪光器接线柱 B→翼片 2→热胀条 3→动触点 4、静触点 5→闪光器接线柱 L→转向灯开关 7→转向信号灯 9 和转向指示灯 8→搭铁→蓄电池负极，转向信号灯亮。这时，热胀条 3 因通电受热而伸长，当热胀条 3 伸长至一定长度时，翼片突然绷直，使触点张开，转向信号灯电流被切断，于是转向灯熄灭；触点张开时，热胀条由于断电而逐渐冷却收缩，最终又使翼片弯曲成弓形，触点又闭合，触点闭合时，又接通了转向信号灯电路，转向信号灯亮。如此交替变化，使转向灯闪烁。

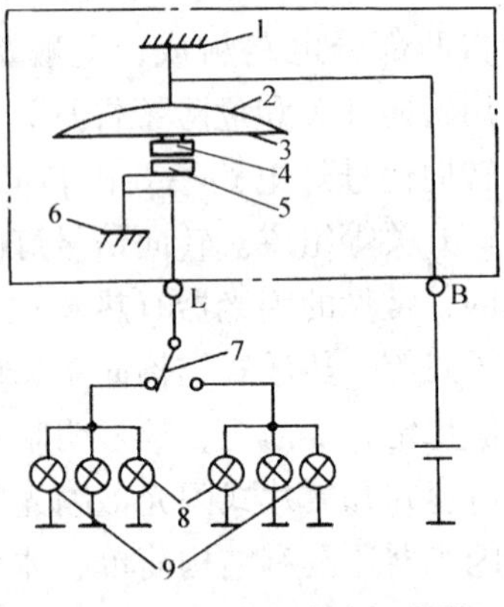

图 6-24　直热翼片式闪光器
1、6—支架具　2—翼片　3—热胀条
4—动触点　5—静触点　7—转向灯开关
8—转向指示灯　9—转向信号灯

翼片式闪光器工作时的突然伸直和弯曲所发出的弹跳声，可以从声音上提示驾驶员“闪光器在工作”。

（2）旁热翼片式闪光器　旁热翼片式闪光器的结构原理如图 6-25 所示。与直热翼片式闪光器不同的是热胀条 1 由绕在其上的电热丝 2 通电后产生的热量加热，故称旁热翼片式。电热丝的一端焊在热胀条上，另一端则与静触点相连。

接通转向灯开关 8 时，转向信号灯的电路为：蓄电池正极→接线柱 B→电热丝 2→接线柱 L→转向灯开关 8→转向信号灯 9→搭铁→蓄电池负极。由于电热线的电阻较大，电路中的电流较小，故转向信号灯是暗的。电热丝通电产生的热量使热胀条受热伸长，翼片便在自身弹力的作用下伸直而使常开触点闭合。这时转向信号灯电路的电流为：蓄电池正极→接线柱B→翼片6→动触点4、静触点5→接线柱L→转向灯开关8→转向信号灯9→搭铁→蓄电池负极。电热丝被触点短路，电流增大，转向信号灯变亮。同时，由于电热线被短路，热胀条逐渐冷却收缩，拉紧翼片，使触点再次打开，灯变暗，周而复始，使转向信号灯闪烁。

3. 电子闪光器

电子闪光器分为有触点与无触点两种。

（1）有触点电子闪光器　图6-26所示是一种较为简单的有触点电子闪光器，其工作原理如下：

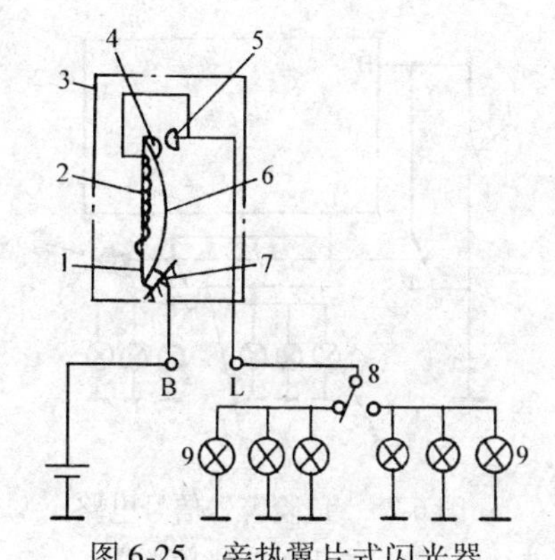

图6-25　旁热翼片式闪光器

1—热胀条　2—电热丝　3—闪光器　4—动触点　5—静触点　6—翼片　7—支架　8—转向灯开关　9—转向信号灯

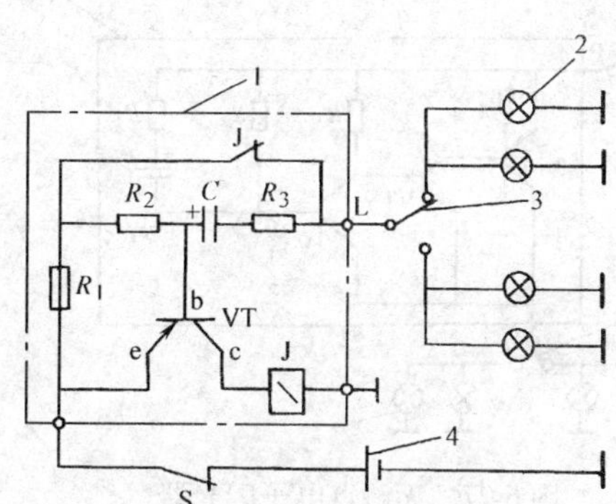

图6-26　有触点电子闪光器

1—电子闪光器　2—转向信号灯　3—转向灯开关　4—蓄电池

接通转向灯开关3时，电流由蓄电池正极→点火开关→R_1→闪光器常闭触点→转向灯开关3→转向信号灯及转向指示灯→搭铁→蓄电池负极。由于R_1的电阻较小，电路电流较大，故转向灯亮。同时因电阻R_1上的电压降使晶体管VT的发射结由于正向偏置而导通，继电器线圈有电流通过，使常闭触点张开，转向灯迅速变暗。

触点打开后，电容C被充电，充电电流从蓄电池正极→点火开关→R_1→R_2→C→R_3→转向开关→转向灯及转向指示灯→搭铁→蓄电池负极。由于充电电流很小，故转向灯仍暗。随着电容器充电的进行，晶体管VT的基极电位逐渐提高，当晶体管VT发射结两端电压小于晶体管VT导通所需的正向偏置电压时，晶体管VT截止，通过继电器线圈的电流截止，触点闭合，转向灯又重新变亮。

触点闭合后，电容C通过R_2、R_3及继电器的触点放电，随着电容C放电的进行，晶体管VT的基极电位不断下降，当达到晶体管VT导通所需要的正向偏置电压时，晶体管VT导通，继电器线圈又有电流通过，触点打开，转向灯再次变暗。

随着电容C的充电、放电，晶体管VT不断地导通、截止，周而复始，使转向灯闪烁。

（2）无触点电子闪光器　如图6-27所示为简单的无触点电子闪光器，其工作原理如下：

接通转向灯开关3，VT_1通过R_2得到正向电压而导通饱和，VT_2、VT_3则截止。由于VT_1的发射极电流很小，故转向灯较暗。同时，电源通过R_1对C充电，使VT_1的基极电位下降，当低于其导通所需正向偏置电压时，VT_1截止。VT_1截止后，VT_2通过R_3得到正向偏置电压而导通，VT_3也随之导通饱和，转向灯变亮。此时，C 经 R_1、R_2放电，使 VT_1仍保持截止，转向信号灯继续发亮。随着 C 放电电流减小，VT_1基极电位又逐渐升高，当高于其正向导通电压时，VT_1又导通，VT_2、VT_3又截止，转向信号灯又变暗。随着电容的充电、放电，VT_3不断地导通、截止，如此反复，使转向灯闪烁。

4. 危险警告信号电路

危险警告信号电路一般由左右转向灯、闪光器、危险警告开关等组成。当危险警告开关闭合时，左、右转向灯同时闪烁。其电路如图 6-28 所示，当危险警告开关闭合时，危险警告信号电路为：蓄电池正极→危险警告开关 3→闪光器 2→危险警告开关 3→转向信号灯及指示灯 5→搭铁，这样左、右转向灯及仪表板上的转向指示灯同时闪烁。

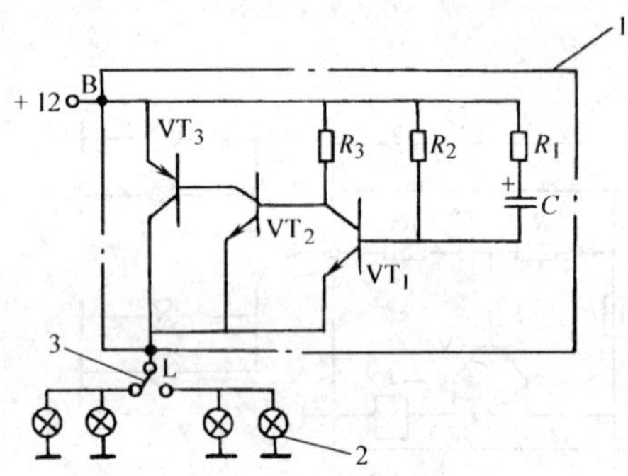

图 6-27　无触点电子闪光器

1—闪光器　2—转向信号灯　3—转向灯开关

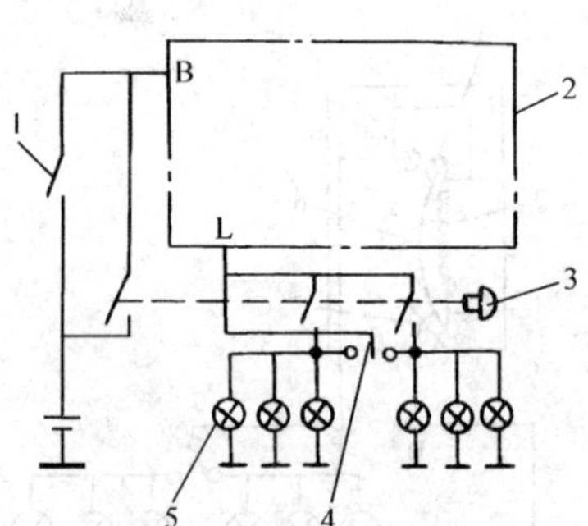

图 6-28　危险警告信号电路

1—点火开关　2—闪光器

3—危险警告开关　4—转向开关

5—转向信号灯及指示灯

5. 转向信号灯电路的常见故障

（1）转向开关打到左侧或右侧时，转向指示灯闪烁比正常情况快　这种故障现象说明这一侧的转向灯灯泡有烧坏的，或转向灯的接线、搭铁不良。排除方法为：更换灯泡；当接线、搭铁不良时，根据情况进行处理。

（2）左、右转向灯均不亮　这种故障的原因可能是熔丝断、闪光器坏、转向开关出现故障或线路有断路的地方。排除方法如下：

1）检查熔丝，如果断了应更换。

2）检查闪光器（见图 6-28)，将闪光器的两个接线柱 B、L 短接，打转向开关，转向灯若亮，说明闪光器坏，需要更换。

3）若以上正常，检查转向灯开关及其接线，根据情况进行修理或更换。

如果左、右转向灯均不亮，除以上检查方法外，还可以先打开危险警告开关，若左、右转向灯不亮，说明闪光器有故障。

六、电喇叭

汽车电喇叭按外形分有螺旋形、筒形、盆形等不同的结构；按声音分有高音和低音两种；按接线方式分有单线和双线两种。

1. 电喇叭的结构与原理

电喇叭的原理基本相同，图 6-29 所示为盆形电喇叭的结构，其原理如下：

按下喇叭按钮 10，喇叭内部电路接通，电路为：蓄电池正极→线圈 2→触点 7→喇叭按钮

10→搭铁→蓄电池负极。线圈2通电后产生磁力，吸动上铁心3及衔铁6下移，使膜片下拱。衔铁6下移将触点7顶开，线圈2电路被切断，其磁力消失，上铁心3、衔铁6及膜片4又在触点臂和膜片4自身弹力的作用下复位，触点7又闭合。触点闭合后，线圈2又通电产生磁力吸引上铁心3和衔铁6下移，再次将触点7顶开。如此循环，使上铁心3与下铁心1不断碰撞，产生一个较低的基本振频，并激励膜片与共鸣板产生共鸣，从而发出比基本频率强且分布又比较集中的谐音。

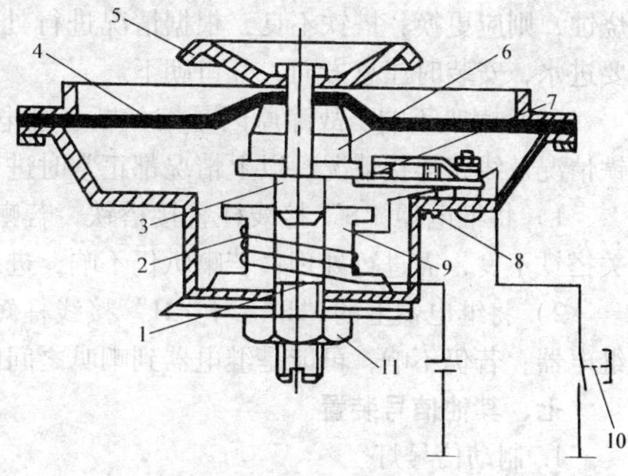

图6-29　盆形电喇叭的结构

1—下铁心　2—线圈　3—上铁心　4—膜片　5—共鸣板　6—衔铁　7—触点　8—调整螺钉　9—电磁铁心　10—喇叭按钮　11—锁紧螺母

为了得到较为和谐悦耳的声音，在汽车上一般装有高、低音两个电喇叭。由于电喇叭工作电流较大，为保护电喇叭开关，一般在电喇叭电路中设有喇叭继电器，电喇叭电路如图6-30所示。

当按下喇叭按钮3时，线圈2通电，产生的电磁力使触点5闭合，接通电喇叭电路而使电喇叭发声。电喇叭电路为：蓄电池正极→熔丝→接线柱“B”→触点臂1→触点5→接线柱“H”→电喇叭→搭铁→蓄电池负极。电喇叭工作电流不经喇叭开关，从而保护了喇叭开关。

2. 电喇叭的调整

电喇叭的调整包括音量调整和音调调整两部分，下面以盆形电喇叭为例进行介绍，如图6-31所示。

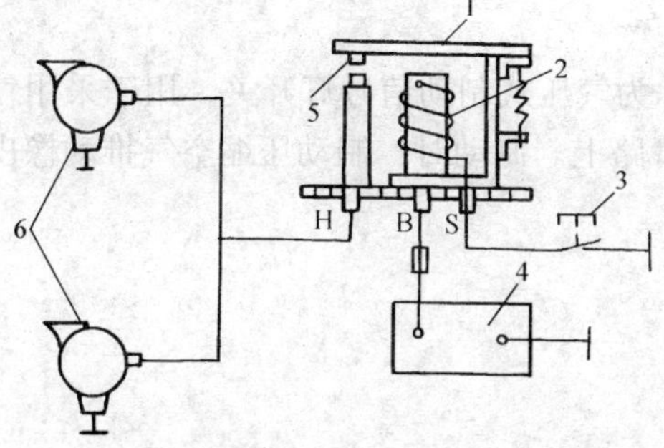

图6-30　喇叭电路

1—触点臂　2—线圈　3—喇叭按钮　4—蓄电池　5—触点　6—电喇叭

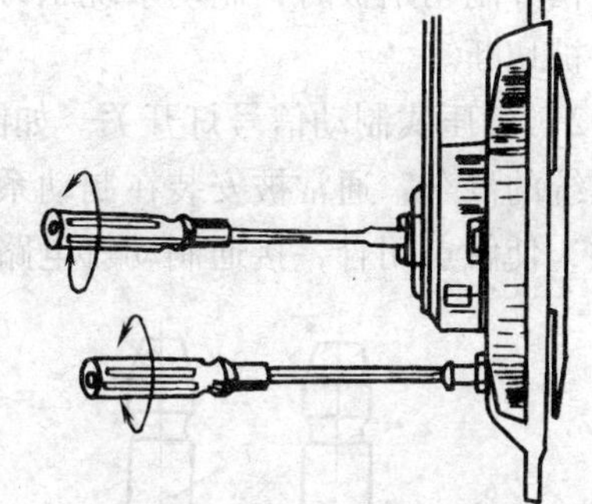
图6-31　盆形电喇叭的调整

（1）音调的调整　音调的高低取决于膜片的振动频率。盆形电喇叭通过改变上、下铁心之间的间隙就可改变膜片的振动频率。将上、下铁心之间间隙调小，可提高喇叭的音调。调整方法为：松开锁紧螺母，旋转铁心，调至合适的音调时，旋紧锁紧螺母即可。

（2）音量的调整　电喇叭的音量与通过喇叭线圈的电流的大小有关，电喇叭的工作电流大，喇叭发出的音量也就大。线圈电流可以通过改变喇叭触点的接触压力来调整。压力增大，流过喇叭线圈的电流增大，喇叭音量增大，反之音量减小。调整时不要过急，每次调整1/10圈。

3. 电喇叭的故障与排除

（1）喇叭音量小　故障原因是喇叭触点烧蚀，喇叭搭铁不良。排除方法为：喇叭触点烧蚀，则应更换；搭铁不良，根据情况进行处理。对于螺旋（蜗牛）形电喇叭，使用中不要进水，安装时注意方向，开口朝下。

（2）喇叭不响　故障原因是熔丝断、继电器或喇叭开关有故障。先检查熔丝、喇叭搭铁情况及线路连接情况，以上情况都正常时进行下列检查（见图6-31）：

1）将继电器“S”接线柱直接搭铁，若喇叭响，说明喇叭开关有故障，可能是喇叭开关搭铁不良，需进行处理；若喇叭仍不响，进行下一步操作。

2）将继电器上的“B”与“H”接线柱短接，若喇叭响，说明继电器有故障，可更换继电器；若仍不响，可能是继电器到喇叭之间的线路有故障。

七、其他信号装置

1. 制动信号灯

制动信号灯安装在汽车的尾部，当汽车制动时，红色信号灯亮，给尾随其后的车辆发出制动信号，以避免造成追尾事故。目前在一些发达国家，还规定了轿车必须安装高位制动信号灯，它装在后窗中心线、靠近窗底的部位。这样当前、后两辆车靠得太近时，后面汽车驾驶员就能从高位制动信号灯的工作情况，判断前面汽车的行驶状况。安装高位制动信号灯对于防止发生追尾事故，有相当好的效果。

（1）制动信号灯开关　制动信号灯由制动信号灯开关控制，常见的制动信号灯开关有以下几种：

1）液压式制动信号灯开关。如图6-32所示为液压式制动信号灯开关，用于采用液压制动系统的汽车上，装在液压制动主缸的前端或制动管路中。当踩下制动踏板时，由于制动系统的压力增大，薄膜片2向上拱曲，接触桥3同时接通接线柱6、7，使制动信号灯通电发亮。松开制动踏板时，制动系统压力降低，接触桥在回位弹簧4的作用下复位，制动信号灯电路被切断。

2）气压式制动信号灯开关。如图6-33所示为气压式制动信号灯开关，用于采用气压制动系统的汽车，通常被安装在制动系统的气压管路上。制动时，制动压缩空气推动橡皮膜片上拱，使触点闭合，接通制动灯电路。

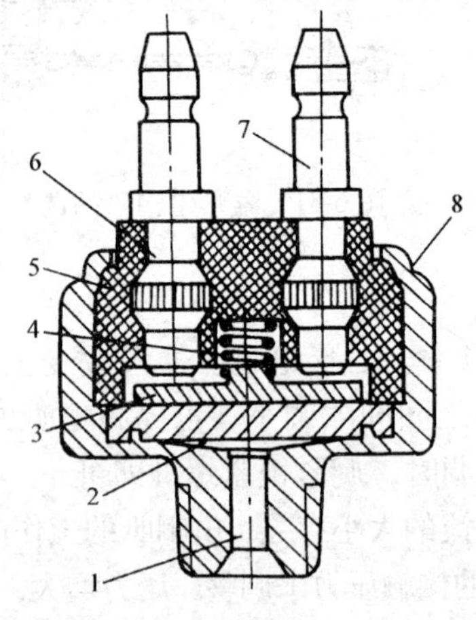

图6-32　液压式制动信号灯开关

1—通制动液　2—薄膜片　3—接触桥

4—回位弹簧　5—胶木底座　6、7—接线柱　8—壳体

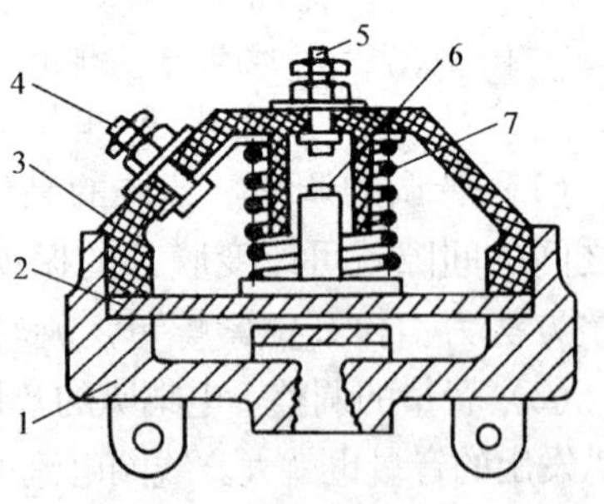

图6-33　气压式制动信号灯开关

1—壳体　2—膜片　3—胶木盖

4、5—接线柱　6—触点　7—弹簧

3）弹簧式制动信号灯开关。弹簧式制动信号灯开关是一种较为常用的制动开关，装在制动踏板的后面，如图 6-34 所示。当踏下制动踏板时，开关闭合，制动灯亮。

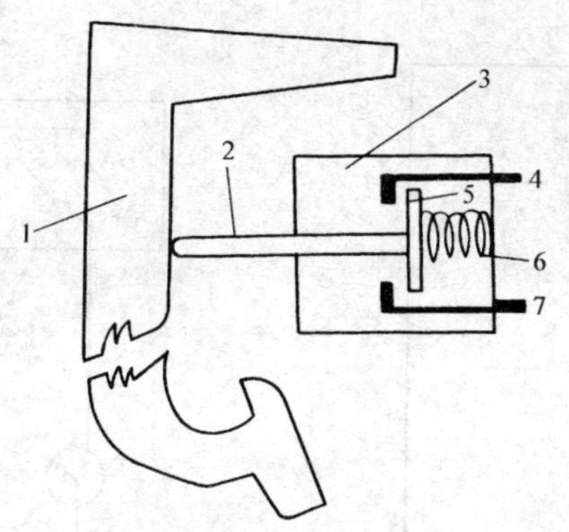

图 6-34　弹簧式制动信号灯开关

1—制动踏板　2—推杆　3—制动灯开关　4、7—接线柱　5—接触桥　6—回位弹簧

（2）制动信号灯电路　制动信号灯电路一般不受点火开关控制，直接由电源、熔丝接到制动信号灯开关。制动信号灯电路根据尾灯的组合形式有以下几种情况；

1）采用三灯泡的组合式尾灯。在这种组合式尾灯中，采用单丝灯泡，每个灯泡只有一个功能，随着功能的增加，尾灯灯泡的数量还要增加，如图 6-35 所示。

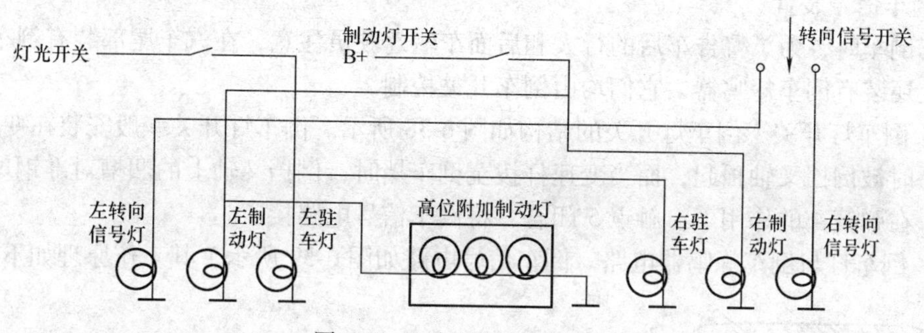

图 6-35　三灯泡组合式尾灯

2）采用双丝灯泡的尾灯。在此双丝灯泡中，大功率的灯丝既用于制动信号，又用于转向信号，图 6-36 所示为多功能双丝灯泡的尾灯电路，其工作原理如下：

当转向灯开关 3 不工作时，转向灯开关内的所有电刷都处于中间位置，踏下制动踏板，制动信号灯开关 2 闭合，电流经制动信号灯开关 2 进入转向灯开关 3，经转向灯开关内的两个电刷 A、D 分别接到后面两个尾灯的大功率灯丝 4、7 上，这时两个尾灯内的大功率灯丝的功能都是制动信号。当打转向时，例如转向灯开关 3 在左转向挡，这时所有电刷都打到左侧，如图 6-37 所示，电流经闪光器 1 进入转向灯开关 3，经转向灯开关内的两个电刷 B、C 分别到达左前转向信号灯和左后尾灯（大功率灯丝 7），这时左侧尾灯大功率灯丝 7 的功能是转向信号。如果在打左转向的同时，踏下制动踏板，这时只有右侧尾灯内的大功率灯丝 4 起制动信号作用，电流经制动信号灯开关 2 到转向灯开关 3，经转向灯开关内的电刷 D 到右侧尾灯内的灯丝 4，灯丝 4 起制动信号的作用。

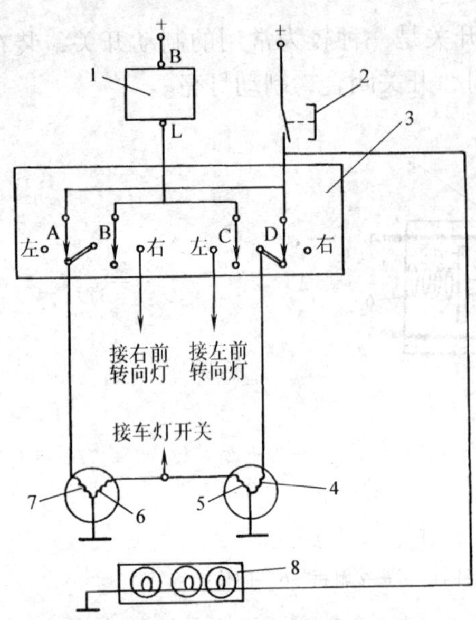

图 6-36　多功能双丝灯泡的尾灯电路

1—闪光器　2—制动信号灯开关　3—转向灯开关　4—右后转向及右制动灯丝　5—右后驻车灯丝　6—左后驻车灯丝　7—左后转向及左制动灯丝　8—高位附加制动灯

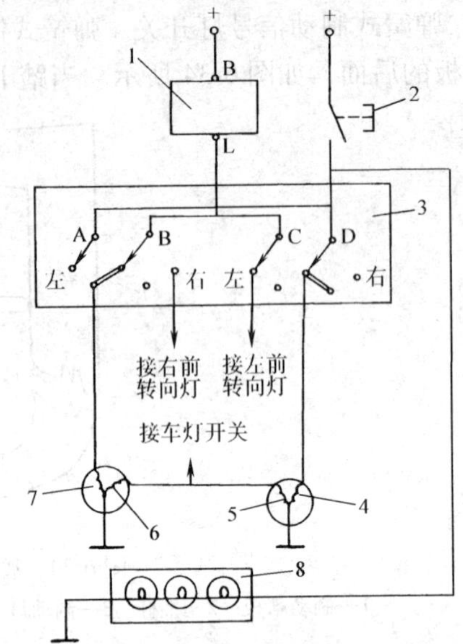

图 6-37　打转向信号时踏制动踏板的尾灯电路

1—闪光器　2—制动信号灯开关　3—转向灯开关　4—右后转向及右制动灯丝　5—右后驻车灯丝　6—左后驻车灯丝　7—左后转向及左制动灯丝　8—高位附加制动灯

2. 倒车信号装置

汽车倒车时，为了警告车后的行人和后面车辆驾驶员注意，在汽车尾部装有倒车灯，有些汽车上还装有倒车蜂鸣器，它们均由倒车开关控制。

（1）倒车灯开关　倒车灯开关的结构如图 6-38 所示。倒车灯开关一般安装在变速器上，钢球 8 平时被倒挡叉轴顶起，而当变速杆拨至倒车挡时，倒挡叉轴上的凹槽对准钢球，钢球被松开，在弹簧 4 的作用下，触点 5 闭合，将倒车信号电路接通。

（2）倒车灯与倒车蜂鸣器电路　倒车信号电路如图 6-39 所示。其工作原理如下：

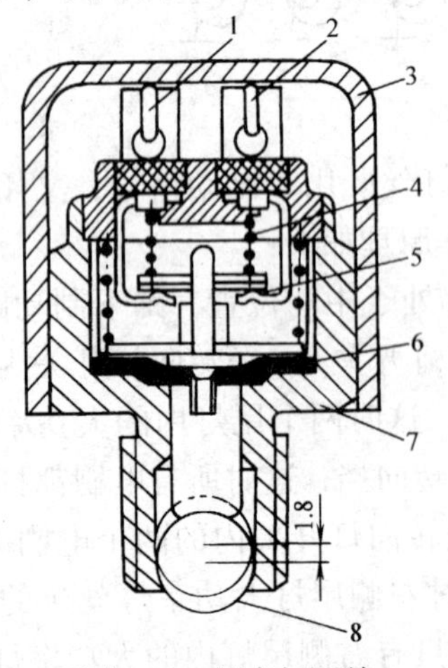

图 6-38　倒车灯开关

1、2—接线柱　3—外壳　4—弹簧　5—触点　6—膜片　7—底座　8—钢球

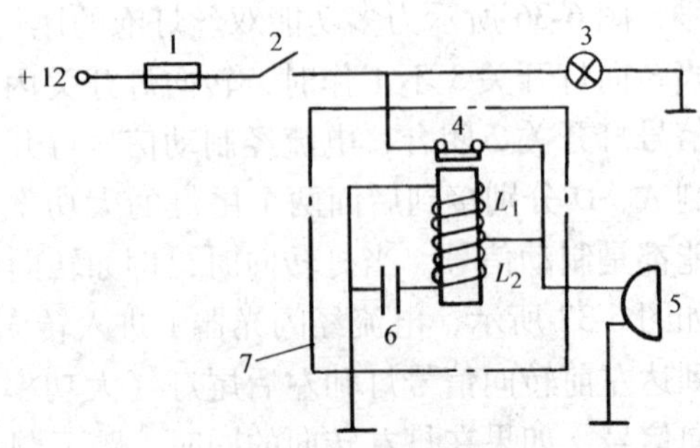

图 6-39　倒车信号电路

1—熔丝　2—倒车灯开关　3—倒车信号灯　4—触点　5—蜂鸣器　6—电容器　7—继电器

倒车时，安装在变速器上的倒车灯开关闭合，倒车信号灯亮；同时，电流经继电器 7 中的触点 4 到蜂鸣器 5，使倒车蜂鸣器发出响声。此时，线圈 L_1 和 L_2 中均有电流通过，流经线圈 L_2 的电流同时向电容器 6 充电，由于流入线圈 L_1 和 L_2 的电流大小相等，方向相反，产生的磁通互相抵消，故触点 4 继续闭合。随着电容器 6 两端电压逐渐升高，线圈 L_2 中的电流逐渐减小，当线圈 L_1 中磁通大于线圈 L_2 的磁通一定值时，磁吸力大于弹簧拉力，触点 4 打开，蜂鸣器停止发响。

触点打开后，电容器经线圈 L_1 和 L_2 放电，使线圈 L_1 和 L_2 中的电流方向相同，磁吸力方向相同，触点继续打开；当电容两端的电压下降到一定值时，磁吸力小于弹簧弹力，触点又重新闭合，蜂鸣器又发响。电容器又开始充电，重复上述过程。如此可知：蜂鸣器是利用电容的充电和放电，使线圈 L_1 和 L_2 的磁场时而相加、时而相减，使触点 4 时开时闭，从而控制电磁振动式蜂鸣器间歇发声，以警告行人和其他车辆的驾驶员注意。在倒车时，倒车灯不受继电器控制，一直发亮，在夜间时，倒车灯还兼有照明作用。

任务二　照明电路测试与分析

一、工具材料

桑塔纳轿车、大灯总成、组合开关、万用表、其他工具等。

二、操作要点和项目

桑塔纳轿车照明电路参照理论学习内容。根据电路做以下检测，并将检测结果填写在表 6-1 中，然后与电路分析进行对比，可判断是灯泡还是开关等有故障。

1）检测前照灯线束端子。

2）检测小灯线束端子。

3）检测雾灯线束端子。

通过以上测试，分析故障部位。

表 6-1　桑塔纳轿车照明系统各灯泡线束的检测结果

		检测结果		结论
		远光挡	近光挡	
右前照灯	端子 1			
	端子 2			
	端子 3			
左前照灯	端子 1			
	端子 2			
	端子 3			
前左雾灯				
前右雾灯				
前左小灯				
前右小灯				
后雾灯				

任务三　电喇叭电路测试与分析

一、工具材料

桑塔纳轿车、电喇叭、喇叭继电器、蓄电池、万用表、其他工具等。

二、操作要点和项目

测试桑塔纳轿车电喇叭电路，电路图可参照理论学习内容，并将测试结果填写在表6-2中。

表 6-2　喇叭线束端子的检测

		按下喇叭开关	不按下喇叭开关	结　论
高音喇叭	端子 1			
	端子 2			
低音喇叭	端子 1			
	端子 2			
继电器				
开关				

任务四　转向信号电路测试与分析

一、工具与材料

桑塔纳轿车、转向闪光继电器、万用表、其他常用工具等。

二、操作要点和项目

测试桑塔纳轿车转向灯电路，电路图可参照理论学习内容，并将测试结果填写在表6-3中。

表 6-3　继电器线束端子的检测

	转向开关状态	结　论
左前转向灯		
左后转向灯		
右前转向灯		
右后转向灯		
继电器		
转向开关		
危险报警开关		

任务五　照明与信号系统故障诊断与排除

一、工具材料

桑塔纳轿车、万用表、各种导线、灯泡及熔丝等。

二、操作要点及项目

先由实验教师在照明与信号系统分别设计故障。然后在实验教师的监护下，由学生独立完成故障的诊断与排除。在操作过程中，注意操作程序与规范，并注意设备的正确使用。照明与信号系统的电路图参照理论学习内容。

1）根据照明系统的故障现象，诊断并排除故障。

2）根据转向信号系统的故障现象，诊断并排除故障。

三、故障诊断步骤

1）确认故障现象，操作开关，逐个挡位进行检查。

2）根据故障现象，确定熔丝、继电器、灯泡及开关等元件的检查顺序。

小　结

照明系统主要包括指前照灯、小灯、开关照明灯、仪表灯及牌照灯等。前照灯分为远光灯及近光灯。照明系统由车灯开关控制，车灯开关打到小灯挡时，小灯、开关照明灯、仪表灯及牌照灯亮起；车灯开关打到前照灯挡时，前照灯亮起，同时小灯挡正常工作，此时通过变光开光控制大灯的远光或近光。前照灯功率较大，有些车型的前照灯电路由继电器控制。

信号系统主要包括转向信号灯、喇叭、雾灯、倒车灯及制动灯。转向信号电路与危险报警信号（双闪）电路共用一个继电器。喇叭电路一般是由喇叭开关控制继电器线圈的搭铁电路，然后由继电器控制喇叭电路。

复习思考题

1. 简述前照灯电路的组成及工作过程。
2. 简述转向信号灯的工作过程。
3. 简述雾灯的工作过程。
4. 简述危险报警信号（双闪）的工作过程。

项目七　仪表与报警系统的使用与维修

知识点

（1）掌握仪表与报警系统的作用及工作原理。

（2）了解仪表与报警系统报警内容的含义。

技能点

（1）能够正确分析仪表与报警系统的系统电路。

（2）能正确分析仪表与报警系统的故障原因并排除故障。

任务一　理论学习

仪表用来指示汽车运行以及发动机运转的状况，以便驾驶员随时了解各系统的工作情况，保证汽车安全而可靠地行驶。汽车上常见的仪表有水温表、燃油表、车速里程表等。

报警灯是当汽车或发动机的某一系统处于不良或特殊状态时，突然发亮，以提醒驾驶员注意，采取适当措施，保证行车安全。在汽车仪表板上安装了许多报警灯，由于报警灯在正常情况下不工作，不需经常确认，对目视性要求低，所以现代汽车广泛采用。

随着汽车电气设备的不断增加，电气系统也变得越来越复杂。常规指针式仪表已不能为驾驶员提供更多的信息，而电子仪表能对汽车或发动机的各种复杂的信息，以数字、文字和图形显示出来，供驾驶员了解。

一、汽车仪表

现代汽车大多采用组合仪表，组合仪表一般由面罩、边框、表芯、印制电路板、插接器、报警灯、指示灯及仪表照明灯等部件组成，有些仪表还带有稳压器和报警蜂鸣器。不同汽车的组合仪表中的仪表个数不同，如图 7-1 所示为桑塔纳 2000 轿车组合仪表，其仪表板上的主要仪表有：燃油表、冷却液温度表、发动机转速表和车速里程表。仪表板上还有许多

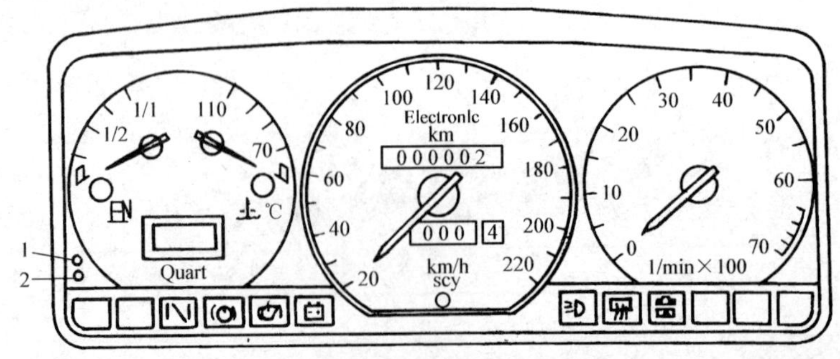

图 7-1　桑塔纳 2000 轿车组合仪表

1—分调整钮　2—时调整钮

指示灯、报警灯、仪表灯等。组合仪表中的仪表可单独更换，各种指示灯、报警灯和仪表灯的灯泡从组合仪表总成外部可单独更换。

1. 电流表

电流表用来指示蓄电池充电或放电电流的大小，它串接在充电电路中，电流表的正极接发电机的正极，电流表的负极接蓄电池的正极。当电流表的指针指向“+”侧时，表示蓄电池充电；当电流表的指针指向“-”侧时，表示蓄电池放电。

目前，多数汽车基本上都已取消了电流表而用充电指示灯代替，少数汽车还装用电流表，如解放 CA1092 汽车两者都具备。

（1）电磁式电流表　国产多数汽车使用电磁式电流表，如解放 CA1092 汽车，其结构及工作原理如图 7-2 所示。电流表内的黄铜片（相当于单匝线圈）固定在绝缘底板上，两端与接线柱 1、3 相连，黄铜片的下面装有永久磁铁 6，磁铁内侧的轴 7 上装有带指针的软铁转子 5。

当没有电流通过电流表时，软铁转子 5 被永久磁铁磁化而相互吸引，使指针停在中间“0”的位置。

当充电电流通过黄铜片时，在黄铜片周围产生磁场（其磁场方向按右手螺旋定则确定），与永久磁场合成一个磁场，在合成磁场作用下，软铁转子向“+”方向偏转一个角度，即旋转到合成磁场的方向上，充电电流越大，偏转角度越大，电流表的读数越大；当放电电流通过黄铜片时，则电流表的指针随之反向偏转，指示蓄电池放电电流的大小。

（2）动磁式电流表　国产东风 EQ1092 汽车使用的电流表为动磁式电流表，其结构如图 7-3 所示。黄铜导电板 2 固定在绝缘底板上，两端与接线柱 1 和 3 相连，中间装有磁轭 6，与导电板装在一起的转轴上装有指针 5 与永磁转子 4，该表与电磁式电流表的区别在于转子是永久磁铁。

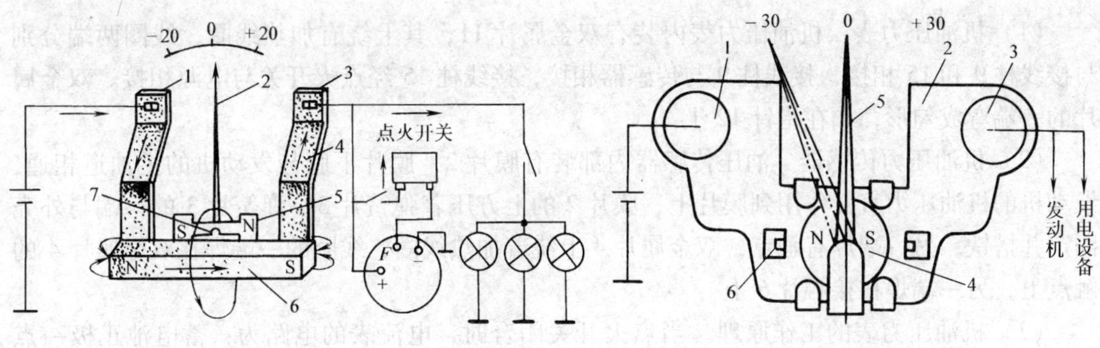

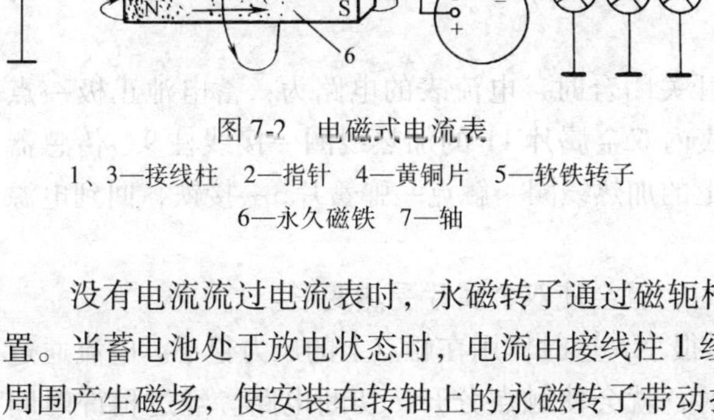

图 7-2　电磁式电流表

1、3—接线柱　2—指针　4—黄铜片　5—软铁转子　6—永久磁铁　7—轴

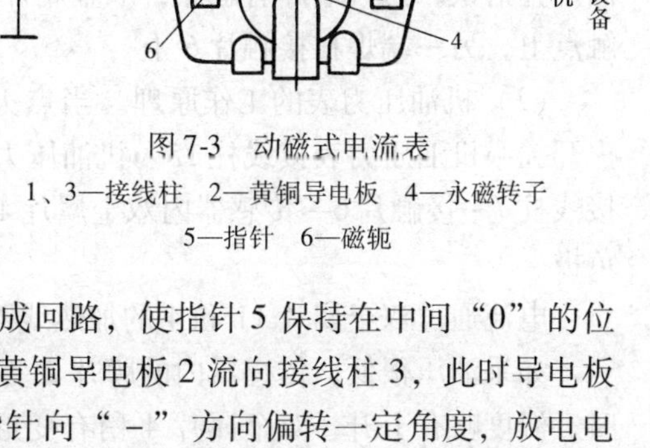

图 7-3　动磁式电流表

1、3—接线柱　2—黄铜导电板　4—永磁转子　5—指针　6—磁轭

没有电流流过电流表时，永磁转子通过磁轭构成回路，使指针 5 保持在中间“0”的位置。当蓄电池处于放电状态时，电流由接线柱 1 经黄铜导电板 2 流向接线柱 3，此时导电板周围产生磁场，使安装在转轴上的永磁转子带动指针向“-”方向偏转一定角度，放电电流越大，偏转角度越大，电流表的读数越大；当蓄电池处于充电状态时，则指针随之反向偏转。

2. 机油压力表

机油压力表用来指示发动机润滑系统机油压力的大小，机油压力表的电路由机油压力表和机油压力传感器两部分组成，机油压力表安装在组合仪表内，传感器安装在润滑主油道上。

目前多数汽车基本上都已取消了机油压力表而用机油报警灯代替，少数汽车还同时装有机油压力表和机油报警灯。

机油压力表最常用的为电热式油压表，电热式油压表又称为双金属片式机油压力表。双金属片式机油压力表及传感器的结构与工作原理如图 7-4 所示。

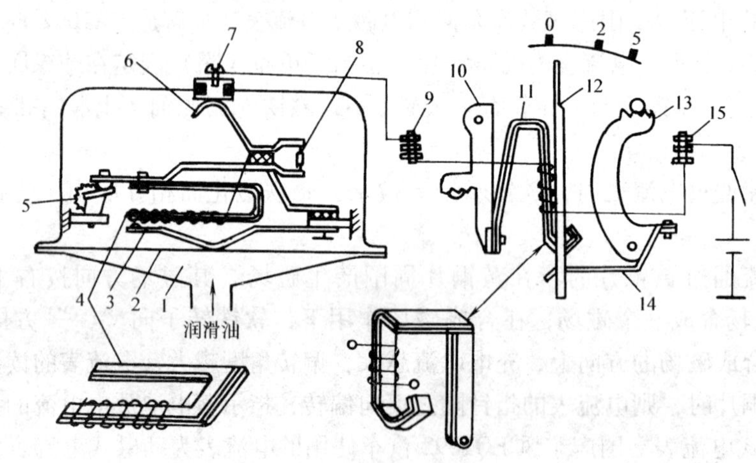

图 7-4　双金属片式机油压力表

1—油腔　2—膜片　3、14—弹簧片　4、11—双金属片　5—调节齿轮　6—接触片　7—传感器接线柱　8—校正电阻　9、15—接线柱　10、13—调节齿扇　12—指针

（1）机油压力表　机油压力表内装有双金属片 11，其上绕有加热线圈，线圈两端分别与接线柱 9 和 15 相接，接线柱 9 与传感器相接，接线柱 15 经点火开关与电源相接。双金属片的一端弯成勾形，扣在指针 12 上。

（2）机油压力传感器　油压传感器内部装有膜片 2，膜片下腔与发动机的主油道相通，发动机的机油压力直接作用到膜片上，膜片 2 的上方压着弹簧片 3，弹簧片 3 的一端与外壳固定并搭铁，另一端焊有触点，双金属片 4 上绕着加热线圈，线圈的一端焊在双金属片 4 的触点上，另一端焊在接触片 6 上。

（3）机油压力表的工作原理　当点火开关闭合时，电流表的电路为：蓄电池正极→点火开关→机油压力表接线柱 15→机油压力表内双金属片 11 的加热线圈→接线柱 9→传感器接线柱 7→接触片 6→传感器内双金属片 4 上的加热线圈→触点→弹簧片 3→搭铁，回到电源负极。

电流通过双金属片 11 和 4 的加热线圈时，就会使双金属片受热变形。

如果油压很低，传感器内的膜片 2 变形很小，这时作用在触点上的压力很小。电流通过时，温度略有上升，双金属片 4 稍有变形时，就会使触点分开，切断电路。经过稍许时间后，双金属片 4 冷却伸直，触点又闭合，线圈再次通电发热，双金属片 4 变形，很快触点又分开，如此循环，触点在不断的开、闭状态下工作。但由于机油压力低，触点压力小，极易分开，因而触点打开时间长，闭合时间短，使电路中的平均电流值很小，所以双金属片 11 受热变形小，指针的偏转角度小，指示低油压。

当油压升高时，膜片向上拱曲，触点压力增大，使双金属片向上拱曲。这就需要加热线圈通电时间长，双金属片 4 有较大的变形，触点才能打开，而分开后，稍一冷却，触点就闭合。因此在油压升高时，触点打开时间短，闭合时间长，电路中平均电流值大，使得双金属片 11 受热变形量增大，指针 12 偏转角度增大，指示高油压。

为了使油压表的指示值不受外界温度变化的影响，双金属片做成“Π”形，其中一个为工作臂，绕有加热线圈，另一个为补偿臂。当外界温度变化时，工作臂和补偿臂同时变形，弯曲方向相反，所以工作臂的附加变形得到了补偿臂相应变形的补偿，减小了误差。这样安装时要注意方向，油压传感器的箭头（安装标记）向上，保证工作臂位于补偿臂的上方，避免了工作臂产生的热气上升时对补偿臂的影响。

发动机正常工作时，机油压力正常为：低速时不小于 0. 15MPa，高速时不大于 0. 5MPa。

3. 水温表

水温表用来指示发动机冷却液的工作温度。水温表的工作电路由水温表和水温表传感器两部分组成，水温表安装在组合仪表内，水温传感器安装在发动机气缸盖的冷却水套上。

目前在多数汽车上，水温表与水温报警灯同时使用。水温表的结构形式有两种：电热式和电磁式。

（1）电热式水温表　电热式水温表又称为双金属片式水温表，电热式水温表可与电热式水温传感器或热敏电阻式水温传器配套使用。

1）电热式水温表配电热式水温传感器。电热式水温表与电热式水温传器的工作原理如图 7-5 所示。电热式水温表与双金属片式机油压力表的构造相同，仅表盘刻度值不同。

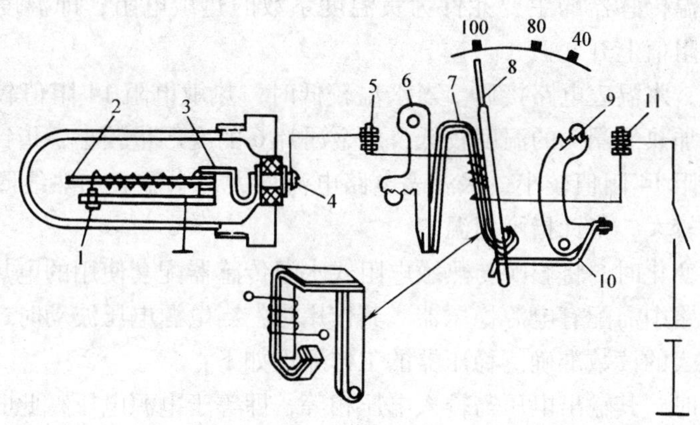

图 7-5　电热式水温表与电热式水温传感器的工作原理

1—固定触点　2、7—双金属片　3—连接片　4—水温传感器接线柱　5、11—水温表接线柱　6、9—调节齿扇　8—指针　10—弹簧片

水温传感器的密封套筒内装有双金属片 2，上面绕有加热线圈，线圈的一端通过连接片 3 与水温传感器接线柱 4 相连，另一端经固定触点 1 搭铁。

水温表的工作原理与机油压力表相似。当电路接通、水温不高时，双金属片 2 主要依靠加热线圈产生变形，故双金属片 2 需经较长时间的加热，才能使触点分开。触点打开后，由于四周温度低、散热快，双金属片 2 迅速冷却又使触点闭合。所以水温低时，触点在闭合时间长而断开时间短的状态下工作，使流过水温表加热线圈中的电流平均值增大，双金属片 7 变形大，带动指针向右偏转，指示低温。

当水温高时，双金属片 2 周围温度高，触点的闭合时间短而断开时间长，流过水温表加热线圈的电流平均值小，双金属片 7 变形小，指针向右偏转角小而指示高水温。

2）电热式水温表配热敏电阻式传感器。如图 7-6 所示为电热式水温表与热敏电阻式传感器的工作原理。

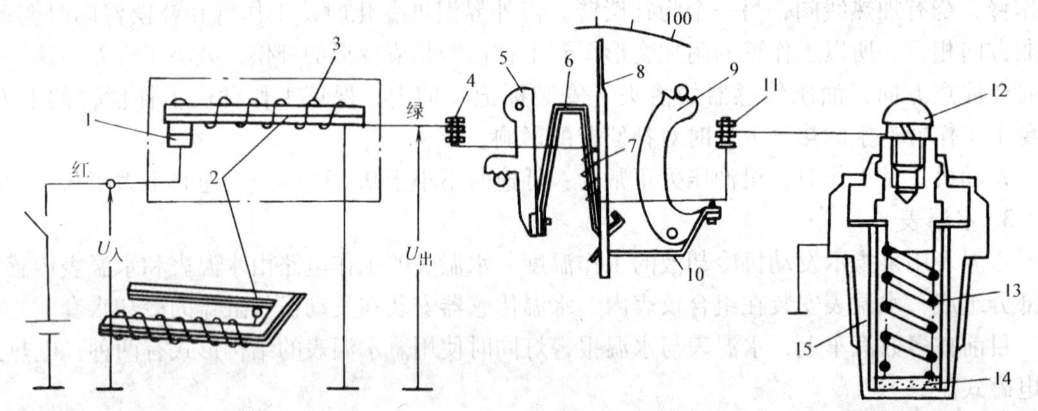

图 7-6　电热式水温表与热敏电阻式水温传感器的工作原理

1—触点　2、6—双金属片　3—加热线圈　4、11、12—接线柱　5、9—调节齿扇　7—加热线圈　8—指针　10、13—弹簧　14—热敏电阻　15—水温传感器外壳

热敏电阻式水温传感器的主要元件为负温度系数的热敏电阻，即温度升高，电阻值下降；温度下降，电阻值上升。

闭合点火开关，水温表电路接通。当水温较低时，热敏电阻 14 阻值较大，水温表电路电流较小，水温表加热线圈 7 的温度较低，双金属片 6 的变形量较小，指针指示低温；当水温较高时，热敏电阻 14 阻值较小，水温表电路电流增大，水温表加热线圈 7 温度较高，双金属片 6 的变形量较大，指针指示高温。

由于电源电压变化时，将影响与热敏电阻式水温传感器配套使用的电热式水温表的指示值，因此在这种电路中需配有电源稳压器。其作用是：当电源电压波动时，起稳定电路电压的作用，以保证仪表的读数准确。稳压器的工作原理如下：

当触点 1 闭合时，其输出电压与输入电压相等，即等于电源电压，此时，加热线圈 3 有电流通过，双金属片受热变形，使触点 1 张开；当触点 1 张开后，电路被切断，稳压器的输出电压为“零”，双金属片因无电流通过而逐渐冷却复原，于是触点又重新闭合，如此反复，稳压器的输出电压实际上是脉冲电压。当电源电压升高时，触点闭合时流过加热线圈 3 的电流增大，加速了双金属片的受热变形，使触点打开时间长，闭合时间短；反之，当电源电压降低时，触点打开时间短，闭合时间长。因此，当电源电压变化时，经稳压器输出电压的平均值保持不变。

(2) 电磁式水温表　电磁式水温表的工作电路如图 7-7 所示。电磁式水温表内有两个互成一定角度的铁心，铁心上分别绕有磁化线圈，其中磁化线圈 L_2 与水温传感器 3 串联，磁化

线圈 L_1 与水温传感器 3 并联，两个铁心的下端对着带指针的偏转衔铁，其等效电路如图 7-8 所示。

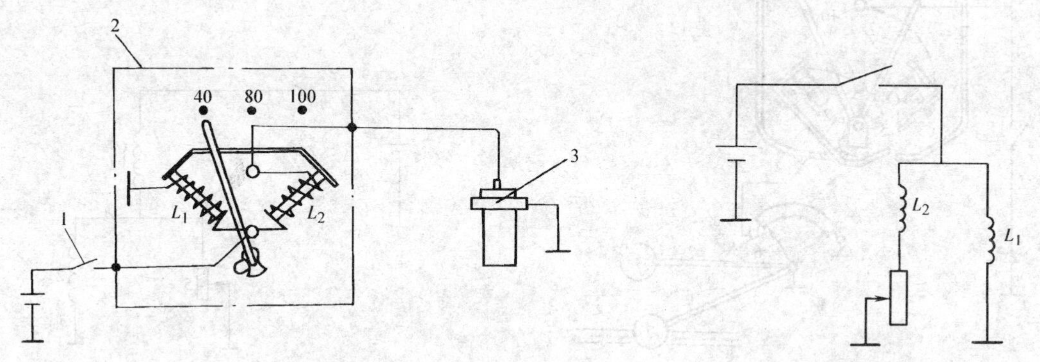

图 7-7　电磁式水温表的工作电路

1—点火开关　2—水温表　3—水温传感器

图 7-8　电磁式水温表的等效电路

电磁式水温表一般配用热敏电阻式水温传感器，而且不需要电源稳压器。其工作原理如下：当水温低时，由于热敏电阻传感器的阻值大，因此线圈 L_2 中的电流小，而线圈 L_1 中的电流大，磁场强，吸引衔铁使指针指向低温；当水温高时，由于热敏电阻传感器的阻值减小，流经线圈 L_2 的电流增大，磁场增强，吸引衔铁逐渐向高温方向偏转，使指针指向高温。

以上介绍的水温传感器，只有一个接线柱，与水温表相接。在有些车（如奥迪、红旗轿车）上，热敏电阻式水温传感器有两个接线柱，同时控制水温表与水温报警灯电路，如图 7-9所示。在传感器中，双金属片控制的常开触点与高温报警灯相连，热敏电阻与水温表相连。

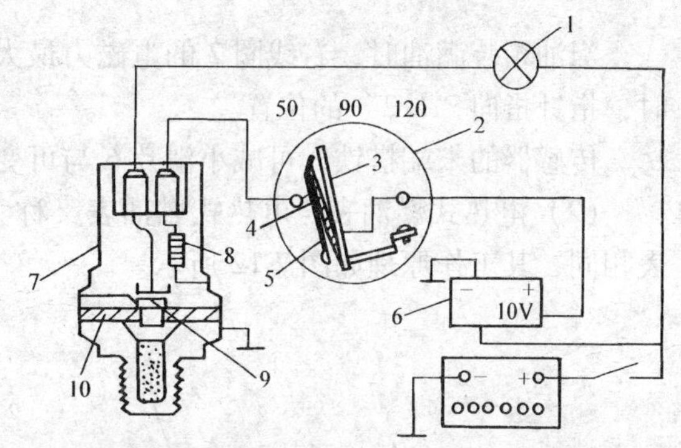

图 7-9　奥迪轿车水温表及水温报警灯电路

1—水温报警灯　2—水温表　3—指针　4—加热线圈　5、10—双金属片　6—稳压器　7—水温传感器　8—热敏电阻　9—触点

4. 燃油表

燃油表的作用是指示汽车油箱中的存油量，传感器安装在油箱中。燃油表有电磁式和电热式两种，传感器均使用可变电阻式的传感器。

（1）电磁式燃油表　图 7-10 所示为电磁式燃油表的工作原理，其中燃油表与电磁式水温表相同。其传感器由可变电阻 5、滑片 6 和浮子 7 等组成。当油箱内油面位置高低变化时，浮子带动滑片移动，从而改变电阻大小。左线圈 1 与可变电阻串联，右线圈 2 与可变电阻并联，等效电路如图 7-11 所示。其工作原理为：当油箱无油时，浮子 7 下沉，可变电阻 5 被滑片 6 短路，右线圈 2 同时被短路，无电流通过。此时，左线圈 1 中的电流达到最大，产生的电磁吸力最强，吸引转子 3 使指针指向“0”的位置。

当油箱中的燃油增加时，浮子 7 上浮，带动滑片 6 滑动，可变电阻 5 的阻值变大，使右线圈 2 中的电流增加，而左线圈 1 中的电流减小，在左线圈 1 和右线圈 2 的合成磁场作用下，转子带动指针向右偏转，指针指向高刻度位置。

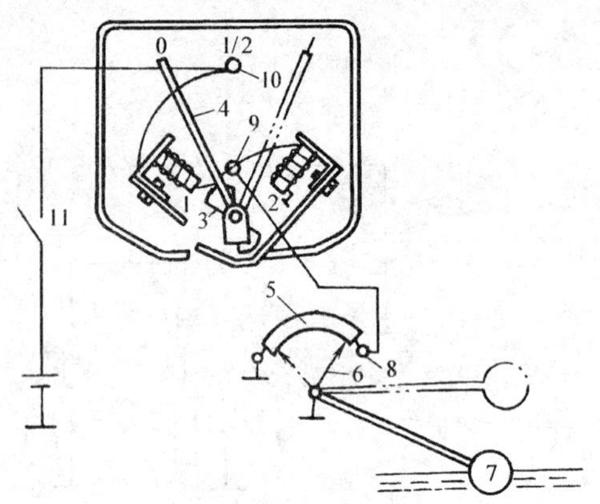

图 7-10 电磁式燃油表的工作原理

1—左线圈 2—右线圈 3—转子 4—指针

5—可变电阻 6—滑片 7—浮子 8—传感器接线柱

9、10—燃油表接线柱 11—点火开关

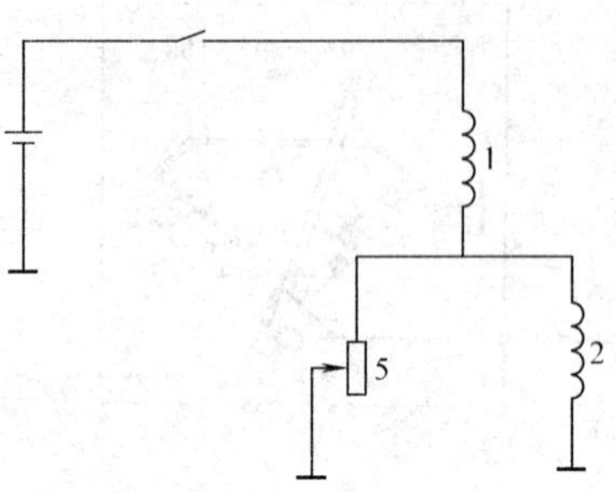

图 7-11 电磁式燃油表的等效电路

当油箱装满油时，右线圈 2 的电磁力最大，指针指向“1”的位置，当油箱中油为半箱时，指针指向“1/2”的位置。

传感器的末端搭铁，可减小滑片 6 与可变电阻 5 接触时产生的火花。

（2）电热式燃油表 电热式燃油表又称为双金属片燃油表，它的传感器与电磁式燃油表相同，其工作原理如图 7-12 所示。

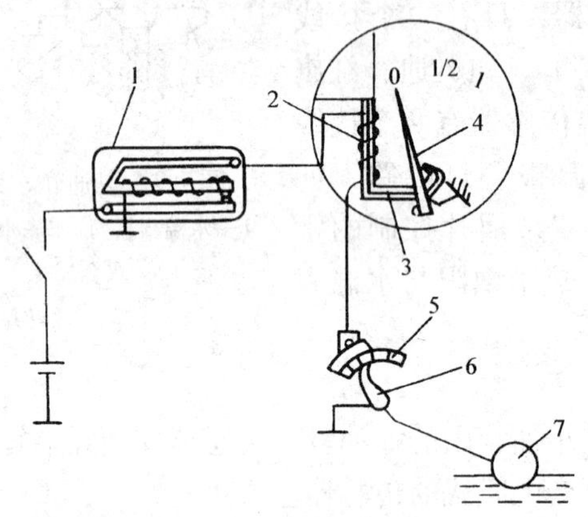

图 7-12 电热式燃油表的工作原理

1—稳压器 2—加热线圈 3—双金属片 4—指针 5—可变电阻 6—滑片 7—浮子

当油箱无油时，浮子 7 在最低位置，将可变电阻 5 全部接入电路，加热线圈中的电流最小，所以双金属片 3 没有变形，指针 4 指示在“0”的位置；当油箱中的油量增加时，传感器浮子上浮，带动滑片 6 移动，可变电阻的阻值减小，加热线圈中的电流增大，双金属片 3 受热变形，带动指针 4 向右转动。

由于经加热线圈中的电流除与可变电阻的阻值有关外，还与电源电压有关，因此该电路中需配有稳压器。

5. 车速里程表

车速里程表是用来指示汽车行驶速度和累计行驶里程数的仪表，由车速表和里程表两部分组成。

（1）磁感应式车速里程表　磁感应式车速里程表也称为永磁式车速里程表，其结构如图 7-13 所示。磁感应式仪表没有电路连接，由变速器输出轴上的一套蜗轮蜗杆以及挠性软轴来驱动。

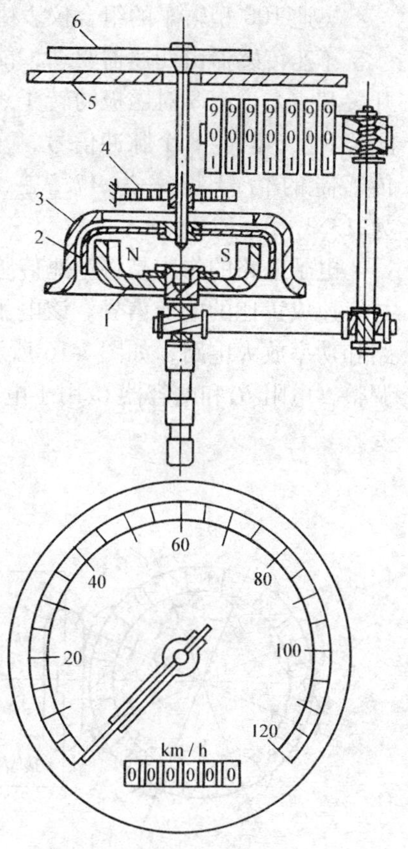

图 7-13　磁感应式车速里程表

1—永久磁铁　2—铝碗　3—罩壳
4—盘形弹簧　5—刻度盘　6—指针

车速里程表由永久磁铁 1、带有轴及指针 6 的铝碗 2、罩壳 3 和紧固在车速里程表外壳上的刻度盘 5 等组成。

罩壳 3 是固定的，铝碗 2 是杯形的，与永久磁铁 1 及罩壳 3 间具有一定的间隙，没有机械连接。铝碗 2 是与指针 6 一起转动的，在静态时，由于盘形弹簧 4 的作用使指针指在刻度盘 0 的位置上。

车速表的工作原理如下：当汽车直线行驶时，变速器输出轴上的蜗轮、蜗杆以及软轴等带动永久磁铁转动，同时在铝碗上感应出蜗流，产生转矩，使铝碗反抗游丝向永久磁铁转动方向转动，带动指针同转一个角度，因为蜗流的强弱与车速成正比（车速越高，磁场切割速度越高），所以指针指示的速度也必然与汽车的行驶速度成正比。

里程表是由蜗轮蜗杆和计数轮组成的，蜗轮蜗杆和汽车的传动轴之间具有一定的传动比。在汽车行驶时，软轴驱动车速里程表的小轴，经三对蜗轮蜗杆带动里程表的第一计数轮转动。第一计数轮上的数字为 1/10km，每两个相临的计数轮之间，又通过本身的内齿和进位计数轮的传动齿轮，形成 1∶10 的传动比。这样汽车行驶时，就可以将其行驶里程不断累计起来。

（2）电子式车速里程表　电子式车速里程表由车速传感器、电子电路、步进电动机、车速表和里程表等组成，如图 7-14 所示为电子式车速里程表的结构框图。

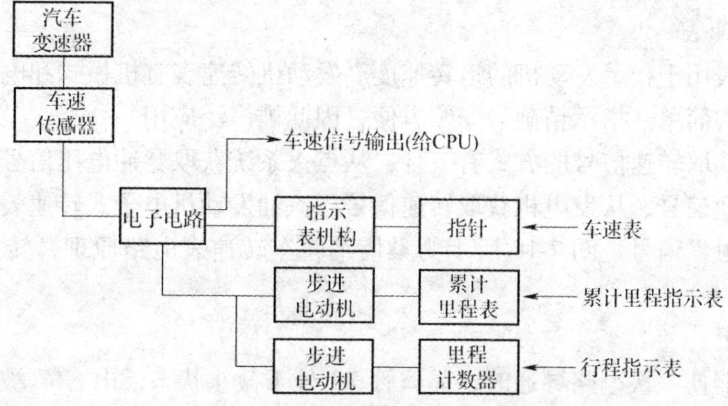

图 7-14　电子式车速里程表的结构框图

奥迪 100 型轿车的组合仪表中装有指针式电子车速里程表。其原理如下：

车速传感器由变速器驱动，能够产生正比于汽车行驶速度的电信号。传感器由一个舌簧开关和一个含有 8 对磁极的转子组成，如图 7-15 所示。转子每转一周，舌簧开关中的触点闭合 8 次，产生 8 个脉冲信号，车速越高，传感器的信号频率越高，当车速为 20km/h 时，传感器的信号频率为 17.5 ~ 22.9Hz，当车速为 200km/h 时，传感器的信号频率为213.3 ~225.2Hz。

电子电路的作用是将车速传感器送来的具有一定频率的电信号，经整形、触发输出一个与车速成正比的电流信号。该电子电路主要包括稳压电路、恒流电源驱动电路、64 分频电路和功率放大电路，如图 7-16 所示。仪表精度由电阻 R_1 调整，仪表初始工作电流由电阻 R_2 调整，电阻 R_3 和电容器 C_3 用于电源滤波。

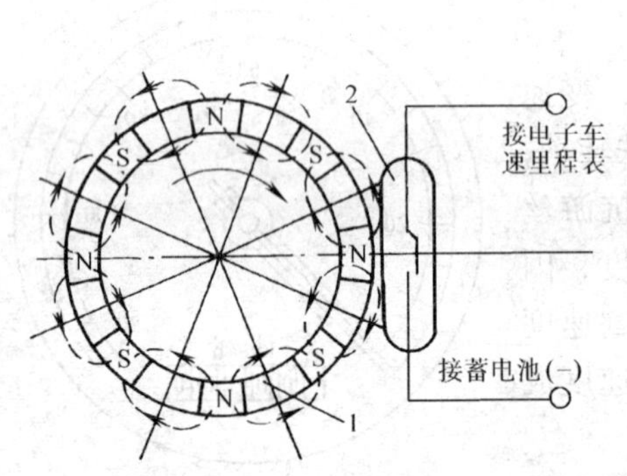

图 7-15 奥迪 100 型轿车电子车速里程表传感器
1—塑料杯 2—舌簧开关

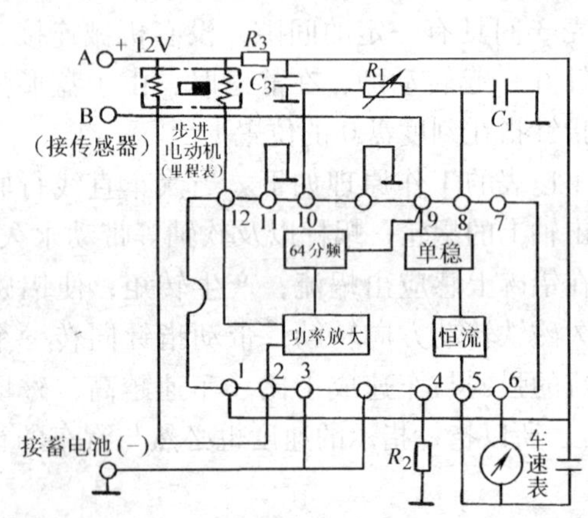

图 7-16 奥迪 100 型轿车电子车速里程表电路

车速表实际上是一个电磁式电流表，当汽车以不同车速行驶时，从电子电路端子 6 输出与车速成正比的电流信号驱动车速表的指针偏转，从而指示相应的车速。

里程表由一个步进电动机及六位数字的十进制齿轮计数器组成，步进电动机是一种利用电磁感应原理将脉冲信号转换为线位移或角位移的电动机，其结构如图 7-17 所示。车速传感器输出的信号，经 64 分频后，再经功率放大器放大到足够大的功率，驱动步进电动机，带动六位数字的十进制齿轮计数器工作，从而精确记录累计里程数。

6. 发动机转速表

发动机转速表用于指示发动机的运转速度。发动机转速表有机械式和电子式两种。电子式转速表由于结构简单、指示精确、安装方便，因此被广泛应用。

电子转速表获取转速信号的方式有三种：从点火系统获取脉冲电压信号、从发动机的转速传感器获得转速信号、从发电机获取转速信号。汽油发动机电子式转速表都是用点火系统的初级电路获得触发信号。图 7-18 所示为桑塔纳轿车转速表电路原理，转速信号来自于点火系统的一次电路。

工作原理如下：

当点火控制器使一次电路导通时，晶体管 VT 处于截止状态，电容 C_2 被充电。其充电电路为：蓄电池正极→R_3→C_2→VD_2→蓄电池负极，构成回路。

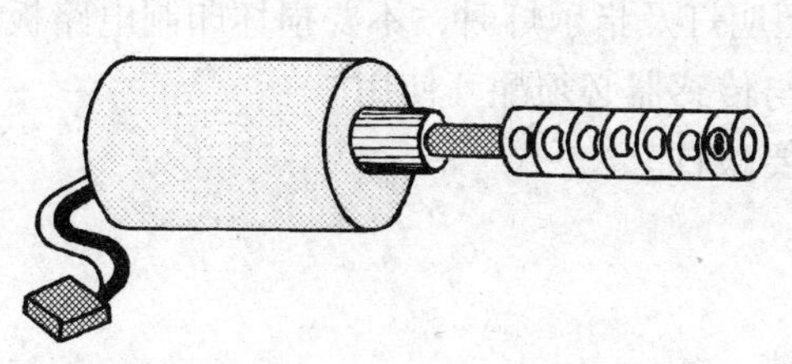
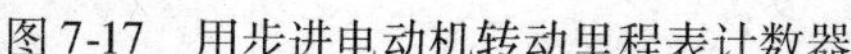

图 7-17　用步进电动机转动里程表计数器

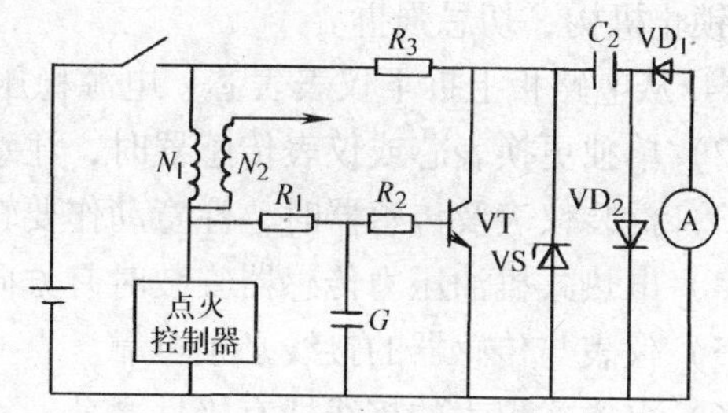

图 7-18　桑塔纳轿车电子转速表电路原理

当点火控制器使一次电路截止时，晶体管 VT 的基极得正电位而导通，此时 C_2 便通过导通的晶体管 VT、电流表 A 和 VD_1 构成放电回路，从而驱动电流表。

当发动机工作时，一次电路不断地导通、截止，其导通、截止的次数与发动机转速成正比。所以当一次电路不断地导通、截止时，对电容 C_2 不断地进行充放电，其放电电流平均值与发动机转速成正比，于是将电流平均值标定成发动机转速即可。

7. 典型汽车仪表电路

汽车仪表电路因车型不同而有所差异。解放 CA1092、东风 EQ1092 汽车仪表电路相同，如图 7-19 所示。电流表用来指示充放电的状态，机油压力表不配稳压器，水温表和燃油表配有电热式稳压器，CA1092 汽车仪表稳压器输出的平均电压为 7V ± 0. 15V，EQ1092 汽车仪表稳压器输出的平均电压为 8. 6V ± 0. 15V。桑塔纳轿车的仪表电路如图 7-20 所示，桑塔纳轿车配有发动机转速表，燃油表和水温表配有电子式稳压器，稳压器输出的平均电压为9. 5 ~ 10. 5V。

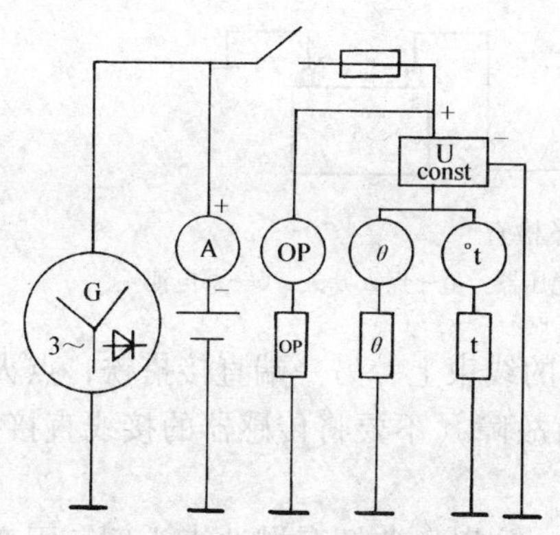

图 7-19　解放 CA1092 汽车仪表电路

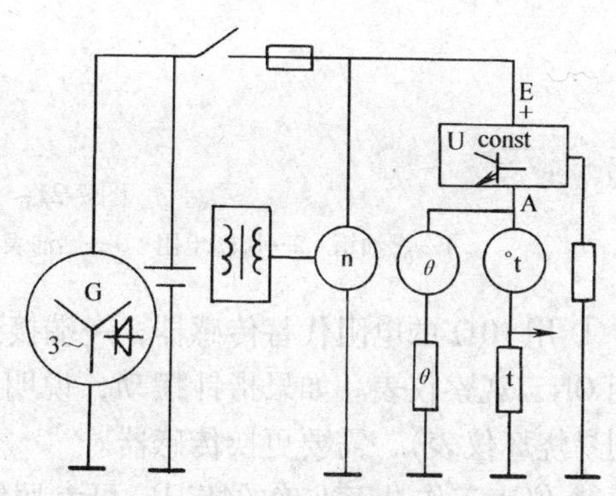

图 7-20　桑塔纳轿车的仪表电路

二、汽车仪表常见故障及排除

1. 汽车仪表使用注意事项

1）拆装注意事项。

① 拆装组合仪表时，应先拆下蓄电池负极电缆，以免手触摸仪表板后面线束时造成线路短路。

② 拆组合仪表装饰面板时，由于固定螺钉是隐蔽的，因此要仔细查找固定螺钉，否则强行拆卸将会损坏装饰面板。

③ 拆装组合仪表时，应注意仪表板后面的线束插接器及车速里程表软轴接头，一般都

带有锁止机构，切忌强拆。

④ 从电路板上拆下仪表表芯、电源稳压器、照明灯及指示灯时，不要损坏印制电路板。

2）单独更换表芯或仪表传感器时，注意仪表与传感器必须配套使用。

3）拆装仪表及传感器时，注意动作要轻，不要敲打。

4）电热式机油压力传感器安装时有方向要求。

5）仪表与传感器的接线必须可靠。

6）电磁式仪表的接线柱有极性之分，不得接错。

2. 燃油表、水温表、机油压力表常见故障的诊断与排除

在所有汽车仪表电路中，大部分都配有电源稳压器，而且不论是电磁式仪表还是电热式仪表，都配有传感器。这样，在仪表故障中，若两个或两个以上仪表同时不工作时，应先检查仪表熔丝和电源稳压器是否有故障；若单个仪表不工作时，应首先确定故障是在传感器还是在仪表。

1）单个仪表不工作。首先检查传感器的接线是否完好，如正常，可将传感器的接线断开，用万用表检测传感器的接线是否有电。如没有电，应检查传感器到仪表及蓄电池的电路；如有电（以燃油表为例），检测方法如图 7-21 所示。

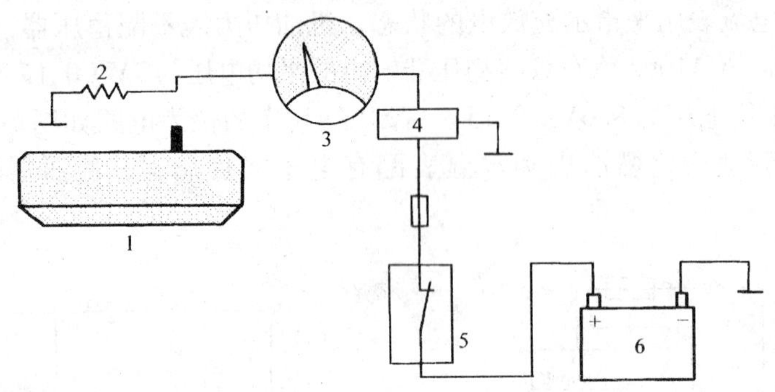

图 7-21　仪表的故障检查

1—燃油箱　2—10Ω 电阻　3—燃油表　4—电源稳压器　5—点火开关　6—蓄电池

① 用 10Ω 的电阻代替传感器，一端接到传感器的线束上，另一端直接搭铁，点火开关打到 ON，观察仪表。如果指针摆动，说明传感器有故障（不要将传感器的接线直接搭铁，否则易烧坏仪表），需要更换传感器。

② 仪表工作是否准确的情况，可参照维修手册。如以奥迪轿车燃油表为例，用变阻器代替传感器，当阻值为 40Ω 时，指针指示为 1；当阻值为 78Ω 时，指针指示为 1/2；当阻值为 283Ω 时，指针指示为 0。如果检测结果与上述相符，说明传感器有故障，应更换；否则，仪表有故障，应更换。

2）两个或两个以上仪表同时不工作时，应首先检查熔丝，若熔丝正常，检查电源稳压器电路，如图 7-22 所示，测量稳压器的输出端 B 及输入端 A 的电压是否符合技术标准。以奥迪轿车为例，如图 7-23 所示，测量输出端 3 与搭铁端 2 之间的电压，电压表读数应在 9. 75 ~ 10. 25V，否则应更换稳压器；测量输入端 1 与搭铁端 2 之间的电压，电压表的读数应为电源电压，否则检修电路。

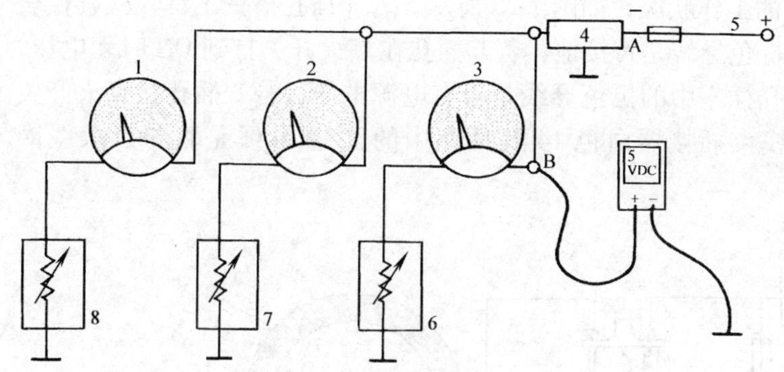

图 7-22　电源稳压器电路

1、2、3—仪表　4—电源稳压器　5—蓄电池 +　6、7、8—传感器

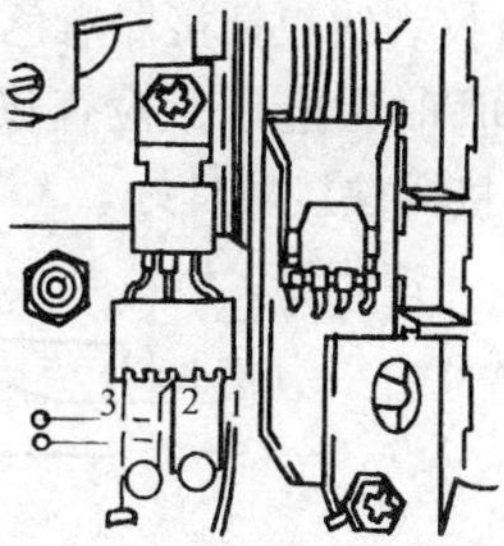

图 7-23　检查稳压器

1—输入端　2—搭铁端　3—输出端

3. 车速里程表

车速里程表一般有机械式的和电子式的。检测时可将车举起，起动发动机，将变速器挂上挡，使驱动轮运转，观察车速表的工作情况。检测时注意发动机的转速不要过高，以免损坏差速器。

（1）机械式车速里程表　机械式车速里程表的常见故障有噪声、指针抖动或不工作。

1）噪声。一般是软轴（里程表线）缺油，需将软轴拆下，进行清洗，加润滑油，但最好是更换软轴。特殊情况下若仪表内的表轴磨损，使铝杯与磁铁相碰，发出噪声，需更换仪表。

2）车速里程表不工作、读数不准或抖动。首先检查软轴与其他线束是否有交错挤压的现象，如果有上述情况，先将软轴正确归位；检查变速器输出轴驱动小齿轮的磨损情况，软轴与驱动小齿轮的啮合间隙，如果不符，应更换；检查表头内蜗轮与蜗杆的间隙，过大可调整。

（2）电子式车速里程表　电子式车速里程表的常见故障是不工作，原因是传感器损坏或线束、仪表等有故障。以奥迪轿车为例，电子式车速里程表传感器位于变速器壳体左侧，结构原理如图 7-15 所示。

1）断开组合仪表线束插接器，插接器有 26 个端子，如图 7-24 所示。

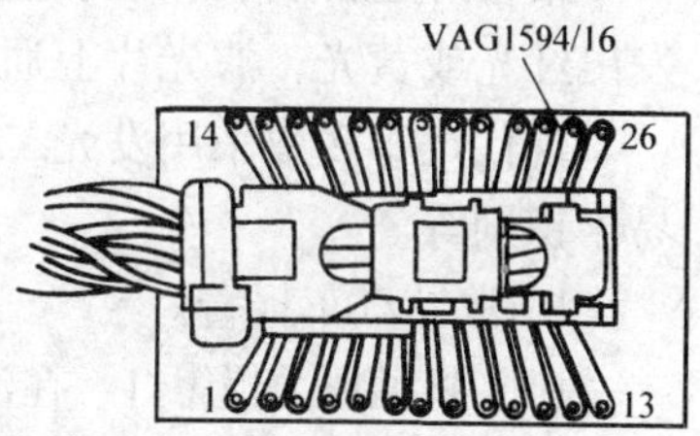

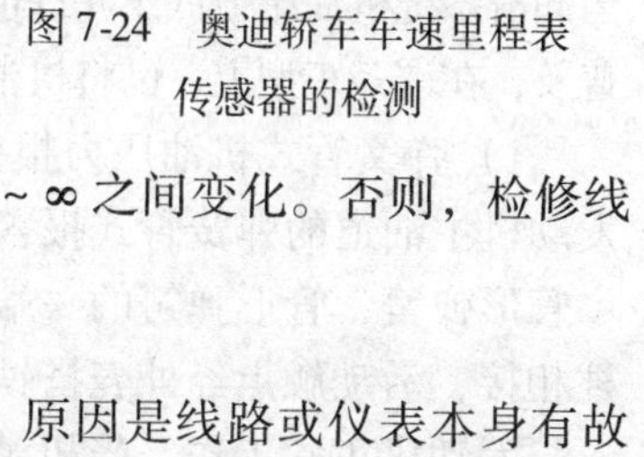

图 7-24　奥迪轿车车速里程表传感器的检测

2）将汽车举起，断开传感器的线束插接器，变速器置于空挡，用手转动左前轮。

3）用万用表测量端子 4 和 10 之间的电阻，电阻值应在 0 ~ ∞ 之间变化。否则，检修线路或更换车速传感器。

4. 转速表

以桑塔纳轿车为例，发动机转速表的常见故障是不工作，原因是线路或仪表本身有故障。检查方法如下：

1）检查点火线圈“ - ”接线柱是否接触良好。

2）检查转速表后面的黑色三孔插座是否接触良好。

3）用万用表检查三孔插座的工作状况，如图 7-25 所示。若 a 插孔搭铁不良，检查仪表线束插接器白色 14 孔插座中的棕色导线是否接地；若 b 插孔在点火开关打到 ON 时无电压，应检查仪表线束插接器黑色 14 孔插座中的黑色导线是否有电源电压；若 c 插孔在点火开关打到 ON 时无电压，检查仪表线束插接器白色 14 孔插座中的红/黑导线是否与点火线圈“－”接线柱接触良好。

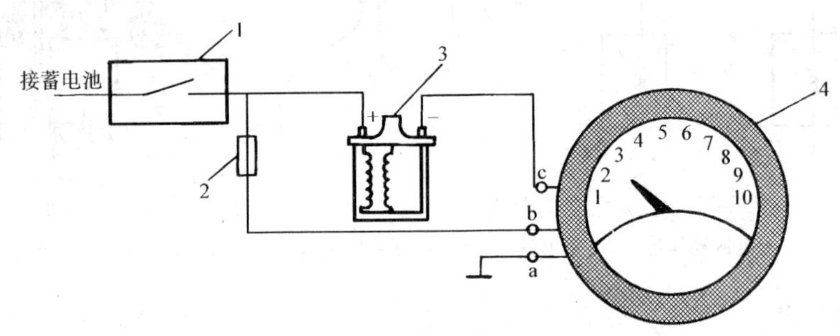

图 7-25　转速表的检测

1—点火开关　2—熔丝　3—点火线圈　4—转速表

如果转速表后面的黑色三孔插座线束经检查全部正常，则故障在转速表本身，应更换转速表。

三、汽车报警灯

现代汽车为了保证行车安全与提高车辆的可靠性，在汽车仪表板上安装了许多报警装置。如机油压力报警灯、水温报警灯、燃油不足报警灯、制动液液位过低报警灯、充电系故障报警灯等。

报警灯由报警开关控制，当被监测的系统或总成工作不正常时，对应的报警开关闭合，使该系统的报警灯亮，以提醒驾驶员注意，采取相应的措施，确保行车安全。

报警灯通常安装在仪表上，灯泡功率一般为 1～4W，在灯泡前设有滤光片，使报警灯发出红光或黄光，滤光片上通常有标准图形符号。

现代汽车多数采用发光二极管作为报警灯光源，其优点是结构简单、寿命长、耗电少、易于识别等。

1. 常见汽车报警灯

(1) 机油压力报警灯　在汽车上，除了装有机油压力表外，还装有机油压力过低报警灯。每当润滑系统机油压力低于允许值时，报警灯亮，以引起驾驶员注意。而且机油压力报警灯越来越普及，在许多车型上，已将机油压力表取消，只用机油报警灯监测润滑系统的工作情况。

1）弹簧管式机油压力报警开关。如图 7-26 所示，机油压力过低报警灯电路是由安装在发动机主油道的弹簧管式报警开关和安装在仪表板上的红色报警灯组成。其报警灯开关内有一管形弹簧，管形弹簧的一端与主油道相通，另一端有一对触点，固定触点经连接片与接线柱相接，活动触点经外壳搭铁。

发动机正常工作，当机油压力低于标准值时，管形弹簧向内弯曲，触点闭合，报警灯亮，以示警告；当机油压力正常时，管形弹簧产生的弹性变形增大，使触点分开，报警灯熄灭，以表示机油压力正常。

2）膜片式机油压力报警开关。如图 7-27 所示为膜片式机油压力报警开关控制电路。

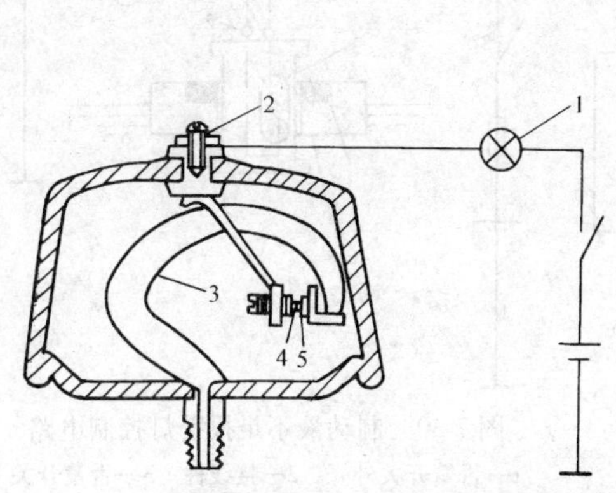

图 7-26　弹簧管式机油压力报警开关控制电路

1—报警灯　2—报警开关接线柱　3—管形弹簧

4—固定触点　5—活动触点

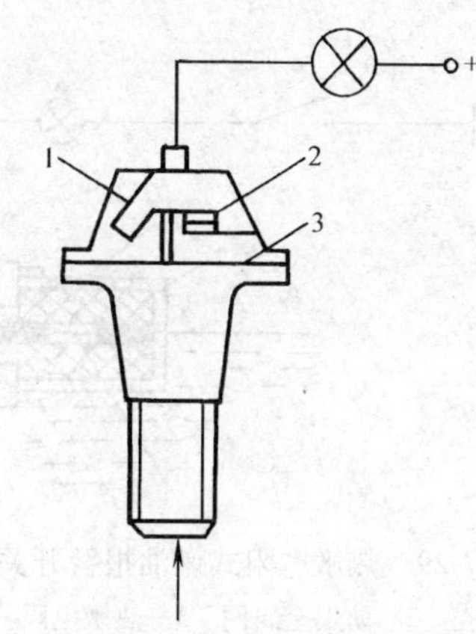

图 7-27　膜片式机油压力报警开关控制电路

1—弹簧片　2—触点　3—膜片

当机油压力正常时，机油压力推动膜片向上拱曲，推杆将触点打开，报警灯熄灭；当机油压力低于标准值时，膜片在弹簧压力作用下向下移动，从而使触点闭合，报警灯亮，警告驾驶员机油压力不足。

（2）水温报警灯　在汽车上除了装有水温表外，还装有水温报警灯，每当水温过高超过标准值时，红色报警灯亮，以示警告。

如图 7-28 所示为水温报警灯控制电路，其报警开关为双金属片式温度开关。当冷却液温度在正常范围时，双金属片几乎不变形，触点分开，报警灯不亮；当冷却液温度达到标准值时，双金属片由于温度升高而弯曲变形，使触点闭合，报警灯亮，以示警告。

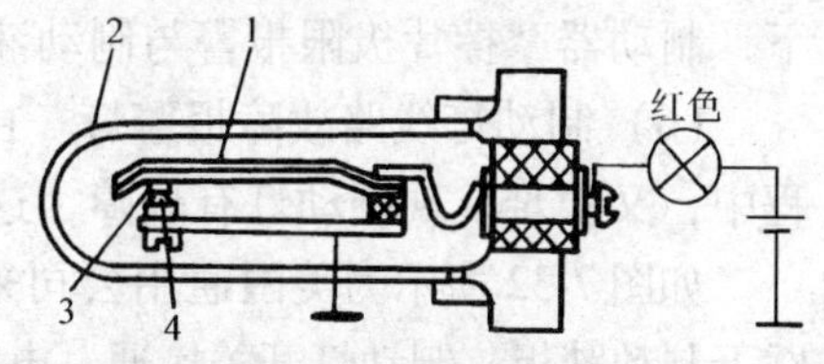

图 7-28　水温报警灯控制电路

1—双金属片　2—壳体

3—动触点　4—静触点

（3）燃油不足报警灯　在汽车上除了装有燃油表外，还装有燃油不足报警灯，每当燃油少于规定值时，红色报警灯亮，以提醒驾驶员注意加油，尤其是油箱中有电子汽油泵的车辆，燃油过少，汽油泵得不到冷却，易损坏。

图 7-29 所示为热敏电阻式燃油报警开关控制电路。其报警开关为热敏电阻式，装在油箱内。当油箱内燃油量多时，负温度系数的热敏电阻浸在油中，散热快，温度低，电阻值大，因此电路中几乎没有电流，报警灯暗；当燃油减少到规定值以下时，热敏电阻元件露出油面，此时，热敏电阻温度升高，电阻值减小，电路中电流增大，报警灯亮，提醒驾驶员注意加油。

（4）制动液不足报警灯　制动液不足报警灯的作用是当制动液液位过低时，发出报警信号，以提醒驾驶员注意。制动液不足报警装置是由报警开关和报警灯组成。报警开关安装在制动总泵液罐内，此报警开关适用于冷却液、风窗玻璃清洗液等液位过低报警灯的控制电路，区别仅在于报警开关安装位置不同。

如图 7-30 所示为制动液不足报警灯控制电路。当制动液充足时，浮子的位置较高，此时永久磁铁高于舌簧开关的位置，舌簧开关处于断开状态，报警灯不亮；当浮子随着制动液液位下降到规定值时，永久磁铁便接近了舌簧开关，使舌簧开关触点闭合，报警灯电路导通，报警灯亮。

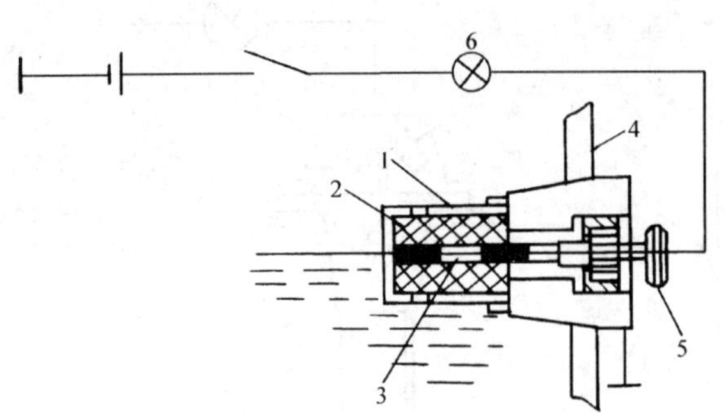

图 7-29　热敏电阻式燃油报警开关控制电路

1—外壳　2—防爆金属网　3—热敏电阻　4—油箱外壳　5—接线柱　6—报警灯

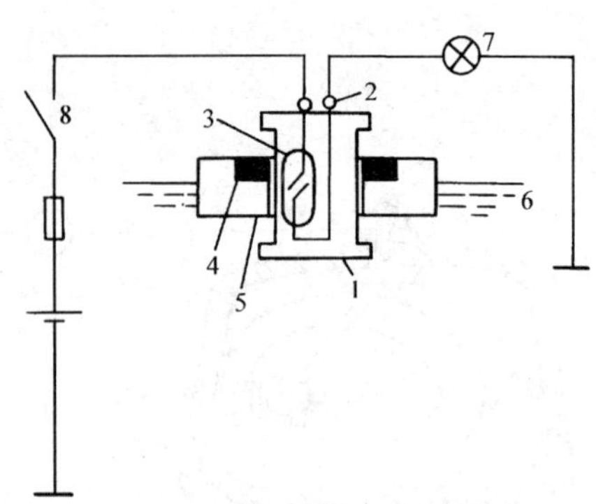

图 7-30　制动液不足报警灯控制电路

1—舌簧开关外壳　2—接线柱　3—舌簧开关　4—永久磁铁　5—浮子　6—制动液面　7—报警灯　8—点火开关

（5）制动器摩擦片极限报警灯　制动器摩擦片极限报警灯的作用是当制动器摩擦片磨损到使用极限厚度时，发出报警信号，表示制动器摩擦片需要更换。

如图 7-31 所示为制动器摩擦片极限报警灯控制电路。将一段导线埋在摩擦片内部，该导线与组合仪表中的电子控制器相连，当摩擦片没有到使用极限时，电子控制器中的晶体管基极电位为低电位，晶体管截止，报警灯不亮；当摩擦片到使用极限时，摩擦片中埋设的导线被磨断，电子控制器中的晶体管基极电位为高电位，晶体管导通，报警灯亮。一般情况下，制动器摩擦片极限报警与制动液不足报警共用一个报警灯。

（6）制动灯线路故障报警灯　由于制动灯对于行车安全极为重要，而驾驶员在开车过程中，又很难发现制动灯有故障，这样在一些车辆中，设置了制动灯电路故障报警灯。

如图 7-32 所示为美国通用公司采用的制动灯线路故障报警灯控制电路。在正常情况下，踩下制动踏板，制动灯开关接通，电流经左右两电磁线圈到制动信号灯。此时两线圈所产生的磁场相互抵消，舌簧开关的触点继续处于常开状态，报警灯不亮；当左、右两个制动信号灯有一个灯泡坏了，或者线路有断路的情况，则有故障一侧的电磁线圈将不产生磁场，而另一侧的电磁线圈产生磁场，舌簧开关中的触点将闭合，报警灯亮，提醒驾驶员制动灯线路有故障。

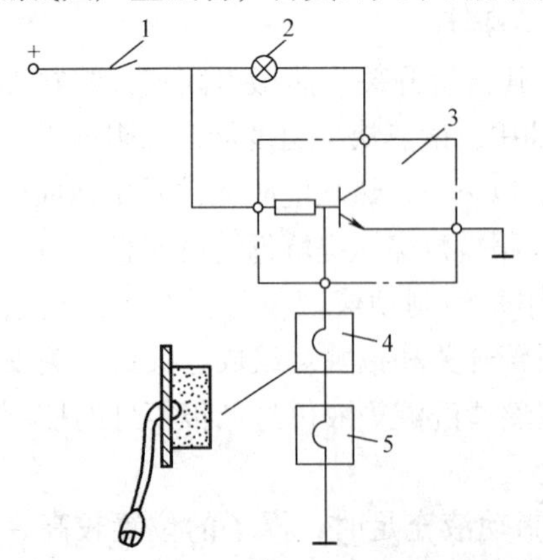

图 7-31　制动器摩擦片使用报警灯控制电路

1—点火开关　2—报警灯　3—电子控制器　4、5—前制动器摩擦片

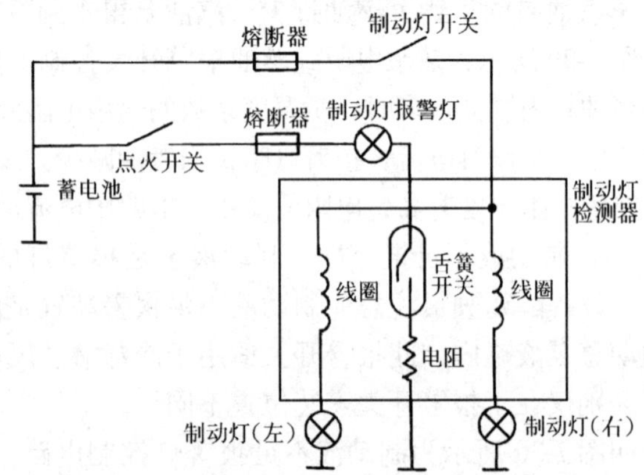

图 7-32　美国通用公司采用的制动灯线路故障报警灯控制电路

（7）制动系统故障报警灯　如图 7-33 所示为制动系统故障报警灯控制电路。其原理是在双管路制动总泵的两个管路之间并联一个差动阀。当两管路制动正常时，差动阀柱塞处于中间位置，报警开关的触发杆处于柱塞凹槽内，报警灯不亮。当制动系统任何一侧管路压力降低时，差动阀柱塞将受液压被迫移动。差动阀移动时，报警开关的触发杆被项起，报警开关触点闭合，报警灯亮。

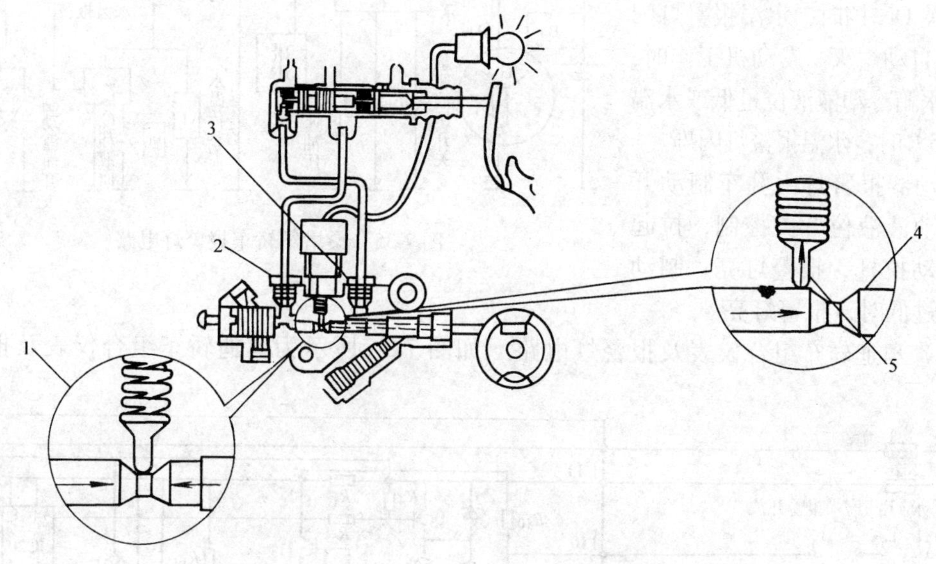

图 7-33　制动系统故障报警灯控制电路

1—差动阀　2—前制动管路　3—后制动管路　4—柱塞　5—开关触发杆

2. 常见汽车报警灯电路

（1）白炽灯泡型报警灯电路　一般汽车普遍采用白炽灯泡作为报警灯光源。如解放 CA1092 汽车报警灯电路如图 7-34 所示。接通点火开关 ON 挡时，充电指示灯、机油压力过低报警灯亮。当发动机起动后，充电指示灯和机油压力过低指示灯熄灭。驻车制动器指示灯在驻车制动器拉杆拉紧时发亮，在拉杆放松时熄灭。制动气压过低时，气压过低报警灯亮，此时若松开驻车制动器拉杆，制动气压过低报警蜂鸣器发出鸣叫声，提醒驾驶员制动气压过低时起步有危险。

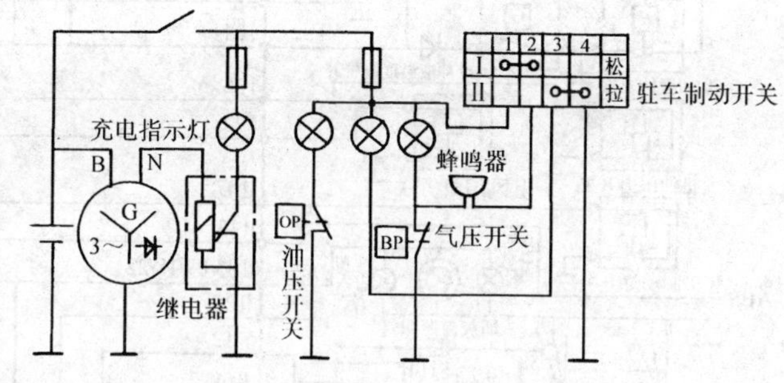

图 7-34　解放 CA1092 汽车报警灯电路

（2）发光二极管型报警灯电路　桑塔纳、捷达等轿车采用发光二极管作为报警灯光源。其电路比白炽灯泡型报警灯电路复杂。一般增设保护电阻、电子控制器等元件。如图 7-35 所示为桑塔纳普通型轿车报警灯电路。

油压报警灯由气缸盖上的低压油压开关（在气缸盖上）、机油滤清器支架上的高压油压开关及仪表内的电子控制器控制。接通点火开关 ON 挡时，充电指示灯亮，油压报警灯亮但蜂鸣器不响。发动机发动后，充电指示灯和油压报警灯熄灭。若怠速时油压小于 0.03MPa，低压油压开关工作，油压报警灯亮，表示油压过低；若转速升高到 2000r/min，油压小于

0.18MPa 时，高压油压开关工作，报警灯亮且蜂鸣器发出鸣叫声，表示高速时油压过低。

水温报警灯由水温传感器和冷却液液位过低报警开关控制。接通点火开关 ON 挡时，水温报警灯闪烁 5s 后自动熄灭。发动机工作时，当膨胀水箱冷却液液位过低或水温高于 115℃时，水温报警灯闪烁。

制动器报警灯由驻车制动开关和制动液液位开关控制，拉起驻车制动拉杆，报警灯亮；制动液液位过低时，报警灯亮。

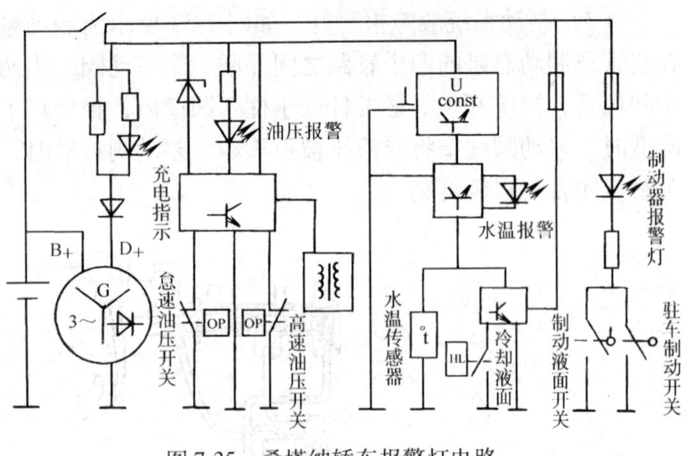

图 7-35　桑塔纳轿车报警灯电路

（3）奥迪轿车组合仪表及报警灯电路　如图 7-36 所示为奥迪轿车组合仪表及报警灯电路。

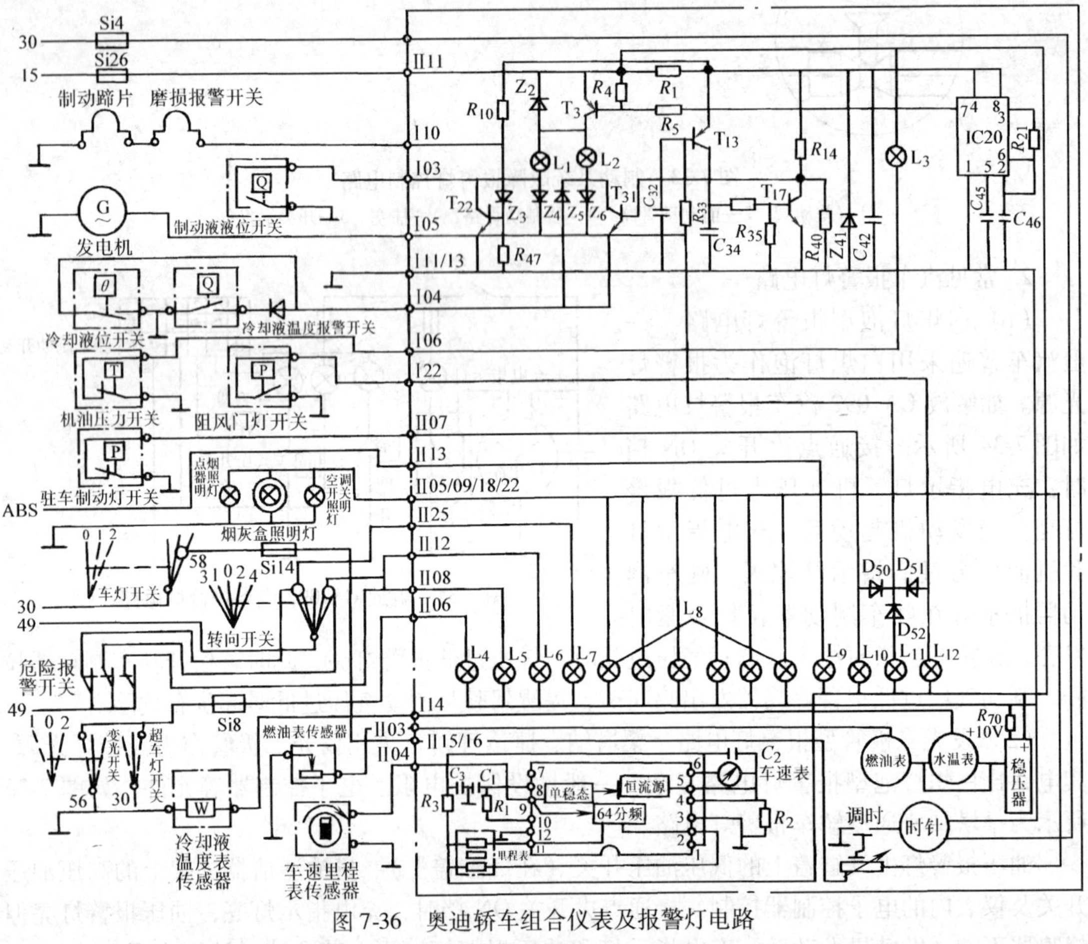

图 7-36　奥迪轿车组合仪表及报警灯电路

点火开关置于 ON 挡，充电指示灯 L_{11} 和机油压力报警灯 L_3 亮；发动机正常工作后，L_{11}

和 L_3 同时熄灭。

制动报警灯 L_1 同时由前轮制动器摩擦片中的磨损报警开关和制动液液位开关控制，当制动器摩擦片磨损到使用极限或制动液液位过低时，制动报警灯亮。

水温报警灯 L_2 同时由冷却液液位过低报警开关和冷却温度过高报警开关控制，当冷却液液位过低或冷却液温度过高时，水温报警灯亮。

驻车制动指示灯 L_{10} 由驻车制动灯开关控制。当拉起驻车制动拉杆时，驻车制动灯亮。

阻风门指示灯 L_{12} 由阻风门开关控制。当拉出阻风门开关时，阻风门指示灯亮。

四、汽车电子显示装置

传统的汽车仪表，如电流表、车速里程表、机油表、燃油表与水温表等，基本上都采用双金属片或磁感应式结构原理，通过指针和刻度盘实现模拟显示。这些仪表虽然结构简单，但精度不高，可靠性差，体积大、重量大，而且显示的信息量少，视觉性不好，易使驾驶员眼睛疲劳，难以满足人们对汽车舒适性和方便性的要求。

随着汽车工业的发展，人们对汽车性能的要求越来越高，这样对汽车行驶过程中各系统工作状态的信息需求量显著增加，即对汽车仪表功能的要求越来越大。为适应汽车安全、节能、舒适和低污染的要求，汽车电子控制装置必须能准确、迅速地处理各种复杂的信息，并以数字、文字或图形显示出来，而且信息还要精确、可靠。这样现在高档汽车的组合仪表已采用电子显示装置，即采用了电子仪表。

1. 发光二极管

发光二极管（LED）是显示装置中最简单的一种，其体积小，结构简单，耐用，使用寿命长达 5 万 h 以上。

发光二极管的结构如图 7-37 所示，PN 结为特殊材料制成。当 PN 结空穴从 P 区流向 N 区和电子从 N 区流向 P 区时，电子从导带跃迁到价带，与空穴产生复合结外加正向电压，放出能量，从而发出一定波长的光。发光二极管的颜色有红、绿、黄、橙，可单独使用，也可用来组成数字或光条图。如图 7-38 所示为发光二极管组成的光条显示器，图 7-39 所示为发光二极管组成的数码显示器，图 7-40 所示为发光二极管组成的点阵显示器。发光二极管还常用作汽车仪表板上的警告指示灯，如燃油、制动液、风窗洗涤液等液面过低，制动蹄片过薄，制动灯、尾灯、前照灯等灯泡烧坏，这时警告指示灯就会亮。

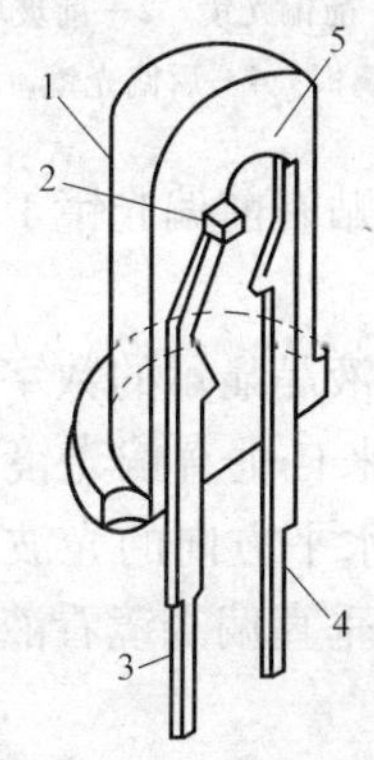

图 7-37　发光二极管的结构

1—塑料外壳　2—二极管芯片

3—阴极引线　4—阳极引线　5—导线

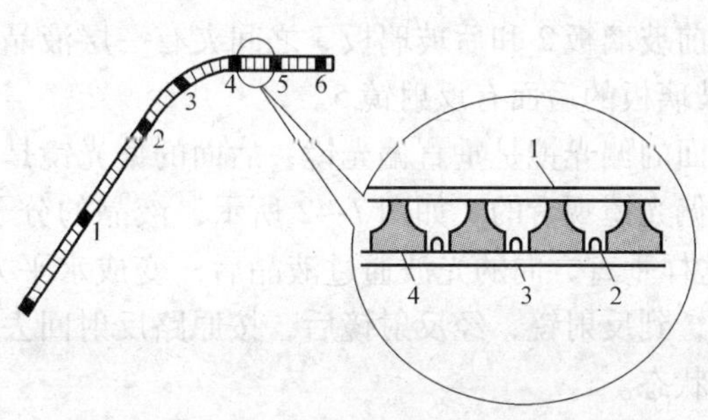

图 7-38　发光二极管组成的光条显示器

1—漫射器　2—LED　3—印制电路板　4—分隔器

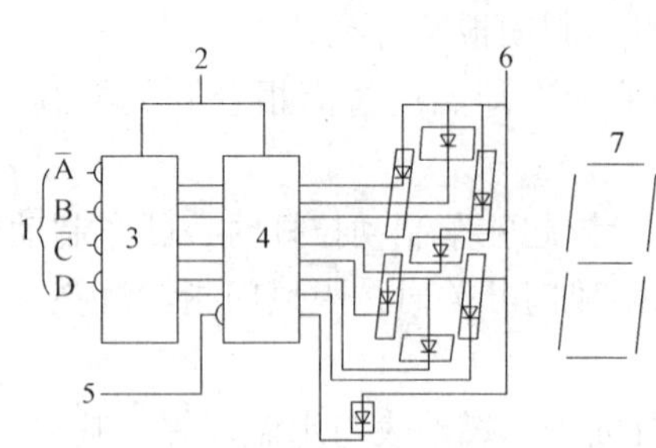

图 7-39　发光二极管组成的数码显示器

1—二进制编码输入　2—逻辑电路　3—译码器

4—驱动器　5—小数点　6—发光二极管电源　7—“8”字形

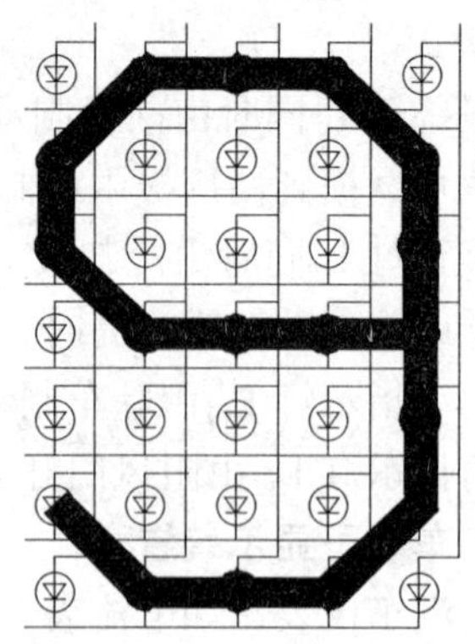

图 7-40　发光二极管组成的点阵显示器

发光二极管的缺点是：在环境暗的情况下，效果较好，在阳光直射下很难辨别；若要增大其亮度，则需要相当大的电流，功率消耗较大，故使用受到限制。

2. 液晶显示器

液晶是一种有机化合物，由长形杆状分子构成。在一定的温度范围内，它具有普通液体的流动性，也具有晶体的某些特征。液晶的光学性质是随着分子排列方向的变化而变化，当在液晶上加一个电场时，液晶杆状分子的长轴方向发生变化，因此液晶的光学性质也发生变化。液晶显示器（LCD）是一种被动显示装置，具有显示面积大、耗能少、显示清晰、在阳光直射下不受影响等特点，应用十分广泛。

液晶显示器需要外来光源，因为其自身不能发光，只能起到吸收、反射或透光的作用。外来光源可以是日光，也可以是人为光源，人为光源可以由灯光开关控制，也可以由点火开关的 RUN 或 ACC 挡控制。

液晶显示器是一种新型的非发光型平板显示器，其构造如图 7-41 所示。

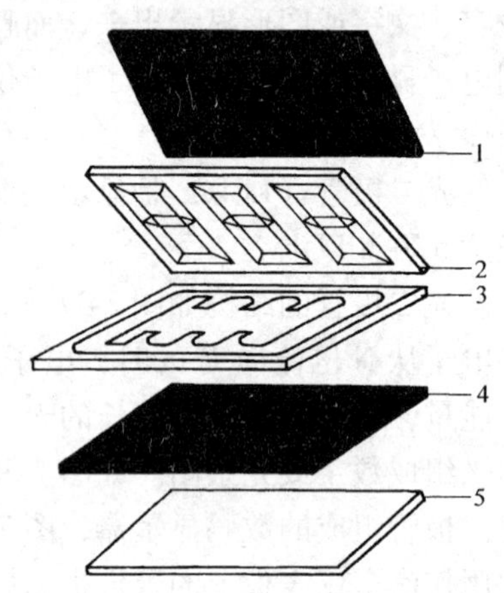

图 7-41　液晶显示器的结构

1—前偏光镜　2—前玻璃板

3—后玻璃板　4—后偏光镜　5—反射镜

在前玻璃板 2 和后玻璃板 3 之间夹有一层液晶，外表面分别贴有前偏光镜 1 和后偏光镜 4，在玻璃板的后面有反射镜 5。

前面的偏光镜是垂直偏光镜，后面的偏光镜是水平偏光镜。液晶显示的数字或光条是透过垂直偏光镜观看的。如图 7-42 所示，液晶的分子排列方式将来自垂直偏光镜的光波旋转 90°，这样垂直方向的光波通过液晶后，变成水平方向的光波，水平方向的光波通过水平偏光镜后，到反射镜，经反射镜后，按原路反射回去，这时在透过垂直偏光镜看液晶时，液晶呈亮的状态。

如图 7-43 所示，当给液晶加上一个电场时，液晶分子将重新排列，液晶便不能使光波旋转了，来自垂直偏光镜的光波通过液晶后，仍是垂直方向的光波，垂直光波无法通过水平偏光镜到达反射镜，这时在透过垂直偏光镜看液晶时，液晶呈暗的状态。

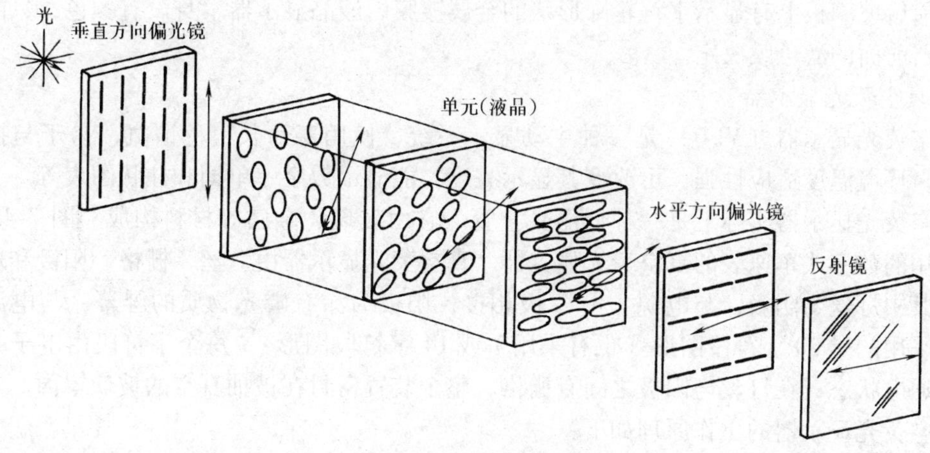

图 7-42　液晶将垂直光波旋转 90°

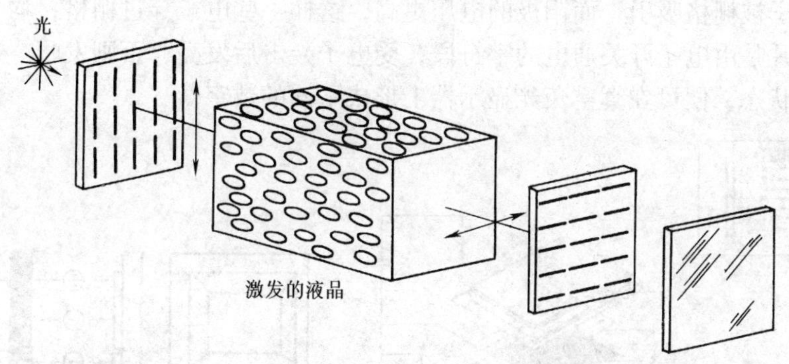

图 7-43　当液晶加上电场被激发时，将不能使光波旋转

通过以上分析可知：当液晶不加电压时，光线可穿过液晶到达反射镜反射过来，观察者可以看到液晶呈亮的状态；当液晶加上电压时，液晶分子方向改变，将不能使光波旋转，来自垂直偏光镜的光波经液晶后将不能穿过偏光镜，到达反射镜，观察者看到的液晶是暗的状态。这样将液晶制成字符段，分别控制每个字符段的通电状态，即控制哪些字符段呈亮的状态，哪些字符段呈暗的状态，观察者便可在液晶上看到字符了，如图 7-44 所示。

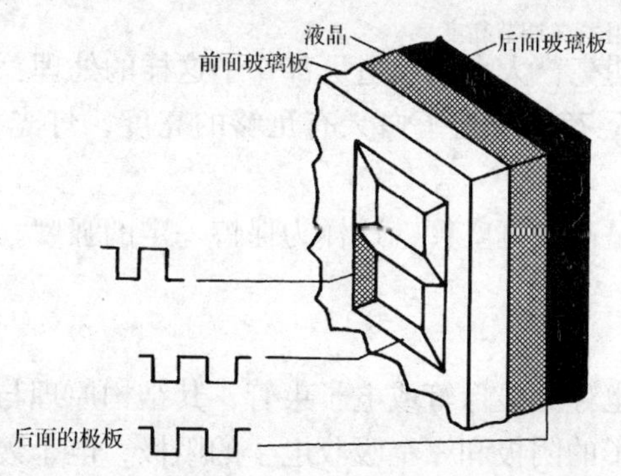

图 7-44　液晶上的字符段分别加上电场

加到液晶上的方波电压，是通过两块偏光镜与前后玻璃板上的导电字段轮廓线接触来实

现的。前后玻璃板上有显示字符轮廓形状的金属镀膜。液晶显示器本身没有颜色，只能靠液晶显示器前面的滤色膜决定。

3. 真空荧光显示器

真空荧光显示器（VFD）是一种主动显示系统，使用寿命长，色谱宽，易于与控制电路连接，环境温度适应性强，可改变其显示亮度，能显示数字、单词和柱状图表等。

真空荧光显示器实际上是一种低压真空管，它由玻璃、金属等材料构成。图 7-45 所示为汽车用的数字式车速表的真空荧光显示器。真空荧光显示器由灯丝、栅格、阳极和玻璃罩构成。其中灯丝为阴极，与电源“－”极相接；阳极为涂有磷光物质的屏幕，与电源正极相接，采用的是 20 字符段图形（也有采用 7 或 14 字符段图形），每个字符段由电子开关单独控制通电状态；在灯丝与阳极之间有栅格，整个装置密封在被抽真空的玻璃罩内。

真空荧光显示器的工作原理如下：

如图 7-46 所示，当阴极有电流通过时，灯丝便产生热量，释放电子。由于栅格的电位比阴极高，电子被栅格吸引；而阳极的电压更高，这样一些电子穿过栅格，均匀地打在阳极的字符段上。凡是由电子开关通电的字符段，受电子轰击后发亮，否则发暗。这样通过控制字符段的通电状态，便可在真空荧光显示器上形成不同的数字。

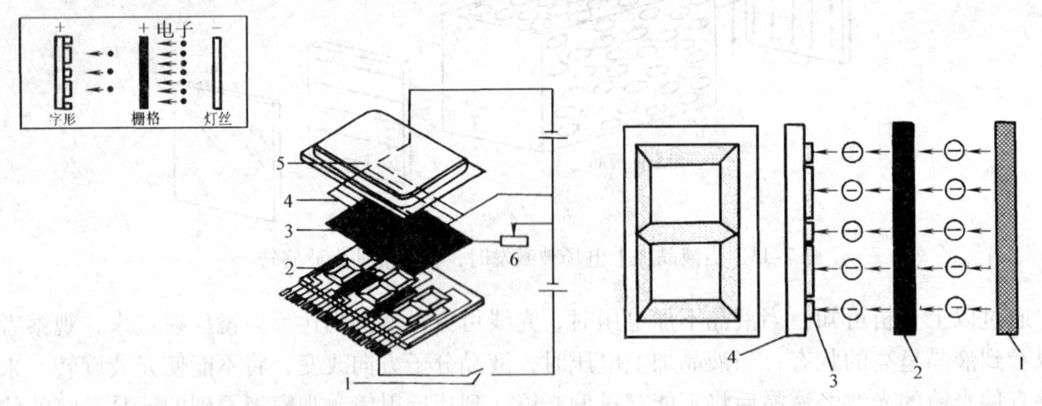

图 7-45　真空荧光显示器

1—电子开关（微机控制，能使某些笔划段发光）
2—笔划小段（阳极）　3—栅格　4—灯丝（阴极）
5—玻璃罩　6—变阻器（调节亮度）

图 7-46　真空荧光管显示器的工作原理

1—阴极（灯丝）　2—栅格
3—阳极字符段　4—面板

真空荧光显示器十分明亮，大多数制造厂都作了这样的处理：每当接通灯光开关时，将真空荧光显示器的亮度降至 75%，为了白天有足够的亮度，灯光开关的变阻器可使真空荧光显示器的亮度增强。

由于真空荧光显示器是一种真空管，这样为保持一定的强度，必须采用一定厚度的玻璃外壳，故体积和质量较大。

4. 阴极射线管显示器

阴极射线管（CRT）也称为显像管或电子束管，其结构原理与电视显像管、微机显示系统相同。它有一个发射电子的阴极和一个吸收电子的阳极，电子轰击到屏幕上哪个点，哪个点便发亮，偏转板控制电子束的方向。阴极射线管显示器首次在汽车上应用，是在 1986 年的别克汽车上，如图 7-47 所示。阴极射线管屏幕是触摸式的，通过触摸屏幕上的按钮（菜单）便能变更显示的内容。

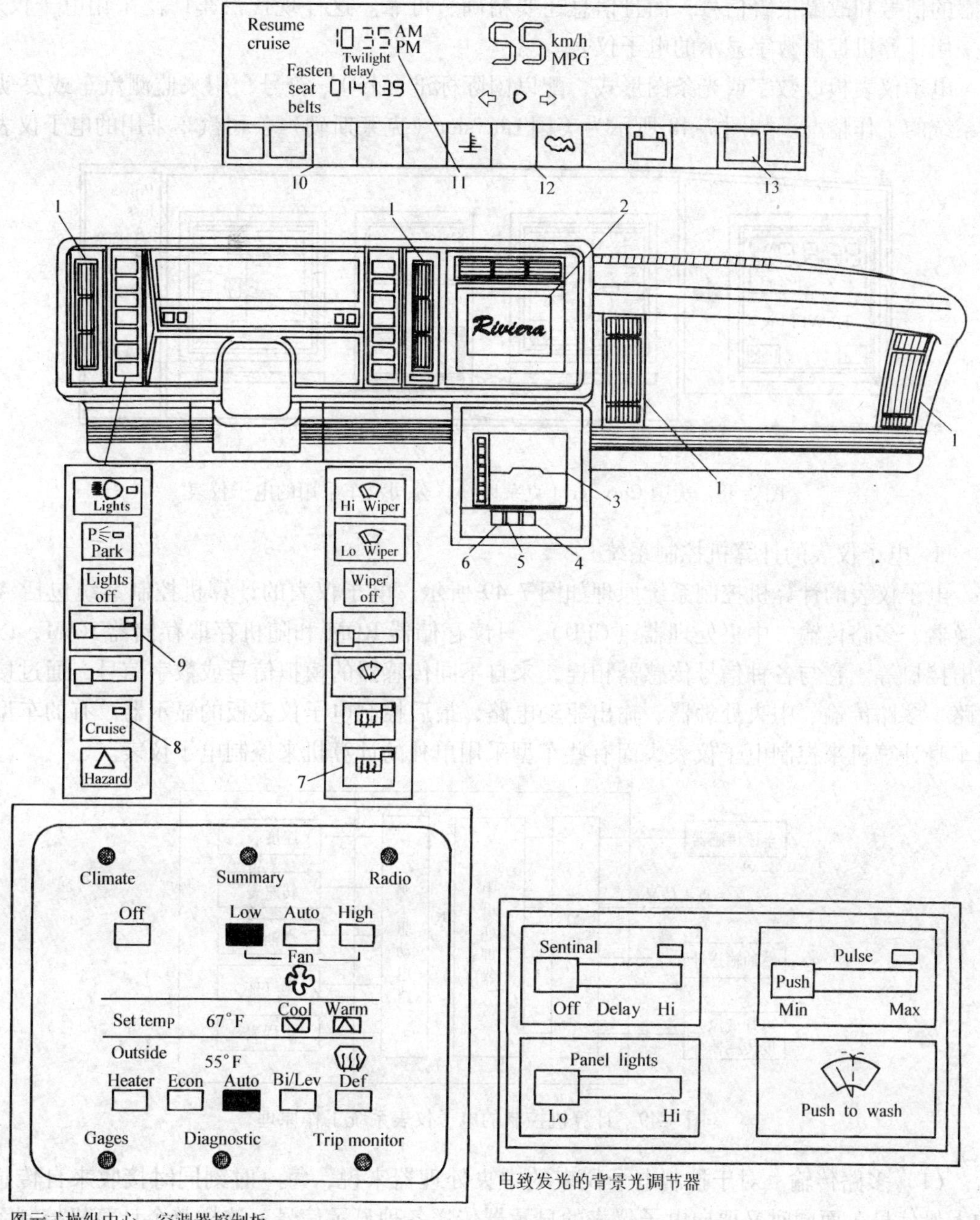

图 7-47 阴极射线管显示器

1—出风口 2—图示式控制中心（含收音机） 3—磁带放音机 4—开启杂物箱 5—开磁带放音机门 6—燃油访问解除 7—后窗除霜器 8—巡航控制指示器 9—前照灯延时开关调节器 10—防盗系统 11—数字时钟 12—洗涤液液位低 13—行程设定开关

五、汽车电子仪表

为适应汽车安全、节能、舒适和低污染等性能的要求，汽车电子控制装置必须能准确、迅速地处理各种复杂的信息，并以数字、文字或图形显示出来，向驾驶员发出汽车各种工作状态的信号和故障报警信号，而且信息还要精确、可靠。这样现代汽车广泛采用电子仪表，即采用计算机控制数字显示的电子仪表。

电子仪表板以数字或光条图形式，配以国际标准（ISO）符号，用来监测汽车或发动机各系统的工作情况。如图 7-48 所示为美国 Chrysler（克莱斯勒）公司汽车采用的电子仪表。

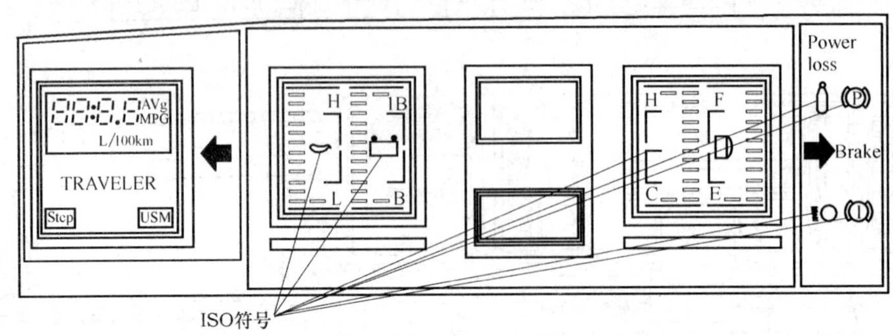

图 7-48 美国 Chrysler（克莱斯勒）公司汽车采用的电子仪表

1. 电子仪表的计算机控制系统

电子仪表的计算机控制系统原理如图 7-49 所示。电子仪表的计算机控制系统包括 A/D 转换器、多路传输、中央处理器（CPU）、只读存储器 ROM 和随机存取存储器 RAM，以及输出接口等。它与各种信号传感器相连，来自不同传感器的模拟信号或数字信号，通过接口电路、多路传输、中央处理器、输出驱动电路，最后控制电子仪表板的显示器。有的车型采用车身计算机来控制电子仪表，而有些车型采用单独的计算机来控制电子仪表。

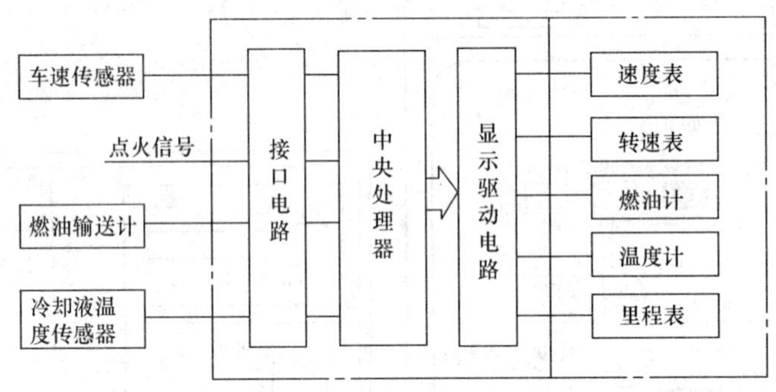

图 7-49 计算机控制的电子仪表系统工作原理

（1）多路传输　对于控制电子仪表的中央处理器来说，每一时刻同时接收来自传感器的大量信号，而同时又要向电子仪表的显示器传送各种显示信号。这样整个计算机控制系统对每一个信号在同一时刻若同时处理、同时传送给显示器且显示器同时显示所有的信息，那么计算机控制系统的电路将是非常复杂的。例如，车速显示需要 3 位数，每位数由 7 笔划显示，一般情况下，每位数 7 笔划的线路连接需一个正极接线和 7 根输出线（见图 7-50），这样用于显示 3 位数的车速显示器的接线就需要 3 个正极接线和 21 根输出线，那么整个电子仪表的计算机控制系统电路的复杂程度可想而知。为降低成本，节省空间，电子仪表板采用多路传输技术，如车速表显示器的 3 位数字共用 7 根输出线，如图 7-50 所示。当显示器工作时，电流在 3 个数字之间快速扫描，每一瞬间只有一个数字发亮，但每个笔划每秒都要开关数千次，因此驾驶员看到的还是连续发亮的数字或图像。

（2）多路信号转换开关　为了简化电路，降低成本，节省空间，电子仪表的计算机控制系统中，采用了多路传输技术。但是当汽车发动机起动后，发动机转速、冷却液温度、燃油液位等多种信号同时传输给计算机处理。这样中央处理器就要按一定的次序处理不同项目的信号，同时，中央处理器还要将处理后的大量信号，按一定的次序传送给相应的显示器。也就是说，在电子仪表的计算机控制系统中，在同一时刻，在所有输入的大量信号中，计算机系统只能处理一个信号，在所有需要输出的大量信号中，计算机系统只能输出一个信号到相应的显示器中。

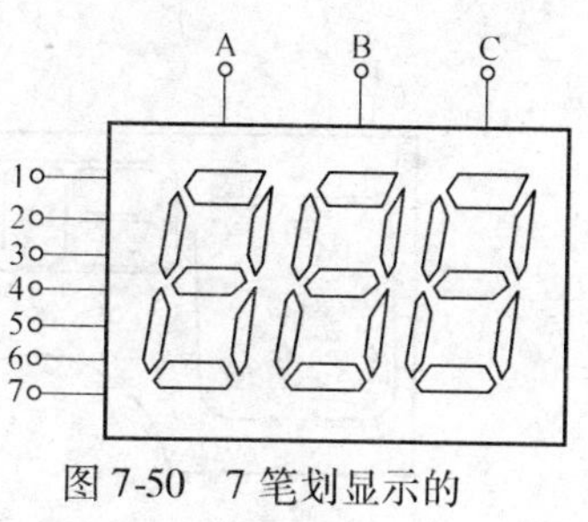

图 7-50　7 笔划显示的多路传输

1）多路开关选择器 MUX。把输送给计算机系统的大量信号分开，有序地选择信号源，输送给计算机系统。

2）多路开关分配器 DEMUX。把计算机系统处理后的所有信号分开，有序地把信号输送给相应的显示器，如图 7-51 所示。

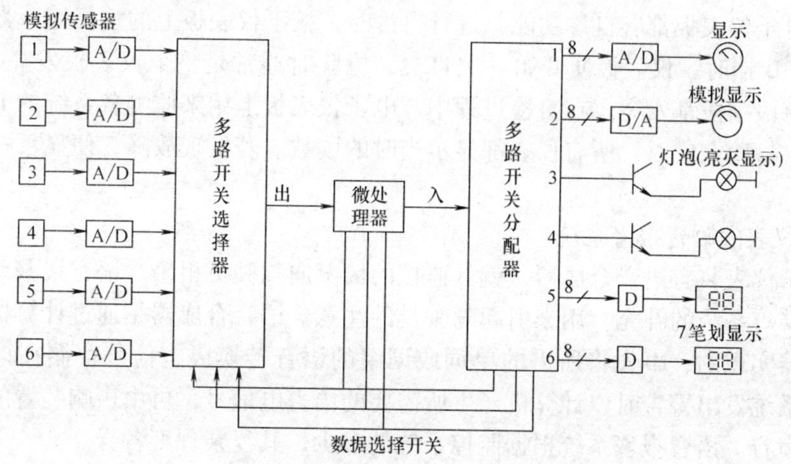

图 7-51　多路信号转换开关原理

多路信号转换开关的基本原理为：根据各项信息的快慢，如冷却液温度信号变化慢，而发动机转速信号变化快，计算出不同信号源开关接通时刻，即确定对某一信号源在一段时间内选送信息的次数，再根据项目数据的多少，编出相应的控制电路，以实现上述控制功能。

2. 电子仪表板的组成

一般情况下，电子仪表板有 3 组由计算机控制的独立液晶显示器，分别用来显示车速、油耗及发动机转速等信息，仪表板中央有 1 个驾驶员信息中心，用来显示燃油存量、润滑油压力、冷却水温度、累计行驶里程及平均油耗等信息，同时驾驶员信息中心还有 1 套报警灯系统，用来指示润滑油压力、冷却液水温、冷却液液面高度不足、蓄电池充电电压、制动蹄片磨损、灯泡故障及车门未关等异常情况，如图 7-52 所示。

电子仪表板的显示系统一般有三种显示方式：数字显示（包括曲线显示）、模拟显示和指示灯亮灭显示。车速表和转速表常用数字显示和曲线图显示，燃油表可用数字显示，也可用模拟显示。为更准确地显示信息，计算机系统对数字显示信号每秒钟修正 2 次，对曲线图

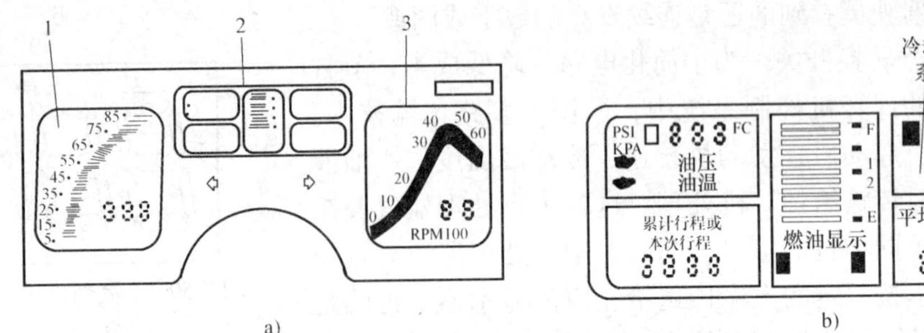

图 7-52　雪佛莱汽车电子仪表板

a）电子仪表板　b）驾驶员信息中心

1—车速表　2—驾驶员信息中心　3—发动机转速表

显示信号，每秒钟修正 16 次，对驾驶员信息中心显示的各种信号，每秒钟修正 1 次。

电子仪表的亮度调整通常有两种方式：一种是由电子仪表中的光电池进行自动调整，另一种是像普通仪表照明一样，用灯光开关电路中的变阻器进行调整。

大多数电子仪表板都有自诊功能，进行自诊时，按下仪表板上的选择钮。当点火开关转到 ACC 或 RUU 挡时，仪表板便开始一次自检，检验时通常是整个仪表板发亮。与此同时，各显示器的每段字段都发亮。在自检过程中，电子仪表板上用来监测各系统的 ISO 标准符号一般都闪烁，检验完成时，所有仪表都显示当时的读数。若发现故障，便显示一个提醒驾驶员的代码。

3. 电子仪表的语音报警系统

有些电子仪表装有语音合成器，就其监控的情况向驾驶员报警。语音报警系统是对电子仪表上的报警灯系统的补充，用来引起驾驶员的注意。语音合成器是通过计算机技术和声响装置的扬声器实现的，事先将所需的单词或词组的语音转换成电信号存储在计算机的芯片中，当监测系统发出警告时，计算机产生所需要的语言电信号，再由声响装置的扬声器把电信号转换成声音。语音报警系统根据监控系统的多少，其复杂程度各异。

语音报警系统由一块字母数字读出板、一帧用汽车图形表示的情况/位置指示器和一块电子语音报警模块。图 7-53 所示为克莱斯勒汽车公司生产的一种带有语音报警功能的电子仪表，其语音报警系统有 24 种监控功能。

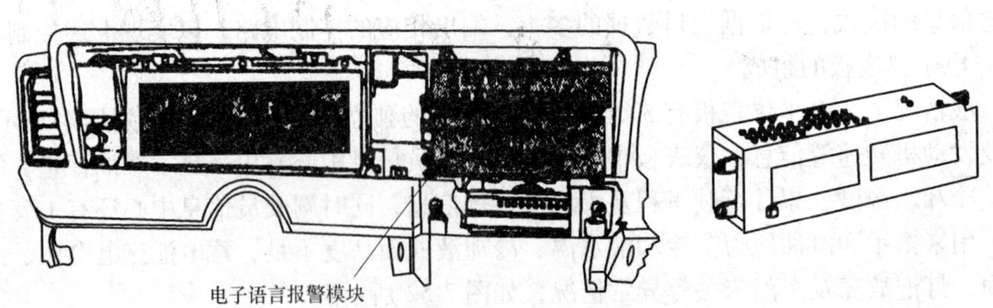

图 7-53　带有语音报警系统的电子仪表

（1）字母数字读出板　它提供要显示的报警信息，如图 7-54 所示，读出板上显示一条警告驾驶员的文字信息，信息一直显示到报警情况纠正了才消失。

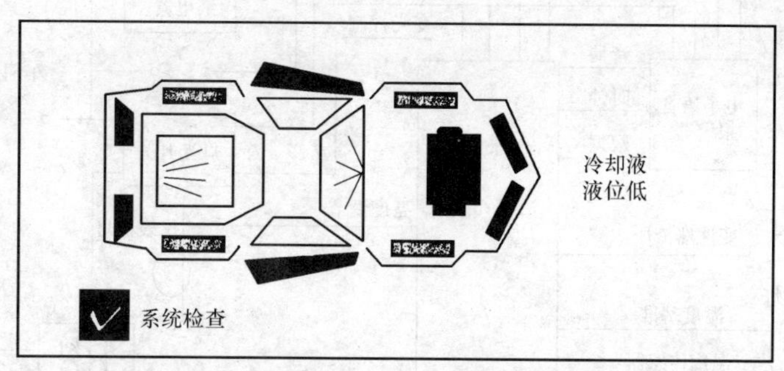

图 7-54　读出板上显示一条警告驾驶员的文字信息

（2）汽车图形表示的情况/位置指示器　是当点火开关在 RUN 挡时显示的汽车轮廓图案，参见图 7-54 所示。当出现需要驾驶员注意的警报时，某个彩色指示器便发亮，并且一直亮到报警情况纠正了才熄灭。如果在这个时候又查出一个新的报警情况，便以电子语音向驾驶员发出一句语言消息。图 7-55 所示为语音报警系统 24 种监控功能的分布情况。

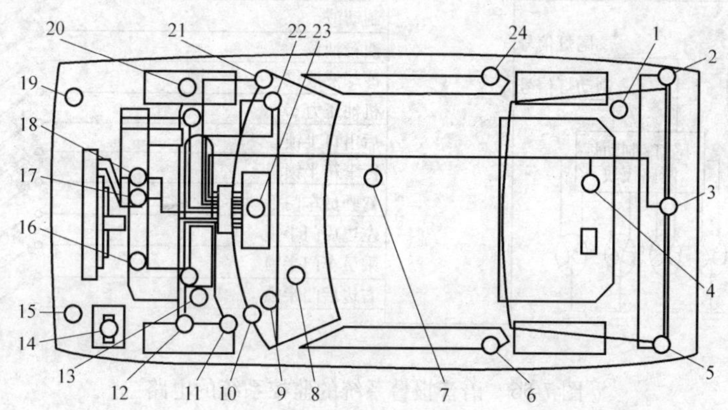

图 7-55　语音报警系统 24 种监控功能的分布情况

1—后窗洗涤液　2—右尾灯/右制动灯　3—行李箱锁　4—燃油箱油位　5—左尾灯/左制动灯　6—左车门锁　7—安全带　8—钥匙在点火锁内　9—前照灯　10—手制动器　11—制动液　12—制动踏板　13—洗涤液　14—冷却液　15—左前照灯　16—变速器油　17—发动机温度　18—发动机机油　19—右前照灯　20—制动踏板　21—电压低　22—电子语音报警　23—监控器　24—右车门锁

上述语音报警系统的监控系统电路如图 7-56 所示，在语音报警系统的监控系统中，所有的传感器可分为 4 类：

1）监控前照灯、尾灯和驻车灯等是否正常的模块。

2）监控发动机机油油位的热敏电阻。

3）测定充电系统输出的电压传感器。

4）当有故障或危险情况时向中央处理器提供搭铁信号的常开式开关。

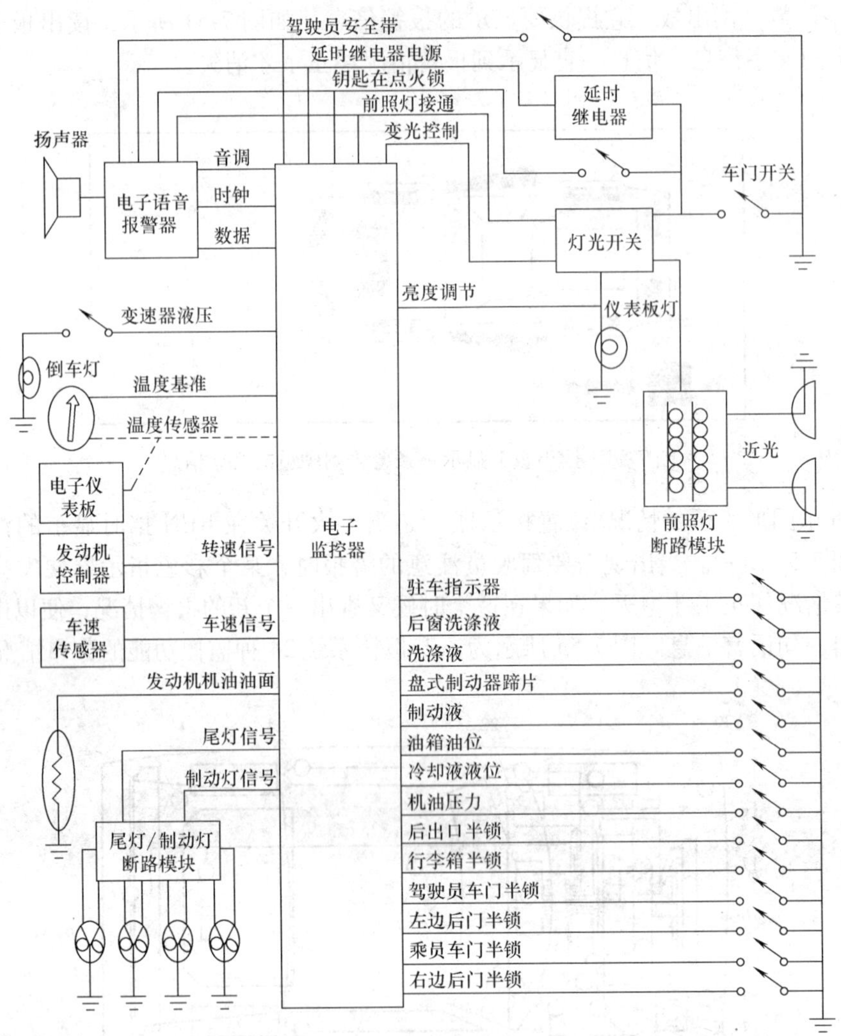

图 7-56　语音报警系统的监控系统的电路

4. 汽车电子仪表

(1) 车速表　如图 7-57 所示为数字式车速表的工作原理。车速传感器为磁脉冲式车速传感器，当转子旋转时，信号线圈便产生微弱的交变电压。交变电压信号送至发动机控制模块 ECM（即发动机 ECU）与车身计算机控制模块 BCM（即车身计算机 ECU）。交变电压信号经发动机控制模块 ECM 先被放大，然后被整形为数字信号。再经车身计算机控制模块 BCM 的中央处理器进行计算，由输出接口的驱动电路，将信号提供给电子仪表的车速显示器，数字仪表板 IPC 的车速显示器开始显示车速。

每次将点火开关置于 ACC 或 RUN 挡，计算机控制系统便对数字仪表板 IPC 自检一次，每次自检大约 3s，自检顺序是：

1）所有显示的字符段都发亮，如图 7-58a 所示。

2）所有显示的字符段都熄灭。

3）显示 0km/h，如图 7-58b 所示。

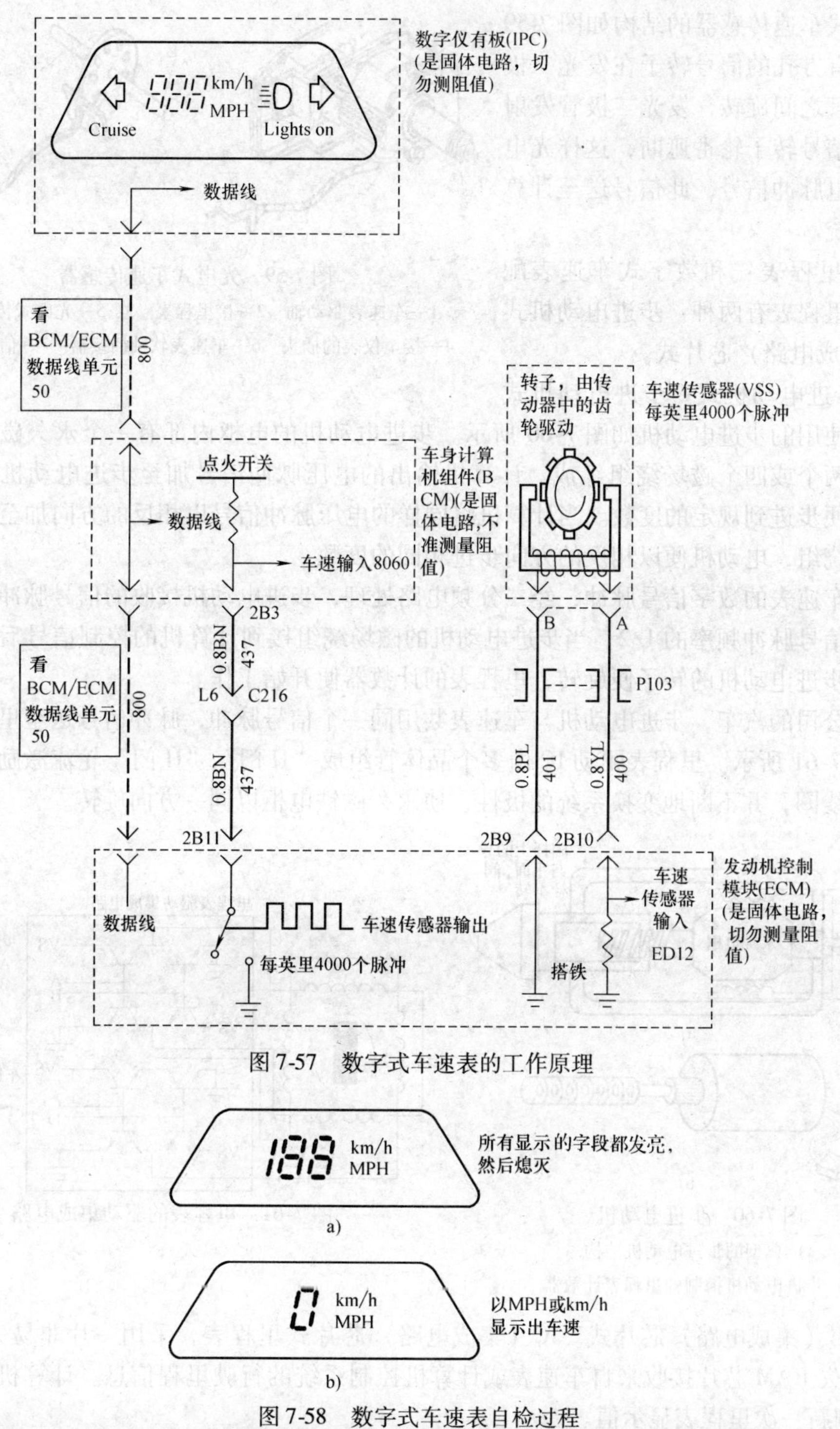

图 7-57 数字式车速表的工作原理

图 7-58 数字式车速表自检过程

a）自检第一阶段 b）自检结束

电子式车速表所采用的车速传感器有三种：磁脉冲式、霍尔效应式和光电开关式。通用和丰田汽车公司采用光电式车速传感器，奥迪轿车大都采用霍尔式车速传感器。通用汽车采用的光电式车速传感器的结构如图7-59所示。带有方孔的信号转子在发光二极管和光电管之间旋转，发光二极管发射的光束被信号转子轮番遮断，这样光电管便产生电脉冲信号，此信号送至计算机控制系统。

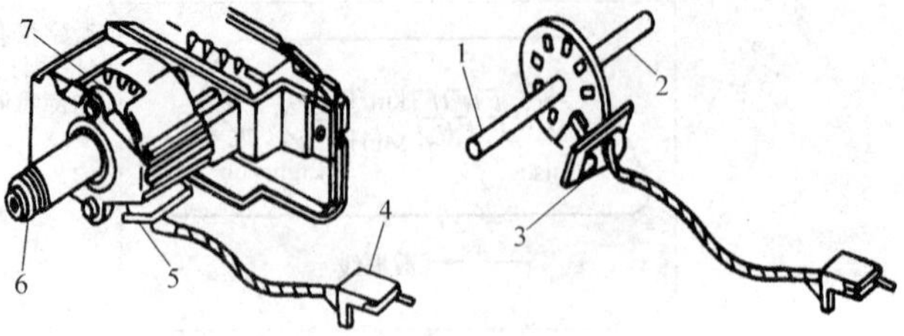

图7-59 光电式车速传感器

1—车速表驱动轴 2—接里程表 3、5—光电式传感器 4—接至仪表的插头 6—车速表软轴插接器 7—信号转子

(2) 里程表 和数字式车速表配合使用的里程表有两种：步进电动机式和IC（集成电路）芯片式。

1) 步进电动机式。步进电动机式里程表所使用的步进电动机如图7-60所示。步进电动机的电枢内部有一个永久磁铁，定子部分是由两个或四个磁场绕组组成。计算机输出的电压脉冲信号加至步进电动机的磁场绕组，电枢便步进到规定的度数。当计算机将同样的电压脉冲信号以相反的方向加至步进电动机的磁场绕组，电动机便以相反的方向步进相同的度数。

来自车速表的数字信号脉冲，经二分频电路处理，步进电动机接收的信号脉冲频率是车速传感器信号脉冲频率的1/2。当步进电动机的磁场绕组接到计算机的控制信号后，定子产生磁场，步进电动机的转子便旋转，里程表的计数器便开始工作。

通用公司的汽车，步进电动机与车速表共用同一个信号脉冲，脉冲信号送至里程表驱动IC，如图7-61所示。里程表驱动IC由多个晶体管组成“H门”，“H门”轮流激励步进电动机的一对线圈，并不断地变换系统的极性，使永久磁铁电枢以同一方向旋转。

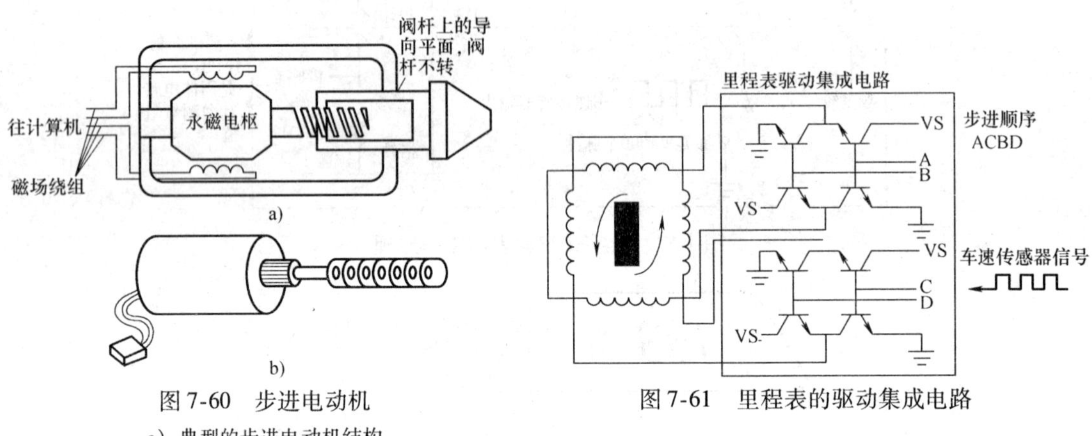

图7-60 步进电动机

a) 典型的步进电动机结构

b) 步进电动机控制的里程表计数器

图7-61 里程表的驱动集成电路

2) IC（集成电路）芯片式。IC（集成电路）芯片式里程表，采用一片非易失RAM芯片。非易失RAM芯片接收来自车速表或计算机控制系统的行驶里程信息。计算机控制系统每1/2s刷新一次里程表显示值。

许多数字仪表板能同时显示短程行驶里程数和累计里程数。如图7-62所示，当驾驶员按下“行程里程复零”按钮时，送给计算机系统一个搭铁信号，计算机便清除存储器里的行程里程表读数而恢复显示为零，开始计数短程行驶里程。这时，行程里程表仍继续储存累计行程里程数。

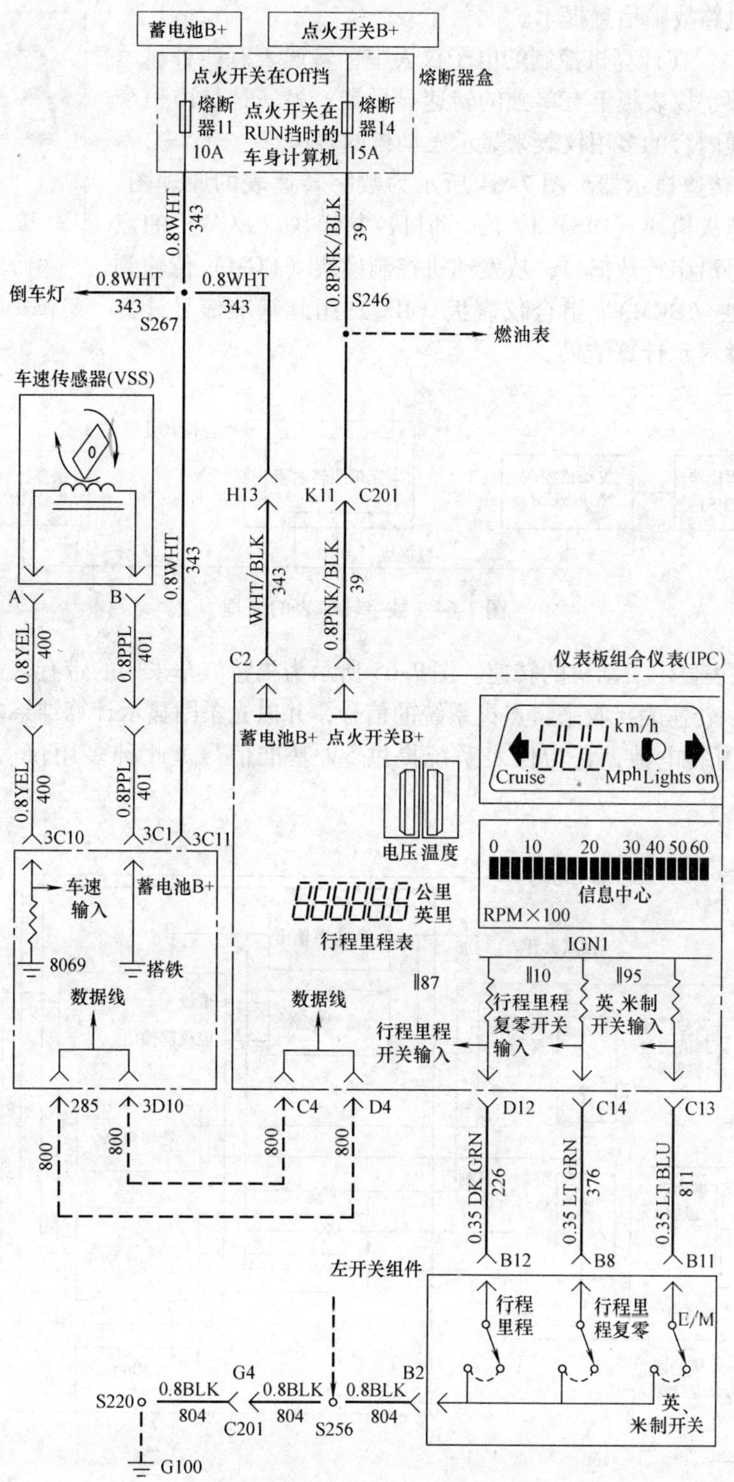

图 7-62　“行程里程”与“行程里程复零”按钮

如果里程表电路发生故障，显示器将会以特殊的信息提示驾驶员。如图 7-63 所示为福特汽车里程表电路故障信息提示。

(3) 转速表　在计算机控制的电子仪表中，转速表有两种显示方式：一种是数字仪表板上有单独的转速显示器；另一种是由一个可顺序显示多项内容的多用仪表来显示发动机的转速。

图 7-63　福特汽车里程表电路故障信息提示

1) 单独的转速显示器。图 7-64 所示为数字转速表的原理图。转速信号取自点火模块（DIS）传至发动机控制模块（ECM）的点火信号。此信号沿串行数据口，从发动机控制模块（ECM）传输到车身计算机模块（BCM）。组合仪表板（IPC）用此基准信号计算出发动机转速并显示计算结果。

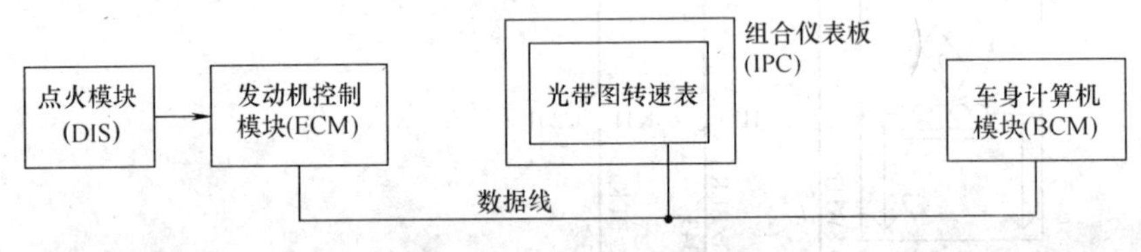

图 7-64　数字转速表的原理

2) 多用仪表显示发动机的转速。图 7-65 所示为福特汽车采用的带有转速表功能的多用数字表原理图。转速表接收来自点火系统的信号，并以光条图显示计算结果。福特汽车公司的多用仪表有内装电池，它为仪表系统提供 5V 基准信号。此种多用仪表还加入了监视电路。

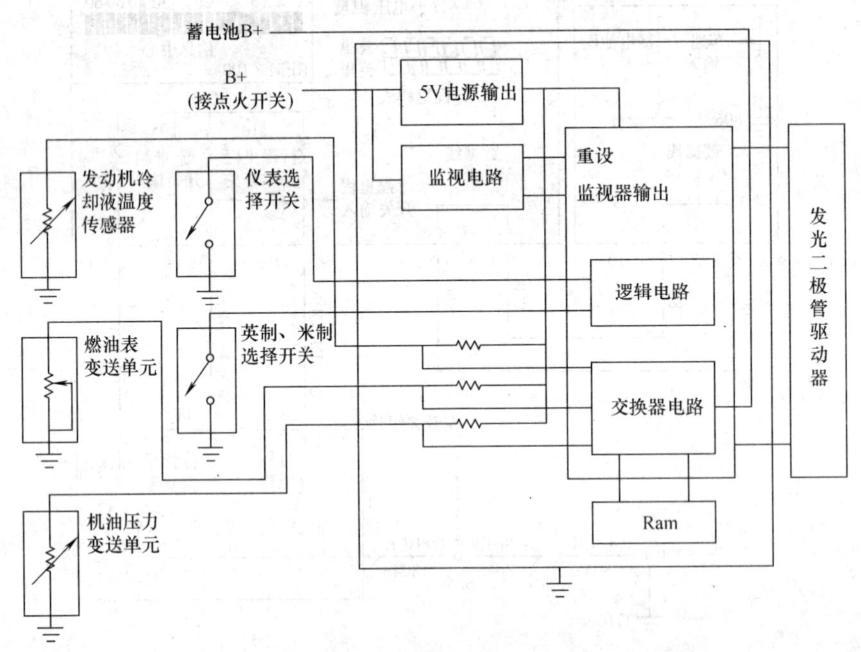

图 7-65　福特汽车采用的带有转速表功能的多用数字表原理

(4) 电子燃油表　图 7-66 所示为电子燃油表的电路，其原理如下：

该燃油表电路主要由油量传感器 R_x、集成电路 LM324（两块）、LED 数字显示器等组成。传感器采用传统的浮筒式可变电阻式传感器。电阻 R_{15} 和二极管 VD_8 组成稳压电路，将标准电压通过 R_8 ~ R_{13} 接到 IC_1 和 IC_2 所组成的电压比较器反向输入端。电容 C 和电阻 R_{16} 还组成延时电路，使燃油表显示器的光标不随油箱中燃油的波动而发生变化。

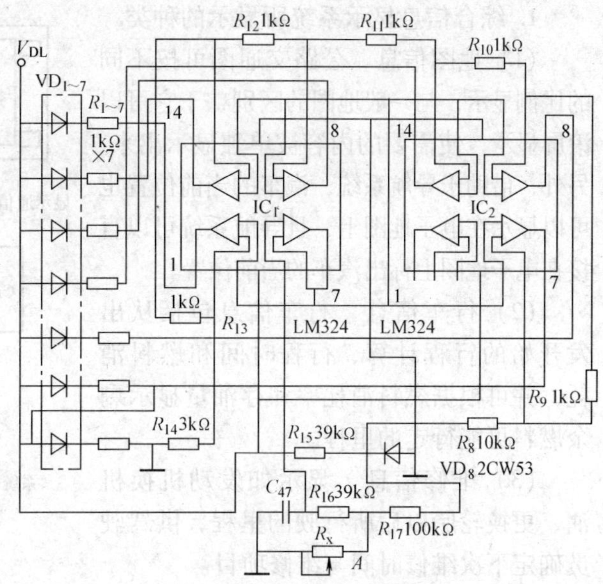

图 7-66　电子燃油表电路

R_x—燃油传感器　V_{DL}—电源正极

VD_1 ~ VD_7—发光二极管，顺序为自下而上

燃油表 LED 显示器的工作情况如下：

1）当油箱的燃油满箱时，传感器 R_x 的阻值最小，则 A 点电位最低，即 IC_1 和 IC_2 电压比较器的输出电压为低平电压，此时，6 只绿色 LED 发光二极管 VD_2 ~ VD_7 全部点亮，而红色发光二极管 VD_1 处于熄灭的状态，表示油箱为满油状态。

2）随着油箱燃油量的逐渐减少，显示器中的发光二极管 VD_7、VD_6、……依次熄灭。油量越少，绿色 LED 发光二极管点亮的个数越少。

3）当油箱无油时，R_x 的阻值最大，则 A 点电位最高，集成块 IC_2 第 5 脚电位高于第 6 脚的基准电位，6 只绿色 LED 发光二极管全部熄灭，红色发光二极管 VD_1 自动点亮，提醒驾驶员，必须加油。

六、综合信息显示系统

随着汽车电子技术的飞速发展，汽车电子控制系统所用的传感器不断增多，汽车仪表的电子显示系统从简单地显示传感器信息，发展成为可以对各种信息进行分析计算、加工处理的综合信息系统。

综合信息系统能够从大量的信息中选择出驾驶员所需要的各种信息内容，包括电子行车地图、维修、后视镜等信息，还可以显示电视、广播、电话等信息。显示器通常采用阴极射线管显示器（CRT），阴极射线管（CRT）屏幕是触摸式的，通过触摸屏幕上的按钮（菜单）便能变更显示的内容。阴极射线管（CRT）显示器的优点在于可以彩色显示，响应速度快、对比度高以及工作测试范围宽，缺点是体积大、质量大、驱动方法复杂，且需要有较高的驱动电压。

图 7-67 所示为综合信息系统配置原理，该综合信息显示系统的显示器可显示电子地图、燃料消耗和行程信息等综合信息。该综合信息显示系统的组成包括：用于管理和控制整个系统的“CRT ECU”；用于调用“CD ROM”数据并传送给 CRT ECU 的“CD ECU”；接收电视信号并与 CRT ECU 通信的“TV ECU”；控制音响系统并与 CRT ECU 通信的“音频 ECU”；控制空调并与 CRT ECU 通信的“空调 ECU”；从 GPS 卫星接收无线电信号、计算汽车的当前位置并传送给 CRT ECU 的“GPS ECU”；控制蜂窝电话并与 CRT ECU 通信的“电话 ECU”。

1. 综合信息显示系统所显示的种类

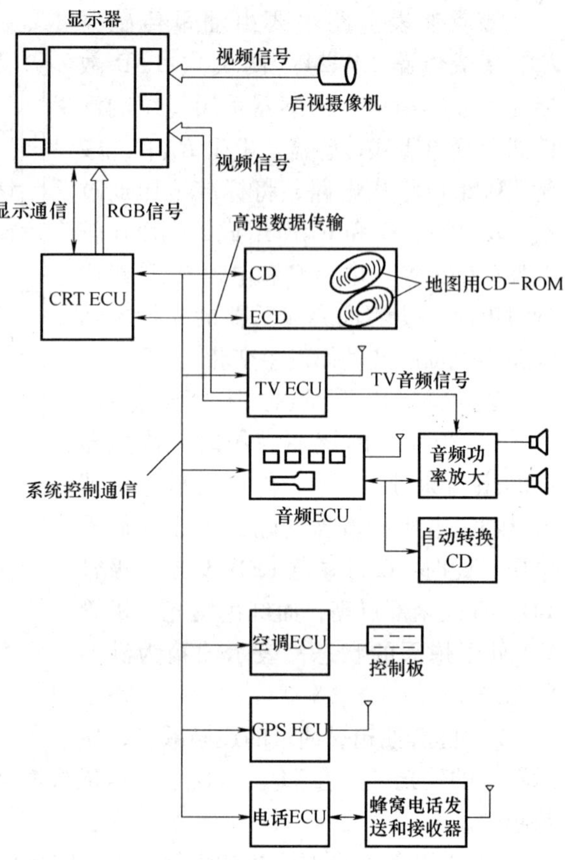

图 7-67　综合信息系统配置原理

(1) 地图信息　公路交通图可按不同的比例显示，与一般地图的区别在于它可以滚屏显示，使需要的内容被单独显示出来。另外，借助于导航系统，汽车的当前位置也可以显示在电子地图上，且导航系统可以直接在电子地图上标出汽车的当前位置。

(2) 行车信息　行车信息包括从出发开始的行程计算、行程时间和燃料消耗，并可根据燃料消耗率和存油量显示剩余燃料可能行走的里程。

(3) 维修信息　显示如发动机换机油、更换轮胎以后所行驶的里程，供驾驶员确定下次维修时间与维修项目。

(4) 日历信息　显示驾驶员的日历和日程表。

(5) 空调信息　显示空调的操作模式和风扇的设置，通过触摸屏幕上的键盘可以操作空调系统。

(6) 音响系统信息　显示音响系统的操作模式，通过触摸屏幕上的键盘可以控制音响系统及显示音响系统的音乐资料。

(7) 电视广播　接收电视、广播节目。

(8) 电话信息　显示蜂窝电话号码信息等，并可通过触摸屏幕键盘来实现拨号和挂机。

(9) 后视摄像机信息　在倒车时，显示从安装在车后部的镜头摄取的镜像信息。

2. 触摸键盘

显示系统的触摸键盘通常以模拟形式显示在屏幕上，用手指触摸键盘即可进行操作，从而简化了选择信息的过程。通常是用采用红外触发开关来检测屏幕是否被触摸，红外键盘触摸开关的原理如图 7-68 所示。

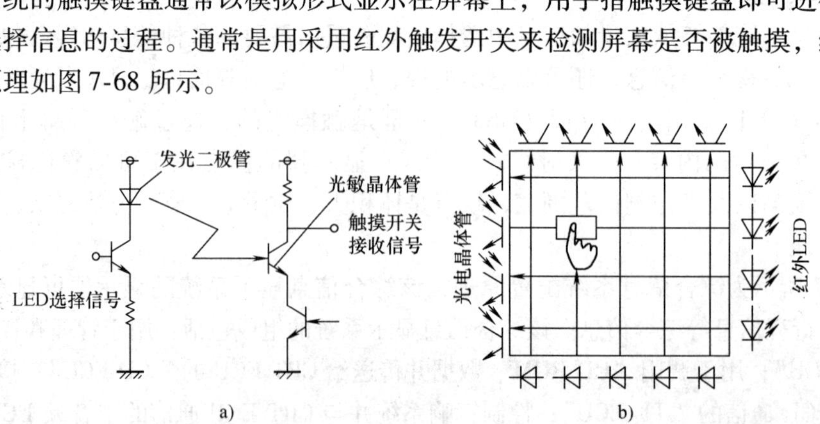

图 7-68　红外键盘触摸开关
a）红外触发开关　b）红外触发开关配置

在显示器的两端都有一个红外 LED 和光敏晶体管相对。在显示器键盘未被触摸时，红外 LED 的光束到达光敏晶体管促使其导通。键盘被触摸时，红外 LED 光波被截断，光敏晶体管立即截止。红外 LED 和光敏晶体管的混合体安放在显示器的多个地方，如图 7-68b 所示。因此，屏幕上被触摸到的键盘位置由被关断的光敏晶体管所在位置测定。

任务二　汽车仪表的拆装与测试

一、工具材料

桑塔纳汽车仪表、万用表、稳压电源、可变电阻器、检修工具等。

二、操作要点和项目

1. 拆装时的注意事项

1）从电路板上拆下仪表表芯、电源稳压器、照明灯及指示灯时，不要损坏印制电路板。

2）拆装仪表及传感器时，注意动作要轻。

2. 燃油表的检测

桑塔纳轿车燃油表检测电路如图 7-69 所示。调整滑动变阻器的阻值，当阻值为 55Ω 时，燃油表指针指向 1，显示油箱满油；当阻值为 560Ω 时，燃油表指针指向 0，显示油箱没有油。将检测结果填写在表 7-1 中。

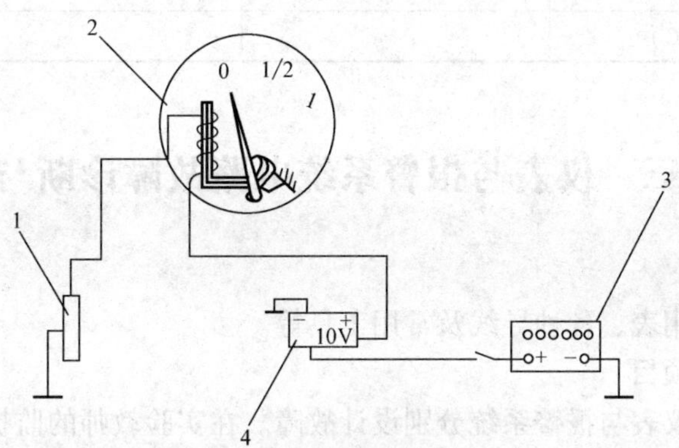

图 7-69　燃油表检测电路

1—滑动变阻器　2—燃油表　3—蓄电池　4—稳压器

表 7-1　燃油表的检测

滑动变阻器/Ω	燃油表指针	结　论
560		
55		

3. 水温表的检测

按图 7-70 所示装好被检测传感器（检测传感器时）或者标准传感器（检测指示表时），并接好线路，接通电路，使加热容器内的水温分别为规定值，并在保持 3min 不变的情况下观察水温指示表与水银温度计的读数，相同则为良好，否则需要调整或者更换。将检测结果填写在表 7-2 中，并给出结论。

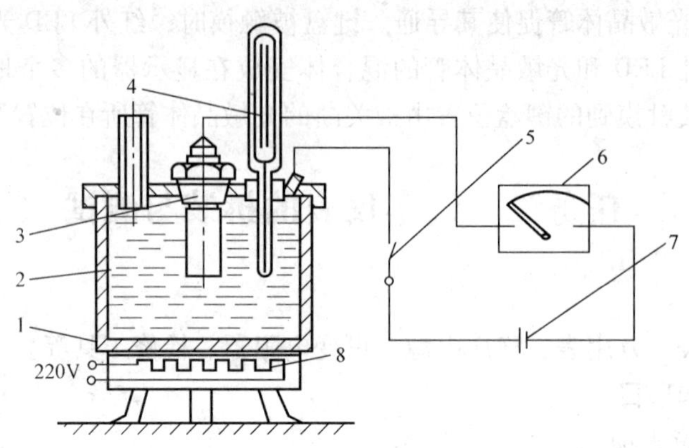

图 7-70　水温表的检测

1—加热容器　2—水　3—被检测（或者标准）传感器　4—水银温度计　5—开关　6—标准（被检测）水温表　7—蓄电池　8—电炉

表 7-2　水温表的检测结果

水温传感器状态	标准阻值/Ω	被测阻值/Ω	结　论
环境温度（____ ℃）			
加热温度 1（____ ℃）			
加热温度 2（____ ℃）			

任务三　仪表与报警系统电路故障诊断与排除

一、工具材料

桑塔纳轿车、万用表、各种导线及常用工具等。

二、操作要点及项目

先由实验教师在仪表与报警系统分别设计故障。在实验教师的监护下，由学生独立完成故障的诊断与排除。在操作过程中，注意操作程序与规范，注意设备的正确使用。桑塔纳轿车仪表报警系统电路参照理论学习内容。

1）根据仪表系统的故障现象，诊断并排除故障。

2）根据报警系统的故障现象，诊断并排除故障。

三、故障诊断步骤

1）起动发动机，确认故障现象。

2）根据故障现象，先排除机械方面的原因，然后再确定熔丝、传感器及仪表等元件的检查顺序。

小　结

汽车仪表与报警灯用来监测发动机与汽车的工作状态，目前常用的仪表有水温表、燃油表、车速里程表及发动机转速表；常用的报警灯有机油压力报警灯、充电指示灯、水温报警灯、燃油液位报警灯、制动液液位报警灯、制动器摩擦片使用极限报警灯等。

随着电子技术的发展，汽车仪表及电子显示系统所提供的信息越来越多，包括发动机及汽车的工况信息、汽车的保养信息、空气调节的方式信息、故障诊断信息、通信信息、交通信息等内容。

复习思考题

1. 简述水温表电路的组成及工作过程。
2. 简述燃油表电路的组成及工作过程。
3. 简述车速里程表电路的组成及工作过程。
4. 简述发动机转速表电路的组成及工作过程。
5. 简述机油报警灯的工作过程。
6. 简述燃油液位报警灯的工作过程。
7. 简述制动液液位报警灯的工作过程。
8. 简述制动器摩擦片使用极限报警灯的工作过程。

项目八　辅助电器系统的使用与维修

知识点

（1）掌握舒适系统的组成和主要部件的作用及工作原理。

（2）了解舒适系统各主要部件在车上的安装位置。

（3）了解舒适系统的控制电路及工作过程。

（4）了解舒适系统通用符号的含义。

技能点

（1）了解舒适系统的操作方法。

（2）能够正确分析舒适系统的电路。

（3）能正确分析舒适系统的故障原因并排除故障。

任务一　理论学习

为了提高汽车行驶的安全性及可靠性，减轻驾驶员的劳动强度，现代汽车的辅助电器越来越多，而且性能也越来越完善，最大限度地体现汽车的豪华、舒适、安全和可靠。

一、电动刮水器及洗涤器

电动刮水器与洗涤器元件的位置如图 8-1 所示。

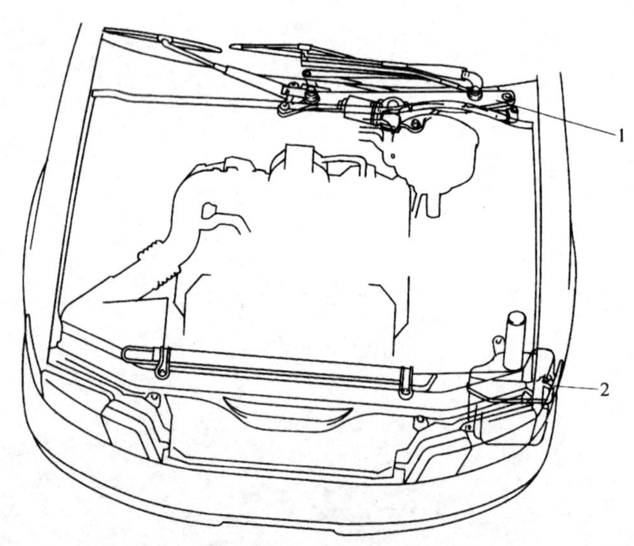

图 8-1　电动刮水器与洗涤器元件的位置

1—刮水器电动机及连接杆　2—洗涤液箱及电动机

电动刮水器的作用是刮除风窗玻璃上的雨水、雪或灰尘，确保驾驶员有良好的视线。目前在汽车上广泛采用的电动刮水器，普遍具有高速，低速及间歇三个工作挡位，而且除了变速之外，还有自动回位的功能。

1. 电动刮水器的组成

如图 8-2 所示，电动刮水器是由电动机、传动机构总成和刮水片三部分组成。电动机电枢轴端的蜗杆驱动涡轮 4，涡轮 4 带动摇臂 6 旋转，摇臂 6 使拉杆 7 往复运动，从而带动刮水片左右摆动。

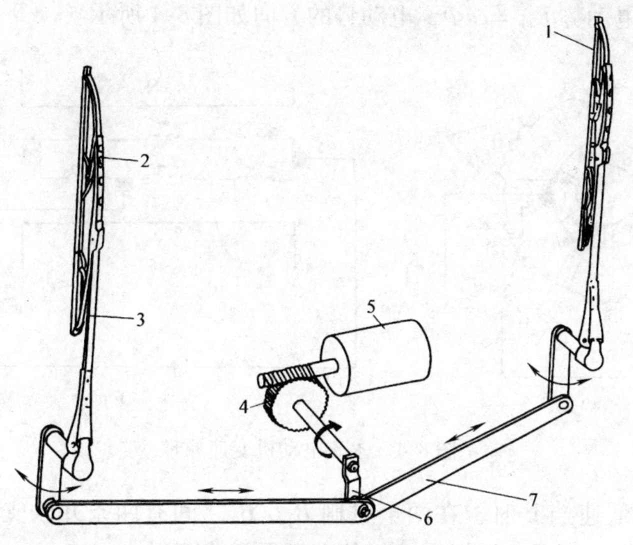

图 8-2　电动刮水器的组成

1—刮水片　2—刮水片架　3—雨刮臂　4—蜗轮　5—电动机　6—摇臂　7—拉杆

电动刮水器的电动机一般有永磁式和励磁式两种，而永磁式电动机结构简单、体积小、可靠性好，被广泛采用。图 8-3 所示为美国福特公司采用的永磁式电动刮水器的电动机。

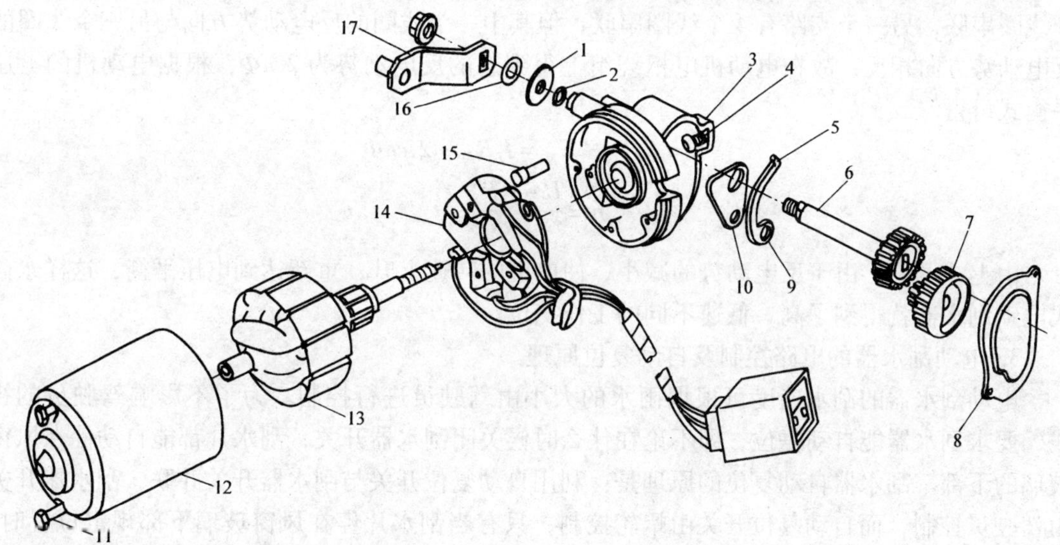

图 8-3　美国福特公司采用的永磁式电动刮水器的电动机

1—平垫圈　2—O 形圈　3—减速器壳　4—弹簧　5—复位开关顶杆　6—输出齿轮和轴　7—惰轮和蜗轮　8—减速器盖　9—放在凸轮表面的部分　10—复位开关顶杆的定位板　11—长螺钉　12—电动机外壳和磁铁总成　13—电枢　14—3 个电刷的安装位置和复位开关总成　15—复位开关顶杆及其与开关联动的销子　16—弹簧垫圈　17—输出臂

2. 电动刮水器的变速原理

为了实现电动机的高、低速挡位工作，永磁式电动机一般采用三刷式电动机，其工作原理如图 8-4 所示。直流电动机工作时，在电枢内的所有线圈中同时产生反电动势，每个小线圈都产生相等的反电动势 $E_{反}=cn\Phi$，电动势的方向如图 8-4 所示。

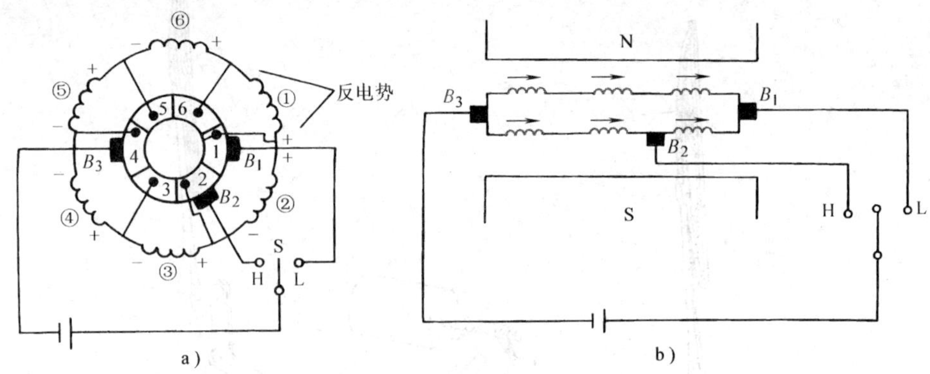

图 8-4　永磁电动机变速原理

当开关 S 拨到低速挡 L 时，在两个电刷 B_1、B_3 之间有两条并联支路，各有 3 个线圈，反电动势方向如图 8-4 所示，根据电动机的电压平衡式可得

$$U=I_S R_{总}+E_{反}=I_S R_{总}+3\ cn\Phi$$

$$n=\frac{U-I_s R_{总}}{3c\Phi}$$

当开关 S 拨到高速挡 H 时，在两个电刷 B_2、B_3 之间也有两条并联支路，一个支路有 2 个线圈串联，另一个支路有 4 个线圈串联，但其中一个线圈的反电动势方向与另三个线圈的反电动势方向相反，故在电动机电枢绕组上得到总的反电动势为 $2cn\Phi$，根据电动机的电压平衡式可得

$$U=I_S R_{总}+E_{反}=I_S R_{总}+2\ cn\Phi$$

$$n=\frac{U-I_s R_{总}}{2c\Phi}$$

由上式可见，由于反电动势的减小，使电枢的转速上升，重新达到电压平衡，这样永磁式电动刮水器就得到了高、低速不同的工作挡位。

3. 电动刮水器的电路控制及自动复位原理

电动刮水器的刮水速度可根据雨水的大小由驾驶员进行控制。为了不影响驾驶员的视线，要求刮水器能自动复位，即不论在什么时候关闭刮水器开关，刮水片都能自动停在风窗玻璃的下部。刮水器自动复位的原理是：利用自动复位开关与刮水器开关并联，刮水器开关由驾驶员控制，而自动复位开关由蜗轮控制，只有当刮水片停在风窗玻璃下部规定位置时，自动复位开关才断开。

（1）凸轮式自动复位装置刮水器电路　凸轮式自动复位装置刮水器电路如图 8-5 所示，凸轮式自动复位开关由刮水器电动机的减速机构蜗轮控制，当刮水片到风窗玻璃下部规定位置时，自动复位开关断开，电动机每转一周，凸轮式自动复位开关断开一次，只有当驾驶员控制开关与自动复位开关同时断开时，刮水器电动机才能停止工作，这时刮水片也回到了风窗玻璃下部规定位置。

（2）铜环式自动复位装置刮水器电路　铜环式自动复位装置刮水器电路如图 8-6 所示，自动复位开关在减速蜗轮 8 上。其工作原理如下：

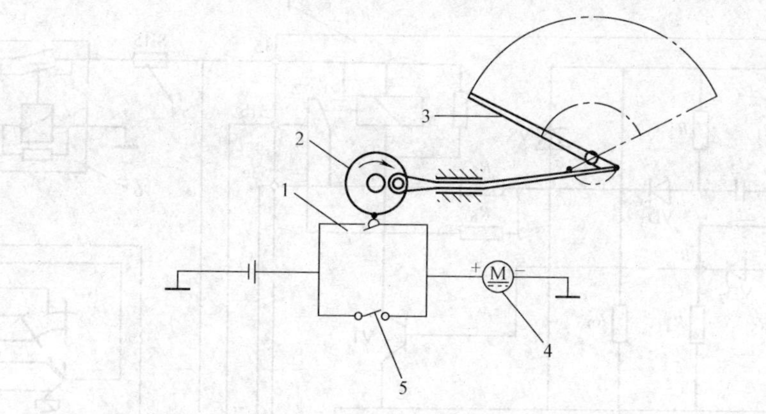

图 8-5　凸轮式自动复位装置刮水器电路

1—自动复位开关　2—凸轮　3—刮水片　4—电动机　5—刮水器开关

当电源开关接通时，把刮水器开关拉到“I”挡时，电流从蓄电池的正极→电源开关→熔丝→电刷 B_3→电枢绕组→电刷 B_1→刮水器“I”挡→搭铁，刮水器电动机低速运转。

当刮水器开关拉到“Ⅱ”挡时，电流从蓄电池的正极→电源开关→熔丝→电刷 B_3→电枢绕组→电刷 B_2→刮水器“Ⅱ”挡→搭铁，刮水器电动机高速运转。

当刮水开关推到“0”挡时，如果刮水器的刮水片没有停在规定的位置，则电流经蓄电池正极→电源开关→熔丝→电刷 B_3→电枢绕组→电刷 B_1→刮水器“0”挡→触点臂 5→铜环 9→搭铁（图 8-6b），这时电动机将继续转，当刮水器的刮水片到规定位置时，触点臂 3、5 都和铜环 7 接触，使电动机短路（图 8-6a）。与此同时，电动机电枢由于惯性而不能立刻停下来，电枢绕组通过触点臂 3、5 与铜环 7 接触而构成回路，电枢绕组产生感应电流，因而产生制动转矩，电动机迅速停止转动，使刮水器的刮水片停止在规定的位置。

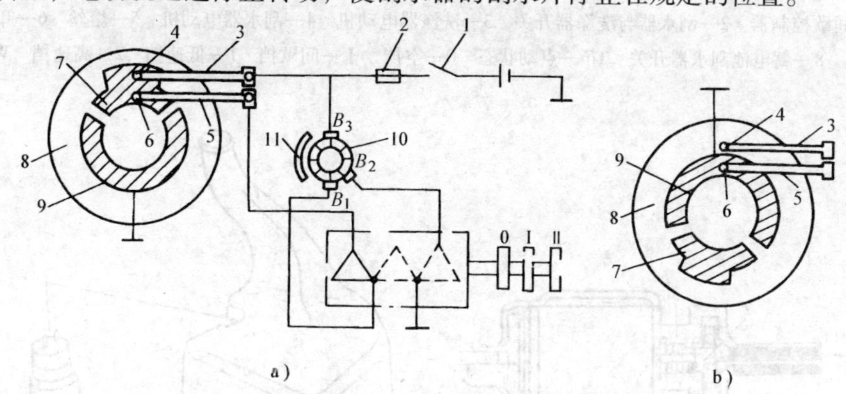

图 8-6　铜环式自动复位装置刮水器电路

1—电源开关　2—熔丝　3、5—触点臂　4、6—触点　7、9—铜环　8—减速蜗轮　10—电枢　11—永久磁铁

4. 常见车型的电动刮水器与洗涤器电路

如图 8-7 所示为奥迪轿车电动刮水器与洗涤器电路。

奥迪轿车刮水器电动机是永磁式直流电动机。洗涤器由微型永磁直流电动机、离心式水泵、喷嘴、贮液罐和水管五部分组成。电动机与水泵成为一体，如图 8-8 所示，这个总成安装在贮液罐内。

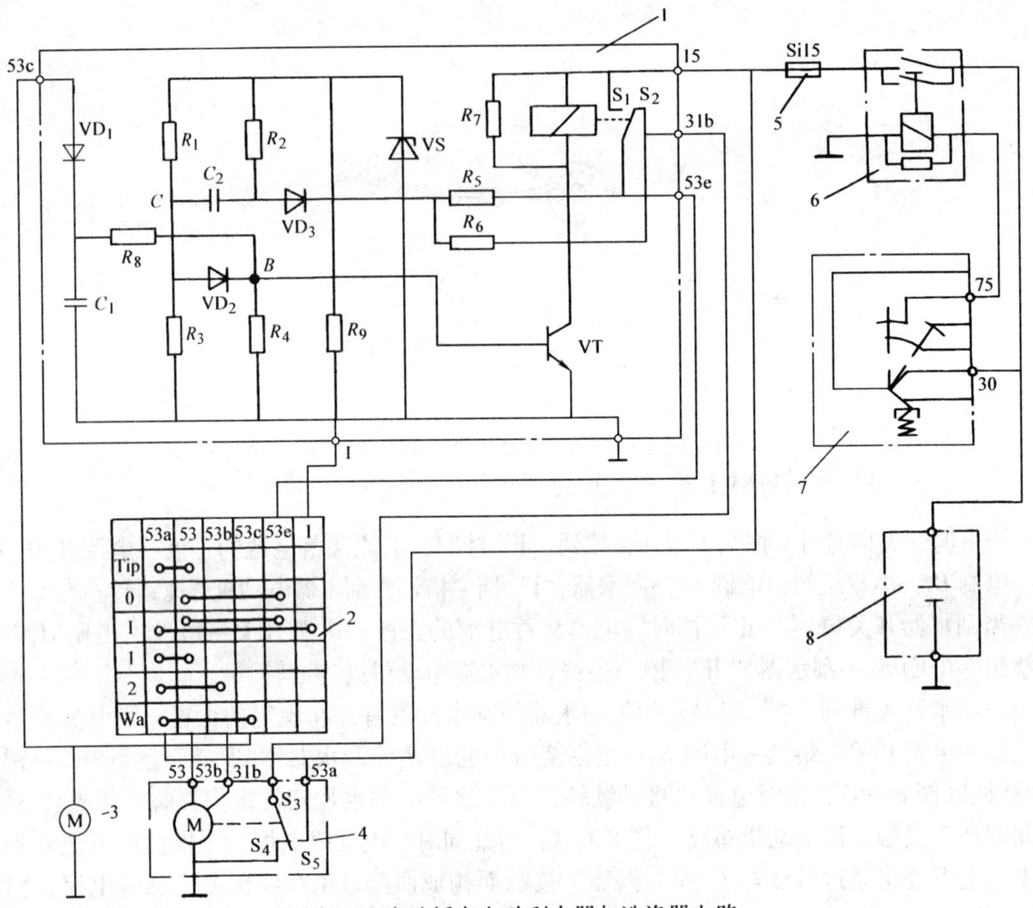

图 8-7　奥迪轿车电动刮水器与洗涤器电路

1—刮水器间歇控制器　2—刮水器与洗涤器开关　3—洗涤器电动机　4—刮水器电动机　5—熔丝　6—卸荷继电路　7—点火开关　8—蓄电池刮水器开关　Tip—点动状态　0—空挡　Ⅰ—间歇挡　1—低速挡　2—高速挡　Wa—洗涤挡

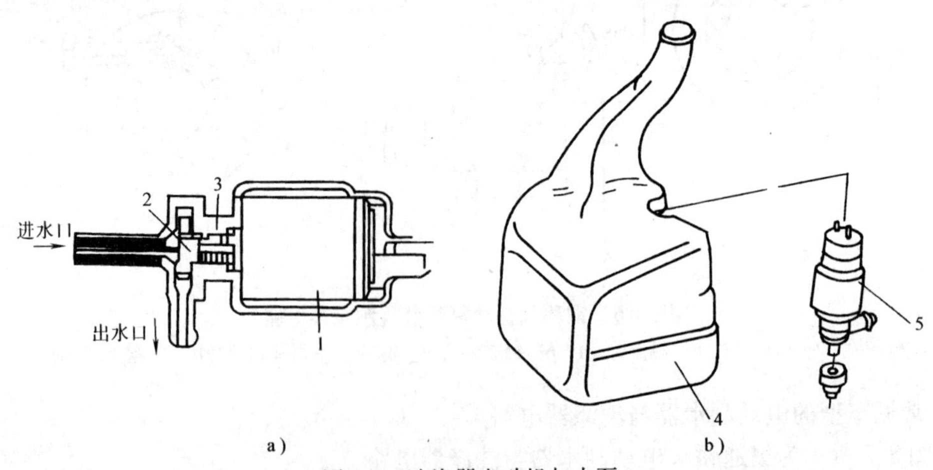

图 8-8　洗涤器电动机与水泵

a）结构图　b）位置图

1—永磁直流电动机　2—叶轮　3—泵体　4—贮液罐　5—电动机与水泵总成

工作原理如下：

（1）低速挡　当刮水器开关位于挡位“1”时，电流由蓄电池正极→卸荷继电器→熔丝→刮水器开关53a和53→刮水器电动机53→搭铁，此时刮水器电动机低速挡工作。

（2）高速挡　当刮水器开关位于挡位“2”时，电流由蓄电池正极→卸荷继电器→熔丝→刮水器开关53a和53b→刮水器电动机53b→搭铁，此时刮水器电动机高速挡工作。

（3）动停机复位　当刮水器开关位于“0”挡时，若此时刮水片没有回到规定位置，则刮水器电动机自动复位开关触点S_3与S_5相接，电流由蓄电池正极→卸荷继电器→熔丝→刮水器电动机53a、S_5和31b→间歇控制器的31b、常闭触点S_2和53e→刮水器开关53e和53→刮水电动机53→搭铁，电动机仍继续旋转，直到刮水片到达规定位置时，复位开关中的触点S_3与S_5断开而与S_4接通，电动机被短路，产生制动转矩，刮水器回到规定的位置。

（4）间歇挡　当刮水器开关位于“Ⅰ”挡时，晶体管VT导通，间歇控制器中的触点S_2打开、S_1闭合，电流由蓄电池正极→卸荷继电器→间歇控制器接线柱15、触点S_1、接线柱53e→刮水器开关53e和53→刮水器电动机53→搭铁，此时刮水器以低速晶体工作。

当刮水器到达规定位置时，复位开关中的触点S_3与S_4接通，即S_3搭铁，使间歇控制器中的31b为低电位，C点电位下降，晶体管VT截止，间歇控制器触点S_1断开，刮水器电动机停止工作。此时C_2处于放电状态，随着放电过程的进行，C点电位升高，晶体管VT又导通，刮水器电动机再次以低速工作。

可见，C_2的不断充电、放电，晶体管VT的导通、截止反复进行，如此形成间歇刮水过程。刮洗时间为2～4s，间歇时间为4～6s。

（5）点动挡　当刮水器开关位于“Tip”挡时，刮水器电动机低速工作，松开刮水器开关手柄，开关自动跳回“0”挡，刮水器在复位开关的作用下，回到规定的位置。

（6）风窗玻璃的洗涤　当刮水器开关位于“Wa”挡时，风窗玻璃洗涤器和刮水器同时工作。洗涤器电动机的电路为：蓄电池正极→卸荷继电器→熔丝→刮水器开关53a和53c→洗涤器电动机→搭铁，于是洗涤器电动机带动水泵运转，将洗涤液喷洒到风窗玻璃上。与此同时，通过间歇控制器53c接柱，使得间歇控制器工作，刮水器电动机间歇挡工作。

在此挡位工作，当松开刮水器开关手柄时，刮水器开关自动回到“0”挡。

二、风窗玻璃防冰霜装置与鼓风电动机

1. 风窗玻璃防冰霜装置

在气温较低的环境中，风窗玻璃内侧易结冰霜，通常是采用加热的方法将其除去。前风窗玻璃一般采用暖风加热，而后风窗玻璃通常采用电热线加热的方法除霜，其中电热线由镀在后风窗玻璃内表面上的多条金属导电膜制成。有些车辆以相同的电路加热外后视镜。

因除霜系统耗电很大（30A以上），所以系统采用了定时电路。图8-9所示为LS400轿车后风窗玻璃除霜装置电路，其工作过程如下：

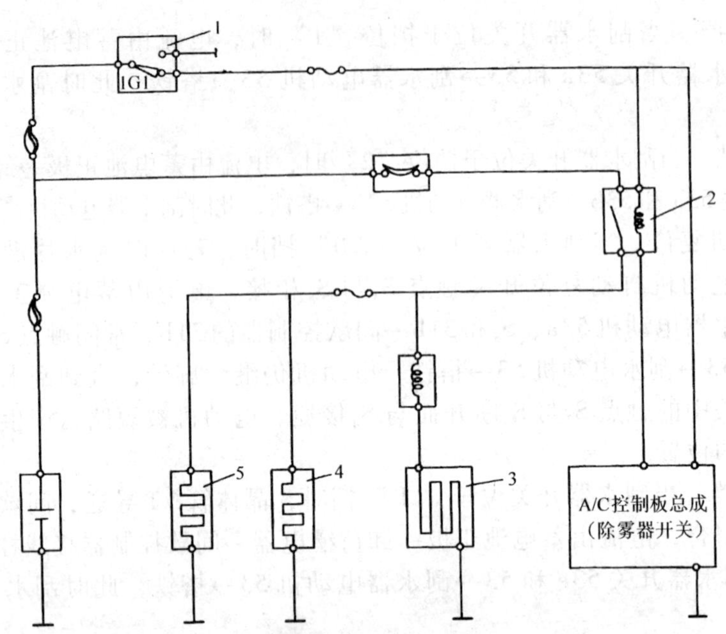

图 8-9　LS400 轿车后风窗玻璃除霜装置电路

1—点火开关　2—继电器　3—后窗除雾器　4—左后视镜除雾器　5—右后视镜除雾器

当接通除霜器开关后，除霜器开关使除霜继电器的磁化线圈搭铁，继电器触点闭合，风窗玻璃及后视镜上的电热丝通电发热，使冰霜受热蒸发。

除霜器开关中的时间继电器维持除霜继电器导通 10 ~ 20min，然后自动切断除霜继电器的电路，使电热丝断电。若想继续除霜，可再次接通除霜开关。

2. 鼓风电动机

鼓风电动机用于促使车内冷气、暖气以及除霜、通风的气流流动。电动机通常为永磁式单速电动机，并且大多数安装在暖风机总成内，如图 8-10 所示。鼓风机开关位于空调操作面板上，如图 8-11 所示。鼓风机开关通过控制调速电阻来控制转速，其电路如图 8-12 所示。

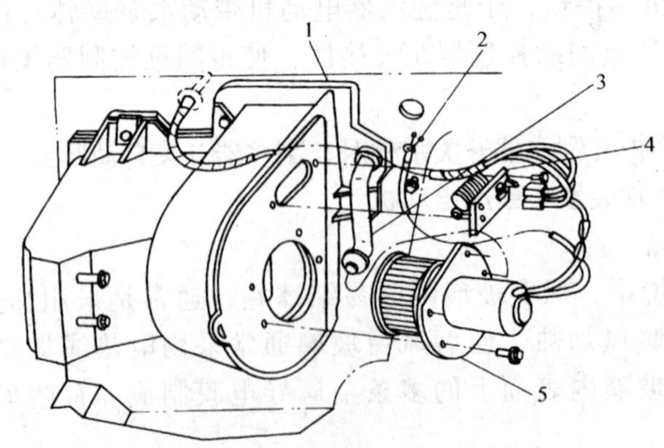

图 8-10　安装在暖风机内的鼓风机

1—暖风机总成　2—搭铁线　3—暖风水管　4—调速电阻总成　5—鼓风机

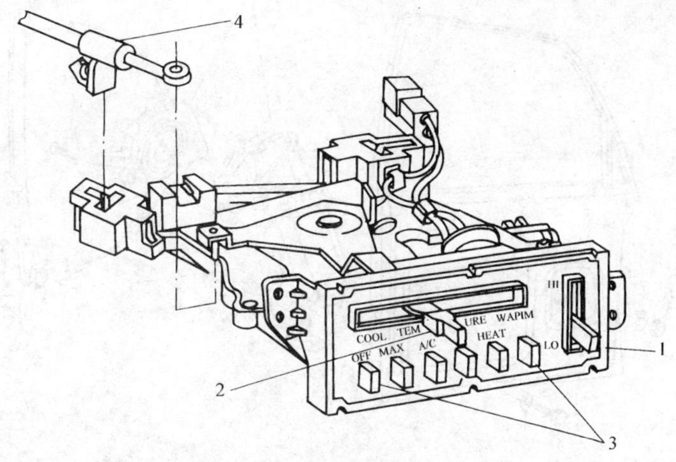

图 8-11　空调操作面板

1—鼓风机开关　2—温度控制拨钮　3—方式选择拨钮　4—温度调节拉线

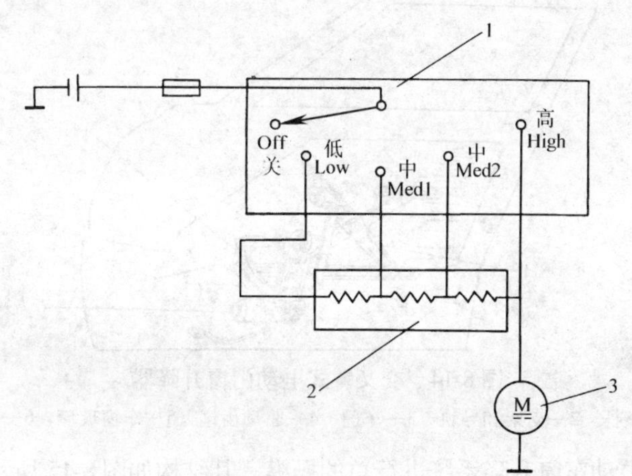

图 8-12　鼓风机工作电路

1—鼓风机开关　2—调速电阻总成　3—鼓风电动机

鼓风电动机的工作原理为：当鼓风电动机开关置于低速（Low）、中速 1（Med1）、中速 2（Med2）或高速（High）挡时，电路中所串联电阻的电阻值越来越小。电阻值的变化，改变了鼓风电动机的工作电压。由于电动机是单速电动机，工作电压越高，转速越高，故与鼓风电动机串接的电阻阻值越小，其工作电压越高，转速越高。

三、电动车窗、电动后视镜、电动座椅及电动天窗

1. 电动车窗

许多高档轿车，用电动车窗取代传统的摇把式车窗。电动车窗升降系统，广泛采用永磁式电动机，也有一些车型采用双磁场式电动机。

电动车窗升降系统一般包括主控开关、分控开关及各个门窗的升降器。门窗升降器的传动机构有绳轮式和交叉臂式两种，图 8-13 所示为绳轮式电动门窗升降器，图 8-14 所示为交叉臂式电动门窗升降器。

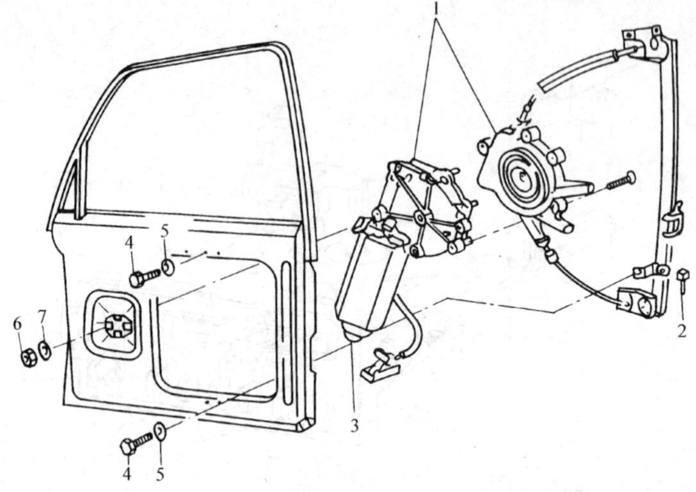

图 8-13　绳轮式电动门窗升降器

1—升降器总成　2—橡胶缓冲块　3—电动机　4—六角头螺栓　5—垫圈　6—六角头螺母　7—碟形弹簧垫圈

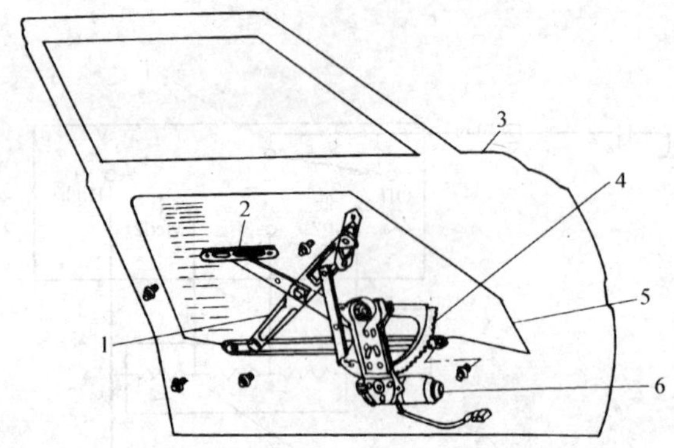

图 8-14　交叉臂式电动门窗升降器

1—调整杆　2—支架和导轨　3—车门　4—驱动齿扇　5—车窗玻璃　6—电动机

主控开关对全车电动车窗升降系统进行总的操纵，其结构如图 8-15 所示。电流是由主控开关到各个分控开关，为了安全起见，有些车型主控开关上还有一个锁止开关，当开动锁止开关时，便切断各分控开关的电路，此时只能用主控开关升降各车窗。有些车型还增加了其他安全措施，例如只有当“点火开关”在 RUN 或 ACC 挡时，分控开关才能起作用，如图 8-16 所示。

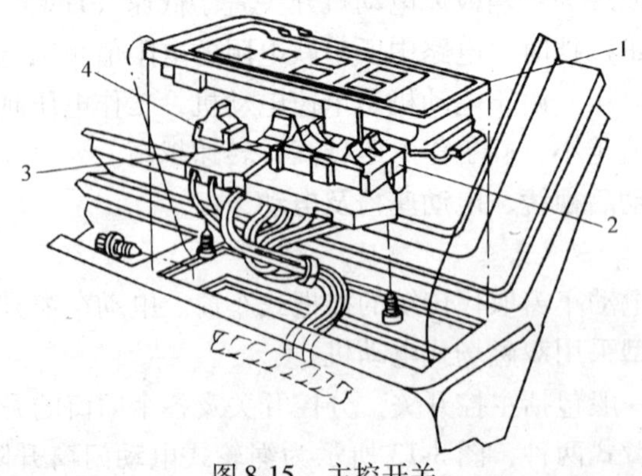

图 8-15　主控开关

1—外壳总成　2—主控开关　3—锁止开关　4—中央控制门锁开关

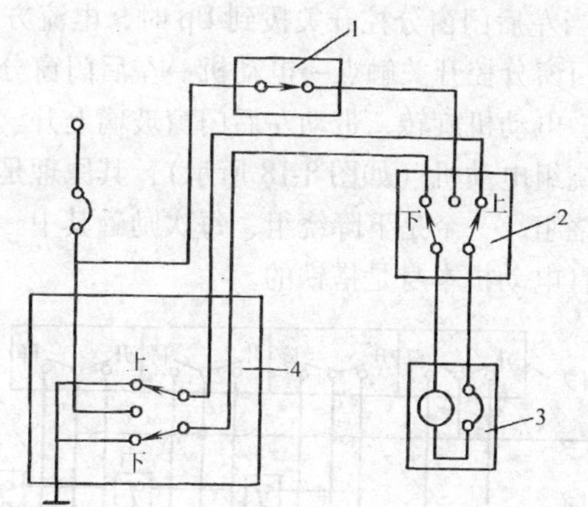

图 8-16 “主控开关”、“分控开关”与“点火开关”的控制关系
1—点火开关 2—分控开关 3—电动机 4—主控开关

永磁式电动机是通过改变电枢电流的方向来改变电动机的旋转方向，从而使车窗玻璃上升或下降，电动机本身不搭铁，而是到主控开关搭铁，如图 8-16 所示。图 8-17 所示为永磁式电动机的电动升降门窗电路。

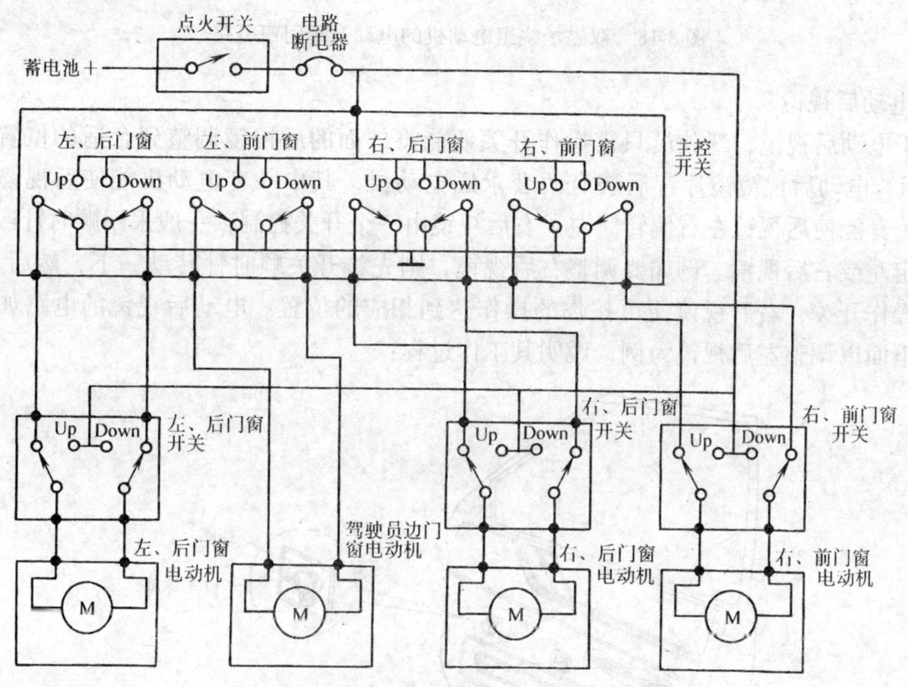

图 8-17 永磁式电动机的电动升降门窗电路

下面以左后门窗玻璃上升为例来说明其原理：

（1）主控开关控制　当主控开关中的左后门窗开关拨到 Up 时，电流方向为：蓄电池正极→点火开关→电路断电器→主控开关中左后门窗触点→左后门窗分控开关触点→电动机→左后门窗分控开关另一触点→主控开关中左后门窗另一触点→搭铁，电动机旋转，带动左后门窗玻璃上升。

（2）分控开关控制　当左后门窗分控开关拨到 Up 时，电流方向为：蓄电池正极→点火开关→电路断电器→左后门窗分控开关触点→电动机→左后门窗分控开关另一触点→主控开关中左后门窗触点→搭铁，电动机旋转，带动左后门窗玻璃上升。

有些车型采用双磁场绕组电动机（如图 8-18 所示），其原理是：电动机有两个绕向相反的励磁绕组，一个是上升绕组，一个是下降绕组，每次励磁其中一个绕组，电动机的旋转方向是由励磁绕组决定的，且电动机本身是搭铁的。

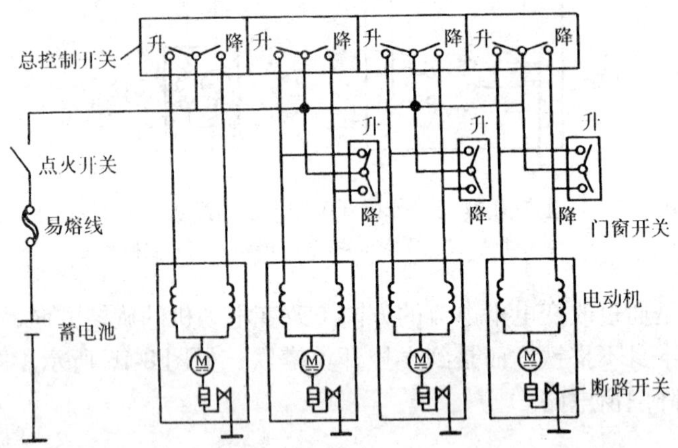

图 8-18　双磁场绕组电动机的电动升降门窗电路

2. 电动后视镜

对于电动后视镜，驾驶员只需操作开关便能将外面的后视镜调整到合适的位置，如图 8-19所示。电动后视镜镜片背后装有两套永磁电动机，其中一套电动机能使后视镜上下偏转，另一套能使后视镜左右偏转。左、右后视镜由一个开关控制，一般采用顺时针或逆时针旋转确定左或右后视镜。例如要调整右后视镜，则先将开关顺时针转动一下，然后上、下、左、右操作开关，右后视镜便可按你的操作达到相应的位置。电动后视镜的电路如图 8-20 所示。下面以调整左后视镜为例，说明其工作过程：

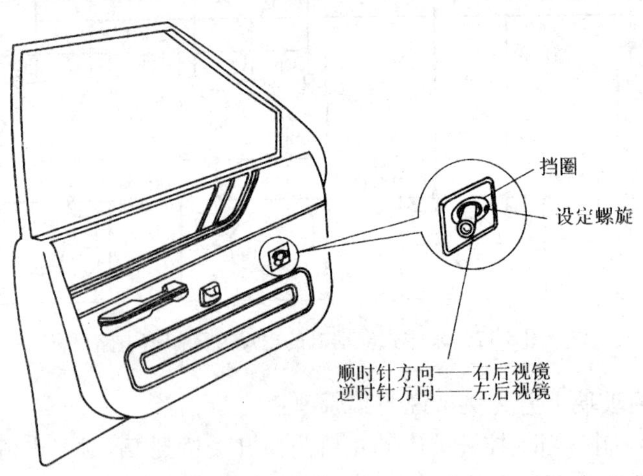

图 8-19　电动后视镜的开关

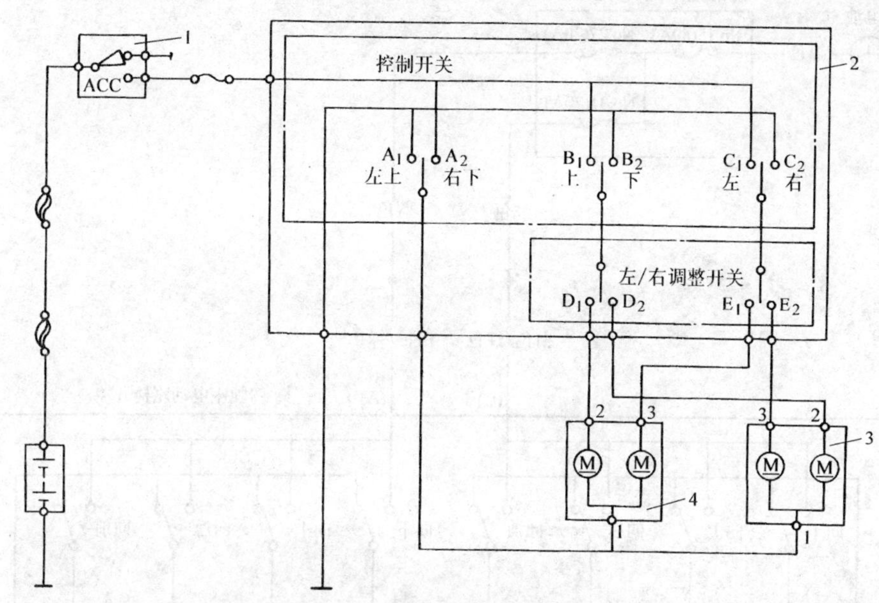

图 8-20　电动后视镜的电路

1—点火开关　2—后视镜开关　3—右后视镜电动机　4—左后视镜电动机

首先，逆时针旋转开关，使后视镜中的触点 D_1、E_1 闭合。

若要使镜片向上旋转，则向上搬动开关，使后视镜开关中的触点 A_1、B_1 闭合。其电路为：蓄电池正极→点火开关→触点 B_1→触点 D_1→左侧后视镜电动机 2-1→触点 A_1→搭铁。这样左后视镜镜片将向上旋转，直到松开后视镜开关为止。

若要使镜片向右旋转，则向右搬动开关，使后视镜开关中的触点 A_2、C_2 闭合。其电路为：蓄电池正极→点火开关→触点 A_2→左侧后视镜电动机 1-3→触点 E_1→触点 C_2→搭铁。这样左后视镜镜片将向右旋转，直到松开后视镜开关为止。

3. 电动座椅

有些轿车为了提高乘坐舒适性，其座椅空间位置由电动机驱动调整。电动座椅调整系统按座椅移动的方向数目可划分为两方向、四方向和六方向。图 8-21 所示为 HONDA Accord 汽车电动座椅，其调整方向有向前、向后、向上、向下、前俯和后仰，且靠背倾斜角度可调。有些轿车的电动座椅除以上功能外，座椅的头枕、扶手等也可调整。

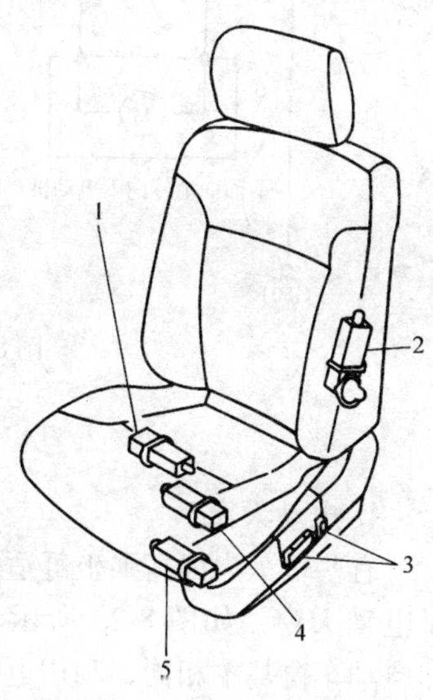

图 8-21　HONDA Accord 汽车电动座椅

1—前方向上、向下电动机
2—倾斜电动机　3—开关
4—后方向上、向下电动机
5—滑动电动机

电动座椅的调整系统由电动机、开关和传动装置组成。电动机为双向永磁式，座椅的调整功能越多，电动机的数量越多。调整开关可控制电动机的电流方向，从而使电动机具有两个转动方向。图 8-22 所示为 HONDA Accord 汽车电动座椅电路图，该电动座椅有四个电动机。

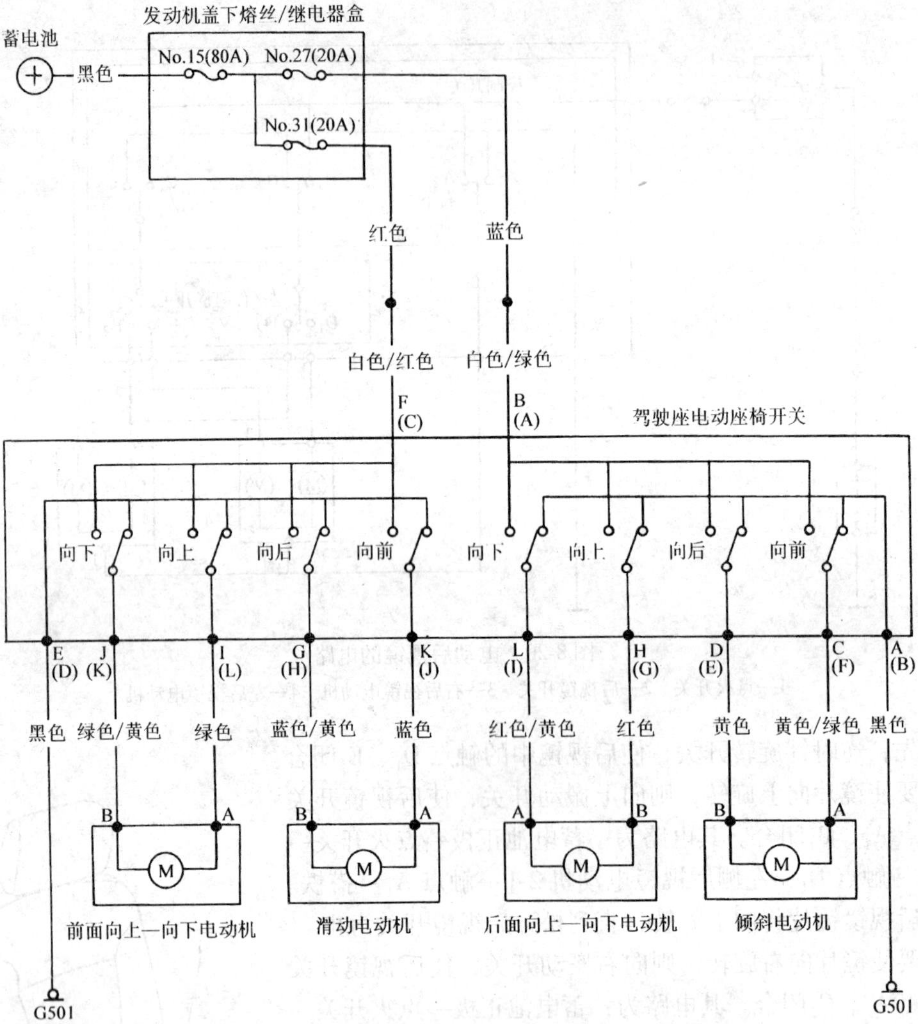

发动机盖下熔丝/继电器盒
蓄电池
黑色
No.15(80A) No.27(20A)
No.31(20A)
红色 蓝色
白色/红色 白色/绿色
F (C) B (A)
驾驶座电动座椅开关
向下 向上 向后 向前 向下 向上 向后 向前
E (D) J (K) I (L) G (H) K (J) L (I) H (G) D (E) C (F) A (B)
黑色 绿色/黄色 绿色 蓝色/黄色 蓝色 红色/黄色 红色 黄色 黄色/绿色 黑色
前面向上—向下电动机 滑动电动机 后面向上—向下电动机 倾斜电动机
G501 G501

图 8-22 HONDA Accord 汽车电动座椅电路

4. 电动天窗

有些轿车为提高乘坐舒适性，安装了电动天窗，如图 8-23 所示。其原理与电动车窗基本相同，利用电动机控制天窗的打开和关闭，有的轿车天窗还可向上倾斜和向下倾斜。图8-24所示为 HONDA Accord 汽车电动车窗电路图，电动机为永磁式直流电动机，通过开启和关闭两个继电器改变电动机电流的方向，从而使电动机有两个旋转方向，即向前或向后。

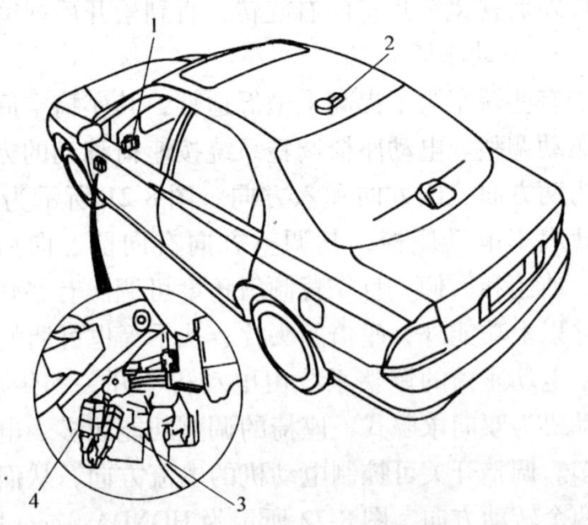

图 8-23 电动天窗元件的位置图

1—开关 2—电动机 3—天窗关闭继电器 4—天窗开启继电器

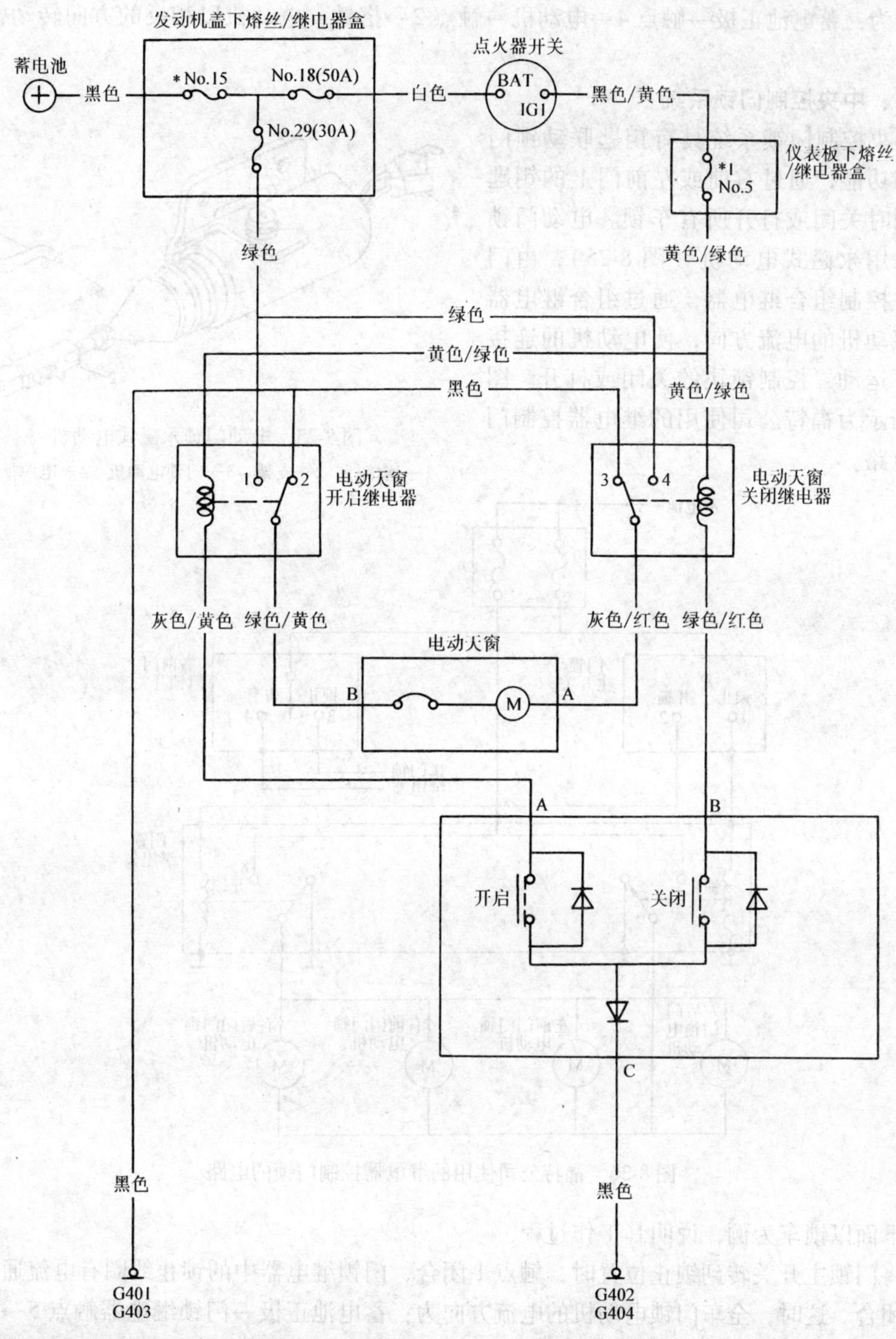

图 8-24 HONDA Accord 汽车电动天窗电路

其工作过程如下：

当开启开关接通时，开启继电器中的磁化线圈有电流通过，触点 1 闭合。则电动机的电流方向为：蓄电池正极→触点 1→电动机→触点 3→搭铁，电动机转动，将天窗打开。

当关闭开关接通时，关闭继电器中的磁化线圈有电流通过，触点 4 闭合。则电动机的电流方向为：蓄电池正极→触点4→电动机→触点2→搭铁，电动机以相反的方向转动，将天窗关闭。

四、中央控制门锁系统

中央控制门锁系统具有钥匙联动锁门和开门功能，通过右前或左前门上的钥匙可以同时关闭或打开所有车锁。电动门锁一般采用永磁式电动机（图8-25），由门锁开关控制组合继电器，通过组合继电器改变电动机的电流方向，使电动机的连接杆上下运动，控制锁块的关闭或打开。图8-26所示为福特公司使用的继电器控制门锁的电路。

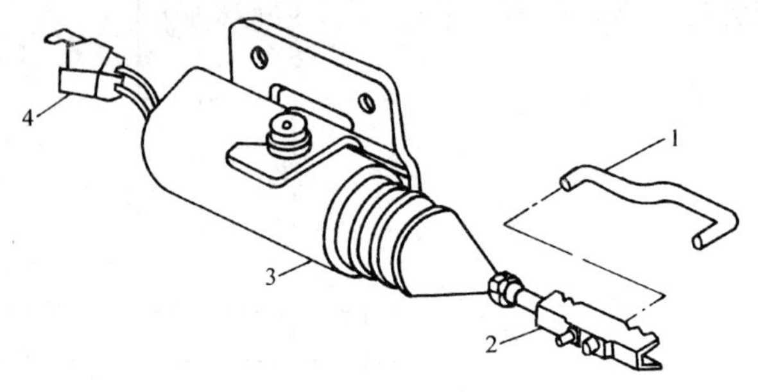

图8-25　电动门锁永磁式电动机

1—连接杆　2—支架　3—门锁电动机　4—电源插头

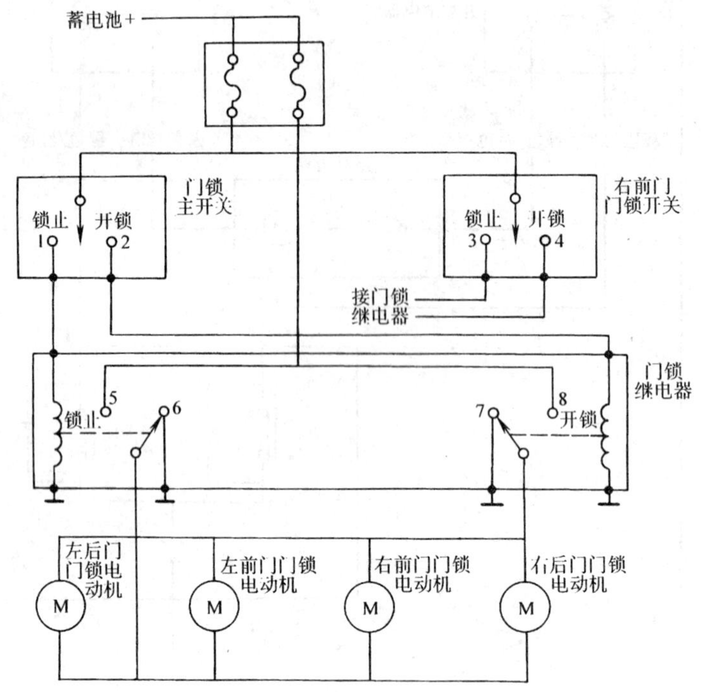

图8-26　福特公司使用的继电器控制门锁的电路

下面以锁车为例，说明其工作过程：

将门锁主开关转到锁止位置时，触点1闭合，门锁继电器中的锁止线圈有电流通过，触点5闭合。这时，全车门锁电动机的电流方向为：蓄电池正极→门锁继电器触点5→全车门锁电动机→门锁继电器触点7→搭铁，电动机旋转拉动连接杆，将车锁锁止。

红旗轿车和奥迪轿车采用的是双压泵式中央门锁，它是利用双向空气压力泵产生压力或真空，通过门锁执行元件（膜盒）来完成门锁的开关动作。图8-27所示为奥迪轿车中央门锁系统元件位置图，其中央门锁控制单元同双压力泵装在一个塑料盒内，安装在后座椅下面，用插头与中央线束连接。其电路如图8-28所示。

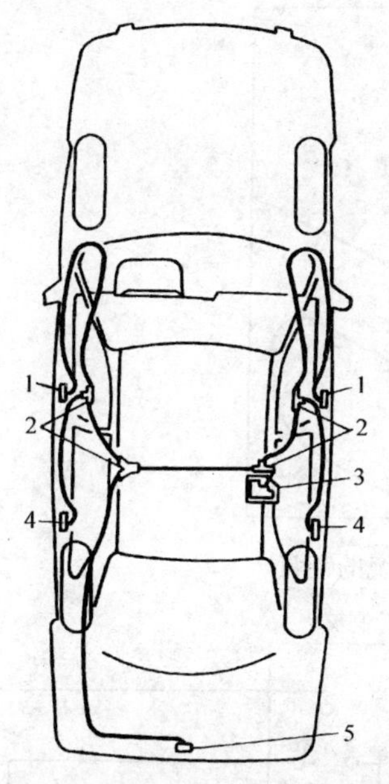

图 8-27　奥迪轿车中央门锁系统元件位置图
1—前门锁执行元件　2—三通
3—双压泵及中央门锁控制单元
4—后门锁执行元件　5—行李箱门锁执行元件

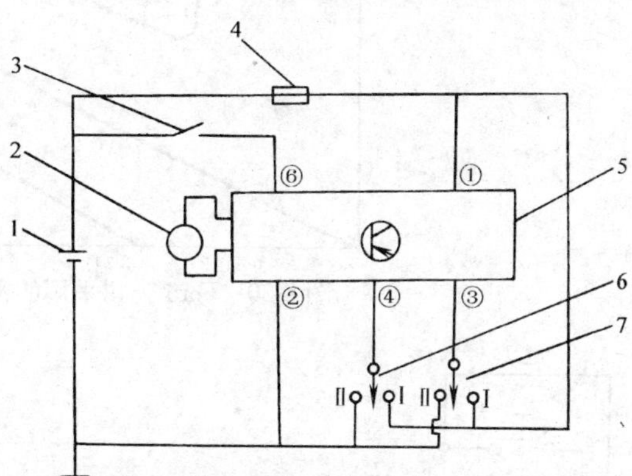

图 8-28　奥迪轿车中央门锁系统控制电路
1—蓄电池节　2—双压泵　3—点火开关
4—熔丝　5—中央锁控制单元　6—右前门锁开关
7—左前门锁开关

其工作过程如下：

1）锁车。当用钥匙或按下前门锁操纵杆（左、右均可）时，连接杆（见图 8-29 中的 1）被压下，前门锁执行元件中门锁开关的锁车触头Ⅱ闭合，中央门锁控制单元收到此信号后，立即控制双压泵运转，产生真空，各门锁的执行元件（膜盒）进入真空状态，膜片带动连接杆向下运动将车门锁住。

2）开锁。当用钥匙或拉出前门操纵杆（左、右均可）时，连接杆（见图 8-29 中的 1）被拉起，前门锁执行元件中门锁开关的开锁触点Ⅰ闭合，中央门锁控制单元收到此信号后，立即控制双压泵向反方向运转，产生高压气体，各门锁的执行元件进入高压状态，膜片带动连接杆向上运动将车门打开。

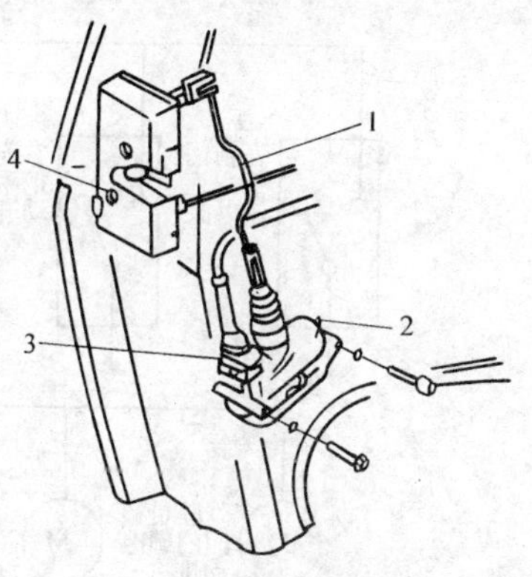

图 8-29　前门锁执行元件
1—连接杆　2—膜盒
3—门锁开关　4—门锁

后车门及行李箱的门锁执行元件没有门锁开关和电路接线，只有一个膜盒和气管。

有些轿车的中央门锁系统采用密码门锁系统，如图 8-30 所示。密码门锁系统主要部件有：控制模块、装在驾驶员侧车门外边的代码按钮键盘和门锁电动机等。键盘由 5 个单刀单掷开关组成，每个开关代表两个数字，即“1-2”、“3-4”、“5-6”、“7-8”、“9-0”。图 8-31 所示为 Ford 公司采用的密码门锁系统电路图，键盘为控制模块提供输入信号，控制模块的编程为：

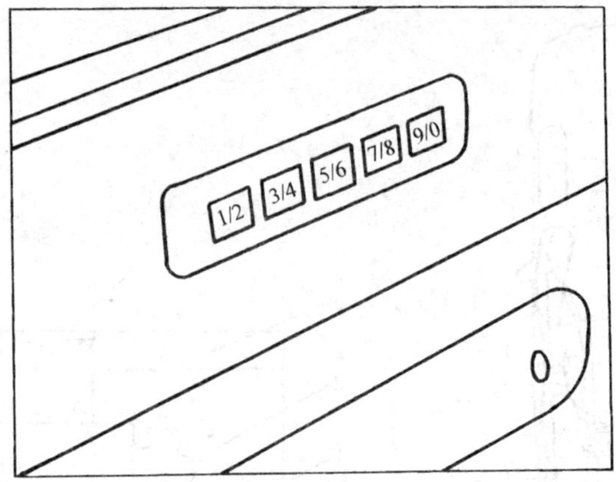

图 8-30　Ford 公司采用的密码门锁系统的键盘

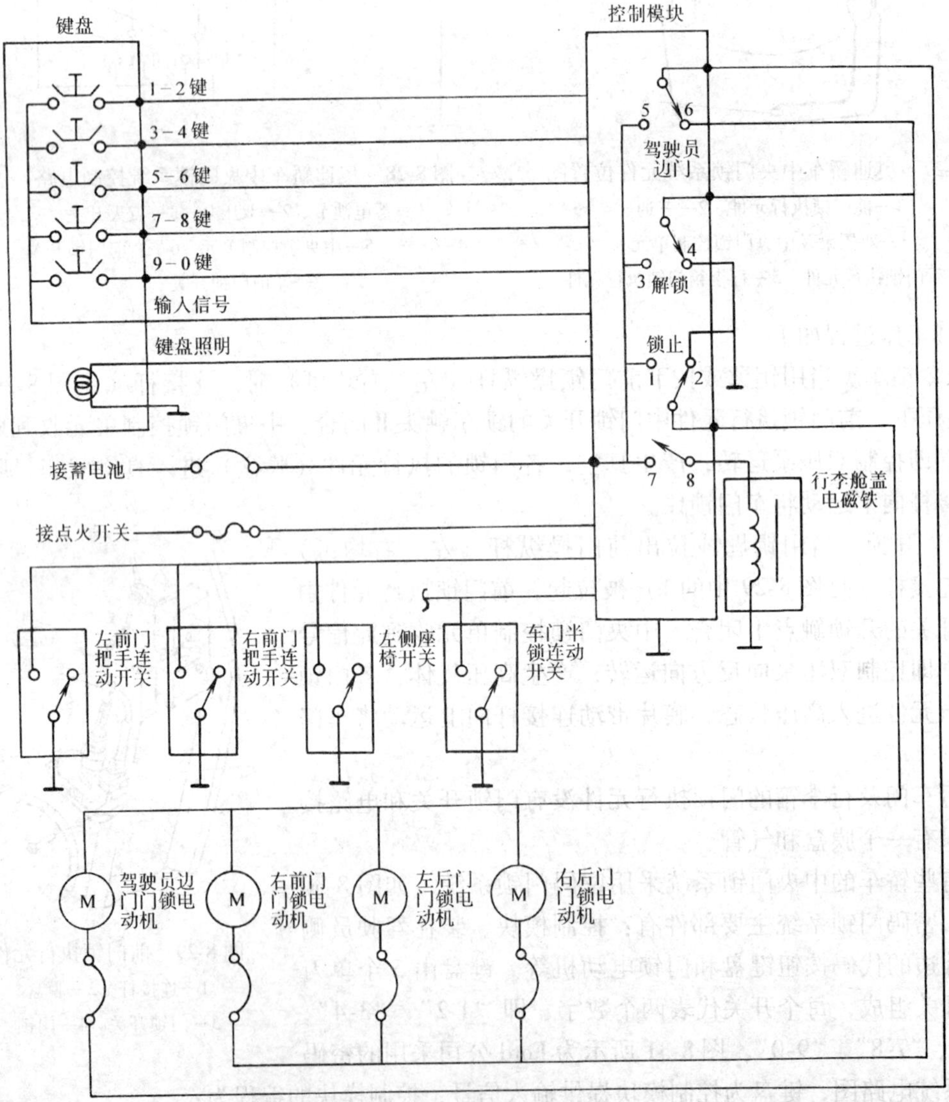

图 8-31　Ford 公司采用的密码门锁系统电路

当同时按下“7-8”和“9-0”两键时，所有门锁同时上锁；当键入由5个键组成的代码（汽车出厂时设定）时，驾驶员侧车门锁开锁，再按下“3-4”键，则所有车门锁开锁，再按下“5-6”键，则行李箱盖开锁。

其工作过程如下。

1）锁车。同时按下“7-8”和“9-0”键，控制模块中的锁止触头1闭合，车门锁电动机的电流方向为：蓄电池正极→触点1→电动机→触点6、触点4→搭铁，电动机旋转，使所有门锁上锁。

2）开锁。输入由5个键组成的密码后，控制模块中的触点5闭合，驾驶员侧门锁电动机的电流方向为：蓄电池正极→触头5→驾驶员侧门锁电动机→触点2→搭铁，电动机向另一方向旋转，驾驶员侧门锁开锁。

然后再键入“3-4”键，使控制模块中的解锁触点3闭合，其他门锁电动机的电流方向为：蓄电池正极→触点3→其他门锁电动机→触点2→搭铁，电动机向另一方向旋转，其他门锁开锁。

为了提高汽车的安全性，有些汽车公司采用了自动门锁系统。控制器（或车身计算机）利用门锁开关实现自动锁止门锁和门锁解锁。多数方法是：所有车门都关闭，当变速器挂前进挡（或倒挡）、点火开关在RUN挡（或行车速度达到15mile/h）时，所有车门自动锁止。

五、水箱冷却风扇的控制

水箱冷却风扇一般由水温系统和空调系统共同控制。轿车的冷却风扇一般是采用双扇。有的采用主扇与副扇结构，主扇通过传动带带动副扇旋转；有的采用两个风扇。风扇工作分高速、低速两挡，风扇是否工作及是高速挡工作还是低速挡工作，取决于水温高低和空调系统是否工作。图8-32所示为桑塔纳轿车水箱冷却风扇的元件位置图。图8-33所示为桑塔纳轿车水箱冷却风扇工作电路。

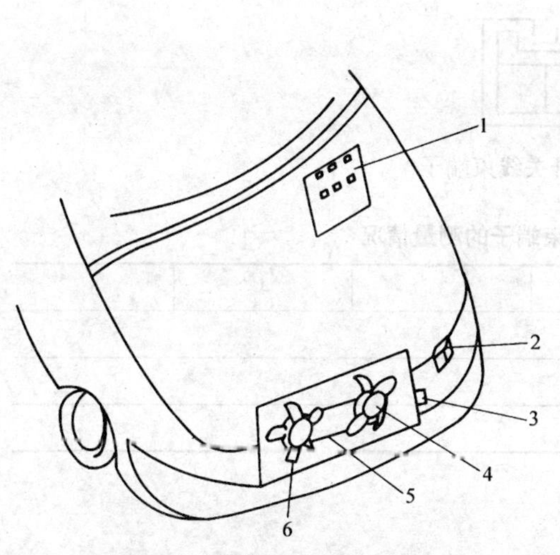

图8-32 桑塔纳轿车水箱冷却风扇的元件位置图

1—空调继电器（车内工作台下部，中央控制盒5号位） 2—空调减荷继电器 3—温控开关 4—副扇 5—传动带 6—主扇

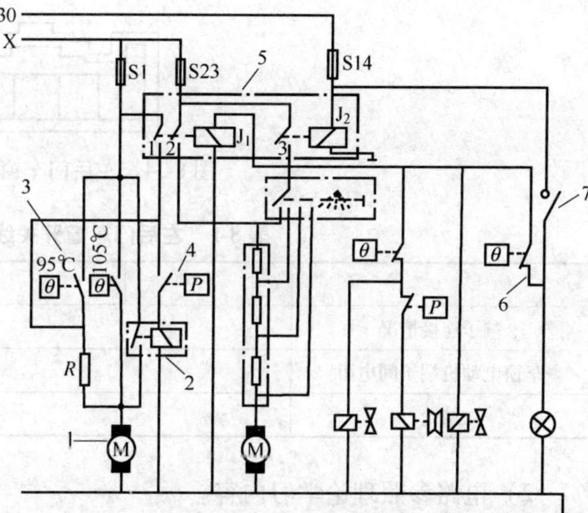

图8-33 桑塔纳轿车水箱冷却风扇工作电路

1—冷却风扇电动机 2—空调减荷继电器 3—温控开关 4—空调高压开关 5—空调继电器 6—环境温控开关 7—空调开关

冷却风扇的工作过程如下：

1）当发动机的冷却水温度达到95℃时，温控开关的95℃触点闭合，冷却风扇的电路为：蓄电池正极→熔丝 S_1→温控开关95℃触点→变速电阻→冷却风扇电动机→搭铁，冷却风扇低速运转。

当发动机的冷却水温度达到105℃时，温控开关的105℃触点闭合，冷却风扇的电路为：蓄电池正极→熔丝 S_1→温控开关105℃触点→冷却风扇电动机→搭铁，冷却风扇高速运转。

2）当按下空调开关，空调工作时，空调继电器的触点1闭合，冷却风扇的电路为：蓄电池正极→熔丝 S_1→空调继电器触点1→调速电阻 R→冷却风扇电动机→搭铁，冷却风扇低速运转。

当空调系统内制冷剂的压力高于1.5MPa时，空调高压开关4触点闭合，使空调减荷继电器的电磁线圈有电流通过，空调减荷继电器2触点闭合。这时，冷却风扇电路为：蓄电池正极→熔丝 S_1→空调减荷继电器触点→冷却风扇电动机→搭铁，冷却风扇高速运转。

任务二　电动车窗系统电路测试与分析

一、实训设备及工具

桑塔纳轿车（配置有电动车窗），成套工具、跨接线、万用表、稳压电源、可变电阻器等。

二、操作要点及项目

1）拆下左后门内饰板，断开车窗开关线束，测试左后门车窗开关线束端子（图8-34），将测试结果填写在表8-1中。

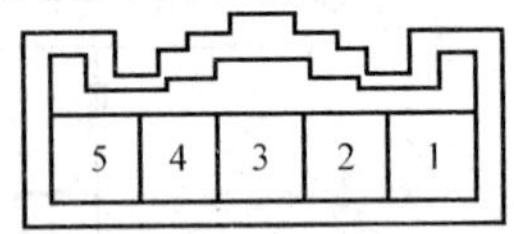

图8-34　左后门车窗开关线束端子

表8-1　左后门车窗开关线束端子的测量情况

	1	2	3	4	5
端子连接情况					
车窗电动机端子间电阻					
结论					

2）电路参照理论学习内容。

任务三　中控锁系统电路测试与分析

一、实训设备及工具

桑塔纳轿车（配置有中控锁），成套工具、跨接线、万用表、稳压电源、可变电阻器等。

二、操作要点及项目

1）拆下左前门内饰板，断开车门锁控制器线束，测试门锁控制器线束端子（图 8-35），将测试结果填写在表 8-2 中。

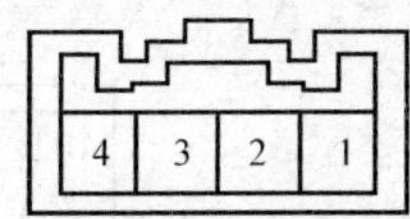

图 8-35　门锁控制器线束端子

表 8-2　门锁控制器线束端子的测量情况

	1	2	3	4
端子连接情况				
端子间电阻				
结论				

2）电路参照理论学习内容。

任务四　刮水器系统电路测试与分析

一、实训设备及工具

桑塔纳轿车，成套工具、跨接线、万用表、稳压电源、可变电阻器等。

二、操作要点及项目

1）拆下前风窗玻璃下方的护板，断开刮水器电动机连接线束，测试刮水器电动机线束端子（图 8-36），将测试结果填写在表 8-3 中。

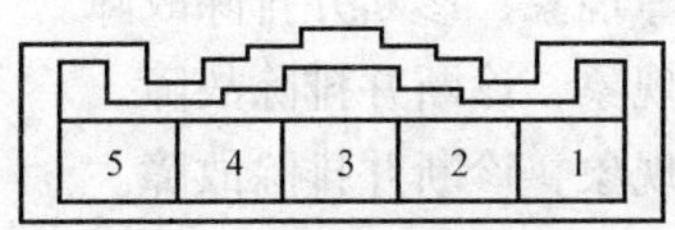

图 8-36　刮水器电动机线束端子

表 8-3　刮水器电动机线束端子的测量情况

	1	2	3	4	5
端子连接情况					
电动机端子间电阻					
结论					

2）电路参照图 8-37。

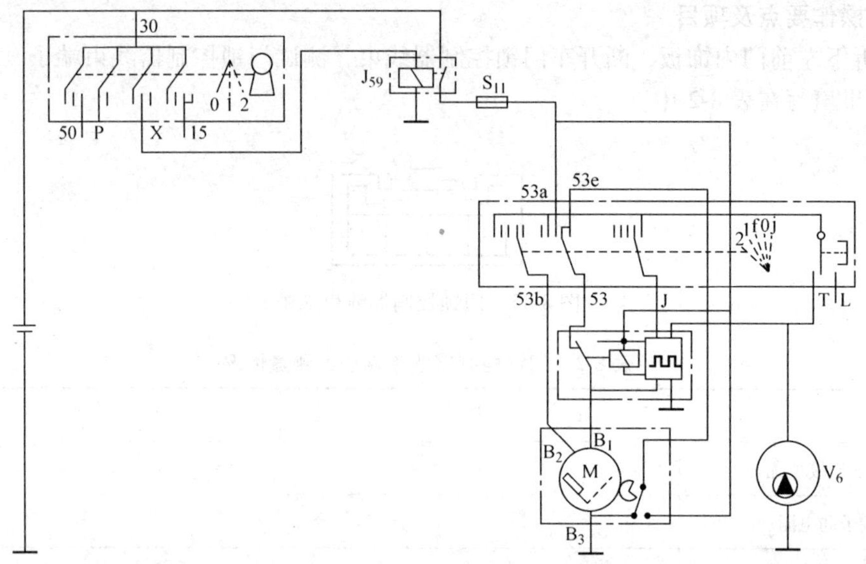

图 8-37　桑塔纳轿车刮水器电路

任务五　辅助电器系统故障诊断与排除

一、工具材料

桑塔纳轿车、万用表、各种导线及常用工具等。

二、操作要点及项目

先由实验教师在电动车窗、中控锁系统及刮水器系统分别设计故障。在实验教师的监护下，由学生独立完成故障的诊断与排除。在操作过程中，注意操作程序与规范，注意设备的正确使用。桑塔纳轿车辅助电器系统电路图可参照理论学习内容。

1）根据电动车窗系统的故障现象，诊断并排除故障。

2）根据中控锁系统的故障现象，诊断并排除故障。

3）根据刮水器系统的故障现象，诊断并排除故障。

三、故障诊断步骤

1）操作开关，确认故障现象。

2）根据故障现象，确定熔丝、继电器、开关及电动机等元件的检查顺序。

小　　结

汽车刮水器一般都是采用永磁式三刷电动机，刮水器的重点部分有变速及自动归位两个问题。间歇挡与低速挡共用一个电刷；风窗玻璃洗涤器与刮水器共用一个组合开关，当打开风窗玻璃洗涤器开关时，刮水器自动以低速挡工作。

电动车窗、电动天窗、电动后视镜及电动座椅都是采用永磁式电动机，永磁式电动机是通过改变电流方向来改变电动机旋转方向的。

电动车窗由主控开关与分控开关同时控制，主控开关控制分控开关的相线，同时主控开关还控制电动机的搭铁。在不工作时，电动机两端通过分控开关和主控开关搭铁。当按上升或下降开关时，使电动机的一端与相线相通，另一端继续搭铁，电动机开始工作。

电动后视镜镜片背后装有两套永磁式电动机，一套电动机能使后视镜上、下偏转；另一套电动机能使后视镜左、右偏转。电动后视镜开关中有多个滑片，每次调整时，都是两组滑片同时联动。其中一组滑片是选择左、右后视镜，另一组滑片控制相线和搭铁线。

中控锁的执行机构常有两种，即电动机和气动马达。电动机作为执行机构较普遍。电动机为永磁式电动机，是通过改变电流方向来改变电动机的旋转方向来完成锁车或开锁工作的。

复习思考题

1. 简述刮水器的工作过程。
2. 简述电动车窗的工作过程。
3. 简述电动后视镜的工作过程。
4. 简述电动座椅的工作过程。
5. 简述中控锁系统的工作过程。

参考文献

[1] 陆华忠，赵云峰，吴慕春．本田汽车维修手册［M］．沈阳：辽宁科学技术出版社，1997.
[2] 李炳泉．桑塔纳轿车使用与维修手册［M］．北京：机械工业出版社，1996.
[3] 裘玉平．汽车电气设备［M］．北京：人民交通出版社，1999.
[4] 赵福堂．汽车电器与电子设备［M］．北京：北京理工大学出版社，1997.
[5] 何丹娅．汽车电器与电子设备［M］．北京：人民交通出版社，1998.
[6] 毛峰．汽车电器设备与维修［M］．北京：机械工业出版社，2005.

读者信息反馈表

感谢您购买《汽车电器第 2 版》一书。为了更好地为您服务，有针对性地为您提供图书信息，方便您选购合适图书，我们希望了解您的需求和对我们教材的意见和建议，愿这小小的表格为我们架起一座沟通的桥梁。

<table>
<tr><td>姓　　名</td><td></td><td colspan="2">所在单位名称</td><td></td></tr>
<tr><td>性　　别</td><td></td><td colspan="2">所从事工作（或专业）</td><td></td></tr>
<tr><td>通信地址</td><td colspan="2"></td><td>邮　　编</td><td></td></tr>
<tr><td>办公电话</td><td colspan="2"></td><td>移动电话</td><td></td></tr>
<tr><td>E-mail</td><td colspan="4"></td></tr>
<tr><td colspan="5">1. 您选择图书时主要考虑的因素：（在相应项前画√）
（　）出版社　（　）内容　（　）价格　（　）封面设计　（　）其他
2. 您选择我们图书的途径（在相应项前画√）
（　）书目　（　）书店　（　）网站　（　）朋友推介　（　）其他</td></tr>
<tr><td colspan="5">希望我们与您经常保持联系的方式：
□电子邮件信息　□定期邮寄书目
□通过编辑联络　□定期电话咨询</td></tr>
<tr><td colspan="5">您关注（或需要）哪些类图书和教材：</td></tr>
<tr><td colspan="5">您对我社图书出版有哪些意见和建议（可从内容、质量、设计、需求等方面谈）：</td></tr>
<tr><td colspan="5">您今后是否准备出版相应的教材、图书或专著（请写出出版的专业方向、准备出版的时间、出版社的选择等）：</td></tr>
</table>

非常感谢您能抽出宝贵的时间完成这张调查表的填写并回寄给我们。我们愿以真诚的服务回报您对机械工业出版社技能教育分社的关心和支持。

请联系我们——

地　　址　北京市西城区百万庄大街 22 号　机械工业出版社技能教育分社

邮　　编　100037

编辑电话　（010）88379078

社长电话　（010）88379080　88379083　68329397（带传真）

E-mail　cmpjjj@ vip. 163. com